# EFFECTIVE PROCUREMENT MANAGEMENT

# 卓有成效的采购管理

（上册）

金兵 著

企业管理出版社
ENTERPRISE MANAGEMENT PUBLISHING HOUSE

## 图书在版编目（CIP）数据

卓有成效的采购管理：上、下册 / 金兵著. -- 北京：企业管理出版社，2025.1

ISBN 978-7-5164-2245-8

Ⅰ.①卓… Ⅱ.①金… Ⅲ.①采购管理 Ⅳ.①F253

中国版本图书馆CIP数据核字（2020）第185689号

| | |
|---|---|
| 书　　名：| 卓有成效的采购管理（上册） |
| 书　　号：| ISBN 978-7-5164-2245-8 |
| 作　　者：| 金　兵 |
| 选题策划：| 周灵均 |
| 责任编辑：| 陈　戈　周灵均 |
| 出版发行：| 企业管理出版社 |
| 经　　销：| 新华书店 |
| 地　　址：| 北京市海淀区紫竹院南路17号　　邮　　编：100048 |
| 网　　址：| http://www.emph.cn　　电子信箱：2508978735@qq.com |
| 电　　话：| 编辑部（010）68701408　　发行部（010）68417763 |
| 印　　刷：| 北京厚诚则铭印刷科技有限公司 |
| 版　　次：| 2025年1月第1版 |
| 印　　次：| 2025年1月第1次印刷 |
| 开　　本：| 710mm×1000mm　1/16 |
| 印　　张：| 13.75 |
| 字　　数：| 200千字 |
| 定　　价：| 138.00元（全二册） |

版权所有　翻印必究·印装有误　负责调换

# 联合推荐

在 VUCA 时代，在商品缺货、涨价的背景下，越来越多的企业管理者开始意识到专业采购的重要性，而要做一个让人认可和信任的采购专家谈何容易！需要快速学习采购知识，尤其是电子品类采购知识的伙伴们有福了，金兵老师给大家带来了满满的"干货"。我在三家电子制造服务企业工作过，在金兵老师的著作中我看到了电子采购领域20多年来的发展和成长，这既是一个一线实战者的经验总结，也是一个最佳实践者的慷慨分享。生产率、可获得性、质量与创新一直是采购人努力的方向，在不同的企业和同一企业的不同发展阶段其侧重点也有所不同。供应商是采购最大的资源，如何做到相互成就、共创价值，大家可以在本书中找到答案。

"山积而高，泽积而长。"采购管理的最大魅力莫过于不断地挑战，乐观者看到的是机遇，采购需要不断迭代自己的知识和技术，做到"知其然，知其所以然"，书中传递给大家的更多是思维和方法。

流水不争先，争的是滔滔不绝！不管是材料的成本结构还是成本分析的数字化工具，不管是变革商业模式还是打造上下游共生生态，我们采购人需要从小处着手，同时放眼未来，不断地"拿起""放下"。"拿起"新的使命，"放下"过去的荣誉，在新时代披荆斩棘、乘风破浪，打造企业的竞争力，更好地满足客户的需求。

金勇

西门子智能基础设施集团全球价值采购亚太办负责人兼解决方案集团采购总监

原西门子中国楼宇科技集团 CPO

美国供应管理协会（ISM）供应管理专业人士（CPSM）认证讲师

六西格玛黑带大师

上海跨国采购中心核心专家

国际卓越运营（新加坡）协会核心专家

金兵是我认识的大型跨国企业采购职业经理人中尤为勤勉上进的一位，他将自己10多年的采购实战经验汇编成册，为广大从事采购与供应链管理工作，尤其是电子采购领域的职场人士提供了一部"宝典"。在"科技强国"和"智能制造"的国家战略指引下，广大企业对电子元器件的专业采购提出了更高的要求，正确地做事，接受时代赋予的责任和挑战是摆在每个专业采购者面前刻不容缓的任务。本书是你不可错过的一本赋能之作，在日新月异、迅速迭代的电子世界里，本书将引领你从混沌走向清晰，从必然王国走向自由王国。

辛童

苹果公司、华为公司前资深采购经理人

供应链管理畅销书《华为供应链管理》《采购与供应链管理》作者

　　文如其人，没有华丽的辞藻，作者用平实的语言完整地阐述了采购管理的基本理论和实践。对于有一定采购经验的老朋友来说，读这本书犹如跟朋友聊天，读后有茅塞顿开的感觉，它帮你系统梳理了日常的采购体系，使你在纷繁复杂的采购活动中获得正确的指引，不至于迷失方向。对于还未从事采购管理的新朋友来说，这本书能让你更轻松地理解和掌握采购管理的基础知识和技能，因为从采购的基本概念到工作中经常遇到的各种采购问题，作者结合自己的工作实践一一为你道来，并分享了自己对采购管理工作的思考和总结，它是指导新采购人的"实操手册"。无论是对正从事采购工作的老朋友，还是对即将从事采购工作的新朋友，《卓有成效的采购管理》都不失为一本好书。

吴丙飞（Derek Wu）

哈曼科技全球采购经理

# 联合推荐

在"采购转型"一词被频繁提及的当下,我们能够观察到许多企业的采购管理正在从粗放式管理模式向战略采购与供应商全生命周期管理模式转变。不同时期的企业采购形式与特点展现了采购活动在企业业务中的发展轨迹,同时传达了随着市场竞争加剧企业对采购精细化管理的重视程度。作为供应链管理的四大职能之一,采购管理职能在中国市场发展了20多年。无论是外资企业、国有企业还是民营企业,都有对应的物资采买、品类采购等岗位,在采购业务实践中,不同企业对采购职能与采购岗位的理解与设置是五花八门,各有侧重。本书的出版,可以说是一次难能可贵的兼具广度与深度的采购讲学。说它具有广度,是因为本书基于中国市场的采购实践,向企业管理人员、采购人员做了系统性的概念普及;说它具有深度,是因为作者基于自己在电子行业工作的实践经验,为大家还原了行业细分场景下的采购工作内容与操作特点。作者从对采购的本质与供应链概念的追溯,到采购多维度的实践应用,以真实的业务实践数据与案例,为读者展现了采购组织丰富的履约过程,使读者得以在纷繁的信息中正本清源,亦能对照自身实践与理解对采购实践产生更为具象的思考与反思,从而真正地回应本书的宗旨——卓有成效的采购管理。

李长霞(Melody Lee)
麦盟企业咨询创始人、CEO

初见金兵老师是在一家咖啡馆里，当时我准备为金兵老师的公益分享提供一些建议，结果被他专注于采购领域的钻研精神以及对采购管理的真知灼见深深吸引。阅读了金兵老师的书稿《卓有成效的采购管理》，有感于他不局限于采购的"一亩三分地"，而是拓展思路"思考盒子以外的东西"，真心向各位读者推荐这本不可多得的"用心之作"。

首先是"学习"。金兵老师认真阅读了多本国内外采购领域的著作，结合自己在外资企业多年的工作经验，搭建起采购人员应该具备的"硬实力"和"软本领"架构。

其次是"总结"。在系统总结采购认知和组织架构、指导采购人员树立正确认知的前提下，针对采购人员核心三要素——供应商开发与选择、采购成本管理、采购战略制定，倾听采购人的声音，总结出一套"接地气、易消化"的科学方法和实践案例。

最后是"分享"。针对VUCA时代大部分采购工作都会遇到的涨价、缺料的现实情况，金兵老师在"电子元器件及其供应市场"部分分享了他多年扎根一线、利用多方渠道精心整理的针对电子元器件市场整体供应链的案例报告，为大家提供借鉴和参考。

现代企业间的竞争很多时候是供应链、采购之间的竞争，很欣慰金兵老师多年呕心沥血之作即将面世。我曾经在采购部为采购人员做了10多年的"降本服务员"，我相信采购人员认真吸取此书之精华、借鉴金兵老师之实践经验，必定能够成为独当一面的"降本实践者"。

项丰

德国 H&Z 管理咨询公司中国区采购中心及 CVE（成本 & 价值工程）合伙人

飞利浦原高级采购成本顾问

惠而浦原高级目标成本分析师

## 联合推荐

金兵先生是我的同事兼好友，是采购领域一位资深的专业人士。"三百六十行，行行出状元"，采购这个行业绝非我们通常理解的简单的"买买买"，这"买"中有学问、有规律、有道理。金兵先生正是想通过此书向诸位读者朋友分享他十余年来的经验积累和所悟所得。

金兵先生勤于学习思考，长于总结提高，他结合自己的工作实践从管理角度对采购全流程做了系统的解读。理论为基，重在应用，书中展示了一些实用的工具技术，可谓方法论与采购理论结合的典范。

书中围绕采购的几大核心问题，以通俗易懂的语言娓娓道来，让读者看得懂、学得会、用得上。

王万濮

朗德万斯运营管理（深圳）有限公司供应商质量管理部门经理

# 前言

## 卓有成效的采购管理

### ·本书的写作初衷

最近几年,我常常接到一些年轻的采购从业朋友和中小企业主的求助电话,在与这些采购同人交流的过程中,我发现这些朋友对采购及如何做好采购工作有很大的困惑。尤其是前一段时间,一个朋友介绍他们公司的一个采购新手给我认识,请我帮忙指点一下采购工作。刚开始小姑娘放豪言要换掉所有老的供应商,说采购工作很简单,就是买东西而已,认为自己是有很强优越感的甲方。在之后与她交往的过程中,她经常向我"求救"——要么买不到料,要么买到假料,抑或在新产品开发时不知道研发需要什么料,等等。有一天,小姑娘急切地问哪里有专业的采购培训机构,然后我给她讲了一上午。

这件事给了我很大触动,由此开始思考:采购职能对于企业的价值在哪里,我们该如何做好采购工作,有没有行之有效的采购类的书籍能指导我们做采购,等等。我试图在图书市场上寻找一些专业的采购管理书籍,看能否从中找到方法来帮助有困惑的朋友。我几乎将图书市场上在售的所有与采购管理及供应链管理相关的书籍都买回来仔细研读,有以下发现。

(1)采购管理本身是一项实践性的管理工作,整个图书市场上关于采购管理的书籍相对于其他学科或领域的书籍,从数量上来讲是很少的,从质量上来看,高质量的、原创性的、接地气的采购管理类书籍更是少之又少。

(2)关于采购管理与供应链管理的书籍,按照作者的背景可以分为三大类。

① 纯理论学派，包括大学教授、供应链管理研究学者等。

② 理论与实践相结合学派，主要是培训机构的培训顾问或独立顾问。

③ 国外的一些咨询管理顾问和研究学者。

（3）图书市场上关于采购管理及供应链管理的书籍有以下特点。

① 缺乏创新，内容单一。图书市场上超过一半的关于采购与供应管理、供应链管理的书籍内容大致相同，只是编辑的角度不同。

② 以案例为主，有价值的原创观点偏少。很多采购管理类书籍的内容主要以案例为主，作者原创的观点很少。

③ 以通用为主，不够聚焦。目前图书市场上的采购管理类书籍都是讲通用型采购管理的，所述理论、方法与经验适用于所有行业、产业及细分领域。

④ 以理论为主，不够接地气。尽管图书市场上的采购管理类书籍多出自知名培训顾问及国外知名咨询管理顾问之手，但是读者学习后依然不知道该如何做好采购管理工作，可操作性不强。

基于此，我决定写一本采购实践之书来解决以下问题。

（1）让企业主和管理层意识到采购职能应该纳入企业战略层面。

（2）分享世界500强企业真实的采购工作流程、方法、工具及系统性思维方法。

（3）为采购人员提供采购管理核心工作可落地的操作方法与步骤。

（4）就如何做一名合格的采购人员，从而在职业素养和专业能力上赢得他人的尊重做出指导。

（5）就如何从一名合格的采购人员修炼成一名资深采购专家做出指导。

## · 本书的结构和主要内容

本书从采购实践的角度出发，按照5W1H（六何分析法）的框架和逻辑对"如何行之有效地做好采购管理工作"这一核心命题展开论述。本书共分为六章，包括采购认知、采购组织、供应商开发与选择、采购成本管理、采购战略制定、电子元器件及其供应市场。其中，第一章"采购认知"主要解决什么是采购，以及为什么需要采购组织的问题；第二章"采购组织"主要回答谁负责采购，采购的种类及职责相关问题；第三章"供应商开发与选择"、第四章"采购成本管理"及第五章"采购战略制定"是本书的核心内容，这三部分主要回答如何有效地做好采购管理工作；第六章"电子元器件及其供应市场"主要介绍采购的对象（商品），即采购什么，深入了解采购对象是做好采购管理工作的基本前提。

（1）关于"采购认知"。

人们通常认为，采购就是买东西，而且每个人每天或多或少都会发生采购活动，但企业的采购活动与个人的购买活动是完全不同的两种类型。企业的采购活动是一种职业活动，而个人的购买活动是个人的消费活动。如果我们希望做好采购管理工作，那么首先应该对采购有深入的认知、理解和思考。采购认知是从采购的定义、采购人员被贴上两种"标签"、采购角色的转变、采购存在的价值、采购工作的核心目标、采购工作的基本流程等方面来介绍采购工作的。

（2）关于"采购组织"。

同一个企业会存在多种不同类型的采购岗位，同一种采购职能在不同的企业有不同的称呼和职责，不同的企业有不同的采购组织架构。关于这些相同与不同的称呼、职责、组织架构，无论是企业外部还是企业内部，常会因为采购称谓和采购组织架构不同产生误解。因此，本章从实际采购工作的角度出发，将各种不同的采购称呼、采购分类、采购工作的主要职责、不同类型的采购组织架构进行整理汇总，以便让读者看到采购组织的"全貌"。任何一项工作如果做得太久就会因失去新鲜感而感到枯燥乏味，采购工作也不例外。因此，采购人员该如何设定自己的职业目标并以此来激励自己不断向上攀登，就是一个非常重要的课题。本章回答了这一问题。

（3）关于"供应商开发与选择"。

我们采购的商品从何而来？答案是供应商。供应商供应的商品的准确性、品质、价格、交付、技术能力直接决定了采购绩效和供应链绩效。供应商的开发与选择对于采购绩效是一把"双刃剑"，即如果我们开发的是优质、有竞争力的供应商，那么我们的采购绩效与供应链绩效就好，而且能提升企业的核心竞争力；反之则采购绩效与供应链绩效差，并会降低企业的核心竞争力。对于企业而言，供应商开发与选择至关重要，是一项具有战略性、长期性的工作，因此在整个供应商开发与选择的过程中，要仔细分析供应商开发的必要性（原因），运用合适的开发方法，明确供应商选择标准。

（4）关于"采购成本管理"。

企业经营的目的是获取合理的利润，而采购管理的物料成本对一般制造型企业成本控制的影响极大，如果采购人员能很好地管理物料成本，那将意味着企业净利润增加，因此采购成本管理对企业至关重要。作为资深的采购人员，要清楚所采购商品的成本结构、原材料市场的价格趋势、供应商定价模型、影响价格的因素、询报价流程等，从而最终为企业获取最优采购价格。本章详细阐述了价格的重要性、成本的构成、询报价流程，并以印刷线路板（PCB）和集成电路器件的采购为实例来阐述我们该如何对商品进行成本分析和价格分析。

（5）关于"采购战略制定"。

任何企业要想发展都会拟订中长期战略规划，将企业的整体战略规划分解到各个职能部门就形成各个职能部门的战略规划，因此，采购部也就形成了自己相应的战略。本章主要从5W1H的角度理解采购战略、采购支出分析、供应商分类及整合、商品采购策略的制定、降本策略及方法、战略性改善产成品交付绩效等方面来阐述采购战略的制定。这几个方面是采购工作的核心，只有做好这些工作，才能实现采购目标及企业总目标。

（6）关于"电子元器件及其供应市场"。

采购的对象是商品，一切采购活动均是围绕采购对象（商品）进行的，因此深入了解所采购的商品是每个采购人员的必修课。本章以电子元器件的采购为例，分析应如何学习和研究商品知识、收集与分析商品市场信息，并最终为我们的采购工作所用。本章主要从电子元器件基础知识和供应市场两个角度阐述电子元器件的采购管理。掌握电子元器件基础知识是我们完成实际采购工作的必要条件；熟悉和分析电子元器件供应市场能够帮助我们收集、

# 前言

整理及分析有价值的信息，最终为我们制定采购行动方案及决策提供科学的依据。因此，本章从采购人员应该学习的基本商品知识、电子元器件的供应市场、电子元器件分销行业、通用电子元器件供应市场的特点、现状及发展趋势四个方面来阐述电子元器件的采购管理。

## ·本书的特点

本书与同类图书相比特点鲜明，主要体现在以下几个方面。

（1）原创性。本书所有的观点、价值主张均源自我17年采购工作经验的总结与提炼，全书除一些定义与概念引用外，其他内容均为原创。

（2）可操作性。本书从实际采购工作出发来阐述如何做好采购工作，重点论述采购核心工作的关键细节，包括如何进行供应商搜寻，供应商筛选标准，采购商品的价格分析，采购商品的成本分析，等等。对于初级采购人员，当其遇到供应商搜寻、筛选及商品成本分析等问题时，可以运用本书中的方法、思考逻辑来解决。

（3）真实性。本书中所有的案例、数据均为我在外资企业工作时所收集。

（4）聚焦。图书市场上有关采购管理的书籍以及各类培训多以通用管理的视角来介绍采购管理，而没有按照行业差异进行介绍。本书聚焦电子行业，从电子行业的角度来剖析采购管理。电子行业采购管理的复杂度远高于食品、服装等行业，如果能掌握电子行业采购管理的精髓，相信做其他任何行业的采购工作都是游刃有余的。

（5）实践视角。本书以一个采购人员的视角来阐述采购工作，这一点有别于以理论研究者的视角来看待采购管理。

（6）通俗易懂。我只是一名普通的采购人员，而非专业的培训顾问、咨询管理顾问、理论研究者，因此本书语言朴实无华，没有太多的修饰，虽然读起来可能缺少一些文字的"美感"，但它通俗易懂。

## ·目标读者

（1）采购人员。对于初级采购人员来说，本书无疑是最佳的作品，因为它完全从采购实践的角度出发阐述如何做好采购工作，并关注细节。本书将帮助采购人员全面认识采购及采购工作的核心、流程，以及如何系统性思考采购工作。很多采购人员每天忙于报价、打样、议价、供应商审核、供应商谈判、供应商整合等日常工作，缺乏对采购工作的系统性思考，包括为什么不同的企业有不同的采购组织架构，采购工作的核心是什么，我们该如何搜寻并筛选出最合适的供应商，我们该如何对采购商品进行价格分析与成本分析，采购战略该如何制定，等等。本书恰恰能够针对这些关键性采购管理问题，为有一定经验甚至工作多年的采购人员提供一种系统性思考采购工作的方法，从而帮助其做好采购工作。

（2）企业主。初创型企业甚至一些中大型企业的企业主或首席执行官（CEO）非常重视企业的采购部，因为采购部是花钱的部门。企业主或CEO重视采购部但并不重视采购人员，往往找一个"信得过的人"来担任采购部的最高领导者，从此他们就"放心"了。现实总是事与愿违，企业主或CEO"信得过的人"在职业素养和专业技能上未必靠得住，最终可能由于用错了人而给企业造成损失。本书全面系统地介绍了采购管理的核心领域，有助于企业主或CEO深入了解采购管理。只有企业主或CEO对采购管理有了深入了解，才能更好地发现和管理采购工作中存在的问题，正所谓"知己知彼，百战不殆"。企业主或CEO要想管理好各个职能部门，就必须深入了解这些职能部门及其运作流程。

（3）企业管理层。采购部是典型的跨职能部门，常常与财务部、研发部、工程部、品质部、制造部、物料部、IT部等部门分工协作。由于每个职能部门的立场和关键绩效指标（KPI）不同，各部门人员对同一件事情常常持不同的看法并因此产生争议。如果各个职能部门的领导能对采购及采购工作有一定的认知和了解，相信在与采购人员沟通工作时就会更加顺畅高效。

（4）销售人员。我认为，采购与销售是同一事物的两个方面，二者是对立统一的矛盾体。因此，如果销售人员对采购工作有一定的认知和了解，将有利于更好地为客户服务并提高销售绩效。

（5）供应链管理者。采购管理属于供应链管理的范畴，了解采购管理将有利于供应链管理者做好供应链管理工作。

（6）潜在采购人员。在职场中，轮岗、换岗比较常见，对于目前在其他岗位工作但期望从事采购工作的朋友来说，本书无疑是一好的选择。

（7）高等院校采购人员、物流管理专业的师生。

金兵

2024年6月

| 目录 |

上　册

## 第一章　采购认知 …………………………………………………… 001
### 第一节　如何正确地理解采购 …………………………………… 003
一、采购的本质 ………………………………………………… 004
二、供应链管理 ………………………………………………… 006
三、采购人员常常被贴上两种"标签" ………………………… 007
四、采购角色的转变 …………………………………………… 012
### 第二节　采购存在的价值 ………………………………………… 014
一、获取外部资源以保障企业生产 …………………………… 015
二、为企业"创造"利润 ……………………………………… 015
### 第三节　采购工作的核心目标 …………………………………… 034
一、保障物料的顺畅供应 ……………………………………… 034
二、建立科学的采购管理流程 ………………………………… 035
三、管控成本，创造利润 ……………………………………… 036
四、建立采购团队并为之设定 KPI 考核 ……………………… 037
五、与内部利益相关部门发展目标一致 ……………………… 038
### 第四节　采购工作的基本流程 …………………………………… 039
一、采购活动的总流程 ………………………………………… 039
二、采购活动的子流程 ………………………………………… 042

第五节　采购手册 ·············································· 047

## 第二章　采购组织 ·············································· 049

### 第一节　采购的分类与职责 ·································· 052
一、采购分类 ·················································· 055
二、生产性物料采购的主要职责 ······························ 064

### 第二节　采购组织结构 ······································· 071
一、采购部向谁汇报 ··········································· 071
二、常见的采购组织结构 ······································ 073
三、集中化采购与分散化采购 ································· 081

### 第三节　采购部与利益相关者的关系 ······················· 087
一、市场部 ····················································· 087
二、研发部 ····················································· 088
三、工程部 ····················································· 088
四、物料部 ····················································· 088
五、物流部 ····················································· 089
六、品质部 ····················································· 089
七、制造部 ····················································· 089
八、财务部 ····················································· 089
九、法务部 ····················································· 089
十、项目部 ····················································· 090

### 第四节　如何成为一名采购专家 ····························· 090
一、采购人员的级别划分 ······································ 090
二、如何修炼成一名综合型采购专家 ························ 100

## 第三章 供应商开发与选择 ……………………………… 103

### 第一节 供应商开发对采购管理的重要性 ………………… 106
一、供应商开发是采购流程中的关键环节 ……………… 106
二、供应商开发是采购降本的重要途径之一 …………… 108
三、供应商开发有利于改善企业的产品交付能力 ……… 113
四、供应商开发有利于降低企业供应风险 ……………… 114
五、供应商开发有利于激发已有供应商的供应能力 …… 116

### 第二节 供应商开发的动因 …………………………………… 116
一、供应商开发的具体原因分析 ………………………… 116
二、供应商开发原因分析的意义 ………………………… 127

### 第三节 供应商搜寻的途径及基本原则 …………………… 132
一、供应商搜寻的途径 …………………………………… 132
二、供应商搜寻的基本原则 ……………………………… 156

### 第四节 供应商选择的标准 ………………………………… 157
一、供应商选择的阶段 …………………………………… 158
二、供应商选择的总方针 ………………………………… 158
三、影响供应商选择的重要采购因素 …………………… 159
四、供应商选择的几个重要原则 ………………………… 164
五、供应商选择的工具 …………………………………… 172

### 第五节 新供应商开发与选择的基本流程 ………………… 173
一、新供应商开发与选择的总流程图 …………………… 175
二、供应商搜寻的基本工作流程 ………………………… 175
三、新供应商评估工作流程 ……………………………… 183
四、商品验证及承认 ……………………………………… 187
五、新供应商开发与选择的全流程 ……………………… 190
六、实战中经常出现的问题 ……………………………… 195

# 第一章 采购认知

# 第一章 采购认知

**导读** 采购是企业的基本活动之一，它是一个企业或组织以一种合法且合理的方式从另一个企业或组织获取商品、服务或设备的活动。专业的采购活动要符合五个"合适"原则，即合适的质量、合适的数量、合适的价格、合适的时间、合适的商品或服务。科技的发展，尤其是当今计算机技术、云技术及互联网技术的迅猛发展，拓展了社会分工的深度和广度。在新时代背景下，企业的各种职能被赋予新的意义，采购也不例外。新时代采购职能的转变主要体现在两个方面：其一，采购职能的名称由原来的物料管理、采购管理逐渐演变为战略采购、供应管理等"新"称呼；其二，随着采购工作范畴的不断变化，采购管理不再局限于传统的寻源、商品的购买、讨价还价等职能，而是立足于如何为实现企业整体目标与提升企业核心竞争力而做出最大的贡献。

## 第一节 如何正确地理解采购

"采购"是一个既熟悉又陌生的词，说它熟悉是因为我们每个人几乎每天都会发生采购活动，说它陌生是因为很多非采购人员并不了解什么是业务中的采购，采购的工作内容，采购的类型，采购存在的价值，如何做好采购工作，等等。"采购"是一个既古老又现代的词，说它古老是因为从远古时代就有了"以物易物"这样的采购活动，说它现代是因为直到1832年巴贝奇在《论机械和制造业的经济》一书中提出"物料人"这一概念，才使得采购管理成为一门独立的职能和学科并得以发展。那么，采购究竟是什么呢？

## 一、采购的本质

### （一）常见的采购定义

对于采购活动，不同的人有不同的理解，常见的采购定义如下。

（1）百度百科。采购是指企业在一定的条件下从供应市场获取产品或服务并作为企业资源，以保证企业生产及经营活动正常开展的一项企业经营活动。采购是指个人或单位在一定的条件下从供应市场获取产品或服务并作为自己的资源，以满足自身需要或保证生产及经营活动正常开展的一项经营活动。

（2）维基百科。采购是商业组织为实现商业目标而试图在正确的时间以最低的价格获得正确数量和恰当质量的产品或服务的行为。

（3）"五适"原则。采购是一个企业以一种合法且合理的方式从另一个企业获取商品或服务及设备的过程。专业的采购活动要符合五个"合适"原则，即合适的质量、合适的数量、合适的价格、合适的时间、合适的商品或服务。

关于采购的定义，尽管存在以上三种不同的说法，但其内涵是一致的，即企业从企业以外的地方获取商品或服务的过程，这个过程需要遵循一定的规则。采购的发展历程，如表1-1所示。

表1-1 采购的发展历程

| 时间 | 采购管理时间节点 |
| --- | --- |
| 1832年 | Charles Babbage首先提出了"物料管理（Material Management）"的概念 |
| 1915年 | 《采购代理》杂志出现，美国成立"国家采购代理协会" |
| 1929年 | 美国"国家采购代理协会"设立了一系列买卖标准程序 |
| 1939年 | Goodyear公司在分销配送方面做了改进，以更好地控制成品采购 |
| 1951年 | Stuart Heinritz将采购定义为"购买的业务"，并将其视作关键的业务职能 |

续表

| 时间 | 采购管理时间节点 |
|---|---|
| 1960 年 | 采购被视为利润中心，批量采购中物料需求计划（MRP）问世，采购人员开始使用谈判技巧以及学习曲线、成本分析、库存控制、卖方培训、买方评估等各种采购技巧 |
| 1970 年 | 石油禁运、物料短缺等使采购成本剧增，采购也由此引起高层领导的重视，成为组织关注的焦点，采购作为一项专业职能被提升到组织高度 |
| 1980 年 | 美国许多企业采用日本的准时化（Just-in-Time）采购方式，采购订单趋向小批量、多批次、多品种 |
| 1990 年 | 网上采购或互联网与电子商务，采购的网络化、电子化 |
| 2000 年 | 全球采购与采购的规模化，外包采购与采购的专业分工 |

### （二）发生采购活动的必要条件

从采购的定义我们可以推出，发生采购活动的必要条件包括以下五个方面。

（1）参与者。采购活动一定是发生在两个企业或组织之间，任何单个的企业都无法独立完成采购活动。

（2）采购对象。采购活动一定是基于某个或多个采购对象而发生，采购的对象可以是商品、服务、设备或其他。

（3）商业条款。买卖双方在事先约定的商业条款下进行交易。

（4）明确交付时间。买卖双方一定要明确交付时间，没有交付时间的采购活动是无效的。

（5）交换价值。买卖双方一定存在交换价值，没有交换价值的采购活动是不存在的，无偿赠送不属于采购活动的范畴。

### （三）采购活动的本质

采购活动是买方向卖方获取商品或服务的过程，但与此同时买方必须向卖方支付货款或提供等值的商品，这就是我们常说的采购至付款（Procurement to Payment，P2P）的过程。因此可以说，采购活动的本质是买卖双方为实现各自企业发展的目标在一定商业条款下进行价值交换的过程。

## 二、供应链管理

### （一）供应链管理的定义

常见的供应链管理定义有以下几种。

（1）百度百科。供应链管理就是协调企业内外资源来共同满足消费者需求。若我们把供应链上各环节的企业看作一个虚拟企业同盟，而把任意一个企业看作这个虚拟企业同盟的一个部门，该虚拟企业同盟的内部管理就是供应链管理。只不过该虚拟企业同盟的组成是动态的，会根据市场需要随时发生变化。

（2）维基百科。供应链管理是对产品流和服务流的管理，它包含原材料、半成品、成品从生产商到消费者手中的存储和运输过程。供应链被定义为"以创造价值、建立有竞争力的机构、利用全球物流、同步需求和供应并可以衡量业绩为目标而进行设计、计划、执行、控制及监督的供应活动"。

（3）蒋振盈博士。供应链管理就是以实现供应链上各个成员总成本最低和价值增值最大化为目标，对产品生产和流通过程各个环节所涉及的物流、信息流、资金流进行计划、组织、协调和控制的过程。

（4）刘宝红老师。供应链是从客户的客户到供应商的供应商，供应链管理是对贯穿其中的产品流、信息流和资金流的集成管理，以使给客户的价值最大化，供应链的成本最小化。

（5）2017年国务院办公厅发布的《关于积极推进供应链创新与应用的指导意见》。以客户需求为导向，以提高质量和效率为目标，以整合资源为手段，实现产品设计、采购、生产、销售、服务等全过程高效协同的组织形态。

### （二）采购管理与供应链管理的关系

采购管理与供应链管理的关系有学术界和企业界两种不同的视角。

（1）学术界。目前学术界普遍认为，采购管理是隶属供应链管理的四大职能之一，其他三项职能分别是生产运营管理、销售供应管理、生产计划与物料控制。

(2）企业界。很多跨国公司或世界500强企业的最高采购领导并非向供应链最高领导汇报，而是向首席运营官（Chief Operating Officer，COO）汇报，或者直接向首席执行官（Chief Executive Officer，CEO）汇报。从这个角度来看，企业界认为采购管理并不是隶属供应链管理的一项职能，而是独立于其他职能之外的战略型职能。

## 三、采购人员常常被贴上两种"标签"

在国内，当人们说起采购时常常会产生两种"本能反应"。其一，采购就是买东西的，花钱的。花钱谁不会？因此，人们普遍认为，采购是简单的机械性劳动，不需要具备专业性。其二，采购有权力，有"油水"。采购人员从此被贴上这两种"标签"。

### （一）采购是简单的机械性劳动，不需要具备专业性

对于个人而言，每个人几乎每天或多或少都会发生采购活动，比如，早上买早餐，选择交通工具，中午买中餐，晚上买菜，等等。采购活动对于我们每个人而言都不陌生，而且大部分人认为采购就是花钱买东西，花钱谁不会？企业采购不同于个人购买，二者对比如表1-2所示。

表1-2　个人购买与企业采购对比

| 采购因素 | 个人购买的特点 | 企业采购的特点 |
| --- | --- | --- |
| 数量 | 少 | 多 |
| 金额 | 少 | 多 |
| 交期 | 现货 | 需要生产周期 |
| 品类 | 单一 | 多且复杂 |
| 供应商 | 随意 | 相对稳定 |
| 计划性 | 无 | 有 |

续表

| 采购因素 | 个人购买的特点 | 企业采购的特点 |
| --- | --- | --- |
| 稳定性 | 差 | 强 |
| 付款方式 | 现金 | 月结 |
| 采购合同 | 口头 | 书面 |
| 采购流程 | 无 | 有 |
| 采购决策 | 个人 | 团体 |
| 产品专业性 | 弱 | 强 |
| 是否有管控 | 无 | 有 |

从表1-2个人购买与企业采购的对比结果中可以发现，这是两种完全不同的购买活动；但是如果个人购买的是大金额的商品，比如购买商品房，这个购买过程就类似于企业的采购活动，即需要定义需求（想要什么样的房子），寻找合适的供应商（选择哪个开发商），询价（请开发商或者中介报价），看样品（参观样板房），价格分析（看这个地段整体房价水平，了解自己理想型房子的近期交易价格），价格谈判（看过多家开发商或中介的报价及价格分析之后），开发商背景调查（对开发商做一定的背景调查，了解其基本信息），磋商付款方式（是按揭还是一次性付款），交付确认（多久可以交房），团队决策（一家人一起商量，如选择什么楼盘，选择哪个开发商，选择哪种户型），定供应商（选定开发商），签署采购协议及合同（签署购房协议及相关合同），付款，直到最终交房以及后续的售后服务。凡是买过房子的朋友都会有相同或类似的体会：购买过程实属不易！

不了解采购的朋友对采购的普遍认知是：采购是简单的机械性劳动，不需要具备专业性。然而，在企业的采购活动中，我们常常会碰到各种困难，使得采购活动无法顺利进行，最常见的就是因为某一个采购因素无法达成而导致采购活动无法实现。这里将常见的采购"困难"（主要针对战略采购而不包含执行采购）做如下总结。

### 1. 需求不明确，规格定义不清楚

我曾经听一个朋友说他的一次"痛苦"的装修经历。他本人当时在南方上班，房子买在北方老家，由于工作太忙，本人不能回家处理装修的事情，于是请他的一个亲戚帮忙处理。他的亲戚三天两头打电话问他要什么样的地板，什么样的门，墙纸要什么颜色，等等。他每次都说颜色不要太亮，也不要太深，要柔和一点儿的颜色。等他说完这些，他的亲戚还是不明白具体是什么颜色和风格。后来他告诉我，其实他也不知道自己想要什么风格，就是凭感觉，也没什么参照物。这个过程类似我们在做新产品开发时与研发人员沟通选型的过程，很多时候研发人员都不知道自己要什么器件，如果采购人员不够专业，经验不够丰富，经常会导致选型错误或项目延迟。

### 2. 找不到合适的供应资源

个人购买也会有找不到供应资源的时候，有一年我帮母亲买一种叫甲状腺片的药，问了很多家药店和医院都没找到。后来问我在医院工作的同学，请她帮忙看看这个药是什么情况，她告诉我甲状腺片目前很少有人使用，一般都用优甲乐，但我的母亲说优甲乐与甲状腺片不同，她的病症不能用优甲乐。最后我通过各种渠道打听到北京同仁堂有这种药，但生产厂家不同，没有办法只好买了这个厂家生产的甲状腺片（替代品）。同样地，企业采购活动中找不到合适资源（供应商）的情况时有发生，比如在做 OEM/EMS（原始设备制造商〈Original Equipment Manufacturer〉/电子合约制造商〈Electronic Manufacture Service〉）的"案子"时，依据客户给的物料清单（Bill of Material，BOM），经常有些芯片、接插件及一些定制件找不到供应商。这种情况发生的原因不外乎以下几个：①芯片厂专门为某一终端客户定制的芯片，只有芯片型号信息但在市场上找不到，连规格书都找不到；②客户给的元器件型号本身有误或者不完整；③元器件已经停产；④客户选用的是小众市场所用的元器件，在网上没有任何相关信息；⑤有的机电件或结构件的厂家已经倒闭或更改名字。在这种情况下，如果采购人员不熟悉电子元器件及元器件市场，就很难快速识别和判断找不到供应资源的原因，也就不能及

时给客户报价。有人会说，遇到问题可以问客户，但在实际工作中，很多时候客户在发出 BOM 前也没有对所有元器件进行逐个分析，并排查哪些是正确的，哪些是有误的，甚至有些客户的采购人员也并不专业或缺乏经验。我个人的体会是，在工作中懂得越多，越能快速抓住关键点，从而"去粗取精，去伪存真"，化被动为主动。懂得越多，越能掌握采购的主动权，这应该就是培根所说的"知识就是力量"。

3. 效率低下的团队决策机制

在供应商开发和选择的过程中，一般会由研发、工艺工程、供应商质量管理及采购等各职能部门各委派一名代表参加供应商的审核和打分。当打分低于流程文件标准，但实际情况是又特别需要这个供应商（价格很有诱惑力）的时候，会由采购委员会集体表决是否导入此供应商。在这个过程中，每个职能部门都会站在自己的立场表达观点，采购部门关注成本，研发部门关注产品性能，供应商质量管理部门关注质量和体系，如何找到平衡点以促使各方达成一致，是采购工作中的一个难题。因为如果按照公司业务需求，不能导入新的厂商，第一责任人永远是采购部，这种情况下采购人员就要不停地到市场上搜寻厂商，直到达成目标。家庭成员在买大件商品时也会有不同的意见，比如购买一台电视机，先生喜欢康佳，太太喜欢长虹，儿子喜欢松下，此时该听谁的？采购是一个经常跨部门打交道的职业，如果你不够专业，如何说服别人认同你的观点？如果团队其他人不赞同你的观点，你如何完成自己的工作目标？

4. 商务条款临时变更

在开发新供应商过程中，有时会碰到所有的采购要素都谈好了，厂商却中途变卦的情况，比如，价格、交付、付款条件均已谈妥，样品测试完成并通过，工厂做实地审核并通过等前期所有相关工作都已经完成，并准备与厂商签署采购协议时，厂商突然提出之前谈妥的有些商务条款做不到，需要重新协商。举个实例，几年前我的一个负责主动器件的同事花了近三个月的时间，从前期供应商搜寻、市场调研、背景调查、询价、议价、打样、测试、商务谈判到带团队对供应商进行实地审核（从深圳至山东）等几乎所有工作都完成了，最后要签署采购协议时，厂商反馈原来答应给我公司 90 天账期的条款现在要变更为预付款。因为该厂商是一家国有企业，国有企业与外资企业做生意时高层领导要求付款方式为预付款。这一"突然"的变化直接导致采购委员会团队前期所做的工作白做了，原来计划的年度降价也落空了。这种情况，我们该如何应对和预防呢？

5. 报价出现"乌龙"

在采购过程中经常发生这种情况：当准备下单购买时，卖方提出之前的报价不对，需要重新调整价格。报价不对的原因包括但不限于规格要求不同，商务条款没定义（交货地点、付款方式），品质标准（有些产品需要 CE、RoHS 认证）未认证，等等。出现这种情况的根本原因是询报价流程及格式没有标准化，最后导致买卖双方产生争议。

6. 卖方市场

采购同人特别是做电子元器件采购管理的同人应该有这样的体会：采购并非像人们想象中那样只是花钱，也不是有强烈优越感的甲方，当碰到卖方市场时更需要具备专业素养和职业技能。在电子元器件行业里，尽管我国民营企业的发展较 20 年前有了很大的进步，但高、精、尖的核心技术，尤其是半导体、传感器、化工原料、高端设备等行业技术，发达国家仍占有绝对的优势。举例来说，当我们要为微控制处理器或者单片机（Microcontroller Unit，MCU）询价时，需要向代理商提供很多信息，比如项目名称、年用量、终端客户、产地、芯片的应用领域，然后代理商将这些信息提供给芯片制造商，芯片制造商要用 2~3 周的时间来完成报价。同样一颗芯片，面对不同的终端客户，价格千差万别，有的能差几倍。换句话说，在这种绝对卖方市场的形势下，买方没有任何的议价或谈价权，如果原厂（制造商）或者代理商嫌客户规模不够，甚至可以不予报价，这就是现实，而且这种类型的器件还不少。在这种情况下，采购如果不具备足够的经验和很高的专业素养，将很难顺利地完成相关工作。这几年电子供应市场波动很大，从 2016 年印刷线路板（Print Cuirts Board，PCB）板材和纸箱涨价，到 2017 年以贴片电容（MLCC）为首的被动器件全球大缺料，再到 2018 年电阻缺料并翻几倍的涨价市场行情。其实这类事情以前不是没有发生过，在2010年全球"电子料荒"时就有类似的情况发生，当时原厂或代理商的仓库放了10年的库存呆料被一抢而空，到2011年日本福岛核泄漏导致日系芯片和器件"断供"，再到2011年秋天泰国遭洪灾导致ST（意法半导体）、TI（德州仪器）、Microchip（微芯）等芯片"断供"。当出现这种突发事件或不可抗力事件时，我们该如何应对及防范？对于这个问题，资深采购员和初级采购员的解决方法是有很大区别的，为公司所带来的结果也可想而知。那么一名资深战略采购员对企业的价值在哪里？资深战略采购员是在采购活动中的关键点和关键事项中发挥价值的角色。战略采购有别于日常营运的执行采购或项目采购，战略采购并非时时刻刻都在做战略，只有在紧急时刻方能彰显其"英雄本色"，为企业"力挽狂澜"并创造价值。因此，我们采购人员既不能妄自尊大，也不能妄自菲薄。

综上所述，现代采购管理工作并非"传话筒"式的机械化的简单劳动，需要采购人员训练有素且有一定的专业技能。

### （二）采购是"油水"的代名词

在国内，一提起采购，人们就会将"吃、拿、卡、要""灰色收入"等现象与其联系到一起。诚然，在现实社会中，的确有个别采购人员有这样的行为，但这并不代表所有的采购人员都如此。

## 四、采购角色的转变

采购在企业中的职能由原来的后勤型、交易型、被动型的"边缘"角色转变为先锋型、战略型、主动型的"主导"角色，尤其是在电子制造工业领域体现得更加明显。为什么会出现这一巨大转变？纵观中国工业革命历程我们就能明白。第一次工业革命是以蒸汽机的发明和使用为标志的人类发展历程中的一次颠覆性的科技革命，它开创了以机器代替手工劳动的时代；第二次工业革命被称为电气革命，德国人西门子发明的发电机标志着第二次工业革命的开始，电器开始替代机器，补充和取代蒸汽机，成为新能源，随后电灯、电车、电影放映机、电话相继问世，人类进入"电气时代"；第三次工业革命以原子能、电子计算机、空间技术和生物工程的发明和应用为主要标志，是涉及信息技术、新能源技术、新材料技术、生物技术、空间技术和海洋技术等诸多技术领域的一场信息控制技术革命。时至今日，有人提出第四次工业革命是以人工智能、清洁能源、机器人技术、量子信息技术、虚拟现实及生物技术为主的全新技术革命。从工业革命发展的历程来看，它具有以下几个特点。

（1）工业产品由简单到复杂，从第一次工业革命的蒸汽机到原子能、计算机、微电子及当下的人工智能，产品越来越复杂，越来越精密。

（2）人工智能化程度由低到高，从第一次工业革命蒸汽机的发明和应用开始就是机器代替手工，解放了上千年的传统手工劳动，其实就是一种初级的人工智能。由此看来，"人工智能"的概念并非当今时代的先进技术，早在第一次工业革命开始时就已经有了人工智能。

（3）各国间的联系由封闭走向开放，最终发展为"一体化"，各国间的联系日益紧密。

（4）产品由单一化走向多样化，产业由单一产业走向多样性产业。

（5）微电子技术越来越重要，任何人工智能都必须有硬件作为载体，而微电子技术就是硬件载体的核心。

从以上特点不难看出，电子产品的发展趋势是由简单到复杂，由单一化走向多样化，由粗放转向精密。任何事物一旦具备复杂性和多样性，就必须进行分工与协作，以方便管理，因为分工与协作依然是最有效率的工业化生产方式，企业中组织架构的变化是社会分工的直接结果。在这种时代背景下，我们的采购管理职能从原来简单的"购买业务"职能逐渐转化成影响企业发展的"战略性"职能。举例来讲，个人日常购买就是简单、低价值的购买活动，但电子制造企业需要购买成千上万种规格型号的器件、零部件，如果不单独成立采购部门，由专业人士管理，企业根本无法正常运营，尤其是在当今竞争激烈的市场中。

不同规模和种类的采购对比，如表1-3所示。

表1-3　不同规模和种类的采购对比

| 交易型小采（Purchasing） | 战术采购（Sourcing） | 战略采购（Commodity Strategy） |
| --- | --- | --- |
| 采购单价 | 平衡订单数量，从分散采购到集中采购 | 总体成本 |
| 订单执行 | 公司合同 | 总体价值 |
| 竞争性投标 | 价格、质量、服务目标 | 策略性供应商 |
| 目标价格 | 供应商减少方案 | 优化供应体系 |
| 很多供应商 | 供应商会议 | 供应商发展 |
| 合同准备 | 供应商成本估计 | 与业务策略相一致 |
| 收集标准、规范、要求 | 谈判技巧 | 发展公司策略以符合将来的需求 |
| 投标评估 | 实施谈判 | 供应业绩与关系管理 |
| 订单跟踪 | 不同技能的发展 | 参与长期的业务计划 |

## 第二节　采购存在的价值

在计算机技术、云技术、互联网技术高速发展的新经济时代背景下，采购职能逐渐从原来依附于企业某个职能的位置中"独立"出来，凸显出采购职能对企业发展的重要性，尤其是电子制造业。采购职能的彻底"独立"既是社会分工机制发展的结果，也是社会发展的需要。简单来讲，采购职能就是专业的人做专业的事，带来专业的绩效。下面从具体采购实践的角度来阐述采购职能为企业创造的价值。

## 一、获取外部资源以保障企业生产

人们常说"巧妇难为无米之炊",如果我们将企业比作一位巧妇,那么巧妇所需要的米就是企业所需要的生产要素,这些生产要素包括但不限于水、电、气、厂房、设备、原材料等。对于制造型企业来说,生产要素中支出最大、耗时最多、风险最高的就是原材料,而原材料通常是通过采购职能的实现获得的,因此采购职能直接影响着企业的生产制造绩效。这就是当企业订单稳定、产能充足的情况下,企业管理层会将工作重点放在物料的采购与供应上的原因。

## 二、为企业"创造"利润

### (一)降低物料成本,增加企业利润

1. 从采购的角度看损益表

学过基础财务知识的朋友应该知道,损益表又叫利润表或损益平衡表,是用以反映公司在一定期间内利润实现(或发生亏损)的财务报表。损益表是财务三大报表(资产负债表、损益表、现金流量表)之一。在个人看来,企业的综合收益(利润)=总收入—总支出,只是按照会计准则,不同的会计科目有不同的定义和计算方法或口径。按照采购对总支出的分析方法,我们可以对总收入采取类似的方法,即将综合收益放在总收入中,看各项支出及综合收益占总收入的比重,即总收入=总支出+综合收益。我们以美的集团2017年度财务数据为例进行说明,如表1-4、表1-5和图1-1所示。

表1-4 美的集团2017年度合并及公司利润表

| | 收入科目 | 金额（千元） | | 支出科目 | 金额（千元） |
|---|---|---|---|---|---|
| 收入 | 营业收入 | 241 918 896 | 支出 | 营业成本 | 180 460 552 |
| | 公允价值变动收益/（损失） | 25 045 | | 利息支出 | 250 925 |
| | 投资收益 | 1 830 221 | | 手续费及佣金支出 | 2717 |
| | 资产处置收益/（损失） | 1 327 251 | | 税金及附加 | 1 416 428 |
| | 其他收益 | 1 311 123 | | 销售费用 | 26 738 673 |
| | 营业外收入 | 467 204 | | 管理费用 | 14 780 236 |
| | 其他综合收益的税后净额 | 310 628 | | 财务费用—净额 | 815 949 |
| | | | | 资产减值损失 | 269 112 |
| | | | | 营业外支出 | 240 284 |
| | | | | 所得税费用 | 3 243 584 |
| | | | | 支出合计 | 228 218 460 |
| | | | | 综合收益总额 | 18 300 562 |
| 合计 | | 246 519 022 | 合计 | | 474 737 482 |

表1-5 美的集团2017年度支出科目和收益总额占总收入的比重

| 序号 | 支出科目 | 金额（千元） | 科目占比（%） | 累计占比（%） |
|---|---|---|---|---|
| 1 | 营业成本 | 180 460 552 | 73.20 | 73 |
| 2 | 销售费用 | 26 738 673 | 10.85 | 84 |
| 3 | 综合收益总额 | 18 300 562 | 7.42 | 91 |
| 4 | 管理费用 | 14 780 236 | 6.00 | 97 |

续表

| 序号 | 支出科目 | 金额（千元） | 科目占比（%） | 累计占比（%） |
|---|---|---|---|---|
| 5 | 所得税费用 | 3 243 584 | 1.32 | 99 |
| 6 | 税金及附加 | 1 416 428 | 0.57 | 99 |
| 7 | 财务费用—净额 | 815 949 | 0.33 | 100 |
| 8 | 资产减值损失 | 269 112 | 0.11 | 100 |
| 9 | 利息支出 | 250 925 | 0.10 | 100 |
| 10 | 营业外支出 | 240 284 | 0.10 | 100 |
| 11 | 手续费及佣金支出 | 2717 | 0.00 | 100 |
| | 总支出及收益总计 | 246 519 022 | 100.00 | |

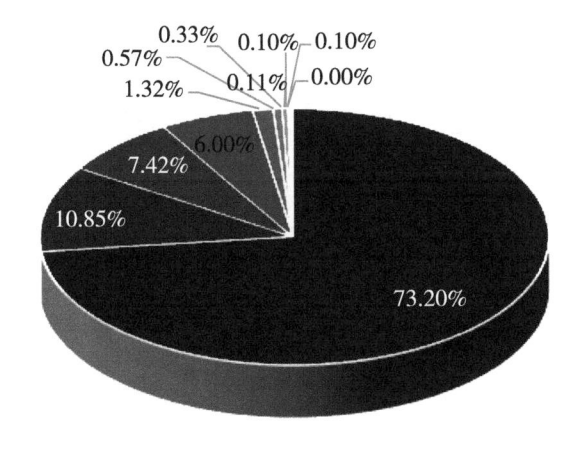

图 1-1 美的集团 2017 年度支出科目和收益总额占总收入的比重

在总收入一定的情况下，如果要提高企业综合收益总额，就要做"减法"，即尽可能地减少其他所有科目的金额。由图 1-1 我们可以清晰地看出，圆形的面积是不会变化的，如果想增加"综合收益总额"的面积，就要减少其他科目的面积，其中"营业成本"一项就占 73.20%，因此"营业成本"是做"减法"的主要对象。当然，每个企业的营业成本占总收入的比例有所不同，但对于制造业企业而言，营业成本占总收入的比例相对其他科目常常是最高的，至少在50%以上。因此，在总收入不变的情况下，我们增加利润的主要途径是减少企业营业成本，企业营业成本减少了，也就意味着企业利润增加了。

2. 电子行业原材料采购成本与企业营业净利润间的关系

以上分析了企业营业成本与总收益及总收入的关系，现在我们来看原材料成本与营业成本及营业收入间的关系。上市公司原材料成本与营业收入比例分析，如表1-6所示。

表1-6 上市公司原材料成本与营业收入比例分析

| 序号 | 企业名称 | 行业 | 原材料采购额（百万元） | 营业成本（百万元） | 营业收入（百万元） | 原材料成本与营业成本之比（%） | 原材料成本与营业收入之比（%） | 营业利润率（%） | 数据来源 | 备注 |
|---|---|---|---|---|---|---|---|---|---|---|
| 1 | 海尔集团 | 家用电器 | 54 508 | 63 440 | 97 425 | 85.92 | 55.95 | 6.17 | 2016年年报 | 家用电器是其事业部之一 |
| 2 | 美的集团 | 家用电器 | 87 869 | 103 246.84 | 145 266.24 | 85.11 | 60.49 | 10.89 | 2016年年报 | 家用电器是其事业部之一 |
| 3 | 格力电器 | 家用电器 | 50 869 | 58 696.49 | 93 187.78 | 86.66 | 54.59 | 16.16 | 2016年年报 | 家用电器是其事业部之一 |
| 4 | 海信集团 | 多媒体 | 25 558 | 26 179.59 | 30 612.76 | 97.63 | 83.49 | 5.76 | 2017年年报 | 多媒体是其事业部之一 |
| 5 | 比亚迪 | 汽车及相关产品 | 42 074 | 42 860 | 56 642 | 92 | 74.28 | 5.65 | 2017年年报 | 比亚迪年报中没有列出原材料成本与营业成本之比 |
| 6 | 中兴通讯 | 通信设备类制造行业 | 61 145 | 75 006 | 108 815.3 | 81.52 | 56.19 | 1.15 | 2017年年报 | 主营通信设备 |
| 7 | 深圳欧菲光 | 光学、光电子元器件制造 | 25 383 | 29 140.17 | 33 791.03 | 87.11 | 75.12 | 2.53 | 2017年年报 | |

续表

| 序号 | 企业名称 | 行业 | 原材料采购额（百万元） | 营业成本（百万元） | 营业收入（百万元） | 原材料成本与营业成本之比（%） | 原材料成本与营业收入之比（%） | 营业利润率（%） | 数据来源 | 备注 |
|---|---|---|---|---|---|---|---|---|---|---|
| 8 | 四川九洲电器 | 数字家庭多媒体产品 | 1355 | 1 541.48 | 1 708.99 | 87.90 | 79.28 | 4.89 | 2017年年报 | 多媒体是其事业部之一 |
| 9 | 广东生益科技 | 覆铜板和黏结片 | 6135 | 7 164.18 | 8 945.06 | 85.63 | 68.58 | 10.15 | 2017年年报 | 覆铜板是其产品线之一 |
| 10 | 风华高科 | 电子元器件 | 1352 | 2 218.30 | 2 774.35 | 60.97 | 48.75 | 3.27 | 2016年年报 | 主营电子元器件 |
|  | 加权平均 |  | 356 247 | 409 493 | 579 169 | 87.00 | 61.51 |  |  |  |

表1-6为随机抽样统计10家电子行业上市公司的财报数据所得，以上10家公司大部分是做终端成品的厂家，有少数是电子元器件及半成品生产厂家。这10家公司在其领域都是佼佼者，是中国电子信息百强企业，或者是中国企业500强企业，有一定的代表性。从以上数据可以看出，做终端成品的厂家的原材料成本与营业成本之比以及原材料成本与营业收入之比要远高于零部件和元器件生产厂家。这10家上市公司的加权平均原材料成本与营业成本之比以及原材料成本与营业收入之比分别为87.00%和61.51%。依据这一数据，我们来分析企业营业利润率、营收（营业收入）增长率与物料降价比率三者之间的关系。我们先来做两个假设：第一，假设其他会计科目金额不变，按照线性比例简化计算利润额及利润率；第二，假定采购原材料降价幅度5%恒定不变。企业营业利润率、营收增长率与物料降价比率之间的关系，如表1-7、表1-8和图1-2所示。

表1-7 降价为企业带来的利润增加额与营收增长带来的利润增加额之比

| 序号 | 科目 | 数值 |
|---|---|---|
| 1 | 营业收入（亿元） | 100 |

续表

| 序号 | 科目 | 数值 |
|---|---|---|
| 2 | 原材料成本与营业收入之比（%） | 62 |
| 3 | 营业利润率（%） | 10 |
| 4 | 物料降价比率（%） | 5 |
| 5 | 营收增长率（%） | 5 |
| 6 | 降价金额（亿元） | 3.08 |
| 7 | 营收增长带来的利润增加额（亿元） | 0.50 |
| 8 | 降价为企业带来的利润增加额与营收增长带来的利润增加额之比 | 6.15 |

表1-8 相同营业利润率前提下营收增长、物料降价额与企业营业利润增加之间的关系

| 营业利润率 \ 营收增长率 | 5% | 10% | 15% | 20% | 25% | 30% | 35% | 40% | 45% | 50% | 55% | 60% |
|---|---|---|---|---|---|---|---|---|---|---|---|---|
| 5% | 12.3 | 6.15 | 4.1 | 3.08 | 2.46 | 2.05 | 1.76 | 1.54 | 1.37 | 1.23 | 1.12 | 1.03 |
| 10% | 6.15 | 3.08 | 2.05 | 1.54 | 1.23 | 1.03 | | | | | | |

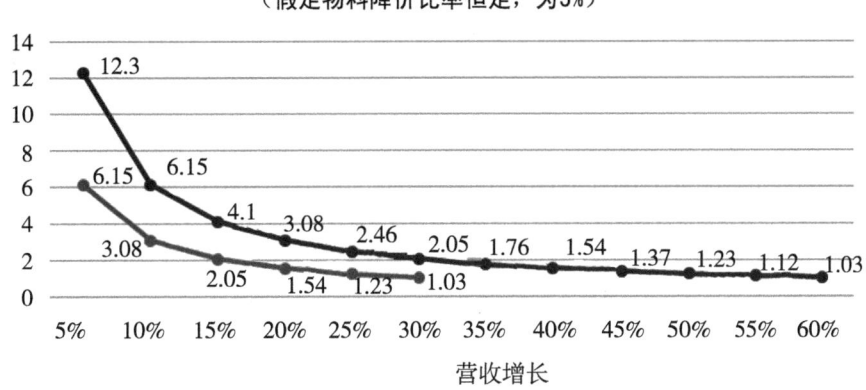

物料降价额与营收增长带来营业利润增加额之比
（假定物料降价比率恒定，为5%）

图 1-2 相同营业利润率前提下营收增长与物料降价额、
企业营业利润增加之间的关系（趋势图）

由以上数据，我们可以得出以下几个结论。

（1）当营业利润率、营收增长率、物料降价比率保持不变时，降价所带来的企业营业利润是营收增长所带来的企业营业利润的12.3倍。

（2）当企业营业利润率为5%时，物料采购成本每低5%所带来的营业利润增加额需要营收增长60%才能达到同等水平的利润增加，也就是说，企业物料采购成本降低5%相当于企业营业收入增加了60%。

（3）当企业营业利润为10%时，物料采购成本每降低5%所带来的营业利润增加额需要营收增长30%才能达到同等水平的利润增加，也就是说，企业物料采购成本降低5%相当于企业营业收入增加了30%。

由此可见，越是净利润低的企业越需要专业的采购团队进行精细化管理，从而提高企业净利润。另外，我们是否可以理解为，净利润率高的企业，正是由于其在采购与供应链管理上是优秀且卓越的，才使得企业有较高的净利润呢？在电子行业里，一般而言，对于做成品终端或者复杂半成品的生产厂商来说，特别是消费类电子产品，其营业净利润一般在5%左右，做得好的企业能做到 10%～20%，比如，家电里的明星企业格力电器和美的集团是经营得比较好的企业，这两个企业的采购管理肯定是非常优秀的。因此，不管企业利润率是高还是低，物料采购对企业营业净利润的影响都"非同小可"，从而进一步说明采购管理对企业净利润有着根本性或战略性的意义。

当然，有采购专家说，产品成本是设计出来的，不是节省出来的，产品60%～70%的成本在设计阶段已经被固化。这里无意于否定这个说法，但到目前为止，还没有看到具体的数据来证明这60%～70%的产品成本是如何被"设计"出来的。不可否认，设计确实对产品成本有非常大的影响。被"设计"出来的产品成本和物料采购成本是影响企业营业利润的最大因素，这是采购活动的两个不同的领域。前者主要谈早期设计对产品成本的影响，是就单个具体项目而言的，后者是针对原材料和器件层面而言的，是对成千上万个器件做降价分析及实施的过程；前者侧重产品开发阶段，后者侧重量产营运阶段，这两者并不矛盾。因此，降本方案除了商业谈判，还需要从设计、工程、工艺的角度去实施。

企业的净利润增加无非通过三种途径来实现：其一，开源，即增加营业收入；其二，节流，即降低外购成本；其三，既开源又节流。上述三种途径中，有两种涉及降本，在同等条件下物料降本所带来的净利润增加额是同比例营业收入增加所带来的净利润增加额的 6~12 倍。在这种情况下，我们有什么理由不重视专业化的采购团队和专业的采购人员呢？当然，这里并不是要夸大采购管理在企业运营中的作用，而是用数据来说明采购管理对企业营业净利润确有显著的"放大效应"。我们讨论采购管理对企业营业净利润的影响的前提是，企业的营业收入是良性发展且保持持续增长的。毋庸置疑，市场营销是企业的"龙头"，是企业中最重要的职能部门，没有营销和市场定位，企业就没有发展方向。在企业发展过程中，中小企业靠营销或技术取胜，因为中小企业规模不大，处于"粗放型"发展阶段，企业领导者抓住企业发展的核心即营销或技术就可以使企业生存下来。对于大型企业和超大型集团公司，管理毫无疑问是最重要的。大型企业是一个庞大的有机结合体，如果没有科学的管理体系、系统、流程以及文化与方法，很难实现可持续性发展，从而做成 IBM 这样的百年企业。可持续发展的前提是企业持续盈利，利润是企业经营的核心，也是企业发展的源泉，采购管理是影响企业营业净利润的重要因素。

### （二）提高库存周转率，改善现金流

库存周转率（Inventory Turn Over，ITO）是在某一时间段内库存货物周转的次数，是反映库存周转快慢程度的指标。库存周转率越大，表明销售情况越好。在物料保质期及资金允许的条件下，可以适当增加其库存控制目标天数，以保证合理的库存；反之，则可以适当减少其库存控制目标天数。库存周转率 = 销售物料成本 / 期间平均库存，其中销售物料成本是指公司完成的最终产品销售所包含的物料总成本，平均库存则是指所有原材料、在制品、成品及呆滞物料的平均库存。库存周转率是衡量供应链管理水平的重要指标之一，库存管理是制造业供应链管理中非常重要的领域之一，也是一个庞大且复杂的课题。在此只谈谈如何从采购管理的角度提高库存周转率。

**1. 商务谈判，延长账期**

库存周转率的实质是资金利用率的问题，即如何用最少的钱做最多的事。我们先来看看表 1-9 和表 1-10 中的两组数据。

表 1-9　库存周转率提高对持有资金的影响

| 序号 | 预计营业收入（元） | 持有资金（元） | 原材料采购率（%） | 原材料成本（元） | 平均应收账期（天） | 平均应付账期（天） | 库存持有时间（天） | 年周转率（次） |
|---|---|---|---|---|---|---|---|---|
| 1 | 100 000 000 | 6 000 000 | 61 | 61 000 000 | 60 | 45 | 20.9 | 17.46 |
| 2 | 100 000 000 | 4 946 849 | 61 | 61 000 000 | 60 | 45 | 14.6 | 25 |

表 1-10 不同应付账期对持有资金的影响

| 序号 | 预计营业收入（元） | 持有资金（元） | 原材料采购率（%） | 原材料成本（元） | 平均应收账期（天） | 平均应付账期（天） | 库存持有时间（天） | 年周转率（次） |
|---|---|---|---|---|---|---|---|---|
| 1 | 100 000 000 | 6 000 000 | 61 | 61 000 000 | 60 | 30 | 5.9 | 61.85 |
| 2 | 100 000 000 | 1 000 000 | 61 | 61 000 000 | 60 | 60 | 5.98 | 61 |

库存持有时间、持有资金及年周转率之间的关系如下。

ITO＝365/库存持有时间

（应收账期＋库存持有时间－应付账期）×（原材料成本/365）＝持有资金

以上公式中，知道其中4个变量即可得出另一个变量的值，由此可以得出以上两组数据。以上公式可简单理解为：以有限的持有资金除以每天购买原材料所需的资金，可知手里的钱能用多久（以"天"为单位），求得的时间与净应收/应付时间的差值就是库存持有时间。

由表1-9中的数据可知，同等条件下，当ITO由17.46次提高到25次时，持有资金由600万元降到494.6849万元，从而降低了企业的财务费用。无论是延长应付账期，还是提高库存周转率，都可以提高企业现金利用率，降低财务费用。如此看来，如果只考虑自身企业，库存周转率与应收/应付账期之间有着某种内在的联系。

由表1-10中的数据可知，其他条件相同的情况下，平均应付账期为60天时，企业只需要投资100万元就可以得到1亿元的营业收入（前提是年周转率≥61次）；平均应付账期为30天时，企业则需要投入600万元的资金才能实现1亿元的营业收入，由此可见，应付账期对企业现金流影响巨大。

接下来我们来看一组不同应付账期对库存周转率的影响数据，如表1-11所示。

表 1-11　不同应付账期对库存周转率的影响

| 序号 | 预计营业收入（元） | 持有资金（元） | 原材料采购率（%） | 原材料成本（元） | 平均应收账期（天） | 平均应付账期（天） | 库存持有时间（天） | 年周转率（次） | 年均库存（元） |
|---|---|---|---|---|---|---|---|---|---|
| 1 | 100 000 000 | 6 000 000 | 61 | 61 000 000 | 60 | 60 | 35.9 | 10.17 | 6 000 000 |
| 2 | 100 000 000 | 6 000 000 | 61 | 61 000 000 | 60 | 90 | 5.9 | 61.85 | 986 301 |

按照前面的公式计算，投资 600 万元要实现 1 亿元的营业收入，在应收/应付账期均为 60 天的条件下，假定企业的年周转率为 10.17 次，那么，根据"ITO = 原材料成本/年均库存"可以算出：年均库存 = 原材料成本/ITO = 6100/10.17 ≈ 600（万元），也就是 600 万元的年均库存。当采购跟供应商经多次磋商将应付账期延长至 90 天时，就意味着应付账期比应收账期多了 30 天，这 30 天是供应商"免费"提供的库存周转。每天的库存周转额 = 原材料成本/365 天 = 6100/365 ≈ 16.7123（万元），也就是在这 30 天里供应商无偿提供了 16.7123 × 30 = 501.37（万元）库存周转，用原来 60 天应付账期的年均库存 600 万元 –501.37 万元 = 98.63 万元，即企业实质上拥有的库存周转为 98.63 万元，此时应付账期为 90 天的年周转率 = 原材料成本（6100 万元）/实质库存（98.63 万元）≈ 61.85 次，较原来应付账期为 60 天时 ITO 增加了 9 倍。当然，这是一种线性的算法，也是一种理想化的状态，实际企业运营中肯定没有这么好的数据，但至少我们可以看到延长应付账期对 ITO 有着巨大的改善作用。

2. 与厂商磋商建立供应商管理库存

供应商管理库存（Vendor Managed Inventory，VMI）是一种以用户和供应商双方都获得最低成本为目的，在一项共同的协议下由供应商管理库存，并不断监督协议执行情况和修正协议内容，使库存管理得到持续改进的合作性策略。这种库存管理策略打破了传统的用户和供应商各自为政的库存管理模式，体现了供应链的集成化管理思想，适应市场变化的要求，是一种新的、有代表性的库存管理思想。ITO＝原材料成本／年均库存，由 ITO 的计算公式可知，改善 ITO 的途径有三种，即同期增加销售额，降低同期库存，增加销售额的同时降低同期库存。对客户而言，VMI 就是零库存或者很少的库存（吸收在协议中规定的一定时间内没有消化的库存），这就意味着企业自身的库存金额降低了很多，从而有力地改善了 ITO。

3. 重视采购前置期的管理

在电子行业里，采购前置期或称"采购前置时间"（Lead Time，LT）是非常重要的采购因素。在做询价时，LT 有时与单价一样重要，因为 LT 决定了采购的商品是否能实现，也就决定了采购活动是否能达成。LT 与 ITO 紧密相连，具体体现在如下采购活动中。

（1）在企业资源计划（Enterprise Resource Planning，ERP）系统中设置准确的 LT 信息对货物及时交付至关重要，直接影响货物周转。根据 ITO 的计算公式，我们应该尽可能增加分母值，即在一定时间内增加出货量，从而增加营业收入。在电子制造业里无论是销售人员、采购人员、生产计划与物料控制人员还是生产人员，都有一个深刻的体会：缺料是导致无法按时交货的最主要的原因，也是最常见的原因之一，尤其是在销售旺季，从销售副总经理、生产副总经理、供应链总监一直到采购副总经理，几乎是"全员追料"。缺料会给企业带来很多负面影响，其中之一就是当期（如一个季度）销售额减少，同时库存增加，因为对于电子产品而言，哪怕是少一颗小小的电容电阻都无法完成组装生产。一颗容阻的价格只有几分或几厘，却影响了整个产品的生产，造成企业无法按时交货，从而导致其销售额减少，库存增加，ITO 也因此降低。另外，造成缺料的原因有很多种，比如客户临时插单，增加订单，系统 LT 不准确，市场紧缺，人为漏单（生产计划与物料控制人员漏下采购申请单，跟单采购忘记及时转单，供应商业主忘记下单到他们的系统，等等），供应商产能不足，市场涨价，不可抗力自然灾害的影响（如地震、洪灾），等等。在上述缺料原因中，我们认为系统 LT 不准确或者缺乏对 LT 的重视及管理是导致缺料的一个重要原因。系统 LT 不准确是因为采购管理者对 LT 的重要性认识不够，很多公司的采购在设定 LT 时都以为这只是个普通的参数，无关紧要，可以随便设定，设定之后也没有定期审查，直到供应商反馈LT不够，无法及时交付，导致产线缺料时才意识到其重要性。更有甚者，很多采购人员常常"好了伤疤，忘了疼"。采购管理的核心使命之一是保障物料顺畅供应，而LT在这个核心使命的实现过程中又起着重要的作用。因为MRP的逻辑是依据LT计算何时该放出采购需求，然后生产计划与物料控制人员将采购需求转给执行采购，形成采购订单（Purchase Order，PO）。如果LT不准确，那么ERP系统要么提前下单，要么推迟下单，就会与供应商的生产周期不符，导致供应商不能及时交货。在实际工作中，正确的做法是在新物料设定主数据和价格信息记录（Price Information Record，PIR）时要再三与供应商确认每个物料的LT，在产品批量生产以后，建议采购人员每个月都将自己负责的物料全部导出并按供应商分类，请供应商确认每种物料的最新LT，即便没有变化也要反馈出来，这样才能保持系统中所有物料的LT都是准确的，从而杜绝由于LT不准确导致批量缺料的发生。管控好LT，就可以相对减少缺料数量（物料型号），在增加当期（月度或季度）出货量的同时减少库存，最终提高ITO。

（2）原材料或器件LT越短，周转越快，越有利于控制库存。在企业实际工作中，降低LT会作为战略采购的一项重要的关键绩效指标（Key Performance Indicator，KPI）来考核，足见其对企业营运的重要性。产品交付时间（采购周期）= 物料LT+生产周期+物流仓储（进出口报关）+运输时间，除出口海外的产品走海运方式预计需要4~6周的时间外，对于其他不涉及出口的产品，物料LT就是耗时最长的一块，也就是说，成品交付时间长短取决于物料LT的长短。

以国内企业为例，国内企业产品交付时间不包含出口海运时间，整个物流仓储及运输时间相对较短（见表1-12）。同行业的两个厂家A和B，假定其他条件都一样，即产能、技术、人员、应收账期、应付账期、年均库存水平等均相同，唯一的差别就在于A厂家报给客户的采购周期为69天，B厂家报给客户的采购周期为41天，结果导致A厂家的周转率为6.45次，B厂家的周转率为10.86次，B厂家的周转率是A厂家的1.68倍，二者相差4.41

次。假设A、B两个厂家的营业净利润均为8%，那么同样的资金投入下两个厂家的营业净利润差距为（8902-5290）×8%≈289（万元）。这里我们可以直观地看到，由于物料的LT差异导致同等条件下两个厂家的营业净利润有着巨大差异。当然，这也是一种理想化的模型，计算是线性的，实际的企业经营活动比这个要复杂得多，但至少我们能看到物料LT对企业库存周转率及营业净利润有很大的影响。

表1-12　物料LT对库存周转率的影响

| 厂家 | 物料LT（天） | 生产周期（天） | 物流仓储（天） | 运输时间（天） | 采购周期（天） | 年交付频率（%） | 客户每次订单额（万元） | 营业净利润（万元） | 原材料采购额占营业收入的比重（%） | 原材料成本（万元） | 年均库存（万元） | 年周转率（次） |
|---|---|---|---|---|---|---|---|---|---|---|---|---|
| A | 56 | 10 | 1 | 2 | 69 | 5.29 | 1000 | 5290 | 61 | 3227 | 500 | 6.45 |
| B | 28 | 10 | 1 | 2 | 41 | 8.9 | 1000 | 8902 | 61 | 5430 | 500 | 10.86 |

（3）原材料或器件LT越短，呆料越少。采购人员都知道前端的需求变化经常会导致产生呆料（多余的库存），这也是供应链管理的矛盾点和核心所在。一方面，为了满足客户的需求，提高及时交货率（On Time Delivery，OTD），生产计划与物料控制人员会要求采购部依据客户预估备料；另一方面，采购部为了提高ITO而需要减少库存。在这个过程中，客户的需求是经常变化的，而且基本上都不接受因为他们的需求变化给厂商带来的多余库存，除非双方签了责任条款。在这种情况下，对于做成品的整机厂商而言，其器件（原材料）LT越短，对前端需求变化越能快速做出反应。举例来说，某电子公司的市场部就某个重要项目给供应链部门10个月的预估时间，这个项目中有一个非常关键的继电器器件，其LT是40周，这意味着采购需要提前40周（10个月）下订单给继电器供应商。假设继电器供应商不接受预估

备料，且不接受中途取消订单，如果终端客户在第三个月告诉这家电子公司后续需求减半，就意味着这个继电器器件会产生多余库存甚至呆料。如果采购部提前将该继电器器件的LT从40周缩短到16周（4个月），那么采购员就不需要提前40周下单，只需要提前16周下单即可，这样即使前端需求有变化，由于LT变短而不需要提前太早下单，从而可以减少多余库存和呆料。也就是说，LT越短，"柔性"越好，因为预估时间越近，结果越精确；反之，越具有不确定性。所以LT越短，越有利于控制库存和呆料。

（4）提前识别长交期物料并找到相应解决方案。对于成品交付而言，假设没有产能问题，成品交期一般取决于物料的到达情况。一个BOM中，交期最长的一种或几种物料决定了整个物料的到达情况，因而这几种"瓶颈"物料（Gating Item）决定了成品的交付。策略采购如果能定期检查并识别出长交期物料，同时找到对应解决方案来缩短这些物料的LT，就可以极大地缩短成品交期，从而加快库存周转。

4. 减少唯一资源

在物料供应中大家最怕的就是唯一资源（Single Source）。唯一资源可能是专用料，也可能是通用件，一般是指研发承认的合格制造商清单（Approval Manufacture List，AML），而不是供应商。缺料如果是通用件，比如Rohm: SCS212AG碳化硅，研发部只承认了这一种资源，但我们可以通过不同的代理商、分销商及现货商去找货源，调现货来解决缺料问题。往往通用件的唯一资源还有希望通过全球范围内调现货来解决缺料问题，如果缺料是一种专用的定制螺丝，别的终端客户都不用，那么这种是定制件且交期又长的物料就必须备一定的安全库存，否则旺季缺料时，这类物料就是非常危险的"拦路虎"。因此，作为战略采购，越早识别这些唯一资源的物料并做出相应预案，越有利于后端供应的顺利交付，从而可以改善OTD及ITO。

5. 识别潜在有供应风险的物料并提前制定预案

风险往往使企业处于被动状态，一旦企业处于被动状态，将会面临更大的风险，从而陷入一种恶性循环。在物料供应管理方面尤其如此，因为所购买的物料均是在企业外部且涉及的范围甚广，这就导致供应管理中有太多的不确定性。不确定性越多，面临的风险越高。提前识别供应风险并设定预案是供应管理的关键，我们需要的是"事前"管理而非"事后"补救。举例而言，如果我们不定期检查所购买的物料是否有停产的情况，等到突然发现某个关键集成电路（Integrated Circuit，IC）停产了，就会导致整个产品停产，这会给企业带来巨大的风险。供应管理有风险，未雨绸缪是关键。

6. 定期分析订单需求情况

前文也提到过订单预测的不准确性是导致物料欠缺或高库存的主要原因，因此需要定期分析订单需求并将分析结果反馈给"上下游"（反馈给客户端和采购端）以便调整采购计划。"预测"本身的意义就是"预计、预估"，是不可能绝对准确的，这就导致供应链中的"牛鞭效应"，使得越是产业链上游越难以处理订单预测问题。定期分析订单需求有利于供应链中各个职能部门对需求做出相应反应，从采购的角度而言，就是能及时发现购买过剩的情况，从而减少库存，最终有利于提高库存周转率。

7. 最小订购量和最小包装量的管理

电子行业常常出现最小订购量（MOQ）和最小包装量（SPQ）的问题，尤其是"多品种，小批量"的行业。例如，依据订单需求，我们一年只需要购买某种IC 200片，但其标准包装是500片，买多了是库存，拆包购买厂家又不卖。在这种情况下，只能到现货市场买现货，但现货价格往往要高出正常订货价格很多倍，这时就需要进行对比，同时要防范现货市场的假货风险。

### （三）提升企业竞争力

"物竞天择，适者生存"是达尔文提出的生物进化论，它被无数的事实证明为自然界生物发展的黄金法则和定律，这一黄金法则在社会科学中同样适用。理论经济学家已经证明，在完全垄断市场、寡头垄断市场、垄断竞争市场及完全竞争市场等不同市场形态中，完全竞争的经济模型是最高效的。因此，从整个社会的资源配置角度来看，未来社会经济格局发展的趋势应该是完全竞争市场。改革开放以来，我国不断放开市场，加大市场这只"无形之手"在资源配置中的作用，逐渐减少政府干预，转变政府职能。历史的车轮是向前发展的，因此市场开放的程度会越来越高，也就意味着自由竞争的程度会不断加深，资源不仅局限于在国内配置，也会伴随着经济全球化、一

第一章 采购认知

体化的步伐在全球范围内配置。这就意味着，在未来社会，每个企业都将直接或者间接卷入全球范围内的竞争中，企业在全球范围内的竞争使得企业面临的竞争强度、宽度及深度都会越来越大，因此如何提高企业竞争力将是关乎企业生死存亡的核心战略。

如何提升企业竞争力是一个很大的课题，无论是在学术界还是在企业营运中都有很多人去研究和思考这一问题。被称为"竞争战略之父"的迈克尔·波特的"竞争三部曲"——《竞争战略》《竞争优势》《国家竞争优势》分别从宏观、中观及微观的角度深刻地阐述了竞争的实质及手段。他在《竞争战略》一书中提出著名的竞争"五力"，即供应商的讨价还价能力、购买者的讨价还价能力、新进入者的威胁、替代品的威胁、行业内现有竞争者的竞争能力。这里主要是从行业内现有竞争者的竞争这一角度来看采购管理与提高企业竞争力的关系。

谈采购管理必然离不开采购因素，采购因素是采购活动的主要方面。因此，我们谈采购管理与提高企业竞争力的关系时，也是从采购因素的角度来看采购管理与提高企业竞争力的关系。

迈克尔·波特提出的竞争五力模型，如图1-3所示。

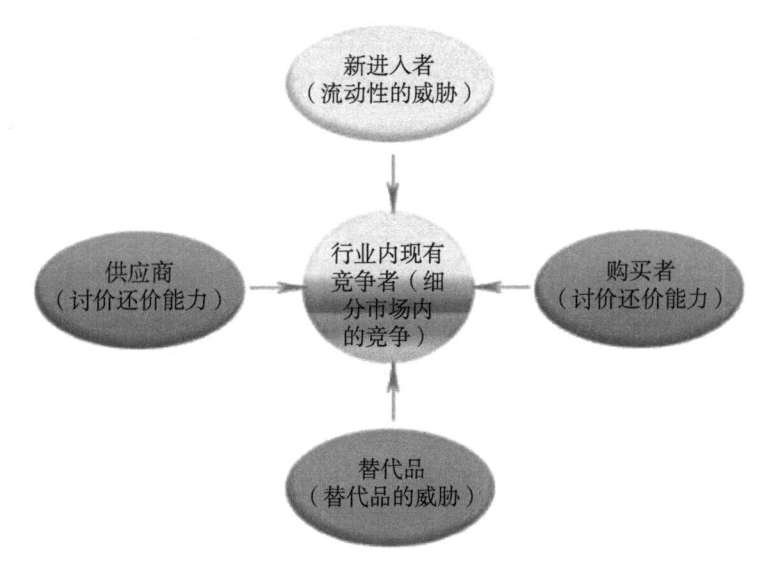

图1-3 迈克尔·波特的竞争五力模型

1. 成本优势战略

迈克尔·波特在《竞争战略》一书中提出三种竞争战略，即成本优势战略、差异化战略及利基市场战略。物料成本是影响企业产品成本的最主要的因素，因此如果企业的物料成本竞争力很强，那么企业产品就具有很强的竞争力。企业的物料成本主要取决于其采购管理水平，而采购部门是管理和控制物料成本的直接职能部门。

2. 缩短新产品开发周期，直接影响企业竞争力

时间是一种无形资产，对企业而言更是如此。当今企业之间的竞争如同古代军队之间打仗一般，反应速度在企业竞争中有着举足轻重的作用。不同行业对反应速度的敏感性不同，消费电子对时间特别敏感，工控仪器仪表对时间的反应相对迟缓。综观当今电子行业，消费电子、照明、白色家电、通信、计算机、汽车电子依然是主流产品，且这些产品均要求快速反应。

（1）新品上市，抢占商机。

一般产品都会经历投入期、成长期、饱和期及衰退期，因此每个产品都会有"新陈代谢"的过程，即老的产品退出市场，新的产品进入市场。从这个角度来讲，新产品是企业发展的生命线，如果没有新产品，企业的"生命"将无法延续。另外，无论是从理论还是实践的角度，新产品的利润相对于已有产品都高出很多，因此新产品对于企业的重要性是毋庸置疑的。

（2）缩短新产品开发周期。

正所谓"商场如战场"，打仗讲究"先发制人"，商场上与竞争对手竞争也讲究一个"快"字，特别是消费电子产品，比如手机行业，手机制造企业每10~12个月就必须有新的机种推出市场，一旦"掉队"就很难跟上市场的节奏。智能手机刚起步时，几乎是苹果和三星的天下，后面中国台湾的宏达电子兴起，没过几年国内市场就出现了"中华酷联"的局面，而现在华为、小米、ViVO、OPPO四家占领了主流市场。原来如日中天的中兴、酷派、联想，都逐渐淡出人们的视线，当然其中的原因有很多，但没有及时推出新产品是一个很重要的原因。

**3.提高物料供应管理能力,提升企业竞争力**

对于成品交付而言,导致成品 OTD 差的原因无非是缺料问题、技术问题、产能不足问题、品质问题、工艺制造问题,其中缺料往往是导致企业 OTD 差的最主要原因。因此,如果企业能提高物料供应管理能力(物料的 OTD),那么产成品的 OTD 将直线上升。

**4.快速响应,提高客户满意度**

正所谓"时间就是金钱,效率就是生命",在互联网高度发达的今天,人们都在追求"快",反映到企业中亦是如此。快速响应是企业竞争力的一种体现,而客户都希望自己的问题快速得到解决。

**5.资源不对等,影响企业竞争力**

每个企业都有自己的一套供应链体系,而其资源又各不相同,因此能否建立一套独特的供应管理体系直接影响着企业的竞争力。

**(四)采购是决定产品能否开发成功的关键因素之一**

对于电子行业,新产品的开发一般会经过五个阶段,即产品定义(Product Requirement Document,PRD)阶段、工程验证与测试(Engineering Verification Test,EVT)阶段、设计验证与测试(Design Verification Test,DVT)阶段、生产验证与测试(Production/Process Verification Test,PVT)阶段、量产验证与测试(Mass Production Verification Test,MVT)阶段及量产(Mass Production,MP)阶段。新产品的开发由一个项目团队主导完成,项目经理为产品开发第一负责人,负责项目预算、进度、品质决策、资源调配和人员协调。项目团队中还包括产品经理、主设计师、项目采购、设计品质保证经理或工程师、商品采购经理或工程师、供应商质量管理经理或工程师、工艺工程师等主要成员。尽管有不同职能部门成员一起开发产品,但总结起来主要包括四项职能,即市场、研发、采购及品质。市场人员要将产品主要特性或特点、产品预估售价(倒推成本)、主要功能等需求定义出来;研发人员依据市场给出的需求设计出具体的产品;采购包括项目采购和商品采购,依据研发工程师的设计需要向研发部提供元器件或原材料的性能、规格参数、样品、价格等信息。

## 第三节 采购工作的核心目标

采购职能是现代企业运营不可或缺的一部分，同时采购职能逐渐"独立"出来并被提至企业战略高度。一切采购活动均是为实现企业经营目标服务的。企业常常为各个职能部门设定 KPI，采购也不例外。采购的 KPI 一般包含及时交货率、降本、库存周转率、供应商整合、供应商绩效管理等。从采购的关键绩效指标我们就可以推出采购的核心目标。站在采购领导者的角度，将采购的核心工作总结为以下几点。

### 一、保障物料的顺畅供应

采购活动，即采购组织根据企业内部需求，按照企业经营总目标，通过科学的采购管理方法和策略获取外部资源，并将外部资源作为企业整体生产与经营活动中的一个重要生产要素来调配，最终达成企业经营总目标的过程。采购活动来源于企业经营总目标并服务于企业经营总目标。因此，采购的职能定位就是连接企业经营需求与外部市场供应资源的"桥梁"，毫不夸张地讲，在现代化的电子制造业里如果没有这座"桥梁"，企业不可能独自完成其经营活动，也就无法到达成功的彼岸。可以说，采购职能并非企业经营成功的充分条件，但它一定是必要条件。

采购工作的目标有很多，但几乎所有的采购活动无论是战略层面还是运营层面都离不开物料的供应问题。可以说，采购活动中每个环节或过程都直接或间接地与物料供应有关，最终也是为实现物料的顺畅供应服务的。为什么这么讲？采购活动的本质就是一种"交换或交易的活动"，即乙方依据甲方的需求提供产品，甲方向乙方支付货款，是货款与产品的交换，在这个过程中实现产品所有权的转移。抛开其他采购因素，物料的供应实际就是商品所有权的转移，如果没有这种商品所有权的转移，就意味着交易无法达成，交易没有达成，就不会产生采购活动。因此可以说，保障物料的顺畅供应是采购工作的首要目标，也是根本性目标，脱离这个根本性目标，我们谈采购的任何一个方面都是没有意义的。以询报价为例，在实际采购工作中，我经常与采购工程师强调，一定要求厂商提供有效的报价，即厂商提供的最终可以促使采购活动达成的报价。相反，假设价格、币种、付款账期、交货地点、最小起订量、品质标准都满足买方的要求，但 LT 报了 52 周，这显然不能称为"有效价格"，因为前置期 52 周对于 99% 的企业来说都是无法接受的，除非这种物料非常特别，且用这种物料的企业也比较特别，比如军工或航天企业之类，否则一般的企业谁能等一年的时间？在这种情况下，即使价格再好、质量再优也无法达成采购活动，因为等待时间太长。不能实现物料的顺畅供应，也就不能实现货物所有权的转移，从而无法达成采购活动。

在供应商管理过程中，有时会碰到某个厂商的产品价格、质量、服务、技术都很好，但产能严重不足，从而无法及时交付的情况。这种情况下战略采购必须开发新的供应商以满足本公司订单需要，在开发新的供应商时，如果搜遍整个市场后发现没有一家供应商的价格水平能保持与之前这家一样，为了满足公司的订单需要，公司也不得不接受涨价以保障物料的持续供应。由此可见，当任何采购因素与物料交付产生冲突时，为大局着想，我们都必须将物料持续供应放在第一优先级，当然，前提是供应商的产品品质符合公司的质量要求。

综上所述，采购工作（职能）的第一目标是保障物料的顺畅供应，这应该是毋庸置疑的了。

## 二、建立科学的采购管理流程

流程是将资源输入转化为输出，从而实现组织或企业目标的一系列步骤、方法和逻辑关系，是企业实现目标的手段和方法。任何组织或个人做事都有流程，大至国家科研项目，小至企业营运，甚至个人炒菜都必须依据一定的逻辑关系来实施。就企业而言，很多小型初创企业可能没有将流程文件化，但其每项工作都会按照一定的逻辑顺序作业，这种逻辑顺序可能是"口口相传"或者简单的流程文件，无论流程是否文件化，其都是按照一定的顺序来作业。

采购职能在企业中的影响力与日俱增，因此采购部门必须高效地管理其内部运作，其管理内容包括以下几个方面。

（1）确定员工人数。

（2）制定并执行采购部的行政预算。

（3）为员工提供职业培训和发展机会。

（4）引进先进的采购管理系统，从而提高开支透明度，使开票和支付更高效，同时能提高用户满意度。

由于采购部门资源有限，因此必须充分利用有限的资源来实现整个采购流程的优化管理，这些资源包括部门内部的员工、预算资金、时间、信息和知识。因此，公司需要招聘一些采购人才，这些人才必须具备处理采购部所遇到的各种问题和麻烦的能力。采购人员应通过让供应商满意的高效的采购管理系统不断提高工作水平，以使内部用户的工作更加轻松愉快。

## 三、管控成本，创造利润

企业经营最主要的目标是服务客户，获取利润，而且是获取一种可持续的利润，而不是短期的或一定期间的利润。除小部分特殊领域的企业外，其他任何营利性组织（企业）在其整体运营的过程中都会考虑成本，始终以成本为中心和标准对企业经营活动进行决策，因为企业利润取决于营业收入和成本。采购活动是企业经营活动中一个很重要的环节，采购工作的总目标也是依据企业总目标设定的，企业的第一目标是获取利润，因此采购活动也是围绕企业的第一目标展开的。前文谈到采购工作的第一目标是保障物料的顺畅供应，这一点是不变的，但必须有一个前提，即从长期来看，采购活动一定要给企业净利润带来正向的贡献，也就是为企业创造净利润；如果采购活动给企业净利润带来的是负向的贡献，那么企业就不能为客户持续供应货物，此时采购的目标就不再是保障物料的顺畅供应了。

如何理解这句话呢？尽管采购的第一目标是保障物料的顺畅供应，在所有采购因素中"供应"排第一位，甚至为实现企业的短期目标，不惜牺牲企业净利润或者亏本为客户供应产品，但如果是长期牺牲企业净利润来为客户服务，就与企业获取利润的宗旨背道而驰了。错误的决策，必须予以纠正。在实际的企业经营中这种情况经常出现，比如销售人员为了抢订单在竞标时以非常低的价格拿到标案，结果财务一核算发现是亏本生意，但为了实现短期目标，且与客户签订的合同必须履行，只有硬着头皮履约。当然，这种情况不会一直持续下去，否则企业将无法存活下来，也就谈不上获取利润了。有人会说，目前很多上市公司每年都在亏损，这与具体企业营运是两码事：一个是实实在在的实体企业经营，另一个是资本运作。从资本投资的角度来讲，长期来看我们还是要做价值投资，所以企业业绩非常好的"白马"股依然是投资者热衷的股票。从国家层面来看，目前上市企业如果连续三年亏损就会被给予退市风险警告，所以在真正的市场经济竞争中，利润永远是企业经营的第一目标。因此，当企业短期内为了实现某项战略目标与某个客户展开亏损状态下的合作时是可以接受的，但如果中长期负利润服务于某个客户，企业高层领导必定会停止这种错误的行为。

原材料（器件）采购成本与企业营业收入及营业收入利润的关系，前文做了详细的分析和阐述，结论是：在电子制造企业中，原材料采购成本是影响企业营业利润的最主要的因素，这是有数据可循的。采购部门对原材料采购成本管控得越好，企业的净利润就越高，因此将管控采购成本作为采购工作的核心目标是顺理成章的事。

## 四、建立采购团队并为之设定 KPI 考核

任何事情都是人想到并做到的，企业经营尤其如此，不仅需要人去做，而且需要团队合力完成，而不是单力。采购工作是一项跨多个部门的工作，因此需要各种人才协作完成。对于企业而言，要想做好采购工作，必须建立采购团队并设定目标。没有目标的管理活动就不是管理，因为管理＝期望值 × 能力。在企业中工作的朋友应该能体会到，在实际工作中很多企业

设定的 KPI 都是形式上的，因为 KPI 来源不明，可能是"拍脑袋"决策或者沿用以前的做法。另外，很多 KPI 考核无法量化，无法量化的目标就不是目标；KPI 合理与否也没有人去仔细研究，有的私营企业老板把 KPI 定得高高的，让人永远也达不成，以为这样能激发人的最大潜能，殊不知这样做既不合理也不科学。

## 五、与内部利益相关部门发展目标一致

前文谈到采购管理是企业为完成经营总目标而需要外部资源时所发生的一系列活动，是企业经营需求与外部资源之间的"桥梁"或"转换器"。简单来讲，采购活动是企业经营活动整个价值链中的一环，这一环如果不外包（外购）就应该在企业内部自制。一切企业经营活动都是以成本为主线，如前文所测算的那样，现代电子制造业物料外购成本占企业总营业收入的 61.51%，而电子制造企业外购物料成本占总成本的 87%，由此可见，采购活动几乎贯穿企业经营活动的始终。在实际工作中，质量管理、采购管理、研发及工程、市场及销售、财务等部门，特别是质量管理、采购管理、研发及销售部门，这些职能部门的作业流程确实是贯穿企业经营活动始终的。以采购管理为例，采购职能在企业内部是职能流的末端，即从客户需求开始→销售部接到客户订单后录入系统→生产计划部根据销售订单及物料情况编制物料需求计划→采购部将接到的采购需求转成采购订单→采购部将订单下达给供应商→供应商交付→采购部请款，形成一个闭环。对外而言，采购是企业外部的开端，将需求下达给供应商，然后供应商也开始了如上面一样的闭环过程。因此，在整个采购活动中采购部门几乎要与所有的职能部门分工合作，这个时候就需要以公司总体目标为导向，当其他部门需要采购部门配合完成某项任务时，采购部门要竭尽全力完成，当采购部门需要其他职能部门配合完成采购目标时，其他部门也应积极配合，因为大家最终的目标是一致的。

# 第四节　采购工作的基本流程

流程是一个"老生常谈"的问题，也是一个"永无止境"的议题，因为没有一个企业敢说自己的流程是完美的，流程永远是在不断优化和持续改进的过程中，因为流程本身就是动态的，它随着企业自身的发展和外部环境变化而变化。毫不夸张地讲，企业的一切经营活动都需要流程来指引，没有流程，企业根本无法运转。采购活动是企业经营活动中的重要一环，采购管理同样离不开采购流程的制定和实施，而且采购管理工作的好与否，在很大程度上取决于企业是否采用了科学的采购管理流程以及是否严格执行。

关于流程的定义比较多，我们认为，流程是一组文件化的关联活动，它们相互作用以达到某种结果，是一系列相互依存、相互联系的活动过程。它在每一个阶段均消耗一种或多种资源（雇员时间、能量、机器、金钱），将输入（数据、材料、部件等）转换成输出，然后将这些输出作为下一阶段的输入，直到达到预期的目标或最终结果。简单来讲，流程就是依据组织或企业的清晰目标，将相关资源转化为实现目标需要的一系列活动并将其文件化。因此，采购流程可以理解为：依据采购目标，采购管理者在一定期间内投入一定资源，并按照一定的步骤达成采购目标，将步骤文件化形成流程。流程实质是一种事物发展的内在逻辑，这种逻辑的目标是使整个经营活动的效率达到最高。

## 一、采购活动的总流程

如前文所述，整个采购活动包括采购的战略层和执行层两个方面，没有战略层就没有执行层，没有执行层，完整的采购活动也就无法完成，所以整个采购活动是在这两者分工协作的基础上完成的。其中执行采购包括项目采购和物料采购两种类型，但其本质都是在完成执行（运营）层面的工作。执行采购就是按照既定的采购目标、方针、政策、策略及流程跟进具体的日常采购工作，其主要职责包括订单需求管理、采购订单管理、物料交付管理、项目采购管理、库存控制和货款对账管理等。战略采购是随着企业发展形态的变化逐渐从原来的执行采购层面分离出来的一项独立职能，在谈战略采购之前我们来探讨一下战略。战略主要考虑两个方面的问题：一个是组织（企业）的方向或取舍问题，另一个是主要矛盾问题。组织（企业）想要可持续性发展，就一定要有明确的发展方向和长远规划，有所不为才能有所为。事物发展过程中有多个矛盾点，我们要抓主要矛盾，这个主要矛盾就是企业的战略问题。采购的战略性活动，就是为整个采购工作设定长期发展战略和规划，将采购工作中影响公司及采购总体目标实现的活动甄别并筛选出来，将其提高到战略层面单独研究并制定相应对策，最终为实现企业总体战略目标服务。对于采购活动的整体工作流程，不同公司或多或少都会存在差异，但其主体框架基本一致，如表 1-13 所示。

表 1-13 反映了从采购活动发起到结束的整个过程，该流程强调的是一个完整的采购活动会经历哪些阶段和过程，这只是一个二维图，是抽象化的简化流程。在实际工作中，采购活动是立体结构，包括很多采购策略、活动，或并行，或串行，或串并结合，形成一个有机结合体，最终输出我们需要的结果。下面我们来介绍立体结构的采购活动，即采购活动的子流程。

### 表1-13 采购工作总流程

| 序号 | 关键工作流程 | 工作描述 | 第一责任人 |
|---|---|---|---|
| 1 | 需求确认 | ①新项目开发需要用到新器件。②新项目开发需要新厂商。③为改善交付、提升品质等原因,开发二供、三供资源。④为完成降价目标,开发新资源或供应商。⑤其他需求原因 | 战略采购项目采购 |
| 2 | 器件选型 | 在新产品开发早期,采购要参与产品开发的全过程。在研发选型新材料及器件时需要采购给出除技术标准以外的所有商务信息,同时选出2~3种资源 | 战略采购项目采购 |
| 3 | 性价比分析 | 依据不同的需求类型和采购标准,对各个厂商报价做全方位分析,包括总拥有成本(Total Cast of Ownership,TCO)、产品性能、物料成本、品质标准等 | 战略采购项目采购 |
| 4 | 供应商选择 | 依据需求目标和性价比分析选择供应商 | 战略采购 |
| 5 | AVL→新厂商开发 | 如果选型器件在合格供应商名录(Approved Vendor List,AVL)里就直接进入下一个环节,否则开发新供应商 | 战略采购 |
| 6 | 正式报价 | 当供应商选定后,采购要求选定的供应商提供正式报价单。报价单里几乎包含所有采购因素,即价格、LT、MOQ、SPQ、付款条件、贸易术语、税率等 | 战略采购 |
| 7 | 系统核价 | 核价就是采购将以上工作做完,需要在ERP系统中完成PIR及SL。PIR(Purchase Information Record)是采购信息记录。SL(Source List),采购信息记录资源清单,即订单分配比例 | 战略采购 |
| 8 | MRP及PR | 当前端采购事项设定完成后,物控计划要开始编制MRP并释放采购需求 | PMC |
| 9 | PR转PO | 执行采购将物料申请单转换为采购订单 | 执行采购 |
| 10 | 订单确认 | 执行采购或者系统自动将订单发送给供应商,供应商需要在一定时间,比如24小时或48小时内响应订单 | 执行采购 |
| 11 | 交付管理 | 执行采购每天有几百个订单需要跟进交期并及时更新至ERP系统 | 执行采购 |
| 12 | 交货及验收 | 执行采购跟进交付具体情况直到物料入仓 | 执行采购货仓 |
| 13 | 对账付款 | 执行采购配合财务对账并安排货款 | 执行采购财务 |

## 二、采购活动的子流程

表 1-13 是将采购活动的过程简化形成的总流程,但在电子制造业采购管理中,采购工作是立体结构而非二维平面结构,是各种子流程或并行或串行或串并结合以达成采购目标的过程。

### (一)商品采购策略

商品采购策略是指依据企业总体采购目标,基于各种不同商品的特性所做出的采购策略。商品采购策略通常包括商品策略团队、商品分类(卡拉杰克模型)、采购支出分析、供应商分类、供应市场格局、商品及其市场特征等。商品采购策略是采购战略的一个重要组成部分,有些企业甚至将商品采购策略等同采购战略。商品采购策略的本质是基于商品类别分析而做出的供应商取舍及供应商管理方案的集合。制定商品采购策略的步骤如下。

(1)需求分析。商品采购策略是为整个企业供应链服务的,而企业供应链管理过程常常涉及很多跨部门的利益相关者,因此制定商品采购策略之前我们应该倾听利益相关者的诉求,从而明确我们的工作目标。每个利益相关者对于供应商的诉求是不同的,比如品质部关注供应商的产品质量,研发部关注供应商的技术创新能力,财务部关注供应商的价格是否有竞争力,新项目开发组关注供应商的响应速度和成本,供应链部门关注供应商的产品交付和服务能力,等等。对于品类采购管理者,我们应该将所有利益相关部门的需求转化成采购工作的需求或者工作目标。

(2)建立团队。对于电子制造企业,前文提到其原材料成本占整个企业运营成本的 70%~80%,也就是说,企业大部分的营业支出都是采购部门的。随着企业规模的不断增长,采购部门肩负着更多"花钱"的责任。如何科学、公平、公正地行使"花钱"职能,将是每个中大型企业共同面临的重大问题。由于个人的认知、知识及经验有限,当面临这种重大问题时,企业往往会组建团队来"集思广益",以便科学地做出采购决策。管理先进的跨国公司很早就意识到了这个问题并付诸实践,国内越来越多的企业也开始组建团队来做出采购决策,比如建立采购委员会为重大项目定供应商,建立寻源小组、品类业务小组来定商品采购策略，建立品类业务团队来定整体采购战略，等等。品类业务团队通常由研发、战略采购、供应商质量、项目采购、执行采购等部门委派代表组成，在制定重大战略及做出决策时一般都会邀请这些部门的最高管理者参与。品类采购管理者（战略采购）通常是这些团队的领导者，由他们负责组织会议，收集各职能部门的建议与意见，最终由大家共同制定品类采购策略。

（3）市场分析。任何科学的决策与方案都来源于信息与数据调研，因此在制定销售策略时，我们要做市场调研与分析。在制定品类采购策略前也要对内外部环境做调查，收集并分析相关数据及信息。这些数据或信息包括但不限于采购支出分析、行业排名分析、供应市场格局分析、供应市场竞争状态分析、技术路线图等数据或信息。

（4）制定策略。这里所指的策略通常包括但不限于采购策略、供应商管理策略、风险评估、谈判策略等。

（5）实施跟进。以上步骤完成后，实施并跟进。

**（二）供应商绩效管理**

供应商绩效是指在一定时期内供应商完成对买方的供应活动后所取得的工作成效。当然，这个工作成效的评价标准由买方制定，其内容包括但不限于产品品质、价格、交付、服务、技术支持等。供应商绩效考核的对象是已经通过企业认证、正在为企业提供服务的供应商，而不包含还没有获得企业认可的新供应商。供应商关系管理的基本流程如下。

（1）制定供应商绩效考核标准。

（2）公布供应商绩效考核标准。

（3）收集并整理数据。按照考核周期定期向各个职能部门收集供应商绩效数据，比如向采购部收集供应商采购价差（Purchasing Price Variance，PPV）数据，向品质部收集供应商项目采购（Project Procurement Management，PPM）数据，向执行采购（运营采购）收集 OTD 数据，等等。

（4）数据确认。确保所有数据都是有效的、正确的。

（5）评分。按照评分细则和供应商绩效数据（PPV、PPM、OTD）给各个供应商打分。

（6）绩效结果公布。供应商绩效计算出来以后，要将结果公布给企业内部相关部门和供应商。

（7）经验总结。针对供应商的绩效，应该总结供应商哪些地方做得好，哪些地方需要改善，只有这样，供应商的绩效才能得到持续改善。

### （三）采购支出分析

采购支出分析是指对在一定期间内已经发生的采购活动产生的支出数据进行收集、整理及分析，以满足未来我们进行采购工作的需要。采购支出分析常常是我们制定商品采购策略、降价策略、风险管理、重大采购决策的重要依据。在实际采购工作中，采购支出分析通常包括以下几个步骤。

（1）数据收集。从ERP系统中导出企业物料价格清单，其中包含上一年度用量、物料编码、规格描述、采购单价、年度采购额等信息。

（2）数据整理。从ERP系统中导出的数据需要经过整理，比如有的数据不准确，需要修正；有的没有商品分类或者分类不详细，需要对物料进行归类；有时币种不同，需要统一币种；等等。

（3）排序。按金额对采购支出进行排序，一般是从高到低排序。

（4）占比分析。从不同维度找出占比80%或90%的支出，这些维度是依据自身需求设定的，通常包括按供应商分析、按商品类别分析、按采购物料分析、多种维度结合分析等。

（5）深入分析。分析的过程是由粗到细、由大至小、由浅入深的过程，这个过程并非完全线性的过程，它是一个立体的过程，比如，如果我们从供应商维度找出占比80%的供应商，再对这占比80%的供应商的物料进行品类分析，最终识别出供应商产品有无降价的潜力。

（6）得出结论。根据分析数据得出结论。

### （四）需求管理

企业经营活动始于需求。例如，管理客户订单时有订单需求，产品开发时有产品规格需求，定价时有价格需求，等等。在企业内部，采购与供应处于整个供应链的末端，因此了解与明确"上游"需求对于我们做好采购工作至关重要。这里所谈到的需求管理并非狭义上的订单需求，而是广义上的需求，泛指一方对另一方在某事物上的要求或需要。这种要求或需要是可以实现的；一方可以是个人、群体或组织；某事物包括但不限于产品、信息、服务、资金、技术、商务条款、情感、感受等；这种要求或需要并非一定是强制性的，有些是可以协商的，有些是强制性的。

与供应链相关的需求管理包括但不限于市场营销中的需求管理、新产品开发过程中的需求管理、采购管理中的需求管理、生产制造中的MRP管理、沟通中的需求管理。

### （五）成本控制与价格管理

成本控制与价格管理是采购工作的核心，成本与价格伴随着采购活动的始末，因此采购管理离不开成本控制与价格管理。

### （六）新供应商搜寻、评估及选择

本文所探讨的供应商开发是指根据企业发展与采购战略的需要，由企业采购委员会领导相关成员完成新供应商的搜寻、甄别、筛选、评估、选定、审核，并最终纳入本企业供应体系的过程。因此，本文所谈到的供应商开发的对象主要是新供应商、潜在供应商，与已有供应商（已经在AVL中）的关系发展不包含在内。新供应商开发流程如表1-14所示。

表1-14的新供应商开发流程中，RASIC即"责任矩阵"，其中，R代表责任（Responsible），A代表批准（Approve），S代表支持（Support），I代表通报（Inform），C代表咨询（Consult）。SQE指供应商质量管理工程师，CBM指品类经理，Proc.Head指采购部的领导，R&D指研发。

### （七）执行采购流程

执行采购又称运营采购，是相对于战略采购或品类采购而言的。执行采购主要负责完成运营层面的工作，比如订单管理、交付管理、付款及收货管理、库存控制等。

表 1-14　新供应商开发流程

| 序号 | 关键工作流程 | 工作描述 | R | A | S | I | C |
|---|---|---|---|---|---|---|---|
| 1 | 原因分析 → 停止 | ①总结企业开发供应商的主要原因，并预测未来可能导致新供应商开发的原因，将这些原因列举出来并分类 ②当有新供应商开发需求出现时，首先分析开发原因 ③了解到真实原因后，评估新供应商开发的必要性 ④当有开发必要时，依据开发原因拟定供应商搜寻与选择战略 | CBM | Proc.Head | | | |
| 2 | 需求定义 | ①供应商开发的根本目的是解决商品供应的问题，因此在进行供应商开发前，我们要知道需求商品的产品规格、主要参数、功能以及对产品性能有无特殊要求 ②大部分商品市场处于自由竞争的状态，即同类产品在市场中有多个供应者，在这种情况下，我们在进行供应商开发前要大致定义我们的采购因素，即我们对于商品的价格、质量等级、交付、服务、技术能力、企业类型等的需求是什么 | CBM | Proc.Head | R&D | | |
| 3 | 战略拟定 | ①依据供应商开发的原因、需求定位及品类采购战略来拟定某个具体供应商开发的战略路线 ②战略路线包括但不限于对供应商的定位（大、中、小）、对供应商的期望（战略合作伙伴、长期合作伙伴、短期合作伙伴）等 | CBM | Proc.Head | | | |
| 4 | 供应商搜寻 | ①依据需求定义与战略规划在市场中搜寻潜在供应商。 ②关于供应商搜寻途径及方法，前文已有大篇幅阐述 | CBM | Proc.Head | | | |
| 5 | 供应商筛选 | 这个过程通常称为"初选名单（Long List）"。①通过供应商搜寻拿到初期信息与数据源。②依据企业的目标与要求对数据源进行初级筛选，去掉明显不符合企业要求的供应商，比如曾经被企业淘汰的供应商，以前审核未通过的供应商，已经在AVL中的供应商，等等 | CBM | Proc.Head | | | |
| 6 | 候选提名 | 这个过程通常称为"入围名单（Short List）"。①依据此类供应商的战略规划从Long List中选出此品类的3~5家供应商作为潜在开发对象。②候选提名是通过充分的横向与纵向对比得出来的 | CBM | Proc.Head | | | |
| 7 | 前期评估 | ①请候选供应商填报供应商背景调查表、自我评估表。 ②报价及所有商务条款最终确认。③质量体系评估。 ④样品认证。⑤初次实地考察。⑥其他 | CBM | CBM | | | |
| 8 | 前期选择 | 从前期评估结果中挑选2~3家符合要求的供应商作为潜在审核对象 | CBM | Proc.Head | | | |
| 9 | 评估 → To 12 | ①签署所有相关文件，比如采购总协议、保密协议、品质协议、环保协议等。②正式实地审厂。由采购委员会派代表组成审核小组，并由供应商质量管理工程师带领小组到潜在供应商工厂进行实地审核。③由SQE出具初审报告。④形成样品验证报告 | CBM | SQE | R&D | | |
| 10 | 特采 → 排除 | ①当被选出来的2~3家供应商均未通过评估时，企业可以依据具体审核报告考虑是否给予临时接受或有条件接受。②给予供应商一定的整改时间 | CBM | SQE | R&D | | |
| 11 | 辅导 | 当供应商"主体是好"的时候，可以给予供应商各方面的辅导培养 | SQE | SQE Head | CBM | | |
| 12 | 厂商认可 | 当供应商审核报告、样品认证、商务条款、价格、交付、质量等都符合企业要求时，供应商可以纳入企业合格供应商名录 | CBM | SQE | | | |
| 13 | 追踪评估 | 每月对供应商做好价格、质量、交付等关键因素的指标统计 | CBM | SQE | R&D | | |
| 14 | 年度评估 | 每年对合格供应商进行稽核、重新评审，以决定其资质的延续性 | CBM | SQE | R&D | | |

注：To 12 是指如果第 9 步评估结果完成，则供应商可以直接进入第 12 步"厂商认可"。

## 第五节 采购手册

程序是一系列的操作运营指示，其中详细阐述了各个部门应如何履行职责或完成任务。程序手册实际上是一个阐述活动该如何运作的手册。一个大型的采购部门可能有上百种操作程序，用来阐述开展某一活动所应采取的合理做法。

我们不可能逐一阐述所有的采购程序，尤其是在无法提供一套能够为所有采购程序的制定提供指导原则的理论或方法的情况下。这里我们仅对采购程序进行简单描述。每家企业都会根据自身需求制定一套适合自己的采购程序，或称采购手册。企业编制采购手册的意义有以下几点。

（1）采购人员将采购手册作为工作的参考指南，尤其是对于那些不了解该如何完成不同活动或任务的新员工来说，采购手册是非常有用的。对于经验丰富的员工来说，采购手册可以帮助其进一步确定运营程序，或者用来加强对各领域运营知识的理解和记忆。

（2）通过将完成采购任务所需的步骤和活动列入正式的文件，保证履行过程中的一致性和有序性。一份好的采购手册不仅有利于提高企业运营效率，而且比政策手册要求更深入、更具体。

（3）企业在拟订采购程序的过程中，常常会参考行业标杆或最佳实践者的采购程序，这样可以了解行业最佳实践者的做法，以改善企业的采购管理。

简化程序在任何情况下都应该是企业追求的目标，重点应放在制定一套简洁、准确和完整的操作指引上。如果规定了过多的步骤，或者太注重不必要的细节，操作指引就会丧失效率。很多企业发现，开发新产品的传统程序不利于部门之间的合作，现有的采购程序逐渐为注重及时性和反应速度的精简采购程序所取代。为了与政策相统一，管理者必须审查和评估采购程序，以确保其及时性和准确性，并努力提高绩效水平。

成熟的跨国公司的采购手册（程序）通常包括以下内容。

（1）采购的愿景和使命。

（2）商品采购策略。

（3）采购合规。

（4）合同管理。

（5）采购管理系统。

（6）新供应商的开发与选择。

（7）供应商绩效管理。

（8）供应商关系管理。

（9）采购价格管理。

（10）TCO 分析。

（11）订单管理。

（12）库存控制。

（13）需求管理。

# 第二章 采购组织

# 第二章　采购组织

资源是会枯竭的，唯有文化才会生生不息。一切工业产品都是人类智慧创造的。华为没有可以依存的自然资源，唯有在人的头脑中挖掘出大油田、大森林、大煤矿……

——华为创始人　任正非

**导读**　任正非讲的这段简洁朴素的话道出了一个组织和企业发展的根本性问题——人才是企业的一切。随着经济全球化、一体化进程的加速，社会分工更加细致，协作更加紧密、频繁，从而加速了各行各业的专业化。在这种时代背景下，采购工作也从原来的后勤型、被动型、交易型活动逐渐向战术型、战略型活动转变。采购人员不再是企业中的"配角"，采购组织也不再是可有可无的边缘化组织，尤其是对于需要精密制造和复杂程度高的电子制造行业，采购管理角色的重要性不言而喻。那么，企业的具体采购工作和采购管理靠什么？靠的是人，靠的是采购人员以及科学的采购组织和管理方法。

专门研究组织和人的学科有组织行为学、人力资源管理、组织理论和管理理论。在这个领域中有各种流派和学派专门研究组织结构和人的关系及其对组织或企业的影响。本人不是管理学的研究者，只是根据实际工作中遇到的、听到的与采购工作有关的内容，从采购的组织结构、采购的角色及职责、采购工作KPI及目标、采购的类型、采购与其他职能部门的关系、采购分工等方面来谈谈自己对采购与供应组织的一些看法及思考。

## 第一节　采购的分类与职责

当前我们的国家政策依然是深化改革开放，在这种时代背景下，作为职场经理人，我们有幸可以接触各种性质的企业，比如外资企业（主要以美国和欧洲企业为代表），国有企业，民营企业，日资、韩资及合资企业。由于不同性质的企业其文化和体制不同，所以在对采购岗位的称呼和责权定义上也存在一定的差异，有的企业的称呼差别还很大。采购岗位的称呼在不同企业之间差异比较明显，比如同样是战略采购，美资企业称其为品类经理（Category Manager）或商品经理（Commodity Manager），德国企业称其为商品业务经理（Commodity Business Manager），法国企业称其为商品细分市场领导者（Commodity Segment Leader），日本企业称其为采购担当，中国台湾企业称其为资材管理，民营企业有的称其为资源开发或供应商开发工程师（经理）或采购工程师（经理），还有很大一部分外资企业称其为采购经理（Sourcing Manager）或战略采购（Strategic Sourcing），等等。另外，"采购"一词在英文中有多个词与之对应，即 Purchasing、Procurement、Sourcing。从英文版的维基百科和美国供应管理协会的定义中可以获得三者间的关联和区别，如表 2-1 所示。

表 2-1　采购岗位的定义

| 序号 | 英文名称 | 中文翻译 | 定义来源 | 定义 | 特征 |
|---|---|---|---|---|---|
| 1 | Purchasing | 购买、采购 | 维基百科 | 采购是一个企业或组织试图获得商品或服务以完成其目标的过程 | Purchasing 侧重于订单下达和交付管理，它只是整个 Procurement 过程中的一个环节。Procurement 不仅包括 Purchasing 过程，还包括加急处理、供应商质量管理、运输及物流等活动 |

## 第二章 采购组织

续表

| 序号 | 英文名称 | 中文翻译 | 定义来源 | 定义 | 特征 |
|---|---|---|---|---|---|
| 2 | Procurement | 获得、采购 | 维基百科 | 采购是通过从企业或组织外部资源中寻找并达成协议，最终获取商品、服务或工程的过程，这个过程通常以招标或竞争性招标程序来完成，以确保买方在质量、数量、时间和地点等方面进行比较时，以尽可能低的价格收到货物、服务或工程 | Procurement 在获得商品或服务的过程中侧重于战术层面，Sourcing 侧重于战略层面。作为组织的一项功能，Procurement 包括规格形成、价值分析、供应商市场调查、谈判、购买活动、合同管理、库存控制、运输及仓储等 |
| 3 | Sourcing | 采购、寻源 | 美国供应管理协会 | 战略采购是识别可为采购组织提供所需产品或服务的来源的过程 | 相较于 Procurement 而言，Sourcing 更注重战略层面，更注重产品开发的早期介入阶段，以及从宏观、中观及微观层面分析供应市场，并据此制定采购政策、战略及方针 |

Sourcing 也只能算是 Procurement 中的一个"早期寻源"的活动，只是在采购管理领域中大家（各个公司和职场人士）习惯将 Sourcing 作为战略采购的代名词。因此，从部门设置来看，一般外资企业会将商品采购（Commodity Sourcing）、商品经营管理（Commodity Business Management）、品类管理（Category Management）、战略采购（Strategic Sourcing）、项目采购（PPM）定义为 Procurement 部门，会将执行采购（或运营采购）的角色 Purchasing Manager（采购经理）、Buyer（采购员）、Material Control（物料控制）、Planner（规划师）、Logistic（物流）、Custom（顾客）等放在供应链管理或者物流部。从这个层面来看，Procurement 一般用来指代采购组织，外资企业一般将战略采购及项目采购放在 Procurement 的组织结构下；Purchasing 和 Sourcing 是一种采购职位而非采购组织，很少看到跨国公司将战略采购部称为 Sourcing Department

或 Purchasing Department，如果有这样的定义，那只能说明公司管理不规范或者该公司是小型跨国公司。民营企业则不然，特别是中小企业，其采购职能没有明确的分工。很多中小企业没有将资源开发采购和执行采购（跟单采购）分开，一个采购员既要负责前期寻源、报价及打样，又要负责下单、追料及付款，一个人从头做到尾。这种组织结构显然没有什么采购战略、采购规划、供应市场分析、供应商管理、成本分析及管控可言。这种采购分工是典型的被动式采购，采购员每天都处于"救火"状态。

  关于采购称呼的问题，成熟型企业与发展型企业之间的差异主要有两点。其一，成熟、规范的公司，比如跨国公司，它们在职能分工上将战略采购和执行采购严格区分开来，尽管各个跨国公司对采购的称呼不同，但其在企业的分工和职能本质上基本上是一致的，只是叫法不同。其二，不成熟、不规范的企业，不仅对采购的称呼不统一，分工也不明确。比如，中小型民营企业甚至是一些体量很大的企业，其采购组织结构的设置十分不科学、不合理。从表面上看只是人们对同一事物的称呼不同而已，但我们透过现象看本质，采购管理这个领域和职业在国际范围内都没有一个专业的、权威的组织来清晰地定义到底应该如何称呼战略采购、执行采购、项目采购、工厂采购等，不同国别的跨国公司对采购的称呼也不一样。国内中小企业就更不用说了，不仅是称呼问题，更多的是职能分工的问题。这一方面体现了中小企业管理者的水平问题，另一方面体现了中小企业领导者并不重视采购管理，还没有将采购管理专业化。在职场中，由于没有将采购称呼标准化，经常会产生很多问题。例如，供应商找错人，该找战略采购的，跑去找执行采购，该找执行采购的，跑去找战略采购；人力资源部招聘时，经常乱用采购称谓，导致无法招聘到合适的采购人员；采购人员面试时经常由于招聘人员用错称谓而产生困惑，甚至可能因招聘单位用错称谓而改变采购人员的职业轨迹；企业内部不同部门间沟通时，由于只看称呼也会产生一些误解；等等。以上这些问题的发生不是偶然的，一是因为没有将采购称呼标准化，二是因为没有用精确的称呼来定义采购职能、职责。在此我们根据采购职责来探讨一下实际工作中采购岗位的称呼问题。

## 一、采购分类

任何事物都可以按照一定的标准或属性进行分类,分类的目的是将复杂问题简单化,这有助于人们对复杂多变的事物进行分析,最终找到事物间的内在联系和发展规律,从而更高效地解决问题。现代企业的采购管理被纳入供应链管理的范畴,其宽度和深度也在不断加深,涉及的工作领域也越来越广。根据实际工作中采购标的物或者采购对象的不同,对采购活动和采购工作进行如下分类。

### (一)按采购的对象分类

按采购对象不同,采购活动和采购工作可以分为物料采购和非生产性物料采购。

1. 物料采购

物料采购,顾名思义,是为满足企业产品生产需求而外购所需的直接生产性物料和间接生产性物料的活动。无论是直接生产性物料还是间接生产性物料,都属于生产性物料,生产性物料是相对于非生产性物料(MRO)而言的。

(1)直接生产性物料。

按照管理会计的观点,直接生产性物料是构成产品实体的原材料和零部件,可以直接追溯到所生产的产品中,也就是在最终成品生产出来后可以看到所使用物料的物理形态。这里所提到的原材料和零部件是相对于企业最终成品而言的。举例来讲,如果某企业生产的是可移动的太阳能灯具,那么生产太阳能灯具的原材料或零部件通常包括太阳能板、电池、LED(发光二极管)灯珠、机构件(塑胶件和五金件)、PCB、电子料、线材、包装材料等。太阳能板对于太阳能灯具而言属于零部件,但它对于太阳能板的生产厂家而言是产成品,因为太阳能板也可以分解为太阳能电池片、线材、五金件、塑胶件、整流盒(小的电子组件)、钢化玻璃等主要零部件。直接生产性物料是生产电子产品的载体,是电子产品不可或缺的组成部分,其对产品成本的影响非常大,原材料成本占企业营业成本的比重极高。因此,在实际采购工作中,直接生产性物料是所有采购领域的重中之重,且本书中谈到的所有关于采购管理的内容都是以直接生产性物料为对象展开的。

在企业实际采购管理运营中，常常按照直接生产性物料的不同类别进行采购组织设定，如半导体品类（采购）经理、被动器件品类（采购）经理、机电组件品类（采购）经理、五金件品类（采购）经理、塑胶件品类（采购）经理等。有的大型跨国公司由于采购品类众多，会进一步对大的采购品类进行细分，再按照细分品类进行分工。比如，机电组件品类中包括 PCB、电池、LED、线材等细分品类，那么就会相应设置全球 PCB 品类经理、电池品类经理、LED 品类经理、线材品类经理等。

（2）间接生产性物料。

间接生产性物料一般是指在生产制造的过程中所使用的很难或无法直接追溯到所生产的产品中的材料。例如，锡膏、松香水、清洁剂等产品生产制造过程中需要的辅助材料（如生产 PCB 时所需要的酚醛板、干膜等）、化学品、手套等。简单来说，间接生产性物料也叫辅料耗材，在最终成品生产出来后是看不出其物理形态的，它们不会体现在最终产品中，只是用来辅助生产的辅助材料。一般而言，间接生产性物料不会放在 BOM 里。负责间接生产性物料采购的品类经理一般包括包装材料品类（采购）经理、化学品品类（采购）经理等。

2. MRO 采购

MRO 是英文 Maintenance, Repair & Operation 的缩写，即 Maintenance（维护）、Repair（维修）、Operation（运行）。MRO 通常是指在实际生产过程中不直接构成产品，只用于维护、维修、运行设备的物料和服务。MRO 是指非生产原料性质的工业用品，主要是针对设备、仪器仪表、办公用品、工具、维修备品等采购对象而言的。在实际采购活动中很多企业将部分间接生产性物料也归到 MRO 中，还将部分服务归到 MRO 中，比如酒店、机票、协议餐厅的开发和选择、租赁业务等。

在实际采购工作中，外资产业一般会按直接生产性物料及维护、维修、运行，间接生产性物料及服务，以及成品这三种类型来设置组织结构，这三种类型的采购分别由三个全球采购总监或以上级别的人负责并向全球首席采购官（Chief Procurement Officer，CPO）汇报。如果是分工更细致的外资企业，还会按照这三大类型特别是直接生产性物料进行细分，比如电子料、机构件、机电件或者更进一步地细分，这个设置取决于每家企业不同的组织结构，各家企业的分类方法大致相同。

### （二）对直接生产性物料按采购职能分类

如前文所述，不同的企业对采购管理有不同的称呼，此外，很多实战型供应链管理专家和理论型供应链管理专家根据采购发展阶段赋予当代采购管理不同的名称。比如，传统交易型采购、战术型采购、战略型采购。无论是从横向（不同企业）还是纵向（时间跨度）来看，采购这项工作都有很多种称呼，特别是英文的称呼。针对直接生产性物料的采购，按照实际采购活动在企业中所行使的职能和承担的责任来看，可以分为战略采购、执行采购（运营采购）及项目采购。

1. 战略采购

战略采购（Strategic Sourcing）是一种有别于常规采购的思考方法，它与普遍意义上的采购有所区别，前者关注的要素是"最低总成本"，而后者关注的要素是"单一最低采购价格"。战略采购是一种系统性的、以数据分析为基础的采购方法。简单地说，战略采购是以最低总成本建立服务供给渠道的过程，一般采购是以最低采购价格获得当前所需资源的简单交易。

如前文所述，行业里对战略采购有很多种称呼，"仁者见仁，智者见智"，每个人的想法不同，没有统一标准。

民营企业关于战略采购的称呼有资源开发经理（工程师）、供应商开发经理（工程师）、寻源经理（工程师）、战略采购经理（工程师）、策略采购经理（工程师）、采购工程师等。很多民营企业直接称其为采购经理，通常情况下中文的采购经理可能有三种不同的情况：其一，采购经理的职能包括战略采购和执行采购的职能，特别是在公司规模不大且产品相对简单时，这样的组织结构比较常见；其二，采购经理只负责战略采购工作，执行采购被分到物流部或生产计划与物料控制部门；其三，有的企业的采购经理只负责执行层面的工作，不负责战略层面的工作。

### 2. 执行采购（运营采购）

执行采购又称运营采购，是指在整个P2P过程中负责除战略采购外的执行层面的具体采购工作的采购职能。执行采购是本书自创的一种称呼，因为在企业管理中战略层与执行层常常是彼此呼应的，既然有战略采购，那么具体业务运营和执行层面就应该有执行采购与之对应。关于执行层面的采购职能，行业里有跟单采购（Buyer）、生产计划与物料控制等不同的称呼。根据不同企业的性质、规模大小不同，执行采购的职能也有所不同。一般将执行采购的职责定义为订单管理，交期跟进，处理付款，处理交付中的异常问题，订单需求管理，等等；有些企业会将库存控制、多种资源的供应分配等职能划分给执行采购。在个人看来，执行采购的核心其实是交付管理和库存管控，及时交货率和库存周转率是其主要关键绩效指标，这两项核心工作涉及执行采购工作的方方面面。

### 3. 项目采购

在外资企业，尤其是有自己品牌的终端成品的外资企业，都是以项目组的形式进行新产品的开发与管理，项目组由各个职能部门的成员组成。在新项目开发过程中，负责采购职能的角色通常称为项目采购。

### （三）按采购管辖的地理位置分类

在全球性的跨国公司中或集团化公司中，由于地理位置的原因，会设置全球采购、区域采购及工厂采购。这一方面是地理原因，另一方面是"中央"和"地方"的关系，所以有的企业也叫中央采购。就本人服务过的三家跨国公司来看，对这三个层面的采购理解如下。

### 1. 全球采购

全球采购，是负责集团公司某类或子类产品的采购策略及其商品管理。这类角色一般由外国人担任，角色的设定一般取决于产品设计中心和主要供应商所在地。一般来讲，供应商服务也是遵循"就近原则"，特别是电子元器件或者标准结构件、机电件采购。举例来讲，本人服务过的一家美国公司，其事业部做的产品是由英国研发中心设计的，所以其多数主力供应商都来自英国，比如MCU、DSP（数字信号处理器）、Crystal（晶振）、MOSFET、

IGBT等量大且价值高的关键元器件的供应商都来自英国或其他欧洲国家，在这种情况下，公司当时负责整个电子料件的全球品类采购经理（Global Commodity Manager，GCM）就来自英国。另外，这与电子元器件行业本身的特性有关，在电子元器件供应市场，原厂制造商会询问终端客户在哪里设计，并指派当地的代理商或者原厂当地的分公司去服务终端客户，这样一来，终端客户就会被原厂"锁定"。当产品设计完成并完成批量生产验证时就会转到中国某个工厂进行生产制造，中国的工厂就会向原来提供设计支持的制造商采购。在实际工作中，全球采购区别于区域采购和工厂采购的几项重要职能如下。

（1）全球协议价谈判。

在全球性跨国公司中，GCM每年都会与其所管理的供应商进行年度议价，然后整理成主数据，这个主数据中几乎包含了集团公司以前用过和正在用的所有电子料件及标准件的全球协议价，这些电子料件及标准件的全球协议价都是GCM与各电子料件及标准件原厂的高级销售人员经多轮磋商谈判确认下来的。全球协议价谈好后，交由专门的人或由GCM自己录入ERP系统中，作为物料的采购价格。GCM会将主数据发给区域采购和工厂采购，当有新项目需要询价时，先在主数据中查询是否有现成的价格。如果有，可以直接填写到新项目的价格中；如果没有，可以自行报价。不同的商业模式其GCM的职能有所差异。比如In House（内部）模式，即由终端客户自己设计，由自己的工厂生产；OEM模式，即原始设备制造商（终端客户）设计产品，找合约制造商代工代料生产；EMS模式，即电子合约制造商纯代工代采部分物料；ODM模式，即原始设计制造商（终端客户）只给产品需求，由ODM设计并买料生产。对于拥有自主品牌的终端客户而言，一般可以采用In House、OEM、ODM、EMS等多种商业模式来生产制造，由于其业务量大且复杂，其GCM有时往往无法顾及每个工厂的具体采购运营情况，因而会有部分"失控"，这时就需要设置区域采购和工厂采购。如果是OEM或EMS商业模式，其GCM绝对管控电子元器件和标准料件的全球协议价，全球排名前四位的EMS代工厂富士康科技集团、伟创力、捷普电子、新美亚就是由 GCM 绝对管控电子元器件和标准件的全球协议价。

（2）商品管理策略。

GCM 是按照商品类别来划分职能的，关于这个方面，不同公司的划分是有差异的。一般是依据跨国公司采购量来划分的，如果电子物料的直接采购量非常大，比如汽车电子行业及安防工控行业，特别是汽车电子行业，由于终端车厂不允许汽车零部件厂商进行外包生产，所以几乎所有整车厂的上游供应商供应的产品都必须是自己工厂生产的，不能进行外包。在这种情况下，对于做汽车电子的大厂而言，其电子元器件和标准件的物料采购量是非常大的，就会按诸如 MCU、分立器件、半导体功率器件、MLCC 及电阻、磁性元件、传感器等次级子类商品划分给不同的 GCM 管理。如果是其他非汽车电子行业，比如照明、消费电子等行业，由于越来越多的终端客户走"轻资产"的路线，即自己掌握市场、研发设计及供应链，中间制造环节外包，在这种情况下，企业自身直接采购物料的采购量没有那么大，就会按大的商品子类分工。比如，会按主动器件、被动器件、模组件来划分。GCM 依据自己所负责的物料制定相应的商品采购策略（Commodity Business Strategy，CBS），所有相关的人都要按照这个采购策略去执行。这种商品采购策略是从全球范围内对某类产品进行资源调配和管理，包括但不限于全球供应商分类、供应商管理、供应商生命周期管理、此类产品的全球市场格局分析、供应风险预估及对策等。

（3）早期供应商介入。

对于跨国公司新产品开发模式，一般重大项目都会选择海外的研发中心进行产品设计和开发，在这种情况下，GCM 会配合海外研发团队进行器件或原材料的选型和器件性价比分析，这个过程就是早期供应商介入（Early Supplier Involvement，ESI）。近几年，因为成本和全球战略因素，越来越多的跨国公司将研发中心从海外转移到中国和印度等发展中国家，本人就亲历两个跨国公司将研发中心转移到深圳的转变过程。

（4）全球采购价差管理。

采购价差（PPV）是战略采购用来"监控"采购价格的重要工具和方法，

电子制造业中物料的采购价格是影响产品最终成本的重要因素，因为原材料成本占企业整体营业成本的87%（平均值，不同行业有一定差异）。因此，价差管理的好坏直接影响着企业产品成本控制。比如，GCM每年会为各自负责的器件进行年度议价并将全球协议价更新到主数据及ERP中，每个月会有专门的人导出PPV和支出报告，一旦PPV出现异常，GCM马上会找相关责任人去了解和分析情况。关于PPV的管理，将在后文产品成本控制部分专门阐述。

2. 区域采购

区域采购，就是按照不同区域，比如欧洲、中东及非洲地区，亚太地区，北美、中美洲及南美洲地区，拉丁美洲地区进行采购。欧洲、中东及非洲地区以及亚太地区这两个区域一般是制造业的重心区域。由于GCM通常比较忙，且往往是从宏观层面考虑商品的策略，在具体到每个区域和工厂时就显得有些"力不从心"，这时就需要区域采购来帮助其管理各个区域的采购事宜。有些全球性跨国公司在全球有20家、30家甚至50家工厂，加上外包的工厂，可能有上百家工厂为其生产制造，在这种情况下，一个GCM根本无法顾及所有工厂的采购管理活动，此时就产生了区域采购。区域采购其实是在执行全球采购的采购战略以及对具体工厂采购进行监管和协调。在行政职能上，区域采购直接向全球采购汇报，只是按不同区域划分职能而已。区域采购在其管辖的区域内相当于全球采购的角色，通常需要管理某个区域所有工厂的采购活动。

3. 工厂采购

工厂采购并不仅指有工厂的战略采购，还包括国内某个研发中心的战略采购，当然，更多时候是指有自己工厂的战略采购。工厂采购管辖的范围就是自己所在工厂的采购事宜。下面来谈谈工厂采购与全球采购、区域采购之间的关系。

（1）本土化策略。

工厂采购主要是相对于全球采购和区域采购而言的，我们知道全球性跨国公司在全球范围内进行资源配置，通常依据终端客户的地理位置来设置研发中心，并依据成本比较优势来设置工厂。尽管近几年中国人口红利逐渐消失，人工成本不断攀升，厂房租金上涨，但相较于发达国家而言依然有一定的比较优势。另外，改革开放40余年积累下来的产业聚集效应、供应资源优势，使得目前中国制造依然有很强的竞争力。在这种情况下，很多跨国公司已经将部分设计中心和大部分制造中心转移至中国或正在向中国转移。有工厂存在，就意味着有制造，有制造就需要供应链，要建立好的供应体系就需要进行采购管理。

GCM的工作重心主要集中在电子元器件，电子元器件通常属于标准件，但对于模具、塑胶、五金、线材、电池、包装材料等非标件的采购就需要采取"本土化"策略，一方面是为了满足时效性要求，另一方面是为了获得成本优势。时效性体现在非标准件要求供应商能快速响应、及时的技术支持、异常处理、很短的采购前置期等。举例来讲，采购塑胶件外壳时要进行多次试模，需要终端客户和供应商一起看试样的效果并签样，如果客户和供应商不在一个国家，可以想象其时效性会有多差。在一些特殊的行业，我们在选择新供应商时对塑胶件、五金件、包装材料的供应商都有距离要求，比如车程在两小时范围内等。成本优势是不言而喻的，对于这些非标准件，国内的厂商相对于国外厂商而言，无论是原材料、生产制造、人工还是运输成本，都远比海外供应商有优势。这些优势体现在四个方面。一是原材料优势。由于中国依然是全球制造中心，同样的原材料国内厂商可以"享受"规模经济的优势。二是生产制造成本优势。由于相对于电子元器件而言，大部分塑胶件、五金件对环境的污染比较大，发达国家的环境保护法律比大部分发展中国家要严格和规范，因此生产这类部件的成本比发展中国家要高得多。三是人工优势。相对于电子元器件而言，非标准件自动化程度较低，属于劳动密集型产品，发展中国家的人工成本显然要低于发达国家。四是运输成本优势。这些非标准件无论是重量还是体积都远大于电子元器件，电子元器件可以在全球范围内发送快递且运输成本占产品本身价值的比例很小，塑胶件、五金件则不然，有时空运费甚至会超过物料本身的价值，除非有特别要求，一般情况下企业不会选择距离生产基地很远的供应商，更不用说是跨国、跨地区供应。

（2）"中央"和"地方"的关系。

上面谈到，对于非电子料，由于结构件本身的特性，其供应商的选择需要遵循"就近原则"。在全球性的跨国公司中，战略采购有三个层级，即全球采购、区域采购和工厂采购。一般是由区域采购和工厂采购向全球采购汇报，理论上应该是实线汇报，但由于每个工厂都有自己的考核指标和业绩，一般采取工厂采购实线汇报给工厂总经理（General Manager，GM），虚线汇报给全球采购的方式。在实际工作中，就看工厂总经理和全球采购副总裁（Vice President，VP）二者的博弈了，谁更强，工厂采购就执行谁的策略。

### （四）按是否为库存形式分类

由于行业众多，不同行业的企业有不同的特征，因此产生了非库存采购和库存采购的区分。

1. 非库存采购

非库存采购往往是"按需定制"，卖方不备库存，只有在接到买方的订单时才开始准备生产制造，这种按需定制的采购方式称作非库存采购。

2. 库存采购

库存采购是在市场上有大批库存的商品或服务，当买方有需求时，可以直接下单并快速获取商品或服务的一种采购方式。采用库存采购方式的商品或服务通常是标准件。

### （五）按采购产品形态分类

随着经济全球化、一体化的不断加剧，人力资源、资金、原材料和器件、厂房等各种生产要素在全球范围内得到最优配置，也意味着国际化分工与合作更加细致和紧密。在这种时代背景下，越来越多的有自主品牌的企业，特别是外资企业逐渐关闭自己的工厂，开始走"轻资产"的路线，自己专注于做市场和研发，中间环节外包。越来越多的外资企业设置了成品采购和直接物料采购两个采购岗位，因为自制产品的企业越来越少，成品采购逐渐取代了直接物料采购在采购中的主流位置。

## 二、生产性物料采购的主要职责

前文谈到从不同的角度对采购进行分类,可以分出多种采购类型。尽管采购工作的种类众多,但就电子制造业来看,生产性物料的采购对企业营运的影响最大,支出最多,团队规模最大,属于持续性的采购活动。现在越来越多的外资企业开始实行外包的采购战略,这些企业中成品采购的地位也逐渐高于生产性物料采购,生产性物料采购将不再是市场的主流。站在外资企业的角度来看,这一点是显而易见的,即成品采购逐渐"强大",但他们应该清楚,不管产品是自制还是外包,最终产品都需要实体工厂来生产制造,既然需要工厂来生产制造,就需要原材料和元器件的采购,因此站在整个产业链的角度来看,原材料采购既没增也没减,企业只是将原来需要自己生产制造的环节外包给OEM或ODM。另外,学术界在讨论采购管理、供应链管理时,也是以原材料采购为载体展开的。

很大一部分人对于采购的主要职责并不清楚,常常混淆战略采购与执行采购的职责,这部分人中既有非采购人员也有采购人员。下面从实操的角度介绍战略采购、执行采购及项目采购具体的工作职责。

### (一)战略采购的主要职责

战略采购的主要职责有以下几种。

1. 需求管理

在供应链管理中,从需求到供应这个阶段来讲,采购管理的第一角色是"被需求方"。战略采购在实际工作中经常接收到来自市场、研发、品质、生产计划与物料控制、执行采购各部门的需求或要求,在这个过程中就产生了需求定义和管理的问题。具体来讲,市场部需要快速了解一个产品的整体成本,那么采购部就需要快速评估出物料成本;研发部在设计产品时,需要找到符合产品设计要求的元器件,而研发人员只能提供参数要求,需要采购人员和供应商一起给研发部提供完整的元器件选型方案;供应商质量管理部多次接到某个厂商产品质量不稳定的产线投诉,因此供应商质量管理工程师要求采购立刻找替代供应商以作备用。生产计划与物料控制人员和执行采购遇到物料供应问题，比如厂商延迟交货或交不出货或全球缺料时会请战略采购协助处理。在企业内部各部门间的上游需求的沟通中，需要战略采购快速识别需求并高效快捷地解决上游需求问题。

2. 供应商生命周期管理

任何事物都是有生命周期的，在采购管理过程中常见的是产品的生命周期及供应商的生命周期。外资企业一般将供应商的状态分为评估阶段（Under Evaluation）、导入阶段（Phase in）、准备交易阶段（Ready For Business，导入合格）、交易冻结（Business Hold，双方合作出现问题）及供应商剔除（Phase out）。商品采购经理需要管理自己所负责供应商从开发到最终剔除的整个过程。

3. 新供应商搜寻与开发

根据不同的供应商开发原因，比如目前厂商有质量问题，为了完成年度降价目标，目前厂商产能不够，寻找备用资源，目前厂商不合作，等等，在开发新厂商时侧重点会有所不同。根据工作任务完成新供应商开发过程所有相关工作直至顺利实现物料供应，即供应商定位，厂商搜寻，背景资料调查，初步报价，筛选潜在供应商，安排打样及测试，跟进测试结果，前期实地考察潜在供应商，带领供应商审核小组对厂商进行实地审查，正式商务谈判（包括正式报价、付款条件、交货地点，前提是审核通过），签署相关合同（总体框架采购协议、品质协议、保密协议），创建供应商代码，批量订单交付。

4. 供应商关系管理

供应商关系管理包括供应商季度绩效考核，优化供应商资源库，建立供应商激励机制，供应商年度审核，AVL 与 AML 管理，供应商分类，供应商评级，供应商生命周期管理，等等。

5. 采购战略制定及实施

采购管理中最重要的工作之一就是采购策略制定及实施，具体包括年度采购支出分析（按不同的维度，比如物料类型、月份、物料细分、供应商等分析年度采购支出），供应商分类（根据采购金额和供应风险，将厂商分为一般供应商、瓶颈型供应商、战略型供应商及杠杆型供应商，从而"分而治之"），供应商整合，降价策略拟定（供应商季度/年度谈判，引进新的竞争者，开发替代物料，本土替代国外，规模经济，等等），物料供应风险评估及对策拟定（单一资源、单一供应商、长交期物料、有潜在品质隐患的供应商、有潜在商务风险的供应商），缩短采购前置期，优化商务条款。

6. *价格管理*

价格管理是采购工作中非常重要的一项工作，通常包括但不限于新物料（项目）的询价、TCO 分析、价差分析及管理、SAP 核价（价格信息记录和货源清单设定）、价格更新等。

7. *成本控制*

前文多次提到，在同等条件下（销售额不变），企业要想提高利润率就必须进行成本控制，而对于制造业企业而言，企业的主要成本来自直接物料的采购，因此物料的成本控制成为采购乃至企业战略层关注的核心问题，一切采购活动均是围绕成本进行的。在实际采购过程中，与成本控制相关的工作包括但不限于在报价阶段获取最优 TCO，尽量缩小 PPV 百分比，价格标杆分析，采购商品的成本分析，采购价格对比分析，年度采购议价，降价策略的制定及实施，等等。

8. *市场行情分析*

定期撰写元器件市场行情报告并发送给研发、后端供应链等相关部门，提示后续是否存在涨价、供应紧张、全球产能不足等风险，以及是否有新产品推出等信息，从而提前制订应对计划和方案。市场信息收集及行情分析对于采购来说非常重要，其主要目的是使采购工作或者企业经营化"被动"为"主动"，因为在市场竞争中谁都不想处于被动局面，处于被动就意味着没有话语权。自 2016 年以来原材料及元器件市场非常不稳定，很多小企业因无法忍受原材料及元器件（包装材料、PCB 及容阻件）的价格波动而不得不关闭工厂，最终被"洗牌出局"。因此，采购要放一只"眼睛"永远盯住市场的风吹草动，从而敏锐地捕捉市场信息，将市场信息与公司经营业务联系起来，提前做出计划，未雨绸缪，以免后期处于非常被动的局面，甚至面临倒闭的风险。

### 9. 供应风险评估及管理

供应风险评估及管理是采购工作中非常重要的一项工作，通常包括但不限于单一物料风险评估，现货购买风险管控，订单预估管控和缺料风险管控及预防，单一供货商风险评估及管控，厂商潜在品质风险评估及管控，等等。

### 10. 合同管理

采购部门有一项重要的职责，就是签署采购协议，特别是在新供应商导入阶段有一系列合同及协议需要采购人员主导供应商签署，比如采购协议（Master Procurement Agreement，MPA）、保密协议（Non-Disclosure Agreement，NDA）、品质协议（Quality Assurance Agreement，QAA）（有的公司由SQE主导签署）、环保协议、行为准则（Code of Conduct，COC）等。

### 11. 跨部门协作

采购是一种典型的跨部门职业，因为采购对外（供应商）而言是需求的开始，对内（市场、研发及供应链部门）而言是需求的末端，而且采购管理的标的对象即商品、资金及信息，贯穿整个企业经营活动的闭环。因此，采购在日常工作中从基层的前台或保安至CEO都会涉及，更不用说与研发部、供应链管理部、工艺工程部、制造部、物流部、财务部、市场部、销售部、项目部等在日常工作中的交集了。

### 12. 向上级领导汇报

如前文所述，采购分多种类型，在实际工作中有时会出现"多头"汇报的情况，即实线和虚线汇报机制。另外，在项目组中项目经理是项目的总负责人，遇到特别的案子，采购还要向项目经理汇报。因此，向上级汇报工作也是采购的职责。

### 13. 采购经常被要求做"证明题"

可以说采购人员大部分时间是在做"证明题"。何为"证明题"？"证明题"就是采购人员经常要接受其他相关部门和领导（项目组、研发部、品质部、全球采购上级领导）对采购工作提出的问题和质疑，而且要有理有据地回答。为了做对这些"证明题"，首先需要收集各种资料、数据或"证据"，在回答对方问题时要严谨且具有逻辑性，否则别人用一个问题就能"推翻"你的论点和决策。举例来讲，在终端（有自主品牌的成品公司或厂家）做过采购的同人会有类似的经验：高层领导听到某个部门的"只言片语"，对于某个商品我们自己做的成本价格比外包采购成品的价格要高得多，然后就认为我们所有自制产品购买的原材料价格都很高，紧接着就要求采购部门进行调查、检查和改善。记得当年在一家知名德国公司做采购时，所做的第一个任务就是，调查为何我们自己买原材料生产的产品的成本价比外购成品的采购价要高出一倍多。经过一个多月的调查得出的结论是：ODM 为了赢得我公司的生意，进行策略性报价，这种报价对于 ODM 来讲是没有利润的。我当时的做法是，将 BOM 明细展开，找出其中占整个 BOM 成本 95% 的物料（抓主要矛盾），然后找我公司内部的 AVL 原材料或器件厂商逐一报价，同步要求 ODM 公开其 BOM 物料报价明细及供应商，并要求 ODM 的原材料或器件厂商报价。经过对比发现，我公司 AVL 中的供应商报价的确比 ODM 高出很多，原因很简单，我公司用的全部是世界级的制造商提供的器件，而 ODM 用的是国产级器件，价差大是很正常的事，因为东西完全不同，没有可比性。将我们自己找 ODM 的二级供应商所询的价格与 ODM 的价格进行对比，发现 ODM 的二级供应商能给 ODM 很优惠的价格，但不会给我公司如此优惠的价格，因为我公司并非这些厂家的直接客户。最后请 ODM 出面才给到与其一样的价格，但问题是这个 ODM 自己做磁性器件，而价格相差最大的就是三颗磁性器件。我寻遍国内几十家磁性器件厂，没有哪家价格能做到这么低。最后，对这个 ODM 的变压器进行分解，分别将铜线、磁芯及骨架称重，发现仅所用铜线的价格（铜线价格是透明的）就已经接近他们报的变压器的价格，最终推断 ODM 为了抢订单而做了策略报价。由此可见，在具体采购工作中，我们经常面临向各个相关部门做"证明题"的情况。

14. 突发事件紧急处理

采购经常会遇到各种突发事件，比如客户紧急插单需要协助执行采购解决紧急缺料问题，自然灾害导致原材料或器件市场出现巨大波动，供应商出现重大品质事故导致要找二供、三供资源，具有寡头垄断地位的厂商涨价，等等。

## （二）执行采购的主要职责

执行采购的主要职责有以下几种。

1. 订单需求管理

与上游生产计划与物料控制部及市场部确认后续订单状况，包括预估、实际订单、备货需求等，对比实际订单与预估的差异及预估的准确程度，并将对比数据反馈给前端生产计划与物料控制部及市场部。

2. 订单管理

订单录入，核对订单，确认无误后将订单发送给供应商并要求供应商回签确认。

3. 交付管理

与厂商确认订单交期，将交期录入 ERP 系统，向生产计划与物料控制人员提供自己所负责料件的交期，根据前端生产计划与物料控制需求对交期进行提前或推迟处理，以解决紧急插单缺料问题。

4. 对账单

有的公司要求执行采购负责处理发票及对账事宜，执行采购需要管理供应商的发票和对账事宜，配合财务及时完成付款。

5. 跨部门协作

执行采购经常要与品质、运营、生产计划与物料控制、财务、商品采购等部门协作处理与订单和交付有关的事宜。

6. 原材料库存控制

原材料库存在企业库存中占的比重很大，具体多少，因企业而异。导致原材料库存的原因众多，其中一个重要原因就是供应与需求的不平衡，而执行采购在供应链中是供应与需求的"一线"管理者，他们最清楚需求和供应的状态，因此原材料库存管理的好坏和执行采购息息相关。

## （三）项目采购的主要职责

项目采购的主要职责有以下几种。

1. 物料选型

在产品开发早期，就需要将采购角色引入项目中，这就是人们常说的

ESI。通常来讲，硬件研发工程师专注于元器件的运用和产品的设计，但常常不了解元器件的性能、价格、市场供应等信息，此时项目采购就需要向研发工程师提供元器件的性能、价格、制造商的优劣等重要信息，以帮助研发工程师完成元器件的选型。

2. 配合研发完成 BOM

在新产品开发初期，BOM 是需要管理的，而项目采购恰恰是帮助研发管理 BOM 的重要角色。

3. BOM 成本预估

在新产品开发阶段，最重要的几点分别是产品设计方案的选择、产品成本预估及控制、项目进度管理、项目风险评估。产品成本对产品能否成功开发起着关键性作用，有时甚至起着决定性作用。在项目开发早期，需要项目采购完成产品 BOM 的成本评估。

4. 负责整个产成品的报价

对于有些 ODM 或联合设计制造商（Joint Design Manufacturer，JDM）的项目，项目采购要负责整个产成品的报价工作。

5. 产品成本优化及管控

产品是否有价格优势，关键在于产品开发早期的设计选型、物料选型、供应商的选择、质量标准、技术标准等。因此，在整个项目开发过程中对产品成本的优化与管控是项目采购的核心工作职能。

6. 新产品导入（NPI）项目所有样品跟进

新项目（产品）开发过程中，常常需要购买或申请很多物料或半成品的样品，而这些样品的交付及状态均需要项目采购来跟进。

7. 自制与外购分析

一些跨国公司有多重业务模式，比如 In House Design（内部设计）、ODM、OEM、JDM 等。当一个新项目启动时，常常会将自己工厂设计产品的成本与外购产品的成本进行对比，最终依据项目要求的时间、品质、成本等因素来决定是自己设计生产还是直接外购。

项目采购是采购在项目中的唯一窗口，负责处理项目中采购领域的所有相关工作。

## 第二节　采购组织结构

采购组织结构是采购部在企业中的角色地位及采购部内部分工在人事分工上的反映，是"因事设岗"而不是"因人设岗"。成熟的采购组织结构有以下两种作用：其一，通过权力和职责的划分明确分工；其二，完整的采购组织结构方便企业各个部门进行横向沟通与协作，有利于企业总体采购目标的达成。

### 一、采购部向谁汇报

不同的企业对采购部有不同的定位，而这种定位常常通过规定采购部向谁汇报体现出来。例如，如果企业设置了首席采购官（CPO）并直接向CEO汇报，那么这家企业显然是非常重视采购这一战略性职能的。下面依据企业规模、企业性质、产品特性等因素来跟大家探讨一下采购部汇报的几种类型。

1. 直接向首席执行官（CEO）汇报

越来越多的跨国公司开始注重采购管理在企业中的价值和作用，因而设立了独立于其他职能部门的全球战略采购部，并设立CPO岗位来领导整个采购活动，CPO直接向CEO汇报。例如，德国西门子、德国欧司朗等知名企业的采购最高领导就是CPO，CPO直接向CEO汇报。

2. 向首席运营官（COO）汇报

从传统的采购职能来看，尽管采购管理属于供应链管理职能的一种，但正是因为战略采购的重要性及其战略性地位，目前大部分全球性集团公司或跨国公司在对采购职能进行定位时，会将战略采购部与供应链管理（执行采购、物流、报关、生产与物料计划）部、制造部、销售与运作计划（Sales and Operations Planning，SOP）部并列起来。全球战略采购最高领导为采购副总裁（或高级副总裁），采购副总裁与其他职能部门的副总裁一样直接向COO汇报。例如，Apple、华为、中兴、联想等知名企业都是这样定位采购部的。

### 3. 向集团副总裁（VP）汇报

有些中等规模或者规模较大但产品线不多的企业，包括外资企业和民营企业，没有单独的战略采购部，因此没有设置CPO或采购副总裁，只引入了采购总监的角色，采购总监向副总裁汇报。这种采购组织架构也比较常见。

### 4. 向总经理（GM）汇报

对于一些单独的工厂而言，特别是一些外资企业在国内的OEM或ODM，通常是由总部委派一个总经理，再由总经理按职能部门设定组织结构。在这种情况下，采购部负责人通常为采购经理或总监，并直接向总经理汇报。

### 5. 向供应链总监汇报

在很多中型企业或更大规模的企业中，经常会设置供应链总监，供应链总监负责管理战略采购、执行采购、生产计划与物料控制、物流、仓库等职能部门的工作。在这种情况下，战略采购的最高领导为采购经理或采购主管，直接向供应链总监汇报。

### 6. 向老板或老板娘汇报

有些企业的产成品结构相对简单，所购买的主要原材料类型及型号相对单一，80%的物料采购由老板或老板娘与供应商谈价格及相关商务事宜，请两名采购跟单就算"解决"采购工作的需要了。在这种情况下，采购人员直接向企业老板或老板娘汇报，比如PCB、FPC（柔性线路板）、线材、模具、模切、钢片等行业就有这种特点。从本质上来讲，这种类型的企业没有采购部，也没有专业的采购人员，唯一的采购人员就是老板或老板娘，属于规模较小的粗放型行业。

### 7. 向物料经理汇报

有些中小型企业没有设置供应链总监，而是由物料经理管理相关物料采购与供应事宜，由采购主管负责采购事宜，采购主管向物料经理汇报。

## 二、常见的采购组织结构

常见的采购组织结构有以下几种。

### （一）独立垂直型采购组织

独立垂直型采购组织结构是本书自定义的一个名称。独立垂直型采购组织结构，是指战略采购部独立于其他职能部门组建起来的由专业采购团队来管理采购活动的部门。这种采购组织的最高领导要么是 CPO，直接向 CEO 汇报（见图 2-1）；要么是采购副总裁（VP），向 COO 或 EVP（执行副总裁）汇报。企业采用这种采购组织结构，说明其已经将采购职能定位于影响企业"命运"的战略性职能。

1. 直接物料采购

直接物料采购（Direct Material Procurement，DMA）。图 2-1 所示的采购组织结构中将 Head of Procurement DMA 译为"直接物料采购总监"，只是为了统一采购组织结构称谓，可能这个 Head 属于副总裁或者高级总监，在此我们可以将这个职位理解为负责这个大品类的采购工作的最高领导者，所以有些公司也将这一职位称为"直接物料采购副总裁"。Head of Procurement DMA 下面是按品类进行分工设置的，有些企业直接设品类经理（CBM）向总监汇报，有些企业会依据大的品类设置几个负责人。通常如果 Head of Procurement DMA 是副总裁级别，下面就会按结构件、电子元器件、机电件等大品类设置相应的采购总监，总监下面再按次级品类设置品类采购经理。DMA 采购团队主要负责集团公司所有自己设计及生产的产品的原材料采购及 OEM 和 EMS 中关键器件的成本管控与供应商管理。

2. 成品采购

成品采购（Finished Product Procurement，FPP）。前文提到，越来越多的外资企业采取外包的采购战略，主要合作模式有电子合约制造商（EMS）、原始设备制造商（OEM）、原始设计制造商（ODM）、联合设计制造商（JDM）及原始品牌制造商（OBM）。在这些合作模式中，负责产品的商品采购经理管理得最多的部分通常是 ODM 业务，即终端品牌客户给出产品设计需求，

ODM完成设计、物料采购、制造生产直到最终将成品交付给终端品牌客户。负责成品采购与原材料采购的团队完全分开，成品采购也按照不同产品类别（产品线）进行分工。通常来讲，一般是消费类电子行业倾向于采用这种模式，比如手机、照明、电源、电子玩具、消费类音箱等行业。有些门槛比较高的行业是不允许外包生产的，比如航空航天、军工、汽车电子、工控医疗、高端通信等领域，这些行业的产品必须由终端品牌厂商自己设计、自己采购、自己生产。

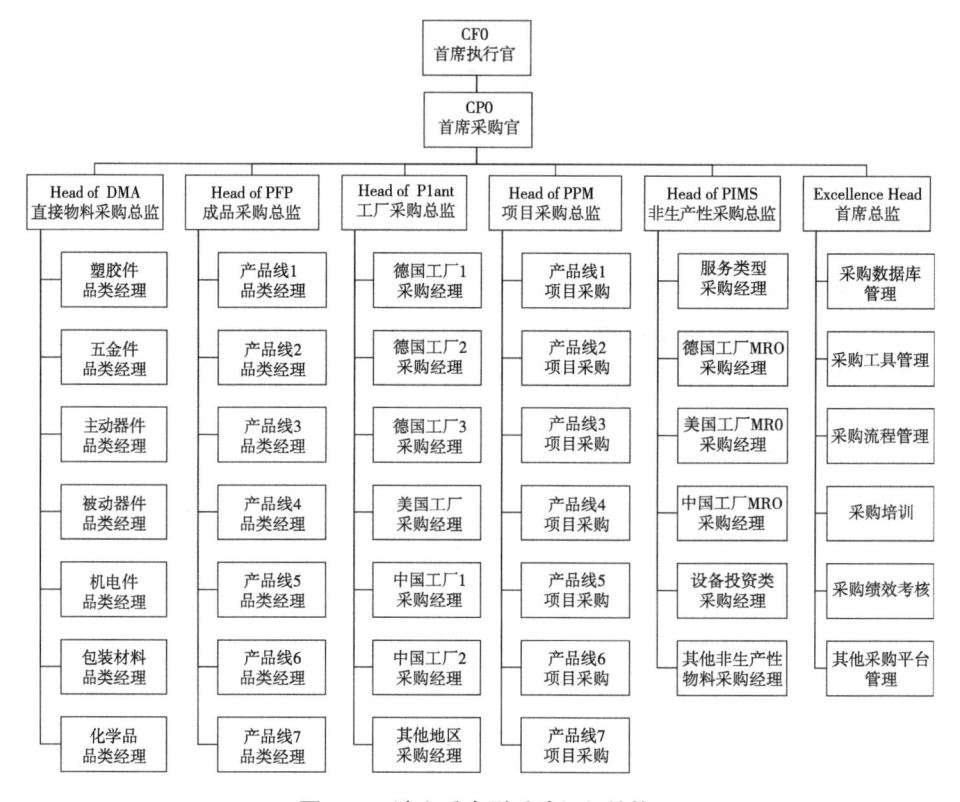

```
                        CFO
                      首席执行官
                         │
                        CPO
                      首席采购官
    ┌──────────┬──────────┼──────────┬──────────┬──────────┐
  Head of    Head of    Head of    Head of    Head of   Excellence Head
   DMA        PFP       Plant      PPM        PIMS       首席总监
 直接物料    成品采购    工厂采购    项目采购   非生产性
  采购总监    总监        总监       总监      采购总监
    │          │          │          │          │          │
  塑胶件     产品线1    德国工厂1   产品线1    服务类型    采购数据库
  品类经理   品类经理    采购经理    项目采购   采购经理     管理
    │          │          │          │          │          │
  五金件     产品线2    德国工厂2   产品线2   德国工厂MRO  采购工具管理
  品类经理   品类经理    采购经理    项目采购   采购经理
    │          │          │          │          │          │
  主动器件   产品线3    德国工厂3   产品线3   美国工厂MRO  采购流程管理
  品类经理   品类经理    采购经理    项目采购   采购经理
    │          │          │          │          │          │
  被动器件   产品线4    美国工厂    产品线4   中国工厂MRO  采购培训
  品类经理   品类经理    采购经理    项目采购   采购经理
    │          │          │          │          │          │
  机电件     产品线5    中国工厂1   产品线5    设备投资类  采购绩效考核
  品类经理   品类经理    采购经理    项目采购   采购经理
    │          │          │          │          │          │
  包装材料   产品线6    中国工厂2   产品线6   其他非生产性 其他采购平台
  品类经理   品类经理    采购经理    项目采购  物料采购经理   管理
    │          │          │          │
  化学品     产品线7    其他地区    产品线7
  品类经理   品类经理    采购经理    项目采购
```

**图 2-1 独立垂直型采购组织结构**

### 3. 工厂采购

全球性的跨国公司在全球范围内有很多个工厂，当直接物料与成品的品类采购（战略采购）将前期的商务条款、价格、商品采购战略、框架合同及协议等工作完成之后，具体实施就由工厂采购团队负责。由于跨国公司非常注重 ERP 系统的建立、维护、二次开发及管理，任何前期战略采购谈好的价格及商务条款都可以反馈到 ERP 系统中，所以全球各个工厂都是以同样的价格购买同一种器件，对企业而言具有强大的规模经济优势。很多企业在工厂层面的采购是向当地的工厂总经理、营运副总裁或供应链总监汇报。这种独立垂直型采购组织的工厂采购是向全球工厂采购最高领导汇报。这里的工厂采购实际就是执行采购，具有订单管理、交付管理、库存管控等职能。

4. 项目采购

凡是有自主品牌且做终端成品的企业必须配备项目采购，因为成品终端企业每年都会向市场推出新产品，新产品开发是由项目组完成的。项目组是由项目经理、产品经理、市场经理、系统集成工程师、研发工程师（硬件、软件、结构及 ID）、项目采购、项目生产计划与物料控制人员、测试工程师、项目品质师等成员组成的。在整个产品开发过程中，项目采购是产品物料成本的直接负责人，而产品物料成本通常决定着产品最终售价，产品的售价又决定着产品能否成功开发。因此，项目采购在新产品开发的过程中扮演着非常重要的角色。企业一般按照产品线进行分工，不同的项目采购负责不同的产品线。项目采购的核心工作有两点：一是产品物料成本管控，二是产品物料交付进度管理。与之相关的任何事宜，项目采购都需要关注并处理。

5. 非生产性物料采购

非生产性物料采购（Indirect Material & Service Procurement，IMS），比如全球协议酒店开发、机票购买、设备投资、厂房维修、耗材、办公用品等，这些品类的商品是按照不同类别由专门的采购负责。通常来讲，IMS 团队既负责前期寻源、供应商选定及商务谈判，又负责后期订单下达及交付管理，这一点与 DMA 及 FP 的采购有很大区别。随着办公自动化的发展，越来越多的企业启用供应商关系管理（Supplier Relationship Management，SRM）系统。SRM 系统在企业的运用类似于个人在京东商城或天猫商城买东西，即需求方直接进入 SRM 系统，填写自己所需要购买的物品，经各自上级主管批复后由 SRM 系统自动生成正式订单并自动发送给供应商,最后需求方"坐等"收货并验收。当 SRM 系统中没有陈列需求方所需要的物品时,IMS 会进行一系列的采购活动将其加入 SRM 系统中。运用 SRM 系统的 IMS,只需要不断地维护 SRM 中的物品类别、价格、供应商、交付时间等信息,也就是将 IMS 从繁杂的下单跟进中"解放"出来,专注于前期寻源、报价、框架协议及商务磋商等工作。

6. 追求卓越

独立垂直型采购组织也体现在其设置了一个专门为采购组织提供平台服务的部门,这个部门专门为全球所有职能采购团队提供数据整理、分析、KPI 考核、采购培训、ERP 培训、流程梳理、供应商资料管理等服务。企业能设立这样的部门专门服务于采购组织,说明企业高度重视采购管理在企业中的作用。

什么样的企业会设置这种独立垂直型采购组织呢?设置这种采购组织的企业至少具备以下特点。

(1)采购支出与营业成本之比及采购支出与营业收入之比较高。这两个比例高说明在整个经营过程中企业对于外购资源依赖程度非常高,也就是说外部资源对企业运营非常重要,这样一来,行使这项职能的部门的重要性就不言而喻了。例如,软件公司主要依赖软件工程师,他们对采购活动几乎没有要求,因为外购支出占企业营业收入的比例非常小,采购活动并非企业的核心业务。

(2)采购品类繁多且采购金额巨大。采购品类繁多是指既有原材料采购又有成品采购,既有国内采购也有海外采购。采购金额大说明采购量大。在这种品类多、量又大的采购活动中,必须成立专业化团队管理采购的一切事务。

(3)事业部产品关联度高。关联度是指不同事业部经营的产品在某些领域使用类似或同样的原材料及器件,可以将外购资源整合起来统一采购的程度。

（4）企业拥有强大的 ERP 系统，能将全球所有工厂、事业部、设计中心的数据集成到 ERP 中进行统一管理。

（5）企业最高决策层认识到采购组织在企业运营中的重要性，并将其纳入企业战略规划中。

### （二）事业部型采购组织

事业部型采购组织是由于有些全球性跨国公司事业部（Business Unit，BU）太多且各事业部之间业务或产品交集不多，按照专业化分工的原理，集团董事会将企业以 BU 为单位分开管理。另外，集团董事会非常重视企业运营职能，从而将运营部从其他职能中独立出来，各 BU 的运营最高领导均向 COO 汇报，整个集团的 COO 与 CFO、事业部总裁、CMO 等一起向 CEO 汇报。按照一般职能划分，每个 BU 的运营副总裁应该分别向各自的部门总裁汇报，这就需要成立独立垂直型运营部。事业部型采购组织结构，如图 2-2 所示。

事业部型采购组织具有以下几种特点。

（1）设立独立垂直型运营部。这种组织结构表明集团公司最高决策层非常重视企业的运营职能，将本来从属于各个事业部的营运职能剥离出来独立运营，全球采购受 COO 领导。这也是对采购职能的高度重视，尽管采购最高领导是向 COO 汇报。在这种组织结构中，除全球制造及品质管理外，其他职能几乎都是采购职能或接近采购职能。

（2）每个事业部的成品采购与采购组织下面的成品采购负责的是不同的成品。二者的主要区别在于，采购组织下面的成品采购是纯 ODM 产品，企业只将设计需求交给 ODM，其他一切工作均由代工厂完成，直到贴上终端的品牌推向市场。其他的经营模式，如 OEM、EMS、JDM 等，就归到各个事业部下面的成品采购与项目采购。

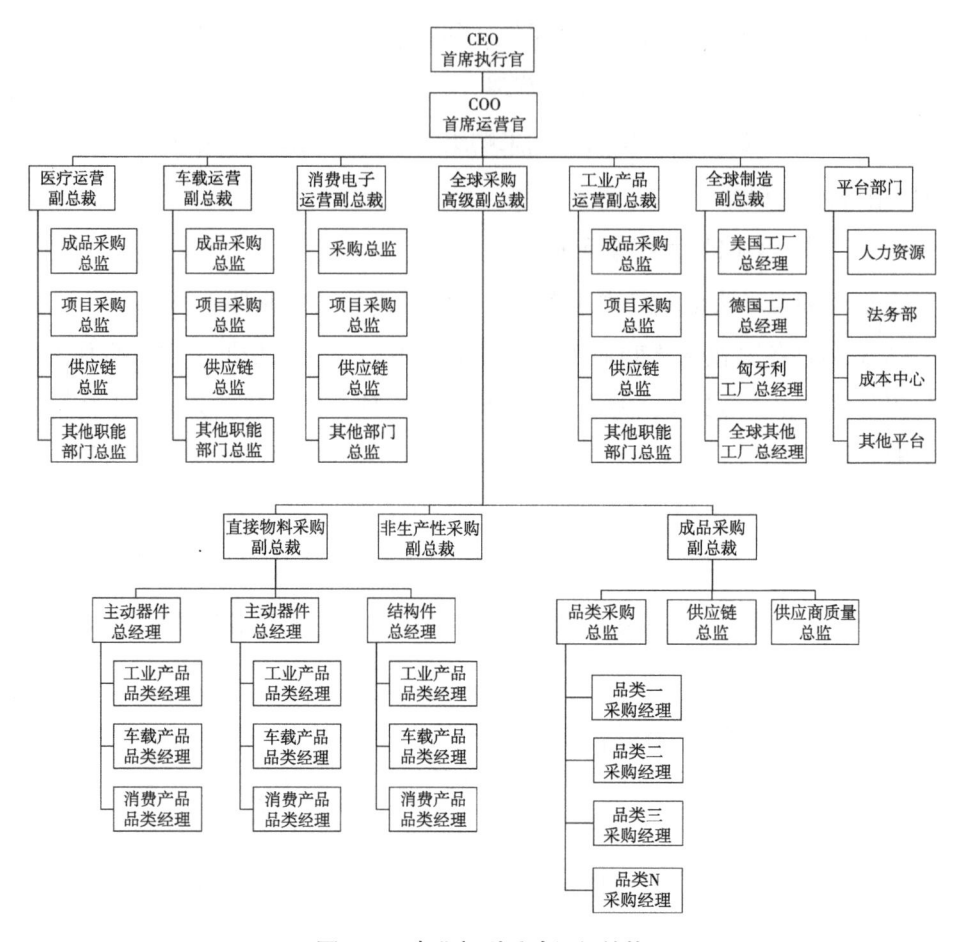

图 2-2 事业部型采购组织结构

（3）各事业部产品关联度小，因此在品类管理中同一个大类的商品按不同的事业部配置不同的商品采购经理，特别是定制件。

### （三）区域型采购组织

本土化策略是跨国公司进入东道国并成功经营的必要条件，有无数的案例证明了这一点。因此，跨国公司在设定组织结构时往往会考虑按区域划分职能，采购组织也不例外。

这里所说的按区域划分采购职能并非完全按照区域划分，执行采购管理先是按全球区域划分组织，然后同一个区域内再按事业部划分采购组织；战略采购（品类采购）以物料的商品类别划分职能，到执行层面均是按照区

## 第二章 采购组织

域划分职能，因为产品如果在中国研发及制造，那么原材料及元器件选型就会由中国区域内的研发团队完成，原材料及元器件选型又决定着供应商的选定，特别是定制类的零件，如五金件、模具、塑胶件及包装材料等部件，一般都遵循"就近原则"，采用本土化战略。区域型采购组织结构如图2-3所示。区域型采购组织结构具有以下几个特点。

（1）品类采购按品类从属地位由高到低分别为全球品类采购总监（Global Category Director，GCD）、全球子品类采购总监（Global Segment Director，GSD，隶属于GCD）及全球品牌采购经理或工程师（Global Segment Leader，GSL，其实际行使的职能只是区域性的）。

（2）各事业部产品关联度高，是一个大品类，全球品类采购由一个领导者统管，不分事业部，实行高度整合的管理方式。

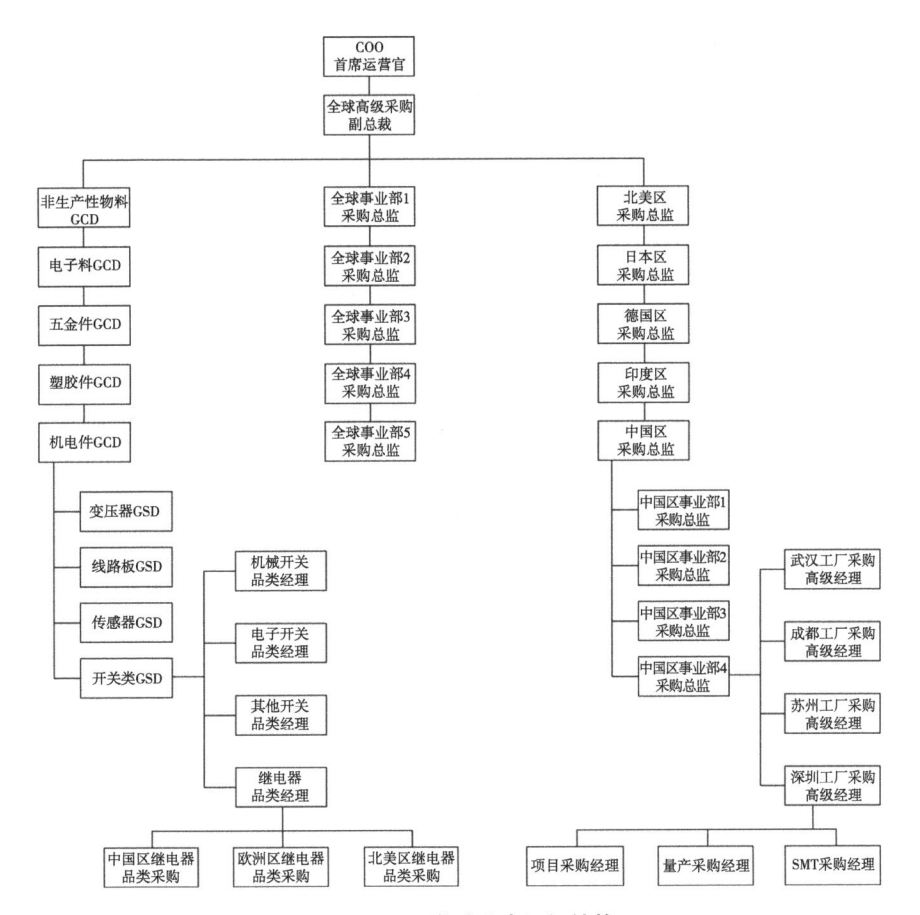

图2-3 区域型采购组织结构

（3）这种组织结构主要是针对原材料及元器件的采购管理，没有成品外购的品类。

（4）全球工厂及办事处众多且全部是自己设计及生产产品。

### （四）工厂型采购组织

工厂型采购组织是指单独一个实体工厂中的采购的组织结构。这种采购组织依据不同产品类型及工厂规模大小，其组织结构也有所不同，主要的不同就在于是否将战略采购与执行采购分开管理。

在企业总经理非常重视采购管理的情况下，工厂型采购组织结构如图2-4所示。

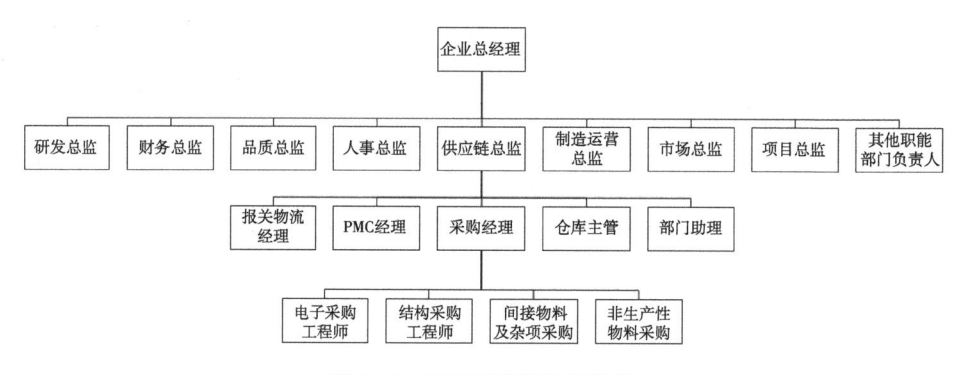

图 2-4 工厂型采购组织结构

单个工厂的组织结构相对简单，直接按职能划分组织，没有事业部与区域的限制。

### （五）混合型采购组织

混合型采购组织是指既有全球采购又有区域采购及工厂采购，依据采购物料的特性来设置组织结构的一种采购组织形式，如图2-5所示。

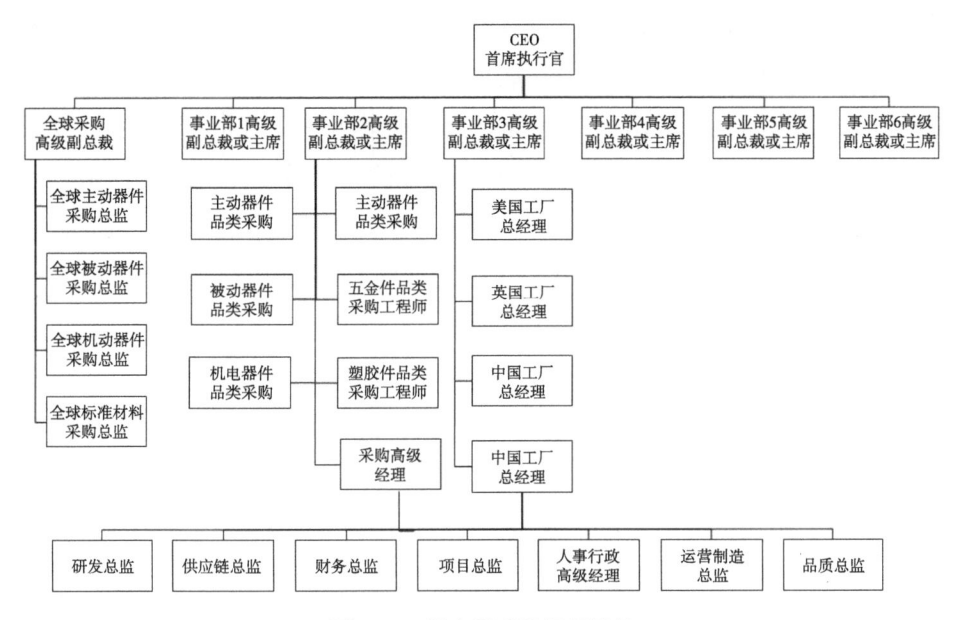

图 2-5　混合型采购组织结构

混合型采购组织既有全球品类管理又有各个工厂的品类管理，这种采购组织实质上是以各个工厂采购为主，以全球采购为辅，一方面是由于各个事业部产品线关联程度低，另一方面是由于对全球资源的有效整合还没有引起集团公司的高度重视。在这种情况下，通常是标准件及各个工厂有共用的物料的采购策略及价格由全球品类采购来主导和管理，其他非标准件的采购由各个工厂自行管理，直接向工厂总经理汇报。

## 三、集中化采购与分散化采购

一旦组织规模大了，就必然存在"中央"与"地方"的关系，即集中与分散的问题。无论是一个国家、地区、军队，还是一个全球性的跨国公司，都存在这样的问题，在管理学上关于集中与分散的讨论也已经是老生常谈。由于采购组织本身是一个"花钱"的组织，且采购管理的好坏直接影响着企业利润、运营、核心竞争力甚至是企业发展战略，而企业对采购权力的分配又直接影响甚至决定采购管理绩效的好坏，因此，采购组织是采取集权模式、分权模式还是集分权混合模式，直接影响企业的利润及运营。关于集中化采购的定义，简单理解就是集团公司成立全球采购组织并负责企业全球所有的采购事务，各个事业部及地区的采购负责人向集团各品类采购负责人汇报，独立垂直型采购组织就是典型的集中化采购组织。所谓分散化采购组织，是指集团公司没有单独设立采购组织，而是由各个事业部按照不同区域的制造基地（工厂）自行成立采购组织并完成采购活动，采购组织最高领导向工厂总经理汇报。在全球性跨国公司中一般不存在绝对的分散化采购组织，几乎所有全球性跨国公司都会设立全球采购职能，只是集中或分散的程度不同而已。接下来我们谈谈影响集分式采购的因素，以及集中化采购与分散化采购各自的优势。

### （一）影响集分式采购的因素

影响集分式采购的因素有以下几种。

#### 1. 企业整体商业战略

如果企业拥有众多事业部及产品线并服务于多个不同领域的终端客户，就应选择分散化的组织结构；反之，如果企业经营产品关联度高并服务于同一领域的终端客户，就需要通过资源整合形成规模经济效应，从而提高企业运营效率并降低成本，此时应该选择集中化的采购组织方式。

#### 2. 采购对象的关联度

采购对象就是采购的标的物，即采购的商品，这里所说的商品包括但不限于直接物料、间接物料、非生产性物料、成品、半成品、租赁、服务、设备、维修等。沃尔玛和宜家就是高度集中化采购的代表，它们都建立了独立垂直型采购组织，这两家企业的全球采购管理是采购管理的最佳实践，经常作为经典的供应链管理案例被列入教科书中。它们之所以选择高度集中化的采购组织方式，主要是因为其产品量大且各产品间的关联度很高。与之相反，美国通用电气（General Electric, GE）公司，小到电子元器件模块，大到航空航天，其旗下企业涉及航空发动机、电气设备、银行与金融、照明、工业解决方案、家用电器、化工材料、军火、火箭等几十个不同的行业及领域，在这种情况下，只能采用分散化的采购组织。

3. 采购支出的金额

随着采购金额的增长，集中化采购的压力越来越大。如果有较好的成本节约方法和更好的管理，大额采购会秉承集中化的采购原则；地理位置上的分散会导致更加分散化的采购组织结构，地理上的集中则便于集中化管理。

4. 企业的管理理念

如果高层管理者倾向于选择分散化的运营模式，采购方式也常常是分散化的；如果高层管理者倾向于选择集中化的运营模式，那么就会采用更加集中化的采购方式。

5. 市场资源供应

前文提到采购管理的第一核心使命是保障供应，那么供应的最直接的对象是谁？我们认为，采购组织服务的最直接对象是制造部或生产部。制造部或生产部需要原材料和元器件、设备、辅料进行生产制造。有些原材料和元器件是不受空间限制的，典型的就是电子元器件，即电子元器件供应商可以向全世界任何角落发送货物，走空运3~5天即可送达且费用不算高。有些原材料与部件就不行，比如模具、塑胶件、压铸件等体积大且较重的部件以空运方式运到世界各地的成本就很高。另外，针对这种定制件，使用本土化资源较海外采购在几乎所有采购因素上都有比较优势，包括价格、服务、技术支持、交付、运输、质量管控等。电子元器件属于标准件，标准件不受空间的限制。因此，对于标准件，我们可以采取高度集中化的采购组织方式；对于定制件，在没有特殊要求的情况下，一般采取分散化即本土化的采购组织方式。

### （二）集中化采购的优势

集中化采购具有明显的优势，特别是当企业在全球范围内有工厂及研发中心时。中心小组的任务是促进采购要求和标准化相似的设备采购流程的整合。这项工作涉及许多内容，包括选择为集团公司服务的供应商，与其就公司范围内的采购合同进行谈判。集中化采购能够为企业带来以下比较优势。

1. 整合需求，形成规模经济效应

影响价格的一个重要的因素就是物料用量，物料年用量越大，企业就能掌握越大的议价权，越能获得更低的采购价格。这在经济学中被称为"规模经济效应"。经济学通过数学模型和公式精确演算出在工业制造的过程中边际成本递减的规律。这个道理其实很简单，任何产品的成本都是由可变成本和固定成本构成的，固定成本又被称作"沉没成本"，即成本已经投入进去，在一定时期内不管产出多少，成本都在那里。举例来讲，厂房租金与机器折旧就属于沉没成本，假设每月厂房租金和机器折旧为100万元人民币，那么，一个月生产10万件产品与生产20万件产品的沉没成本分别为10元与5元，即当月产出增加一倍时，单件产品的沉没成本降低了50%。整个产业链从上到下都遵循规模经济的规律，因此对于批量工业制造而言，我们需要尽量整合需求，将各个事业部及产品线共用的原材料及元器件集中起来开发供应商资源，以争取到一个优惠价格。

2. 减少重复性工作，提高工作效率

实行集中化采购的另一个明显优势是，可以减少重复性工作。想象一下，某家公司的各个部门分布在10个地区，如果采用完全分散化的采购体制，该公司可能存在10套物料、10种供应商质量评价标准、10种供应商绩效评估系统、10种采购培训手册及10种与供应商进行电子数据交换的标准。重复性工作增加了公司的运营成本，且很少出现价格一致的情况。这种分散化的采购体制成本高、效率低，并且各个业务部门之间缺乏一致性。

3. 协调采购计划和战略

随着互联网的不断发展，社会分工越来越细致，采购部也不再是一个制定策略的部门，更是一个战略部门；同时，企业最高层领导将公司的市场战略、产品战略、采购战略、人才培养战略、技术研发战略等核心战略整合为一个整体战略体系。在这种背景下，战略采购的职能从公司发展的角度独立出来，组织协调最高级别的采购管理事务。

4. 统一管理整个公司的采购系统

先进的采购系统的应用，如电子数据交换系统或数据库系统，对公司运营来说越来越重要。这类系统的设计和协调不应该是个别业务部门的职责。如果由各个部门或单位分别制定本部门或单位的采购或物料编码系统，最终将导致管理混乱。例如，惠普公司曾经采用分散化采购管理方式，现在依赖集中化采购小组为其建立和管理整个公司的数据，从而使惠普能够清楚地掌握其众多分支部门需共同采购的产品，也能站在整个公司的角度来评估供应商绩效；同时，该系统还能为全公司的物料预测提供支持和帮助。

5. 培养专业采购人才

采购人员不可能在所有采购领域都是专家，只能成为少数的品类或者几个大的品类的采购专家。成立集中采购组织，有利于采购人员接触更多的品类及供应资源，培养出具备更强综合能力的采购专家。

6. 达到公司目标并推动公司变革

为了满足持续参与或适应不断变化的竞争环境的需要，公司需要通过组织变革来不断地提升自己的核心竞争力。采购部门也必须在组织变革中进行改变和突破。尽管哪种组织结构都不完美，但在公司发展的生命周期内，从特定的角度来看，组织结构还是有好坏之分的。通常高层管理者的理念决定组织的主要形式，集中化的采购组织必须保证自己的公司结构能更好地实现公司的整体目标。比如，一家企业采取集中化管理方式，另一家企业则有80多个分散运营的子公司。分散经营的企业实行变革时，总是困难重重，因为各个部门在支持或遵守整个公司的全球采购流程时，要么自愿接受，要么不做优先考虑。实行集中化管理的企业在实施总部制定的新举措时相对顺利，通常能得到世界各地参与者的支持。这说明，在集中化管理或协作式采购环境中进行管理流程变革相对容易。

7. 有利于建立健康透明的采购组织

任何经济活动都会考虑投入产出比，在企业的具体管理活动中也会遵循这一原则。当企业愿意建立集中化采购组织时，就意味着企业最高管理层已经认识到采购运营对企业发展的重要作用。采取集中化采购组织方式的企业一般都有采购规模大、金额高、有重复性需求、时间长等特点。在这种情况下，企业最高管理层愿意组建专业化团队，投入更多资源支持专业化采购组织管理整个企业在全球范围内的采购事务。投入资源就意味着为采购团队配备专业法务组、ERP系统组、审计组，全方位构建健康透明的采购组织。全球性的跨国公司基本上都采用这样的配置方式，以便减少私下的交易，并减少腐败行为。

### （三）分散化采购的优势

为什么集中化采购优势众多，有的企业还会采用分散化采购方式呢？企业性质、规模、行业特性、企业文化都会影响企业的组织结构设置，下面我们来看看分散化采购有哪些优势。

#### 1. 响应速度快

分散化采购的主要优势是能够对用户和消费者的需求做出快速反应。很多采购专家认为，分散采购权力将带来更快的回应和更多的支持。集中化采购组织的计划性相对较好，任何重大事项都会提前做好计划和规划，按部就班，循序渐进，但有时"地方性事务"非常紧急，如果层层上报，按部就班地处理难免会贻误处理事情的最佳时机，在这种情况下分散化采购的优势就凸显出来了。

#### 2. 定制化产品的需求

分散化采购人员对当地的运营要求有更深刻的认识和理解，他们更熟悉产品、流程、商业法规及惯例，以及部门或工厂所服务的客户。这不仅有利于采购人员对部门或工厂的需求进行预测，也有利于与当地供应商保持稳固的合作关系。

#### 3. 新产品开发支持

由于大多数新产品都是在研发或业务部门进行开发，分散化采购结构有利于在早期给新产品的开发提供支持。采购部能以多种方式支持新产品开发。首先，采购人员可以让供应商在新产品设计初期就参与进来。其次，采购人员可以评估长期物料产品需求，制订战略性计划，判断是否可以获得替代性物料，并预测产品需求。

#### 4. 影响采购决定的权力

企业更偏好分散采购权力的一个潜在原因是所有权问题。本质上，所有权是指这样的假设：本土化工作人员理解并支持跨国公司事业部或部门的目标，且对具体的运营操作具有个人责任感。业务部经理为部门的盈利负责，由于大部分的成本运营效率是通过采购表现出来，因此他们应该有采购的决定权。

## 第三节 采购部与利益相关者的关系

从价值链（供应链）的角度来看，采购职能在企业内部处于"末端"，对于企业外部来说，采购职能又处于"前端"。在企业内部采购既然处于需求的末端，那么在需求传递的整个过程中都少不了采购的"身影"，在这种情况下，价值链中的每个环节都直接或间接地与采购职能相关。这种关联性反映到具体的采购工作中，就是采购部需要与企业的各个职能部门"打交道"，下面我们就谈谈采购与各职能部门（利益相关者）间的关系。

### 一、市场部

在任何企业里市场部（销售部）都起着"龙头"的作用，即市场部（销售部）对企业内部的其他职能部门而言是外部客户在企业内部的"代表"，市场部（销售部）的需求就是客户需求，因此，一般情况下市场部（销售部）在企业中的地位是最高的，它们代表着客户的"声音"。企业所有的需求均来自市场部（销售部），包括但不限于产品外观需求、性能需求、订单数量、产成品价格定位、产品包装需求等。无论是采购产成品还是原材料、元器件，其原始的需求均来自市场部（销售部），尤其是在一些ODM的案子中。尽管在企业内部运作流程中采购部不直接对接市场部（销售部），但在新产品开发的过程中市场部（销售部）与采购部会紧密合作。例如，在一些OEM的案子中，客户所给的BOM中原材料或元器件的规格不清晰或不正确，此时采购人员就需要向市场部（销售部）的同事与客户确认正确的物料规格；在进行新产品估价时，市场部（销售部）的同事常常会因为企业内部的估价达不到客户目标价而直接找采购部人员想办法降低物料成本，从而降低产品报价；等等。

## 二、研发部

采购的标的物（产成品、原材料或元器件）均是由研发部定义出来的，即采购对象的技术需求来自研发部，从某种意义上来讲，在企业内部，研发部对于采购管理活动的影响是最大的，因为研发对于产成品设计方案的选择及元器件的选型直接决定或影响着后期供应管理活动中的原材料或元器件的价格，供应商是否是唯一资源，采购器件的采购前置时间，是否有替代方案，是否有替代料，供应商选择，等等。另外，研发在产品设计选型阶段也需要采购提供元器件的应用、市场供应、价格以及是否通用化等信息，以帮助研发更好地选型。研发设计产品时不能闭门造车，必须了解市场信息。因此，在新产品开发过程中，研发与采购两种职能相辅相成，缺一不可。

## 三、工程部

工程部主要包括产品工程师（负责量产后的产品技术）、器件工程师（负责器件承认和管理）、工艺工程师（负责产线工艺制造）、设备工程师等。当产品量产后，我们需要更换零部件并进行零部件承认时，需要产品工程师和器件工程师进行可行性评估，并最终决定是否可以更换或替代。因此，当我们对已经量产的产品做降本工作时离不开工程部的工程师对器件的评估和承认。

## 四、物料部

物料部的主要职能通常包括但不限于生产计划、物料计划、采购（下单采购）、仓储等职能。在企业内部采购部的需求信息主要来自计划部，因此计划部要与采购部紧密合作，并管理好前端需求。物料部的计划职能直接影响着采购的交付绩效和库存管理绩效。

## 五、物流部

物流部与采购部的交集主要在于交货条件（地点）的确定，采购部应该依据物流部的要求与供应商进行交货条件谈判。目前，在国际贸易和金融领域，行业中用得最多的交易条款是 FOB HK（香港离岸价格）。

## 六、品质部

品质部是仅次于研发部与采购部联系"第二紧密"的职能部门，其合作内容包括但不限于新供应商的导入、已有供应商年度审核、绩效考核（Quarter Business Review，QBR）、新供应商审核、供应商质量管理、来料检验、品质标准等，这些都与品质部有关。

## 七、制造部

制造部与采购部的交集主要在于物料的交付问题上，因物料无法及时交付而导致产成品及时交货率变差时，制造部常常会直接寻求采购部的帮助，尤其是在某些物料影响大批产成品交货的情况下。

## 八、财务部

凡是涉及"钱"的问题都离不开财务部，采购部是花钱的部门，可想而知，财务部与采购部间必然有紧密的合作关系。在具体采购工作中，产品成本的确认、物料的核价、降价绩效的确认、采购价差管理、付款条件确定、付款等一切涉及价格和钱的问题，采购部都需要得到财务部的确认或批复。

## 九、法务部

市场经济顺畅运行的前提是有法律作为保障，采购活动本身就是多项经济活动的集合体，因此在具体的采购管理中有很多涉及法律的事宜需要法务部给予支持。例如，各种合同的解读，供应商在签《采购总协议》时有不同意见而自行加注的条款，与供应商产生的法律纠纷，采购人员工作中遇到的合规问题，等等。

### 十、项目部

新产品开发阶段都是由项目经理主导并协调各部门人员一起完成产品的开发，尤其是在进行产品成本管控及原材料（元器件）价格管控时需要采购部向项目组提供报价信息。

## 第四节　如何成为一名采购专家

### 一、采购人员的级别划分

谈到组织建设，我们不得不谈采购人才的培养问题。常言道："三百六十行，行行出状元。"任何职业和学问上升到一定高度，就会"升华"到哲学的高度，从而达到触类旁通的效果。也就是说，能将采购工作做好、做到极致的人，去做其他任何工作都能做好、做到极致；反之亦然。学过哲学的朋友都知道，事物的发展是有因果联系的，因果联系有内、外因之分，内因起决定性作用，外因起辅助性作用，内因决定外因。人才培养亦是如此。企业给我们一个工作和学习的平台固然重要，但这依然是外因，我们自己如何看待工作并在工作中学习才是关键，是内因。职场上有一种认识误区，即很多人力资源（Human Resource，HR）及部门领导习惯根据工作年限来评判一个人的工作经验和能力。诚然，工作经验是需要时间积累的，但是不是就意味着工作时间越长，经验就越丰富，能力就越强？不一定。因为很多人走上工作岗位，就像颗螺丝钉，领导安排什么就做什么，让怎么做就怎么做，年复一年，日复一日，形成了固定的思维模式。我们并不反对服从领导安排，但我们观察到很多人在工作中缺乏持续学习、独立思考、深度思考、总结和归纳。

在工作中，很多时候，如果我们没有打破砂锅问到底的精神，对工作一知半解，就无法抓住事物的本质和内在发展逻辑。抓不住事物的本质，当情况有变时就不知该如何处理或者用错误的方法处理，最终导致企业受到"伤害"。如果同一个岗位由两个不同的人来做，一个善于学习、思考和总结且积极主动，另一个习惯按部就班地工作，"做一天和尚撞一天钟"，其结果可能是，前者工作两年所获得的经验和能力相当于后者工作五年、八年甚至更久所获得的经验和能力。说得极端一点，那些缺乏独立思考且消极怠工的人，在某个岗位上就算做 10 年、20 年、30 年，其获得的知识经验和能力依然处于很低的水平。这个过程其实与学生的学习过程有些类似，来看发生在我身边的一个真实的案例：高中时期我的同桌，他的英语成绩在班上一直名列前茅，后来发现这位同学在英语上的有效学习时间是其他同学的有效学习时间的一倍甚至更多，结果自然不言而喻。世上的事没有绝对的公平，但时间对于每个人来说是绝对公平的。就工作能力而言，不能根据个人在某个岗位上工作时间的长短来评判其获得的经验、知识及能力，而要看这个人对于工作的思考、总结及研究所花的"有效时间"是多少，所用的有效时间越长，其获得的知识就越多，能力就越强。可以说，个人的工作能力水平与其工作时间的长短没有绝对的关系，采购工作亦是如此。依据自己多年的观察，将不同级别（类别）的采购人员分成以下几类。

### （一）工厂"小采购"

走访国内电子行业的很多中小企业，特别是规模 1000 人以下的工厂后，发现其采购人员大部分是女孩或者年纪较小的男孩，这类企业采购人员的主要职责是下单追料以及对部分低价值物料（B 类和 C 类物料）的供应商进行开发和管理，尽管他们对外也称"我是做采购的"，但我们这里还是称之为"小采购"。在国内，像这类中小企业，主要原材料和元器件采购工作基本上都是老板亲自抓，或者由老板指定可信任的人来开发和管理供应商。他们开发供应商的原则很简单：只看价格，其他采购因素均不予考虑，更没有什么采购方针、采购战略、采购流程等的管理可言。由于采购工作烦琐，有时企业老板忙不过来，就将 B 类和 C 类物料的供应商开发、询比议价等工作交给采购员来做，这时采购员身兼战略采购和执行采购的职责，有时还要兼任仓库管理员的角色。

### （二）"社交型"采购

在国内企业采购队伍中，有一种可以称为"社交型"采购的"采购人员"。这类"采购人员"最喜欢的就是供应商请吃饭、请喝酒，在正常公司拜访的商务会谈上，他们言之无物。这类"社交型"采购就是被供应商养成了谈事就必须喝酒、吃饭的坏习惯，与这类"采购人员"谈专业知识和技能也是"对牛弹琴"，这类"采购人员"对企业是有危害的。

### （三）"半路出家型"采购

"半路出家型"采购是相对于"科班出身"采购而言的。"科班出身"采购是指采购人员学的是供应链管理或经济管理类专业，参加工作进入企业后被分配到采购管理或供应链管理的岗位上，经正规企业的"正统培训"而培养出来的采购人员。当然，采购人员也可以是其他任何专业毕业，只是企业按岗位需求进行分配。有的企业是按毕业生的专业背景分配岗位，有的企业是按毕业生的性格特质分配岗位，所以有时职场人的职场"命运"取决于其第一份工作被分配的岗位。在现实工作中，特别是中小企业的采购人员，很多是"半路出家型"。"半路出家型"采购是指某个采购人员以前没做过采购管理，后来因为主动或被动原因走上了采购管理的职业道路。

### （四）供应链型采购

俗话说"一朝天子，一朝臣"，在职场中，特别是外资企业，尤其是美国公司，这种现象十分明显。举例来讲，本人工作过的一家美国公司，由于总部将经理换了，不到三个月时间，新来的总经理就将采购、供应链、研发、营运等职能部门的管理者都换了，因为财务主管是集团总部委派的，所以暂时得以"幸免"。这就会导致一个问题：总经理关心的是自己的位置稳不稳，下面职能部门的管理者是否专业不重要，而且在外资企业，管理者不需要有太多的业绩，只要不犯错误就是好业绩。当时，这位总经理调了一名做过供应链管理的"空降兵"来领导整个战略采购和供应链部门。由于新来的管理者是做供应链管理出身，并非专业采购人员，尽管他接管了采购和供应链两个部门，但依然是按照以前供应链管理的模式来管理采购，结果要么被供应商"忽悠"，要么被下面的采购工程师"忽悠"，始终抓不住工作中的关键点。如果想做好采购管理，自身一定要从采购做起，这就是人们常说的"知彼知己，百战不殆"。

### （五）"理论派"采购

在职场和生活中总有一部分人是"说得多，做得少"的"眼高手低者"，在采购队伍中也存在这样的采购人员。在采购队伍中通常存在两种极端：一种是从来不学习就按照自己认为的"采购就是买东西"的理念来做采购工作的采购人员；另一种是天天学习理论和参加各种培训，热衷于学习采购理论而忽视实际工作实践，甚至不愿意脚踏实地做好本职工作的采购人员，我们权且称之为"理论派"采购。"理论派"采购比较"迷信"权威和所谓的管理培训大师，开口战略，闭口供应链管理，却忘记了做好本职工作是一切工作的根本和前提。关于这类"理论派"采购，最典型的就是参加工作不久的大学生，通过了ISM（美国供应管理协会）举办的CPM（注册采购经理）或CIPS（英国皇家采购与供应学会）考试并获得了相应证书，就以为自己是采购管理、供应链管理领域的专家了。还有些人一天采购工作都没做过，就去考了个CPM证书，逢人就说自己是注册采购经理、采购专家等。这些"理论派"采购不具备实战经验，而理论和现实的差距往往很大。

### （六）偏"技术型"采购

如前文中提到的，有些研发工程师和工艺工程师由于被动或主动的原因选择转型做采购工程师。由于他们具备丰富的产品知识和工科背景，所以每当与供应商和其他交叉部门谈论元器件的规格和技术问题时，他们较其他采购就具有明显的优势，我们称之为偏"技术型"采购。毫无疑问，从研发工程师或工艺工程师转型做采购工程师的同人，有很强的技术背景，因为在他们转型做采购之前就天天跟产品、元器件、测试、技术标准、品质标准打交道。有技术背景的采购与供应商及内部相关部门讨论产品规格和技术标准时是很有优势的。比如，这类采购可以快速指出有些经验不足的年轻研发工程师的错误选型，以及不符合市场上的技术标准的选型；他们可以与品质部门

"交涉",针对哪类产品的哪些测试环节或者品质要求是多余的;他们将内部需求转化为外部需求时更加准确、清晰;等等。

### (七) 偏"商务型"采购

在采购队伍中,有一类同人属于偏"商务型"采购。偏"商务型"采购是指这些采购精英在商务谈判、做 PPT、主持会议、沟通协调、数据分析等方面表现得非常出色,而且大部分是女性。偏"商务型"采购对产品的认知、元器件知识、电子知识、基础工科知识普遍不足,尽管做采购管理并不需要像研发工程师那样绝对了解元器件及产品的性能和技术标准,但其采购的对象是原材料、元器件及产品,如果对自身所负责的采购对象都没有充分的认知和了解,在关键的谈判时刻就会处于劣势地位,这十分不利于价格谈判。

### (八) 细分商品市场专家级采购

在外资企业工作过的朋友都知道,外国人一般很少跳槽,他们很多是在一家企业工作 20 年、30 年,特别是在欧洲、日本及美国等国家和地区,很多人到 50 多岁依然是工程师、采购员、商品采购经理,但他们对工作依然充满激情和热爱,这一点是很难得的。在采购领域,国外很多细分商品市场的商品采购经理在长达 20 年、30 年的时间里都在某个细分领域负责采购工作,由于长时间的积累,他们对于自己所负责的领域的商品非常熟悉,从采购的角度来讲,已经达到精通的水平。何为"精通"?举例来讲,我的一位国外的同事,他有 20 年的半导体和 IC 采购经验,跟他谈任何关于半导体及 IC 的制造商、代理商、每家制造商的产品线、产品应用、技术路线图、市场走势、价格趋势、市场动态、常用的型号、采购中常见的问题及解决方案等,他都了如指掌,在我个人看来,这就是商品采购专家。

### (九) 顶级综合型采购专家

这里谈到的专家是从采购工作、采购领域的角度来定义的,这个意义上的"专家"与各个专业领域的"专家"的定义有所不同。比如,采购领域的元器件专家不同于元器件领域的元器件专家。元器件领域的元器件专家是从工程设计、元器件在电路中的应用、元器件之间相互替代及元器件对整个电路的影响这些领域的知识、经验和能力的掌握程度的角度来定义的。从采购的角度来看元器件专家，则是从其对电子元器件的基本分类、定义，元器件规格、性能、应用领域、简单电路运用、制造工艺、关键品质点，以及元器件构成、影响元器件成本的因素等方面的认知、理解及研究程度的角度来定义的。

1. 元器件专家

目前，在外资企业中，成品战略采购的"地位"逐渐高于元器件战略采购，因为越来越多的企业是通过 ODM、OEM、EMS、JDM 等模式外包给合约制造商，自己设计及生产的订单越来越少，因此负责元器件与原材料采购的 CBM "地位"逐渐降低，负责成品采购的 CBM 逐渐在公司中占据主导地位，所以职场上对负责成品采购的采购人才的需求较大。在这种背景下，很多人认为既然成品采购占据市场主导地位，也就没有太大必要学习和研究原材料和元器件采购管理了。关于成品采购和元器件采购的关系，我们可以从以下两个方面来理解。其一，任何电子成品都是由零部件（结构件、电子元器件及机电件）构成的，换言之，元器件是组成成品的"基础"。这就意味着有电子元器件采购经验的采购来负责电子成品的采购，相对于没有电子元器件采购经验的采购而言是有优势的，这一点在实际工作中也得到了验证。比如，负责成品采购的 CBM 经常会要求供应商提供成品的分解报价，而分解报价中对最终报价影响最大的是物料成本，所以负责成品采购的品类经理要想与合约制造商议价，就必须把工作重点放在对物料成本的分析上，并要对占 80% 成本的物料逐一进行分析，以检验供应商报价是否合理，以分析数据作为与代工厂谈判的主要依据。其二，从整个行业或产业链的角度来看，如果终端需求不变，那么原材料和电子元器件的采购管理工作始终存在，既不增，也不减。尽管成品外包逐渐成为外资企业采购的一种趋势，但外包给国内厂商生产制造依然需要购买原材料和元器件，外包只是终端客户的一种公司战略或采购战略，只是原来由终端客户自己生产的模式转化为由合约制造商生产的模式，从整个行业或产业的角度来看，电子制造和采购与供应环节丝毫没有减少，只是谁制造谁采购的问题。由此看来，无论商业模式如何变化，只要有电子制造业存在，就需要有原材料和电子元器件的采购管理。

依据上述分析，我们可以看到，无论是负责成品采购，还是负责直接物料采购，归根结底都需要产业链某个环节（终端客户或合约制造商）到市场采购原材料和元器件。如前文所述，当今时代企业赋予战略采购更大的使命、责任和权力，战略采购逐渐由传统"被动"式采购转变为"主动"型采购，由"边缘"过渡到"中心"，由"配角"变为"主角"。如何才能实现这一职能的转变？唯有知识才是最有力的"武器"，而其中非常重要的一个知识领域就是商品知识。前文对采购的多种称呼做了分析，认为 Commodity Business Management（商品采购管理）相对准确，其他的诸如 Commodity Sourcing、Sourcing Engineer（Manager）等都不算贴切，因为 Sourcing 本身是隶属 CBM 中的前期寻源的一项职能，且从字面上看 Business Management 的范畴相对于 Sourcing Management 更为广泛，符合实质性的战略采购的管理工作。

既然当代战略采购比较贴切的称呼为"商品采购管理"，从字面上可以看出其中的关键词之一是"商品"，即对商品的采购管理。在具体的采购管理工作中，采购人员无时无刻不在与商品打交道。如果想成为顶级采购专家，不懂商品是不行的，因为在具体的采购工作中无论是对内产品开发过程中的元器件选型、降价策略的制定与实施、替代料的搜寻、元器件样品承认等，还是对外过程中的新供应商的搜寻与开发、物料的询比议价、协助厂商优化成本等，采购工作中的每个环节都离不开商品。如果我们对自己所采购的对象、标的物没有深刻的认知、理解和研究，那么我们如何高效快捷地解决采购管理中遇到的问题？如何将采购工作做到极致？关于商品知识在采购管理中的重要性，如何学习与应用商品知识，在后面的章节中将重点阐述。接下来主要谈谈从采购工作的角度来看，电子元器件专家应该具备哪些能力。

（1）技术方面。采购领域的电子元器件专家能对所有主流电子元器件进行分类（主动器件、被动器件及机电模组件），能读懂每种元器件的产品规格书中的所有关键参数，知道每种元器件在电路中的功能或作用及其特性，知道主流元器件的制造工艺及流程，了解每种元器件的基本构成，具备判断元器件之间能否相互替代的能力。

（2）市场方面。电子元器件专家了解市场主流元器件的制造商及其对应代理商，并且了解同一领域内的竞争对手的优劣势。

（3）沟通方面。采购领域的电子元器件专家在与所有相关部门、供应商、客户及同行就元器件方面的问题进行沟通时没有任何障碍，且可以给别人以建议。比如，在产品开发的早期，采购能配合研发选型；器件停产时，可以找出替代物料；能听懂研发或品质部门跟供应商沟通的元器件的技术或品质问题。

2. 成本核算专家

如前文所述，成本管控是采购管理的三大核心工作之一，因此想要成为一名顶级采购专家，就必须先成为一名成本核算专家。成本通常以价格的方式体现，比如，物料成本均是以物料采购价格来体现，人工成本是以按照当地工资水平算出的平均小时工资来体现，制造和管理费用是以用单位价格计算出的总费用来体现。接下来我们从以下几个方面来理解采购领域的成本核算专家。

（1）成品 BOM 成本分析。真正的顶级采购专家要具备对大部分主流电子产品做成本分析的能力，也就是任何人随便拿一个电子产品，采购专家都可以对产品进行分拆并将零部件和元器件进行分类，比如包装材料、塑胶件、五金件、组件及电子元器件，并能在短时间内估算出产品的物料成本。当然，由于一个产品涉及的商品类别较多，且商品采购经理一般只专注于自己所负责的料件，本书主要以电子元器件为载体来讨论采购及采购管理工作。举例来讲，如果是电子采购专家，那么他必须能对印刷线路板组装（Print Circuit Board Assembly，PCBA）中所有的电子元器件和 PCB 进行价格评估。当然，我们只是按照市场价格来评估，评估结果与产品的实际成本肯定有一定的差异。能独立完成这项工作可以从侧面说明采购人员具备两种能力：其一，采购人员对电子元器件非常精通，能识别主流的元器件及其制造商；其二，采购人员对元器件价格和市场行情非常熟悉，能进行快速估价。

（2）元器件价格和成本分析。电子元器件主要包括主动器件、被动器件及机电模组件，这些元器件在特性上有很大差别。根据是否为定制件，我们将其分为标准件和定制件。行业里，很少有人要求对标准件做成本分析，特别是尺寸很小的器件，比如贴片电容、贴片电阻、贴片分立器件、集成电路。尽管很难对这些标准件做成本分析（产品再分解），但我们总结出可以分析元器件的主要参数及其价格之间的潜在关联，以发现其中的规律，这样就可以很快估算出类似元器件的价格。针对定制件，比如PCB、电感、电解电容、金属膜电容、变压器、继电器、开关、线材等器件，可以将这些元器件进一步分解以分析其成本。顶级采购专家要具备对标准件价格和定制件成本的分析能力。

（3）降本高手。降本是所有公司采购工作的重要目标，也是采购工作绩效的考核指标之一，而且是非常重要的考核指标，甚至有些比较"偏激"的企业对采购的要求是只看价格，只看降价。因此，有效降低产品成本是采购的核心工作之一，要想成为一名顶级采购专家，不具备这方面的能力是不行的。

### 3. 采购流程建立与优化专家

大家都在谈管理，何为"管理"？管理就是定义清晰的目标，以流程为手段，找到正确的人去不折不扣地执行，并在规定的期限内达成目标，所以流程是企业实现目标的方法、手段和工具。在企业中，管理层一天到晚谈的都是流程的制定及优化问题。顶级采购专家要具备为中小企业建立整个采购与供应流程，为大型企业优化流程的能力。

### 4. 供应资源开发专家

在前文中提到过，供应资源的开发是采购管理三大核心工作之一，体现了采购人员对供应市场的认知、分析、总结、趋势判断并最终为企业所用的能力和经验。具体而言就是采购人员对自己所负责的商品的供应市场的深入研究，研究内容包括但不限于此类商品目前市场的主流制造商有哪些，每家厂商的行业地位和市场份额，每家厂商的价格水平，同类产品的优劣对比，每家厂商的销售模式（直销还是代理，或者两者兼有），主流代理商及其产品线，等等。由于电子元器件行业，特别是针对国际一线品牌的元器件，除了直供客户，其他都是以代理商的方式将商品卖给终端客户，因此在这个领域就需要采购人员既要研究市场主要的制造商,又要研究主流的代理商。就电子元器件的品类和产品线来讲,其实是非常复杂的。因为按商品大类划分就有几十个品类,按小类划分有几百个品类,每个品类对应多个不同的制造商,每个制造商又对应多个不同的代理商,这样下来就有成百上千个制造商、代理商需要我们进行研究和总结。对于复杂问题,我们可以用"二八法则"来分析,尽管有成百上千个制造商和代理商,但占市场80%份额的永远只有20%的市场供应者,我们将精力放在这20%的厂商和代理商上面就可以基本掌握整个元器件市场的供应格局。在进行供应资源开发的过程中,得出一些经验:国际和国内一线品牌元器件的资源相对透明,容易通过网络找到对应资源;国内二、三线品牌元器件的资源相对不透明,大部分需要通过"口碑"来找到合适的资源。随着民营企业技术和管理水平的逐渐提升,某个品类市场中民营企业占有率逐渐提升,就连要求较高的汽车电子也开始使用国内品牌的元器件。从这个角度来看,如何收集、分析、整理一套性价比较高的民营企业的资源库,将是采购人员应该关注和研究的问题。供应资源开发是采购管理工作的核心工作之一,如果不具备供应资源开发能力,如何成为综合型采购专家?

5. 商务谈判专家

采购组织从表面上来看是"花钱"的部门,但现代的采购管理是继市场与销售、产品研发之后的企业第三大利润源泉,从前文中的分析数据可以看出,采购对企业利润的影响巨大。那么我们该如何通过采购管理将企业获取的利润最大化?我们可以通过导入新供应商、供应商整合、物料替代、更改设计、价值工程(VAVE)、季度/年度议价、对标分析等采购策略及价值工程的方法和手段将企业利润最大化,但所有这些方法与策略最终都需要采购人员与供应商谈判,与企业内部利益相关者谈判,尤其是对外与供应商谈判。所以谈判伴随着采购工作的始终,只是有的谈判规模大,有的谈判规模小;有的是正式谈判,有的是非正式谈判。

谈判是指有关方面就共同关心的问题互相磋商,交换意见,寻求解决问题的途径并最终达成协议的过程。这是教科书式的概念和定义,从采购的角度来看待谈判，我们可以理解为，谈判是采购人员作为企业采购职能的行使者，代表企业与其他组织或个人在为企业争取利益最大化的过程中所做的一切沟通、商谈及磋商，当然前提是这些商谈都是合法合规、公开、公正及公平的。谈判的对象与方式包括但不限于供应商、企业内部利益相关者（研发、工程、品质、市场和销售等部门或人员）、客户、书面合同或协议、电话、邮件、面对面会议、团队。

6. 采购与供应问题解决专家

在实际采购工作中会遇到各种各样的困难和问题，有常规的问题，也有意外的问题。作为资深的采购管理专家，我们应该将意外的问题常规化，将常规问题流程化，这样在处理问题时就能更快地抓住关键问题和事项。

7. 项目管理专家

任何事情都可以按照项目的方式来进行管理。项目管理的基本定义是运用各种相关技能、方法与工具，为满足或超越项目有关各方对项目的要求与期望所开展的各种计划、组织、领导、控制等方面的活动。在采购活动中常常有很多跨部门的工作，因此采购者需要扮演项目经理的角色来推动采购工作的开展，比如降价项目、供应商整合、缩短LT等。

## 二、如何修炼成一名综合型采购专家

如果我们真的热爱采购工作，那么就应该为这份职业设定一个长远的目标。对于设定采购工作目标，每个人的理解和期望都不同：有的人希望成为CEO，有的人希望成为COO，有的人希望成为CPO，有的人希望成为顶级采购专家，等等。大家都知道金字塔的"顶端"永远是少数人，也就是说，如果每个人都将自己的职场目标设定为CEO或COO或CPO，那么注定只有不到5%的人能达成目标，而剩下95%的人永远无法达到预期目标，这是社会的定律，我们无法改变。如果我们将自己的目标设定为致力成为一名顶级综合型采购专家，那么我们达成或接近这一目标的可能性就有80%，因为达到这一目标的可变因素80%取决于自身的努力。

接下来，以电子行业为例来谈谈我们如何才能修炼成顶级综合型采购专家。

1. 勤奋努力地工作

对于任何工作来说，我们只有自己亲手去做才能知道工作中的流程、问题、难点、解决方法等细节。对于工作，我们做得越多，我们所遇到的问题就越多，相应的解决方法就越多。因此，在企业里，我们不要害怕多做事情，做的事情越多，我们积累的经验就越丰富，正所谓"实践出真知"。企业中常常看到"外行领导内行"的现象，这是因为企业没有严格地去考核这些"外行"领导，如果实事求是地去考核领导者的能力，这些领导是经不起考验的。因为这些"外行"领导缺乏基层工作经验，他们只是以纯管理人的方式来替代管事，而管人与管事其实是两码事。

2. 积累知识和经验

采购管理工作本身是一项综合性管理工作，其涉及的知识包括但不限于采购管理、供应链管理、财务知识、商品知识、项目管理、基础工科知识等。因此，我们要广泛涉猎和学习这些方面的知识，尤其是基础工科知识和商品知识，因为所有的采购活动都是围绕采购的标的物——商品展开的。例如，采购商品的技术需求定义（关键参数）、成本分析（离不开商品的构成及制程）、质量标准（国际标准、行业标准）等。

3. 保持持续性学习

随着科技的发展，电子行业的发展日新月异，每年都会有新的技术和产品出现。技术的升级带来了产品的变化，产品的变化意味着采购标的物的变化，因此一名资深的采购专家要用一只"眼睛"紧盯供应市场的变化，并提前判断这些变化会给我们所从事的行业的采购工作带来哪些影响。

4. 深度思考与总结

当我们从事的某项工作达到一定"量"的积累时，就应该时不时"停"下脚步来思考为什么要这么做，如何做得更好，如何提高工作效率，等等。通过深度思考和系统总结，我们可以站在更高的位置看清楚我们的工作全貌，最终发现工作的本质和内在逻辑。

# 第三章 供应商开发与选择

第三章 供应商开发与选择

**导读** 计算机科学的基本逻辑是没有输入就没有输出，世间万事万物都遵循着这一宏观逻辑，因此这是一条适用于自然科学领域与社会科学领域事物发展的定律。如果我们将企业设计生产出来的产品看作企业的"输出"，企业所需的原材料和零部件就是企业的"输入"，企业所需要的"输入"资源就是从供应商处获得的。

"巧妇难为无米之炊"，再聪明能干的主妇，如果没有米，也做不出饭来。如果我们将一个企业或组织看作"巧妇"，那么企业所需的外部资源就是"米"，而在电子制造业中，企业所需的外部物料资源包括但不限于原材料、电子元器件、零部件、组件、半成品、成品。前文中提到，企业所需的外部资源大部分是通过外购即采购的方式获得的，那么这些资源又是从哪里获得的？答案就是供应商。也就是说，如果企业找到了合适的供应商，也就意味着找到了合适的供应资源（米），接下来企业只需依据一定的生产工艺完成产品（饭）制造即可。在这一过程中，外部资源就是输入，产品就是输出，企业本身就是一个"黑匣子"，负责产品设计与生产。

依据"输入输出定律"，我们可以看出企业所需的外部资源是企业产出产品的必要条件，即如果企业没有获取其需要的外部资源，企业将没有产品产出。当然，企业要获得产品输出不仅需要外部物料资源（原材料、元器件及零部件），还需要其他生产要素，比如厂房、设备、劳动力、生产工艺、水、电、气等。由于本书主要探讨采购管理、供应链管理相关内容，因此不会探讨其他生产要素对企业产品产出的影响。企业所需的外部资源是企业产出产品的必要条件，回答了企业为什么要从外部获取资源，那么接下来就需要解决以下问题。①谁帮助企业获取外部资源？②在哪里获取外部资源？③通过什么途径和方式获取外部资源？

# 第一节　供应商开发对采购管理的重要性

本文所探讨的供应商开发是指根据企业发展与采购战略的需要，由企业采购委员会领导相关成员完成新供应商的搜寻、甄别、筛选、评估、选定、审核并最终纳入本企业供应体系的过程。因此，本文所谈的供应商开发的对象主要是新供应商、潜在供应商，对于已有（已经在 AVL 中）的供应商的关系发展不包括在内。

从 P2P 采购流程，我们可以看到供应商开发在整个采购作业过程中处于仅次于需求管理的位置，如果说需求管理是采购活动的第一个重要环节，那么供应商开发就是采购活动的第二个重要环节。当确定需求后，如何找到最优的供应资源就是战略采购首先要解决的问题。这就是供应商开发需要完成的工作。在这个过程中，由于不同企业管理水平及人员能力各有不同，导致所找到的供应资源为企业所带来的价值也有所不同。如果我们简单将企业开发的供应资源分为 A（最优）、B（良好）、C（一般）、D（较差）四个等级，可以想象，不同等级的供应资源为企业所带来的效益、价值肯定也有所不同，有时甚至会直接影响企业的核心竞争力。除去需求管理来看，供应商开发可以算是整个采购作业流程的第一步，第一步绩效的好与坏会直接影响后面所有采购工作绩效的好与坏。因此，供应商开发工作绩效的好坏对采购管理有着重要的影响。接下来从以下几个具体方面来剖析其影响力。

## 一、供应商开发是采购流程中的关键环节

由表 1-13 采购工作总流程中可以看到，供应商搜寻、选择及最终承认是完成采购作业必不可少的一个重要环节。我们可以从以下几个方面来理解供应商开发在整个采购流程中的角色和重要作用。

1. 必经之路

由于不同的企业具有不同性质以及同一企业会经历不同的发展阶段，企业的各项职能在企业中的位置也有所不同。自有品牌商与 OEM 代工厂对于供应商开发的依赖有很大不同，前者在产品开发阶段需要很强的资源开发能力，后者是客户来料加工或指定用料，对资源开发的依赖程度较低。同样地，同一个企业，当其处于初创及发展阶段时，需要专业团队来开发性价比高的供应商，资源开发对企业发展影响很大。当企业各方面体系流程逐渐完善、成熟时，供应商开发对于企业的发展影响有限，因为经过多年的发展企业供应资源逐渐积累到一个"瓶颈"状态，此时相对于企业发展初期而言，资源丰富了很多。无论是什么性质的企业以及企业处于何种阶段，如果企业要完成采购活动并达成采购目标，必须进行供应商开发，否则就无法完成一个完整的采购工作流程。从采购工作流程的角度来看，供应商开发是企业完成采购活动的"必经之路"。

2. 承上启下

如果将整个 P2P 采购作业流程简化为三个部分，那么第一部分是需求管理，第二部分是供应商开发，第三部分是订单交付管理。在这个过程中，供应商开发在"中间"起到承上启下的作用。价值交换是通过多个不同环节的需求与供应实现的，因此管理价值交换也就是管理多个需求与供应活动。在价值交换过程中，如果仅有需求而没有供应，那么这个价值交换的活动是无法实现的；反之亦然。P2P 本身也是一个价值交换的过程，当需求的各个因素都定义清楚后，就需要依据需求因素去搜寻供应商并依据企业标准选定供应商。这里所说的需求因素包括但不限于需求产品的规格参数、性能要求、品质标准、期望的目标价格、年用量、交付时间、期望的服务等。供应商开发在 P2P 过程中相当于确定采购路线即战略路线，一旦战略路线定下来，就需要按照战略去执行，执行过程就是订单交付管理的部分。如果战略路线定下来却没有人去执行，那么整个 P2P 流程也将无法完成。因此，在整个 P2P 过程中，供应商开发起着承上启下的作用，既要按照上游需求选定供应商，又要求后面有团队跟进落实采购战略，从而最终完成从需求开始到交付的整个 P2P 流程。

### 3. 核心环节

将 P2P 过程简化为需求管理、供应商开发及订单交付管理。在电子行业的采购实践中，我们常常碰到两大难题：一个是物料规格的确认及变更，另一个是需求预估管理。这两大难题涉及物料选型、替代料承认。物料选型涉及一系列采购因素、需求数量确认、需求变化引起的缺料等。一旦这两大难题解决了，P2P 环节中的需求管理就基本可以确认下来，而且某个个人或团队对需求管理影响不大，因为最终需求全部来自客户。同理，订单交付属于执行层面的业务，当选定采购策略和供应商之后，剩下的就是执行力的问题，只需将后端采购流程定义清楚，由采购员按流程执行即可。如此一来，在订单交付管理环节就不会因为个人或组织的变化导致执行结果有很大的差异。当然，每个人的工作能力不同，但不会影响总体结果，如果总体结果有很大差异，那一定是流程和执行上出了问题。供应商开发是采购策略的主要内容，策略应该具有灵活性，而不是一成不变的，会随着内外部环境的变化而变化，也会因制定者不同而有所不同。关于策略，最经典的就是"田忌赛马"的故事，同样的赛马，田忌用策略反败为胜。供应商开发本身也是一种策略，有的采购领导喜欢分散采购，会为同一个品类的物料开发多个供应商以分担风险；有的领导喜欢集中采购，一个品类的物料就选定一个供应商以形成规模经济效应；有的领导喜欢竞标，什么物料都竞标，完全以价格为导向，让供应商之间"杀得头破血流"；有的领导则认为供应商不仅是供应商，而是把供应商当作真正的合作伙伴，引导供应商一起成长，合作二三十年都没换过。可见，在整个 P2P 的过程中，最灵活多变的是采购战略，最难的就是采购战略的制定，而供应商开发是制定采购战略的关键，因此我们可以说供应商开发是 P2P 的核心环节。

## 二、供应商开发是采购降本的重要途径之一

前文分析过，对于电子行业而言，原材料成本在企业营业成本中占比最高，如果能有效降低原材料成本，就能有效降低整个企业的成本。原材料主

要通过企业外购获得，而采购正是企业从外部获取资源的主要方式之一，因此通常我们所说的采购成本是企业为获取外部资源而需支付的一切相关支出和费用，在这些支出中购买原材料的支出是占比最大。

从采购的角度来看，降低成本的有效途径包括但不限于成本分析法、年度议价、替代料、规模经济、新供应商导入、与现有供应商议价、基准价格分析法、新产品开发时期早期供应商介入法、本地化供应、电子招标等。从理论上讲，这些降价策略实质上大多与新供应商有着重要的联系，比如在进行年度议价前，采购品类经理需要到供应市场充分收集并分析商品的市场行情信息，所谓行情就是商品的价格水平。要想深入了解市场行情，就需要对除 AVL 以外的新供应资源做详细的调查和分析。替代料降价策略分为同一制造商的替代料与不同制造商的替代料两种情况，如果是不同制造商的替代料就意味着有新的品牌可以替代已有品牌，新的品牌就意味着新的供应商的搜寻与承认。与现有供应商议价、基准价格分析法背后都需要做很多横向对比，横向对比就是对于同一种规格的材料或元器件在不同制造商及同一制造商的不同代理商之间进行性价比分析。因此，从理论上分析，大部分降价策略实施的背后都离不开新供应商的支持，这种支持可以分为两种类型：一种是选择了新供应商为企业供应物料；另一种是没有选择新供应商为企业供应物料，但以新供应商提供的价格信息作为与目前供应商谈判的筹码，这种方式通常可以极大地为公司降低成本，这种方式之所以有效，主要是因为"信息不对称"。

上文从理论层面谈到大部分降价策略实质上都离不开新供应商的支持，在实际采购实践中亦是如此。无论是国内工厂找真正意义上的海外供应商（原产地在国外），海外工厂找海外供应商，还是海外工厂的采购找国内的供应商，其物料的采购价格相对于国内工厂采购找国内供应商的采购价格都要高出很多，价差至少在 40% 以上，这是在多个较大的采购降本案例中总结出的规律。因此，一旦国外工厂的采购品类经理岗位由国内的采购品类经理接任，国内采购品类经理在做降价或者将原来从海外购买的物料本土化时，通常我们设定的降价目标是 50% 以上，在实际工作中这一经验值屡试不爽。当然，这里所说的海外工厂或供应商区域主要在美国、欧洲及日本等发达国家和地区。在这种海外工厂采购开发国内供应商以及国内厂商开发海外供应商的情况下，多数可以采用新供应商替代的方式达到大幅降低成本的目的，其他降本策略的降本幅度很有限，因为欧美工厂及欧美供应商的成本管控意识及成本敏感度不如中国企业及本土的采购人员。导致这一现象的根本原因是，欧美国家经历了经济的高速增长时期，其商业理论及制度也发展到一定程度，所以在其体制和文化影响下采购经理人都认为其他国家的商业行为及准则与其本国的行为准则是一样的，即他们的研发与采购组织相信供应商的第一次报价就是最好的价格，不存在"欺诈"行为，但事实并非如此。另外，欧美工厂及欧美供应商对成本的认知与国内企业采购经理对成本的认知是有差异的。例如，在美国一大瓶2L可口可乐售价在3美元左右，但在国内同样一大瓶可口可乐售价也就7元人民币左右，换算成美元才1美元左右，如果将同样一瓶可口可乐从中国运到美国，就算将可口可乐的报价提高至2美元，在美国市场上依然很便宜，但对于我们来讲，价格已经翻了一倍，其他的原材料与电子零部件也是同样的道理。

新供应商开发不仅是国际间采购实现有效降本的重要方式，在国内采购活动中也是最有效的降价方式。如果将企业降本进行分类，从职能上可以分为技术降本、采购降本及价值工程法（VAVE）。如果对企业一年的降本总额进行分析，可以发现采购降本总额的60%~80%都直接或间接来自新供应商的支持。我们以国内某FPCA OEM工厂为例来说明这一观点，具体如表3-1和图3-1所示。

表3-1　国内某FPCA OEM工厂2012年上半年降本数据分析

| 序号 | 供应商名称 | 节省额（元） | 百分比（%） | 累计百分比（%） | 降价原因 |
| --- | --- | --- | --- | --- | --- |
| 1 | V01 | 478 749 | 8.33 | 8.33 | 新供应商导入 |
| 2 | V02 | 458 524 | 7.98 | 16.30 | 新供应商价格竞争 |
| 3 | V03 | 444 919 | 7.74 | 24.04 | 商务谈判 |

续表

| 序号 | 供应商名称 | 节省额（元） | 百分比（%） | 累计百分比（%） | 降价原因 |
|---|---|---|---|---|---|
| 4 | V04 | 422 371 | 7.35 | 31.39 | 新供应商价格竞争 |
| 5 | V05 | 408 881 | 7.11 | 38.50 | 新供应商价格竞争 |
| 6 | V06 | 280 252 | 4.88 | 43.38 | 新供应商价格竞争 |
| 7 | V07 | 258 480 | 4.50 | 47.88 | 新供应商价格竞争 |
| 8 | V08 | 256 680 | 4.47 | 52.34 | 新供应商导入 |
| 9 | V09 | 244 455 | 4.25 | 56.59 | 商务谈判 |
| 10 | V010 | 230 103 | 4.00 | 60.60 | 商务谈判 |
| 11 | V011 | 179 849 | 3.13 | 63.72 | 新供应商导入 |
| 12 | V012 | 132 164 | 2.30 | 66.02 | 新供应商价格竞争 |
| 13 | V013 | 116 211 | 2.02 | 68.05 | 商务谈判 |
| 14 | V014 | 103 478 | 1.80 | 69.85 | 新供应商价格竞争 |
| 15 | V015 | 101 911 | 1.77 | 71.62 | 新供应商导入 |
| 16 | V016 | 97 481 | 1.70 | 73.31 | 商务谈判 |
| 17 | V017 | 97 294 | 1.69 | 75.01 | 新供应商价格竞争 |
| 18 | V018 | 93 221 | 1.62 | 76.63 | 新供应商导入 |
| 19 | V019 | 87 427 | 1.52 | 78.15 | 新供应商价格竞争 |
| 20 | V020 | 85 260 | 1.48 | 79.63 | 新供应商价格竞争 |
| 21 | V021 | 79 046 | 1.38 | 81.01 | 新供应商价格竞争 |
| 22 | V022 | 75 531 | 1.31 | 82.32 | 新供应商价格竞争 |
| 23 | V023 | 75 412 | 1.31 | 83.63 | 新供应商价格竞争 |
| 24 | V024 | 73 643 | 1.28 | 84.91 | 新供应商价格竞争 |
| 25 | V025 | 71 536 | 1.24 | 86.16 | 新供应商导入 |
| 26 | V026 | 70 641 | 1.23 | 87.39 | 新供应商价格竞争 |
| 27 | V027 | 54 281 | 0.94 | 88.33 | 新供应商价格竞争 |
| 28 | V028 | 51 924 | 0.90 | 89.23 | 商务谈判 |
| 29 | V029 | 49 330 | 0.86 | 90.09 | 新供应商价格竞争 |
| 30 | V030 | 42 522 | 0.74 | 90.83 | 新供应商导入 |
| 31 | 其他 | 527 022 | 9.17 | 100.00 | 其他 |
|  | 总计 | 5 748 598 |  |  |  |

降价金额以类型分布

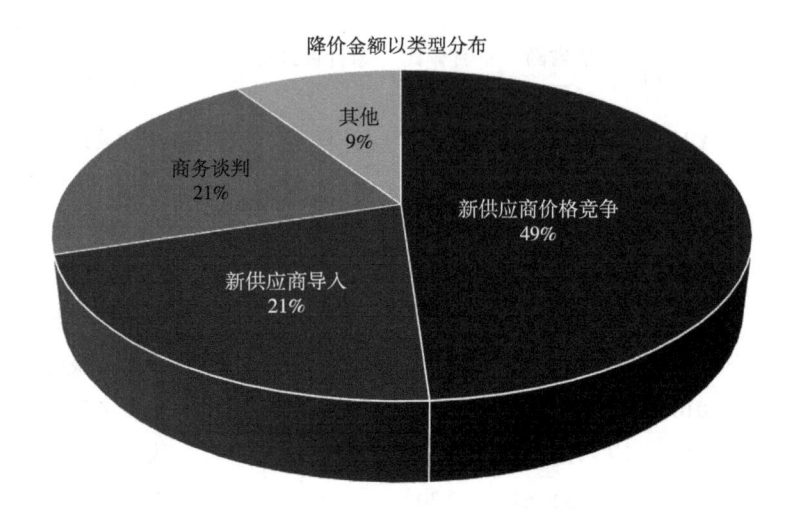

- 新供应商价格竞争 49%
- 新供应商导入 21%
- 商务谈判 21%
- 其他 9%

图 3-1 国内某 FPCA OEM 工厂 2012 年上半年降本数据按降本方法分类

如图 3-1 所示，以上企业半年降价额中有 49% 来自新供应商价格竞争，21% 来自新供应商导入。这里的新供应商价格竞争是指由于本企业采购经理人利用本企业 AVL 以外的供应商的价格与 AVL 内的供应商的价格形成博弈，AVL 内的供应商感觉到强大的竞争压力而不得不按照客户的要求把价格降下来。这里的新供应商有的最终被企业选择并承认后纳入 AVL 中，有的只是为企业提供了有价值的价格信息，但并没有被企业纳入 AVL 中。新供应商导入是指企业采购人员在进行新供应商搜寻时发现某个厂商在某类物料上的报价非常有竞争力，在同等条件下其报价远低于企业目前所有的 AVL 厂商，从而进行导入。当然，导入的前提是这家供应商的样品经过多次验证质量合格且符合企业其他主要硬性指标的要求。对此一般存在两种情况：一种是这个供应商为了争取这个终端客户并进入这个客户的供应体系而进行策略性报价；另一种是这家供应商由于管理水平很高，在成本管控上做得很好，在保障正常利润的前提下，其商品价格确实很有竞争力。虽然大家都在倡导企业之间合作要着眼于长远利益，但现实中较少有企业能做到这一点，大多数企业仍然只看眼前利益，不管供应商是进行策略性报价还是其商品价格本身就有竞争力，当企业看到有很大的成本节省空间时必然会导入新的厂商。

在充分竞争的市场机制下，由于信息不对称和关系不对等，供应商的开发对企业降本会有巨大的贡献。我们从采购的对立面来看待这个论点，也是成立的。市场营销有三种策略，即低成本策略、差异化策略及细分市场策略。差异化策略需要企业有非常强的创新能力，而国内企业较缺乏创新能力；细分市场策略往往是着眼于利基市场或缝隙市场，国内企业又大多看不上这种细分市场，因此国内企业在市场竞争中最喜欢用的策略就是低成本策略。当他们选定目标客户后，为了进入客户的供应体系不惜牺牲企业的正常利润，以很低的利润率进行策略性报价。对于国内终端企业，当看到新的供应商以极其有优势的价格报价时，很难不心动，当然前提是新供应商的品质、交付、服务、技术能力都满足终端客户的要求。由此可见，新供应商的出现会给企业原有供应系统带来很大的冲击及压力，迫使原有供应商配合客户降价以维持合作。因此，我们可以说新供应商的开发是采购实现降本的重要途径。

### 三、供应商开发有利于改善企业的产品交付能力

产品交付对于企业的重要性不言而喻，对于企业管理层而言，改善交付就如同降低企业成本，一般会被列入企业战略层面，并且企业管理层常常将OTD设为营运与供应链部门的首要KPI考核目标。根据"输入输出定律"，产品是由物料做出来的，物料又是通过外部供应商采购获得的，因此产品的交付必定跟供应商有着紧密联系。接下来从交付对企业的重要性、影响产品交付的因素以及供应商开发与产品交付的关系三个方面来阐述供应商开发对企业产品交付的重要意义。

（1）长交期物料开发多个供应商有利于分担产品交付风险。

在电子行业的采购活动中LT是产品交付的"大敌"，尤其是复杂的终端成品，常常发生其他料件都到齐了却需要等着某一颗或几颗"瓶颈"物料（Gating Items）的交付才能排产的情况。如果我们能预先识别LT物料并提前开发多家合格供应商，那么在一定程度上就可以减少由于LT所带来的缺料风险，从而降低产成品不能及时交付的风险。

（2）当产能紧张时，可以随时切换到有能力的供应商。

电子产品所处行业是有周期性的行业，在第二季度末和第三季度处于行业旺季。旺季时，各个终端厂家都在"抢"产能，就会导致供应商端产能不足。任何企业都是有客户排名和优先级的，就如同我们对供应商进行等级划分一样。企业的产能肯定是优先排给其战略合作客户，如果我公司不在供应商客户排名的前 5 位或者前 10 位的位置上，那么很多时候就会因为产能不足而导致我公司所需的物料或产品无法及时交付。在这种情况下，我们如果提前开发好备用厂商和资源，就能快速将订单切换到已经开发好的备用厂商那边，以保障我公司物料的顺畅供应。

（3）开发愿意缩减 LT 的新供应商。

前文多次分析了 LT 对于企业的库存周转率、产品交付、盈利性、利润率有着重要的影响，其对企业的重要性不言而喻，因此很多外资企业将缩短 LT 设为品类经理工作的一个重要 KPI 考核指标。品类经理会定期识别、筛选出 LT 物料并分析其对我们出货有哪些影响。当目前供应商无法配合降低 LT 时，我们会开发那些愿意缩短 LT 的供应商以满足我公司产品交付的需要。

（4）解决临时调货的问题。

电子行业采购中经常会出现找现货的情况，市场上的现货是一个非常不确定的"变量"，经常上一秒还有库存，下一秒库存就被其他客户买走了，因此如何快速开发并筛选高质量的现货供应商对于采购人员来说也是一个考验。当某个或某些物料需要去找现货时，通常意味着这个或这些物料是十分紧急且重要的，否则企业不会去找现货，因为现货市场的物料价格通常是物料正常采购价格的几倍、十几倍甚至几十倍。在这种紧急且重要的情况下，我们找现货就不能局限于企业已有的现货供应商，而是应放眼全球，只要有货且能保证质量，我们都可以去商谈。

## 四、供应商开发有利于降低企业供应风险

供应商开发有利于降低企业供应风险，具体表现在以下几个方面。

（1）供应商开发有利于降低潜在品质风险。

依据"人、机、料、法、环"的思维逻辑，物料的品质问题是导致产成品品质问题的一个重要潜在因素，如果分析发现某产品的品质问题的确是由物料品质问题导致的，通常有两种方法可以解决：其一，要求现有供应商写8D报告（Eight Disciplines Problem Solving，8D问题解决方法，也称"团队导向问题解决方法"或"8D报告"，是一种系统性的问题解决策略），找到根本原因及解决方案；其二，快速找到第二资源（供应商）评估样品并出货。如果我们提前做好了供应商开发工作，当发生品质事故时，就可以快速用第二资源"顶上"，从而降低潜在品质事故风险。

（2）供应商开发有利于降低物料短缺风险。

缺料既是采购与采购管理中的常见问题，又是影响产品出货的重要因素，如果企业能提前识别缺料问题并预防其发生，那么企业产成品的OTD将大大提高。因此，改善缺料对于采购管理工作至关重要。在实际供应活动中，如果第一供应商由于产能或其他任何原因导致订单无法及时交付，我们会启动第二供应商、第三供应商供货，优质的供应商越多，企业面临的物料短缺风险就越低，因为我们有更多选择。

（3）供应商开发有利于降低目前厂商倒闭所带来的风险。

当经济环境不好时，我们常常会听到某个知名厂商倒闭的消息。比如，2015年年底知名EMS代工厂中天信突然宣布倒闭，当时锤子手机机型T2正在中天信生产。这一事件对锤子供应链产生了巨大的冲击，因为T2手机只有这一个代工厂，没有第二家。如果时光能够倒流，相信锤子手机一定会选择2~3家EMS代工厂来生产T2手机。

（4）供应商开发有利于降低涨价风险。

竞争是最有效率的市场形态，这一点同样适用于供应商管理，即当某个品类的器件同时有多家供应商时，就意味着买方有更大的议价权，可以利用竞争机制在多个厂商之间博弈；反之，如果只有一个供应商，那么买方的议价能力将大大减弱。

### 五、供应商开发有利于激发已有供应商的供应能力

人天生是有惰性的，不愿意改变，不愿意接受新鲜事物。一个企业（组织）在发展过程中亦是如此。工作中我们发现，有些国外的供应商在与国内客户或国外客户合作过程中10多年未曾降价，仔细观察发现这些供应商有一个共性，即在其所供应的品类中企业有且只有一个供应商。我们暂且不考虑劳动力成本、土地租金、原材料成本等因素，仅就通胀率这一点来看，一个供应商给客户供货10多年未变过价格都是不正常的，因为10年前的货币价值与现在的货币价值肯定不同。经过10多年的通货膨胀，这些供应商还能以同一价格持续供货，可见10年前的产品报价是多么高。另外，对于工业制造企业来说，工业产品的成本肯定是越来越低的，10多年不降价，这些企业如何能够生存？

## 第二节　供应商开发的动因

### 一、供应商开发的具体原因分析

从宏观上来讲，由于市场经济机制的存在，资本的特性是追求利润最大化，这就导致社会分工越来越细，最终形成每个企业只专注于做自己最有竞争优势的核心业务，次核心业务都需要通过价值交换的方式从外部市场中获取的局面，也就导致采购活动的发生，进而形成客户与供应商之间的价值链关系。从中观上来讲，没有输入（投入），就没有输出（产出），企业的经济效益本身就是通过投入产出函数实现的，即产出 = 函数$f$（生产要素投入）。生产要素包括但不限于技术、知识产权、原材料及元器件、厂房、机器设备、劳动力、水电气等，其中原材料及元器件主要靠从企业外部以价值交换的方

式（采购）获得。因此，企业就必须从供应市场开发供应商以获得企业所需要的原材料、元器件、零部件、半成品等物料。

从微观上来讲，在具体采购活动中，我们常常对为何要开发新的供应商缺乏思考，因为在实践中人为的因素比较多。人为因素是指采购部开发新的供应商并非因为企业发展战略及供应链管理的需要，而是由于换了采购领导者或者采购管理者（采购经理或采购工程师）。由于人为因素而导致企业开发新的供应商显然对企业是不利的，这也违背了最佳管理理念。最佳管理理念是尽量消除"人治"而提高"法治"，这里的"法治"在企业中包括但不限于企业文化、流程、程序、规章制度等。另外，由于不同的商品类别特性及其在供应链中的位置（定位）有所不同，所以在开发供应商时选择标准应该有所区分，但采购实践中很多中小企业会采取"一刀切"的政策，即无论是标准件、定制件、电子件、塑胶件、战略型商品、杠杆型商品，还是瓶颈型商品，都采用统一的选择标准和开发流程。

战略层面的管理工作难点在于，如何剔除人为因素对企业的影响；执行层面的管理工作难点在于，如何做到具体问题具体分析，实现分门别类式的精细化管理。基于这两点，我们在供应商开发过程中一定要分析其原因，知道原因后，我们在选择供应商时就能更好地平衡效率与风险的关系，最终做到使企业利益最大化。举例来讲，任正非在谈到华为 P2P 的问题时说道："我认为在 P2P 的工作进行中，华为的工作是抓大放小，我们生产线的东西 100% 按照顾问说的办，行政采购的小额度的办公用品，顾问可以稍微放松一点。过去，我们办事处零星物品的采购过程中出现了很多僵化的问题。比如，买一支铅笔需要经过公司的认证，买一张纸也要经过领导批准。有些代表处一个合同价值 5 亿美元，而有些代表处是 200 万元人民币就要签一个合同。针对这个情况，我们的管理很僵化，所以有 300 人专门在全世界认证铅笔和纸张。最后的解决方法就是，去世界有名的超市购买。我们认证超市，不认证物品，你在超市购买物品的时候必须用信用卡，不能用现金付账，你把你采购的东西放到网上，报销时必须在网上申报，大家都要看得见，你才能核销。我们充分利用大型超市的公正性来抑制内部的不准确性和价格问题，我们这样做的结果就是，通过超市的公平价格和我们的预算计划，给员工一定的行政办公额度来调整员工对物品的需求。"这个例子充分说明了，同样是 P2P 的事情，不同的商品类别采取不同的处理方法，从长远和整体上来看是有利于公司在控制风险的前提下提高营运效率的，效率对于企业来讲就是效益，提高效率就是在降低成本。总结采购工作经验，对供应商开发的动机或者说必要性做如下总结。

1. 组织结构变动

企业每发展到一定阶段时都会进行一些变革，以增强企业活力，提升企业竞争力。组织结构的变动常常是企业变革的一种重要体现，而组织结构的变化常常引起人事变动。具体到采购管理中，当采购部最高领导发生变化时，随之而来的是采购部的组织结构和采购策略的变化。在这种情况下，新上任的采购领导及采购团队常常会引入新的供应商，因为采购人员都知道，要想管好供应链首先应该管好供应商，而要想管好供应商首先应该选好供应商。那么供应商最"听"谁的话呢？在实际采购管理工作中，供应商常常最"听"将其导入客户供应链体系的人的话，这个人可能是供应商质量管理者（SQM），也可能是研发工程师，而更多时候是采购工程师或采购经理。不管我们是否相信，这似乎是一种"潜在规则"。因此，从人性利己的角度可以推出，采购部组织结构的变动必然会带来供应商体系的变化，这也是不争的事实。

2. 新产品开发

前文中谈到过，任何产品都是有生命周期的，因此企业要想可持续发展，就必须做好产品组合策略并进行新产品开发。由于摩尔定律的存在，电子产品对产品生命周期尤其敏感，特别是消费类电子产品，其产品生命周期通常是 10~12 个月，企业需要不断进行产品升级或开发全新的产品。因此，新产品开发对电子行业产业链尤为重要。新产品开发意味着有新的材料、技术、功能出现，这些新的材料和技术往往是由产业链上游企业提供的。人们常常认为是做终端成品的企业在推动产品升级和技术的革新，但当我们与世界级的上游半导体厂商、芯片厂商、材料厂商、模组厂商接触之后，就会发现真正推动产品升级和技术革新的往往是产业链最上游的半导体厂商和材料厂商。正是由于这些上游厂商对器件和材料的不断研究，才实现了新技术、新产品的应用并制定了行业标准，终端成品厂商只是应用上游厂商开发出的器件做出最终成品而已。鉴于此，国际知名终端厂商比如苹果、三星很早就开始自己设计芯片并用到自己的产品上，而现在我国的一些知名终端也开始重视上游器件领域，比如华为、小米、阿里巴巴、百度都有自己的芯片业务部或公司，专注设计自己所需的芯片，当然华为很早就意识到了这一点，所以才有了目前比较成熟的麒麟芯片。

既然终端成品的升级和技术革新是由上游器件和材料厂商推动的，那么作为专业的战略采购，我们有必要与研发工程师一起，时刻关注最新的行业动态、最新的技术及器件技术路线图，以便从中发现并找到能运用到我们产品中的"新资源"。

3. 实现降价目标

成本管控与降价是采购工作的主旋律，前文谈到企业实现降价的方式有很多种，其中新供应商开发是实现企业降价目标的一个重要途径。不考虑完全垄断与寡头垄断的行业，在自由竞争的市场中，实现企业降价目标最直接、最有效的方法就是导入新供应商，从而有效地建立与加强竞争机制。在实际采购活动中，很多企业的新供应商导入的门槛和条件是非常高的，有些甚至比较苛刻。除此之外，在实际采购工作中，诸如价格、交付、质量、技术能力、商务条款、服务、社会责任等采购因素时常是相互矛盾的。在开发新供应商时，如果全面考虑这些采购因素及供应商导入的条件，且要求厂商满足全部条件，几乎没有一家厂商能够做得到。我们既要求产品价格有竞争力，又要求产品质量好、交付迅速、服务好且工厂规模大，从逻辑上来看也是做不到的。因为任何服务、质量及交付都是有成本的，就以质量来举例，如果我们要求采购的 PCB 拼板是 100% 无叉板（一整个拼板都是好的），那么当 PCB 厂商在生产过程中发现有叉板时就会进行返修或报废，而返修与报废都会产生成本，这些成本最终都会转嫁到客户端。相反，如果我们能接受一定比例的叉板，那么单片 PCB 的报价肯定会比无叉板 PCB 的报价要低得多。因此，如果物料成本已经严重影响到企业的发展、竞争力、战略规划等层面，当企业决策层指示采购部务必尽一切努力将物料成本降下来时，就意味着成本已经优先于其他因素成为第一优先级的重要事项。当采购经过调研和分析发现，只有通过导入新的供应商才能完成降价目标时，我们在进行新供应商导入与选择时考虑的第一要素就是价格，其他诸如商务条款、工厂规模、工厂体系认证等条件可以适当放宽，当然前提是供应商的送样通过企业测试验证且交付能满足企业的订单需求。

4. 现有供应商放弃合作

需求方与供应方的合作是双向选择的过程，双方是平等且互惠互利的关系。在供应商的导入与管理过程中，合作意愿是首要条件，如果双方没有很强的合作意愿，接下来的合作必定长久不了，正所谓"强扭的瓜不甜"。在供需双方的合作过程中，如果有一方合作意愿不强而只由另一方做出让步以维持合作，这种"不平等"的合作关系长时间得不到改善，必然会导致双方"分道扬镳"。在供大于求的市场格局中，大部分情况下是需求方在选择供应方（垄断和寡头垄断的情况除外），因此大多数情况下是需求方"抛弃"供应方。有时候供应方也会主动放弃与某个或某些客户的合作，其中的原因包括但不限于供应方逐渐发展壮大，对其目标客户有了新的定位；客户拖款太严重，潜在风险很高；利润太低，供应方找到了利润更高的客户；供应方在某个细分领域处于垄断或寡头垄断地位，具有选择客户的实力；供应方企业变革、转型等其他原因。

当供应方放弃与某个客户的合作时，通常会提前告知客户并给予其一定时间，以便客户找好"下家"以保障持续供应。当客户接到供应商将停止合作的通知时会立即采取应对措施，首先是看目前资源池中有无厂商能供应同样的商品，如果不行，就必须立即开发新的供应商并在目前厂商停止合作以前将其纳入合格供应商名录中。一般情况下，战略采购在年初做战略规划时会依据商品类别、供应商绩效提前评估供应风险，一旦发现有任何潜在供应风险会提前做好相应准备，即提前开发备用资源，以免当风险来临时陷入非常被动的局面。

### 5. 现有供应商出现重大品质异常

任何品质事件都是偶然与必然的结果，说其偶然是因为我们不知道具体什么时间、什么地点会出现品质异常，说其必然是因为一定是在产品的"人、机、料、法、环"的某个方面出现了问题或"违规"。对于品质事件，我们不能依赖过往经验，即某个企业不能以其辉煌的历史来说明它在将来永远不会出现品质事故。本人负责与中国台湾的一个电解电容生产厂商的采购业务，这家厂商与我公司合作近20年，在过往的20年中其品质绩效在同类产品中一直是佼佼者，而且其产品在我公司美国工厂是免检产品。就是这么一个"老资历"的品质过硬的合作伙伴，由于换了研发领导，新来的研发领导在我们采购的一款电容中换了材料，结果导致在一批出货中有2%的不良产品。这2%的不良产品不仅仅是电容本身的问题，更直接导致我公司已经做好的成品与半成品全部返工，由于这些电解电容是以热熔胶的方式焊接到PCB上，直接导致板子报废，给我公司造成重大损失，从而引起高层领导的重视，责令我们加急开发新的供应商，以逐渐取代这家合作了20年的供应商。由此可见，品质事故无小事，品质管控不容疏忽，可能就是因为一个小小的错误而导致"满盘皆输"。当企业出现品质事故时，企业的竞争对手正排着队等着进入企业的目标客户。很多时候，企业的竞争对手在很长一段时间内都无法"攻入"企业服务的客户，但企业犯一点点错误就会给竞争对手留下"可乘之机"。

### 6. 供应商违反采购总协议中的合同解除条款

每个企业都会要求供应商签署采购总协议，总协议中包括商务条款以及合作时间、品质要求、双方的责任与义务、合同解除条款。其中，合同解除条款中约定双方如果违反了合同中所规定的条款合同立即终止。这些合同解除条款包括但不限于甲乙双方法人代表受到刑事处罚，乙方违反廉洁法规向甲方相关人员进行商业贿赂，等等。当供应商违反采购总协议中的合同解除条款时，企业不得不立即终止合作，并马上开发新的供应商以保障物料的顺畅供应。法律这条红线是零容忍的，没有半点商量的余地。

### 7. 现有供应商能力不足

企业会定期对现有供应商进行绩效回顾与考核，一般以一个季度为周期。

考核的内容包括但不限于价格竞争力、产能、技术能力、服务、交付、质量、社会责任等。考核的目的在于帮助供应商持续改善供应能力，进而提升企业自身的竞争力，因为人们常说供应商是企业的一部分，是企业供应的"外延"。对于绩效好的供应商，企业会给予其精神鼓励和更多的订单激励；对于绩效差的供应商，企业会帮助其提升，如果在一定时期内供应商绩效依然得不到提升，企业会逐渐将其边缘化直至淘汰。在通过考核发现供应商有以下情况时，企业须果断开发新的供应商以保障物料的顺畅供应。

（1）产能无法满足企业的订单需求。

（2）工艺制程达不到企业新的要求。

（3）服务达不到企业要求。

（4）质量考核多次不达标。

（5）订单交付不及时。

8. 供应商整合

供应商整合是一项重要的采购工作，通常会被列入采购战略。供应商整合是指以商品类别为基础对供应商进行合并、剔除、新增，在降低供应风险的前提下尽量减少供应商的数量，在形成规模经济效应的同时提高采购人员的工作效率。有些企业一年的采购额不到10亿元却有1000多家供应商，仅办公用品供应商就有七八家；有些特殊的料件，一种物料一个供应商，有些料件甚至一年采购频率不到两次，每次仅采购几十片或上百片；同一种物料，用了七八个不同品牌；等等。这样零零散散地采购，不仅大大降低了采购人员的工作效率，而且会导致企业在供应商那边毫无议价权。在这种情况下，企业应该依据不同物料的采购特性选择一些综合能力较强的供应商配合供应；对于频率低、物料杂的采购，可以选择一家中间商让其"打包"来做，以便提高采购人员的工作效率。

9. 现有供应商涨价

采购人员最怕的就是供应商突然提出涨价要求，降价是皆大欢喜，涨价则是"万万不能"的。一旦供应商要求涨价，所有的压力都会落到采购人员头上。当供应商突然提出涨价时，采购人员可以采取以下三种应对方案。

（1）利用个人魅力和谈判技巧，与要求涨价的供应商周旋，使其放弃涨价的念头。

（2）立即在目前资源池中寻找能供应这类商品的厂商，并安排其报价打样。

（3）说服公司领导接受涨价。

当以上三种方案都行不通时，我们就不得不开发新的供应商，以保障物料的顺畅供应。

10. 资源储备

"采购管理有风险，未雨绸缪是关键"。在采购过程中有太多的未知事项和不确定性，做到未雨绸缪是关键。当风险没有到来时，我们需要提前将各种可能发生的风险都评估出来，并做好预案和相应的准备工作，这样当风险发生时，我们才能做到从容不迫，化被动为主动。做事情最怕的就是处于被动状态，尤其是在商业合作中，如果企业处于被动状态，那就是"人为刀俎，我为鱼肉"，陷入"任人宰割"的境地了。大部分的商业合作及谈判都是博弈的过程，企业掌握的主动权越大，对企业越有利。医学中有个常识，即预防疾病胜过治疗疾病，可见预防的重要性。如果我们将企业经营风险比作企业疾病，那么预防风险比处理风险更重要。尤其是采购管理，很多采购同人诉苦，感觉自己就像个消防员每天到处救火，一天到晚忙忙碌碌，却没有好的绩效，一直被老板骂。因此，从某种角度来讲，如果我们前期有足够的预见性和计划性，就能最大限度地降低企业面临的风险，就和如果平时疾病预防做得好几乎很少生病是一个道理。

在实际工作中，很多供应问题常常无法及时解决均与资源（供应资源）短缺有关，比如物料短缺，供应商涨价，因品质问题导致停产，供应商产能不足，等等。以物料短缺为例，如果我们能提前识别出关键物料及LT物料，并提前为这些料件承认多个制造商，那么当出现缺料时，我们的可选资源就有很多，也就能更容易地解决物料短缺问题，而不是要求执行采购从早到晚打电话催料，或者临时请研发人员承认替代料，更糟的情况是，所有订单都因为欠缺一两种物料而不能出货。鉴于供应资源本身对采购管理的重要性，战略采购必须将预防工作做到前面，即提前识别关键物料及 LT 物料，并为每种料件承认 2~3 个供应商，有的关键器件甚至需要承认更多供应商以保障供应。关于这一点，世界 500 强企业做得很好，比如苹果和华为，这两家企业之所以能家喻户晓，不仅是因为其注重产品研发投入和顶尖技术的应用，更重要的是其供应链管理在全球范围来看也是首屈一指的。通过调查发现，这两家企业在供应商管理方面有一个共同特点，即都有专门的团队在全世界范围内搜寻并承认新的供应商，不断地将优质资源加入其资源池。很多企业虽然被纳入华为的供应资源池，但合作几年也不见业绩增长，其主要原因是，在同一个品类的供应商中，只有 20%~30% 的供应商是主力厂商，剩下的供应商所占份额很少，有些甚至只是"备胎"。尽管仅是备选供应商，这些厂商仍然为成为华为的供应商而感到自豪，苹果公司的做法与华为如出一辙。尽管一般企业无法做到像苹果和华为这样有影响力，但并不妨碍我们在采购管理上做到"居安思危，未雨绸缪"，提前开发优质供应资源加入企业的资源池中。

11. 减少唯一资源

在采购管理中最令人头疼的就是唯一资源（Single source）。唯一资源是采购与采购管理中的一种很明显的潜在风险，尤其是定制件和一些 LT 很长的电子元器件。唯一资源对采购管理的"危害"自不待言，对此采购同人应该都有深刻的体会，即当某种物料是唯一资源时，就意味着企业几乎没有议价权，且物料交期很难改善，一旦缺料就是"大麻烦"。因此，作为采购人员，我们应该预先识别所有唯一资源，并尽量减少唯一资源物料的数量。

减少唯一资源的有效方法就是增加资源，增加资源势必会引进新的供应商，因此可以说，减少唯一资源是我们引进供应商的动机（原因）之一。这里谈到的 Single source 与 Single supplier（唯一供应商）是不同的概念：Single source 通常是针对制造商而言的，Single supplier 可能是指制造商，也可能是指代理商。某种物料是 Single source 并不意味着就是 Single supplier，比如一颗 650V 12A TO-220AC 的肖特基二极管（俗称碳化硅），我们选用的是 Rohm_SCS212AG，而且研发仅承认 Rohm 这颗料件，那么我们就可以说这是

Single source，但由于 Rohm 有多个代理商可以保障物料供应，比如 Avnet（安富利）、Future（富昌）、TTI（美德电子），那么这颗料件就不是 Single supplier，但如果企业的资源池中只有安富利一个代理商，那么对企业而言这颗料件就算是 Single supplier。

12. 物料停产

电子行业中电子元器件或零部件停产是很常见的事情，一般情况下，制造商会提前发邮件告知客户停产信息，包括停产物料的规格，最后一次购买时间，最后一次出货时间，有无替代料，等等。如果制造商明确告知后续不再生产某系列产品且无替代料，我们就不得不立即开发新的供应商以保障物料供应。比如，村田制作所在 2018 年 3 月向其全球客户发出部分 MLCC 停产通知，即 2020 年年底村田制作所将停止几乎所有 0402 及以上尺寸的 MLCC 的生产和供应。在这种情况下，如果企业大量用到村田制作所生产的 MLCC 的物料，就必须立即采取两种方案：其一，研发人员以后设计产品时尽量不选用 0402 及以上尺寸的 MLCC；其二，采购人员开发新的 MLCC 厂家并安排打样，请研发人员立即评估替代料的可行性。通常情况下，大的原厂一旦有产品变更或停产信息就会发正式通知给终端客户，但由于存在信息不对称，很多时候中小企业并不能直接收到或者可能过了很长时间才会收到原厂或代理商发出的产品变更通知，在这种情况下，企业采购人员应该每年主动将所有器件的产品寿命（Product Lifecycle）状态与供应商确认一遍，并筛选出即将停产的物料。一旦识别出停产物料，应立即承认替代料，因此物料停产也是企业开发新供应商的动机（原因）之一。

13. 客户指定、推荐

对于 OEM 或 EMS 类型的企业，由于产品设计是由客户完成的，因此代工厂会严格依据客户 BOM 进行买料生产。对于 OEM 的案子而言，除一些非常通用的标准器件，比如电容、电阻、电感、二极管和三极管，可以由 OEM 工厂自行采购外，其他关键器件及定制件的采购渠道基本上都掌握在终端客户手中，因为终端客户在产品设计选型阶段就已经与这些器件厂商完成接洽报价、打样及技术支持，所以对于 OEM 工厂而言，很多定制件和关键器件（如 MCU、变压器、电池、PCB、电解电容、LCD 显示屏、传感器、摄像头模组等）的制造商和代理商都已经被终端客户锁定。如果这些器件的厂商不在 OEM 或 EMS 工厂的资源池中，那么 OEM 或 EMS 工厂就必须导入这些厂商以完成客户订单。如果 OEM 或 EMS 工厂有很多个不同类型的客户，比如 Foxconn（富士康）、Flextronics（伟创力）、Jabil（捷普）、Samina（秀明），那么其供应库就非常多且杂。

14. 原供应商倒闭

天有不测风云，世界瞬息万变。从全球范围来看，每天都有新的公司注册，每天都有企业倒闭，而且有的企业倒闭之前在外界看来根本没有任何迹象。因此，当我们得知某个供应商突然倒闭时，要做的第一件事就是马上找到能供货的厂商"顶"上来，否则会严重影响企业的交货。这种情况也属于供应风险之一，所以采购人员应该提前做好风险评估及预案工作，否则一旦发生意外情况，就会令企业"措手不及"，尤其是采购同人们。

15. 建立供应商资源池（企业刚起步时，一个供应资源都没有的情况下）

所有的大企业都经历着从无到有、由小到大的过程，企业不可能一创立规模就很大，也不可能"从天而降"。因此，企业刚成立时必须导入新供应商以满足公司的业务需要。对于制造型企业来说，如果没有供应商供货，就无法完成产品生产。以手机产业链中的辅料钢片生产商为例，从产品结构（不锈钢、导电胶、表面处理及外观包装材料）和制程（模具制作、钢片冲压、背胶、表面处理、外观检验、包装）来看钢片算是非常简单的产品，但其依然要找钢材代理商买钢材，要找导电胶厂商买导电胶，等等。对于如此简单的产品，企业都需要建立自己的供应商资源池，更何况精密复杂的电子产品，我们更需要依靠大量的原材料、元器件及组件供应商来完成我们的产品生产。

16. 出现不可抗力事件

当出现不可抗力事件（地震、洪灾等），企业合作的供应商因受到不可抗力事件的影响而停产或无法正常供货时，企业必须马上找到合适的厂商配合供货。比如，2011 年日本大地震引发电子元器件行业"大地震"，同年，日本大地震对半导体行业的冲击还未结束时，泰国又发生洪灾，对电子元器件企业造成了很大的冲击，所以 2011 年出现全球电子料"荒"，有的代理商放在仓库中 10 年的呆料都被"一抢而空"。

以上是从采购工作中总结出的导入新供应商的具体原因，当然，还有其他原因会导致开发新供应商，我们还可以进一步探讨。

## 二、供应商开发原因分析的意义

供应商开发是采购工作"对外"的起点，是整个采购与采购管理中一个非常重要的环节，这项工作绩效的好与坏直接决定采购管理绩效的好与坏，而采购管理绩效的好与坏又直接影响企业的竞争力及企业的发展，因此供应商开发对企业的发展至关重要，我们在进行这项工作时一定要全方位、多视角地展开分析，并谨慎处理。凡事必有因果联系，有因必有果，有果必有因。既然供应商开发如此重要，我们就不能为了开发而开发，也不能随随便便就导入新供应商，我们要依据采购与采购管理的总目标来开发供应商。分析供应商开发的具体原因具有以下重要意义。

（1）作为是否要开发新供应商的依据。

事物都具有两面性，新供应商开发亦是如此。前文分析过新供应商开发会给企业带来很多积极正面的影响；相反，如果我们由于不合理的原因导入不合适的供应商，对公司发展显然是不利的，情况严重的还会给公司带来重大损失，进而阻碍公司的发展。比如，某个采购人员在某次工作中与供应商有些争执，采购人员因此对这家供应商心生"怨恨"，后面就会"想方设法"地为难这家供应商并要求将其换掉，这明显是将个人情绪带到了工作中。一旦将个人情绪带到工作中，当事人对事情的认知、判断就会带有明显的个人主观意识和偏见，如此一来，采购人员必然无法实事求是地做出决策，也就无法做出恰当的行为。另外，做任何事情都是有成本的，开发新供应商也是如此。采购委员会导入一个新供应商所投入的人力成本，如表 3-2 所示。

表 3-2 采购委员会导入一个新供应商投入的人力成本

| 序号 | 职位 | 部门 | 单位小时工资（元） | 工作时间（小时） | 工时成本（元） | 机票（元） | 酒店（元） | 餐饮（元） | 费用总计（元） |
| --- | --- | --- | --- | --- | --- | --- | --- | --- | --- |
| 1 | 研发工程师 | 研发部 | 94 | 40 | 3760 | 1500 | 500 | 300 | 6060 |
| 2 | 供应商质量管理工程师 | 品质部 | 75 | 80 | 6000 | 1500 | 1000 | 500 | 9000 |
| 3 | 采购工程师 | 采购部 | 75 | 60 | 4500 | 1500 | 1000 | 500 | 7500 |
| 4 | 测试工程师 | 工程部 | 50 | 40 | 2000 | 0 | 0 | 0 | 2000 |
| 5 | 其他费用 | | | | | | | | 5000 |
| | 总计 | | | | | | | | 29 560 |

无论是新产品开发还是新供应商开发，当需要投入额外的人力资源时，外资企业通常会按以上方式核算人力成本。也就是说，如果我们导入一个新供应商是为了降低成本，其一年的节省额如果低于 29 560 元，从经济学的角度来看是不划算的，也就没有必要导入新供应商。当然，如果是其他原因而开发新供应商，那就另当别论了。企业所有的采购活动都是围绕着采购总目标进行的，因此采购总目标是用来衡量我们的采购活动是否有价值的标准。如果我们的采购活动有利于实现采购总目标，就说明这项采购活动是有价值的，就应该坚决执行；反之，采购活动就是没有价值的，就要果断放弃。企业的采购总目标是保障物料的顺畅供应，降低采购风险，并使采购方的整体价值最大化。

（2）为更好地选择供应商提供一定的决策支持。

前文多次提到采购因素之间本身就是相互矛盾的，尤其是价格、交付、质量及服务，因此我们在进行供应商选择时不可能做到"面面俱到"，我们只能"抓大放小"，抓主要矛盾，在各采购因素间找到最佳平衡点。找最佳平衡点的依据包括但不限于行业特性、公司形象定位、公司自身产品定位、品类物料特性以及新供应商导入的动因（原因）。我们发现，每家公司的采购流程和程序都十分完善，但很难100%按照流程来处理事情，究其原因：一方面，任何公司的流程和程序都希望尽可能标准化，因而无法依据不同的情况制定不同的子流程，也就是说，流程和程序在具体细节管理上是相对宏观的、粗线条的，有很多没有定义的"灰色地带"；另一方面，采购工作不像研发工作那样能最大限度地量化，所以每个人对流程的理解和解读不同，这样大家就会有分歧。此外，由于企业中各部门的立场不同，因此看问题的角度也不同，再加上一些人为因素，导致类似于供应商开发这种团队合作要完全达成一致，就显得十分困难。下面将不同原因的供应商开发在选择供应商时考虑的侧重点列举出来做一个简单的对比分析，如表3-3所示。

表3-3 不同原因的供应商开发在选择供应商时考虑的侧重点分析

| 序号 | 供应商开发原因 | 类别 | 选择供应商时考虑的侧重点 |
| --- | --- | --- | --- |
| 1 | 组织结构变动 | 人事变动 |  |
| 2 | 新产品开发 | 新产品 | 技术能力 |
| 3 | 实现降价目标 | 采购战略 | 价格 |
| 4 | 现有供应商放弃合作 | 供应商自身原因 | 合作意愿 |
| 5 | 现有供应商出现重大品质异常 | 供应商自身原因 | 产品品质 |
| 6 | 供应商违反采购总协议中的合同解除条款 | 供应商自身原因 | 诚信 |
| 7 | 现有供应商能力不足 | 供应商自身原因 |  |
| 8 | 供应商整合 | 采购战略 | 产品线的宽窄 |
| 9 | 现有供应商涨价 | 采购战略 | 价格 |
| 10 | 资源储备 | 采购战略 |  |

续表

| 序号 | 供应商开发原因 | 类别 | 选择供应商时考虑的侧重点 |
|---|---|---|---|
| 11 | 减少唯一资源 | 采购战略 | |
| 12 | 物料停产 | 采购战略 | |
| 13 | 客户指定、推荐 | 客户端 | 客户的期望 |
| 14 | 原供应商倒闭 | 供应商自身原因 | 经营及财务状况 |
| 15 | 建立供应商资源池 | 采购战略 | |
| 16 | 出现不可抗力事件 | 不可抗力 | |

（3）有利于采购人员在开发供应商工作中的"轻、重、缓、急"排序。

工作是讲究时效性的，因此无论做什么工作我们都需要排个优先级，尤其是采购这种比较"忙"的职业。特别是在消费电子行业工作的同人，消费电子行业的节奏非常快，因此无论是研发、制造部还是品质、采购部，每天都像"打仗"一样，非常忙。供应商开发是采购的一项重要工作，但紧急程度有所不同，如果我们能清晰地知道开发供应商的具体原因，就能从"源头"上知道我们工作的轻重缓急。下面对不同原因的供应商开发做一个优先级排序，如表3-4所示。

表3-4  不同原因的供应商开发的优先级

| 序号 | 供应商开发原因 | 类别 | 优先级 |
|---|---|---|---|
| 1 | 组织结构变动 | 人事变动 | 不急 |
| 2 | 新产品开发 | 新产品 | 正常 |
| 3 | 实现降价目标 | 采购战略 | 急 |
| 4 | 现有供应商放弃合作 | 供应商自身原因 | 紧急 |
| 5 | 现有供应商出现重大品质异常 | 供应商自身原因 | 紧急 |
| 6 | 供应商违反采购总协议中的合同解除条款 | 供应商自身原因 | 正常 |
| 7 | 现有供应商能力不足 | 供应商自身原因 | 急 |

续表

| 序号 | 供应商开发原因 | 类别 | 优先级 |
|---|---|---|---|
| 8 | 供应商整合 | 采购战略 | 正常 |
| 9 | 现有供应商涨价 | 采购战略 | 紧急 |
| 10 | 资源储备 | 采购战略 | 正常 |
| 11 | 减少唯一资源 | 采购战略 | 正常 |
| 12 | 物料停产 | 采购战略 | 紧急 |
| 13 | 客户指定、推荐 | 客户端 | 正常 |
| 14 | 原供应商倒闭 | 供应商自身原因 | 紧急 |
| 15 | 建立供应商资源池 | 采购战略 | 正常 |
| 16 | 出现不可抗力事件 | 不可抗力 | 紧急 |

（4）防控风险，减少"暗箱操作"。

人们常说采购是个高危职业，采购部门既管着钱又是对外的部门，所以相对其他对内且不管钱的职能部门，采购人员的确更容易犯错误，甚至可能犯罪。在企业中，如果是人出现问题尤其是腐败问题，那一定是流程有漏洞。有的企业管理者会说："我们的流程很完善，只是执行的人没有严格按照流程执行。"对于这种观点，不敢苟同。在我们看来，如果可以进行违规操作，那就说明流程本身存在问题，真正完善的流程是不会给执行流程的人留下任何违规操作的机会的。具体到采购管理工作上，新供应商开发和报价两个环节是最容易让采购"有机可乘"的地方。有这样的案例，采购人员（采购经理、工程师）自己成立一家公司，然后"暗箱操作"将供应商导入自己的公司，后面就"顺理成章"地自己给自己下订单，价格自己报。这显然是采购流程上有重大的漏洞，如果采购流程设计得足够严谨并定期审计，这种情况将大大减少，即使前期有"漏网之鱼"，在后续定期审计时也会被发现并及时处理。我们在供应商开发前期就要充分了解导入一家新供应商的原因、导入这家新供应商的动机及这家新供应商的详细背景，把这些基础性的工作做足，将大大降低这种"监守自盗"行为发生的可能。

## 第三节　供应商搜寻的途径及基本原则

### 一、供应商搜寻的途径

在整个供应商开发过程中，供应资源搜寻是一个非常重要的环节，也是战略采购工作的重中之重。我们在前言中谈到供应资源是企业与企业之间竞争的武器，是采购与采购管理的三大核心工作之一。尽管今天是互联网与移动互联网时代，但在B2B（Business to Business，商业对商业）的商业模式中，信息不对称与地位不对等依然是常见现象。因此，如何快速找到合适的供应资源是每个采购人员都应该思考和总结的课题。下面对供应资源搜寻方法做一个总结。

1. 行业展销会

当今是互联网与移动互联网的时代，互联网极大地改变了我们的生活。凡事都有两面性，尽管互联网能给全世界的组织、机构、企业及个人带来便捷并提高效率，但它依然有不足之处，比如信息"爆炸"，信息杂乱无章，信息真假难辨，网络沟通始终无法替代面对面的沟通，等等。在这种情况下，行业展销会这种传统的产品推广方式依然有其存在的价值，而且越来越多的国家和地区开始举办行业展销会。对于采购人员来讲，行业展销会是非常重要的供应商寻源途径，如表3-5所示。

表3-5　全球主要会展中心名录

| 序号 | 名称 | 国家或地区 | 城市 | 室内展览面积（平方米） | 全球范围内按面积排名 | 综合性/专业性 | 辐射区域 |
| --- | --- | --- | --- | --- | --- | --- | --- |
| 1 | 德国汉诺威展览中心 | 德国 | 汉诺威 | 463 275 | 1 | 综合性 | 全球 |
| 2 | 上海国家会展中心 | 中国 | 上海 | 400 000 | 2 | 综合性 | 全球 |
| 3 | 法兰克福展览中心 | 德国 | 法兰克福 | 366 637 | 3 | 综合性 | 全球 |

续表

| 序号 | 名称 | 国家或地区 | 城市 | 室内展览面积（平方米） | 全球范围内按面积排名 | 综合性/专业性 | 辐射区域 |
|---|---|---|---|---|---|---|---|
| 4 | 意大利米兰新国际展览中心 | 意大利 | 米兰 | 345 000 | 4 | 综合性 | 全球 |
| 5 | 广州琶洲中国进出口商品交易会展馆 | 中国 | 广州 | 340 000 | 5 | 综合性 | 全球 |
| 6 | 科隆展览中心 | 德国 | 科隆 | 284 000 | 6 | 综合性 | 全球 |
| 7 | 杜塞尔多夫展览中心 | 德国 | 杜塞尔多夫 | 262 218 | 7 | 综合性 | 全球 |
| 8 | 巴黎北部展览中心 | 法国 | 巴黎 | 242 582 | 8 | 综合性 | 全球 |
| 9 | 芝加哥麦考密克展览中心 | 美国 | 芝加哥 | 241 549 | 9 | 综合性 | 全球 |
| 10 | 巴塞罗那格兰大道菲拉会议中心 | 西班牙 | 巴塞罗那 | 240 000 | 10 | 综合性 | 全球 |
| 11 | 瓦伦西亚会展中心 | 西班牙 | 瓦伦西亚 | 230 837 | 11 | 综合性 | 全球 |
| 12 | 巴黎凡尔赛门展览馆 | 法国 | 巴黎 | 227 380 | 12 | 综合性 | 全球 |
| 13 | 莫斯科 Crocus Expo 国际展览中心 | 俄罗斯 | 莫斯科 | 226 399 | 13 | 综合性 | 全球 |
| 14 | 重庆国际博览中心 | 中国 | 重庆 | 204 000 | 14 | 综合性 | 全球 |
| 15 | NEC 伯明翰国际展览中心 | 英国 | 伯明翰 | 201 634 | 15 | 综合性 | 全球 |
| 16 | 意大利博洛尼亚展览中心 | 意大利 | 博洛尼亚 | 200 000 | 16 | 综合性 | 全球 |
| 17 | 马德里 IFEMA 展览中心 | 西班牙 | 马德里 | 200 000 | 17 | 综合性 | 全球 |
| 18 | 上海新国际博览中心 | 中国 | 上海 | 200 000 | 18 | 综合性 | 全球 |
| 19 | 奥兰多橘郡会议中心 | 美国 | 奥兰多 | 190 875 | 19 | 综合性 | 全球 |
| 20 | 拉斯维加斯会议展览中心 | 美国 | 拉斯维加斯 | 184 456 | 20 | 综合性 | 全球 |
| 21 | 慕尼黑贸易展览中心 | 德国 | 慕尼黑 | 180 000 | 21 | 综合性 | 全球 |
| 22 | 纽伦堡展览中心 | 德国 | 纽伦堡 | 170 000 | 22 | 综合性 | 全球 |
| 23 | 柏林展览中心 | 德国 | 柏林 | 170 000 | 23 | 综合性 | 全球 |
| 24 | 意大利维罗纳展览中心 | 意大利 | 维罗纳 | 151 536 | 24 | 综合性 | 全球 |
| 25 | 武汉国际展览中心 | 中国 | 武汉 | 150 000 | 25 | 综合性 | 中国 |
| 26 | 深圳会展中心 | 中国 | 深圳 | 105 000 | — | 综合性 | 中国 |
| 27 | 香港会议展览中心 | 中国 | 香港 | 91 500 | — | 综合性 | 全球 |
| 28 | 成都国际会展中心 | 中国 | 成都 | 68 000 | — | 综合性 | 中国 |

**2. 全球重要的电子行业展会**

从全球范围来看，每天都有大大小小的不同行业的展会在不同国家或地区举行，根据自己的认知，这里对与电子产品关联度较高的重要展会进行了整理，如表 3-6 所示。

表 3-6　全球范围内比较重要的电子产品及电子元器件展会

| 序号 | 展会名称 | 会展中心 | 国家 | 城市 | 时间（月份） | 专注领域 |
| --- | --- | --- | --- | --- | --- | --- |
| 1 | 国际消费类电子产品展览会（CES） | 拉斯维加斯会议展览中心 | 美国 | 拉斯维加斯 | 1 | 消费电子 |
| 2 | 美国纽约国际消费电子展览会 | 纽约贾维茨会展中心 | 美国 | 纽约 | 1 | 消费电子+家电 |
| 3 | 日本东京国际智能可穿戴展会 | 东京有明国际会展中心 | 日本 | 东京 | 1 | 智能穿戴+物联网 |
| 4 | 意大利摩德纳国际消费电子展会 | 摩德纳会展中心 | 意大利 | 摩德纳 | 1 | 消费电子+电子元器件+通信+电信 |
| 5 | 美国圣地亚哥国际线路板及电子组装技术展览会 | 圣地亚哥会展中心 | 美国 | 圣地亚哥 | 1 | PCB+电子元器件 |
| 6 | 日本东京国际电子元器件材料及生产设备展会 | 东京有明国际会展中心 | 日本 | 东京 | 1 | 电子元器件 |
| 7 | 日本东京国际汽车电子展会（CAR-ELE） | 东京有明国际会展中心 | 日本 | 东京 | 1 | 汽车电子部件 |
| 8 | 德国汉诺威消费电子、信息及通信博览会 | 德国汉诺威展览中心 | 德国 | 汉诺威 | 3 | IT |
| 9 | 慕尼黑上海电子展 | 上海新国际博览中心 | 中国 | 上海 | 3 | 电子元器件+设备 |
| 10 | 环球资源香港电子产品展（CSF） | 香港会议展览中心 | 中国 | 香港 | 4 | 消费电子 |
| 11 | 香港电子展（TDC） | 香港会议展览中心 | 中国 | 香港 | 4 | 消费电子+白色家电 |
| 12 | 中国进出口商品交易会（广交会） | 广州琶洲中国进出口商品交易会展馆 | 中国 | 广州 | 4 | 综合性展会 |

续表

| 序号 | 展会名称 | 会展中心 | 国家 | 城市 | 时间（月份） | 专注领域 |
|---|---|---|---|---|---|---|
| 13 | 中国电子展（CEF） | 上海新国际博览中心、深圳会展中心、成都国际会展中心 | 中国 | 上海、深圳和成都 | 4 | 电子元器件+电子设备 |
| 14 | 香港国际电子元器件及消费电子展会 | 香港亚洲国际博览馆 | 中国 | 香港 | 4 | 电子元器件+消费电子 |
| 15 | 香港国际贸发局春季电子展 | 香港会展中心 | 中国 | 香港 | 4 | 家电+消费电子+数码通信 |
| 16 | 俄罗斯莫斯科国际电子电力展览 | 莫斯科克洛库斯国际会展中心 | 俄罗斯 | 莫斯科 | 4 | 电子元器件 |
| 17 | 法国巴黎国际消费电子展览会 | 巴黎会展中心 | 法国 | 巴黎 | 4 | 消费电子 |
| 18 | 越南河内国际电子电器越南贸易巡展 | 河内国际会展中心 | 越南 | 河内 | 4 | 电子元器件+消费电子 |
| 19 | 巴西圣保罗电子元器件及生产技术展览会 | 圣保罗安年比会展中心 | 巴西 | 圣保罗 | 4 | 电子元器件 |
| 20 | 巴西圣保罗电子元器件、组件、生产设备及光电技术贸易博览会 | 圣保罗会展中心 | 巴西 | 圣保罗 | 4 | 电子元器件 |
| 21 | 俄罗斯莫斯科国际电子元器件及生产设备展会 | 莫斯科克洛库斯国际会展中心 | 俄罗斯 | 莫斯科 | 4 | LED照明+电源模块+机电器件 |
| 22 | 重庆国际半导体展览会 | 重庆国际博览中心 | 中国 | 重庆 | 5 | 半导体器件 |
| 23 | 广州国际电子展览会（ELEXSHOW） | 广州琶洲中国进出口商品交易会展馆 | 中国 | 广州 | 5 | 电子元器件+电子生产设备 |

续表

| 序号 | 展会名称 | 会展中心 | 国家 | 城市 | 时间（月份） | 专注领域 |
|---|---|---|---|---|---|---|
| 24 | 苏州国际电路板及表面贴装展览会 | 苏州国际博览中心 | 中国 | 苏州 | 5 | PCB+SMT（表面贴装技术）加工 |
| 25 | 深圳国际电子消费品及家电品牌展会 | 深圳会展中心 | 中国 | 深圳 | 5 | 家电+消费电子 |
| 26 | 墨西哥国际通信技术展览会 | 墨西哥城Centro Banamex国际会展中心 | 墨西哥 | 墨西哥城 | 5 | 计算机+通信及数码产品 |
| 27 | 日本东京国际消费电子博览会 | 东京有明国际会展中心 | 日本 | 东京 | 5 | 消费电子+计算机周边 |
| 28 | 美国拉斯维加斯电子元器件订货会及研讨会（EDS） | 拉斯维加斯会展中心 | 美国 | 拉斯维加斯 | 5 | 电子元器件 |
| 29 | 台北国际电脑展 | 台北世贸中心 | 中国 | 台湾 | 6 | 计算机行业+通信行业 |
| 30 | 北京国际消费电子展览会 | 北京亦创国际会展中心 | 中国 | 北京 | 6 | 物联网 |
| 31 | 上海国际消费电子产品展览会 | 上海新国际博览中心 | 中国 | 上海 | 6 | 消费电子及周边 |
| 32 | 北京电子设备元器件及电子仪器展览会 | 中国国际会展中心 | 中国 | 北京 | 6 | 电子元器件+电子设备 |
| 33 | 印度新德里国际家电及家居用品展览会 | 新德里麦丹会展中心 | 印度 | 新德里 | 6 | 家庭用品+家电 |
| 34 | 土耳其国际电器及电子展会 | 伊斯坦布尔国际会展中心 | 土耳其 | 伊斯坦布尔 | 6 | 电子元器件+家电 |
| 35 | 德国汉诺威国际消费电子信息及通信展会 | 德国汉诺威展览中心 | 德国 | 汉诺威 | 6 | 计算机+通信及数码产品 |
| 36 | 泰国曼谷国际电子元器件及生产设备展会 | 曼谷国际贸易会展中心 | 泰国 | 曼谷 | 6 | 电子元器+EMS代工 |
| 37 | 德国慕尼黑国际光电展览会 | 慕尼黑新国际博览中心 | 德国 | 慕尼黑 | 6 | 电子元器件+照明+光电激光 |

第三章 供应商开发与选择

续表

| 序号 | 展会名称 | 会展中心 | 国家 | 城市 | 时间（月份） | 专注领域 |
|---|---|---|---|---|---|---|
| 38 | 美国洛杉矶国际半导体展览会 | 洛杉矶会展中心 | 美国 | 洛杉矶 | 7 | 半导体材料+设备及产品应用 |
| 39 | 德国柏林国际信息技术展览会 | 柏林展览中心 | 德国 | 柏林 | 7 | 通信产品+配件 |
| 40 | 巴西圣保罗国际消费电子及家电展览会 | 圣保罗泛美会展中心 | 巴西 | 圣保罗 | 8 | 消费电子 |
| 41 | 柏林国际电子消费品展览会（IFA） | 柏林展览中心 | 德国 | 柏林 | 9 | 电子产品+家电 |
| 42 | 台湾国际半导体设备材料展览会 | 台北贸易中心南港展览馆 | 中国 | 台湾 | 9 | 半导体材料及设备 |
| 43 | 韩国国际大邱电子展（ICT） | 大邱会展中心 | 韩国 | 大邱 | 9 | 通信+汽车电子+LED照明 |
| 44 | 印度新德里国际电子烟展 | 新德里麦丹会展中心 | 印度 | 新德里 | 9 | 电子烟 |
| 45 | 土耳其伊斯坦布尔国际电力及电子元器件展 | 伊斯坦布尔国际会展中心 | 土耳其 | 伊斯坦布尔 | 9 | 电子元器件 |
| 46 | 印度尼西亚雅加达国际消费电子展会（IEAE） | 雅加达会展中心 | 印度尼西亚 | 雅加达 | 9 | 电子元器件 |
| 47 | 新加坡国际电子展会（GovWare） | 新加坡新达城会展中心 | 新加坡 | 新加坡 | 9 | 电子元器件 |
| 48 | 海湾信息技术展（Gitex） | 迪拜世贸中心 | 阿联酋 | 迪拜 | 10 | 计算机+通信 |
| 49 | 上海亚洲电子展（AEES） | 上海新国际博览中心 | 中国 | 上海 | 10 | 消费电子+电子元器件+设备 |
| 50 | 深圳国际电子智能制造展览会（EMA） | 深圳会议展览中心 | 中国 | 深圳 | 10 | AR（增强现实技术）+EMS |
| 51 | 上海国际电子展会（CEF） | 上海新国际博览中心 | 中国 | 上海 | 10 | 电子元器件+汽车电子+人工智能 |
| 52 | 香港国际贸发局电子组件及生产技术展 | 香港会展中心 | 中国 | 香港 | 10 | 电子元器件+组件 |

续表

| 序号 | 展会名称 | 会展中心 | 国家 | 城市 | 时间（月份） | 专注领域 |
|---|---|---|---|---|---|---|
| 53 | 香港国际贸发局秋季电子展 | 香港会展中心 | 中国 | 香港 | 10 | 家电＋消费电子＋组件 |
| 54 | 上海国际电子展暨中国秋季电子展会 | 上海新国际博览中心 | 中国 | 上海 | 10 | 电子元器件＋电子设备 |
| 55 | 台湾国际电子展会 | 台北世界贸易中心 | 中国 | 台湾 | 10 | 电子元器件＋消费电子 |
| 56 | 俄罗斯莫斯科国际电子元器件展会 | 莫斯科红宝石展览中心 | 俄罗斯 | 莫斯科 | 10 | 电子元器件 |
| 57 | 日本东京国际电子数码及创新技术产业展会 | 东京池袋阳光城会议中心 | 日本 | 东京 | 10 | 计算机＋数码及可穿戴产品 |
| 58 | 韩国首尔国际电子展会（KES） | 韩国国际会展中心 | 韩国 | 首尔 | 10 | 电子元器件＋消费电子 |
| 59 | 德国慕尼黑电子展 | 慕尼黑贸易展览中心 | 德国 | 慕尼黑 | 11 | 电子元器件＋汽车与工业电子 |
| 60 | 印度孟买国际消费类电子及家电展览会 | 孟买会展中心 | 印度 | 孟买 | 11 | 通信＋计算机周边＋小家电 |
| 61 | 南非国际消费类电子展会（ICEES） | 桑顿会议中心 | 南非 | 约翰内斯堡 | 11 | 消费电子 |
| 62 | 印度孟买商品展 | 孟买会展中心 | 印度 | 孟买 | 11 | 消费电子＋家电 |
| 63 | 印度尼西亚雅加达国际消费电子通信展会 | 雅加达会展中心 | 印度尼西亚 | 雅加达 | 11 | 通信 |
| 64 | 德国慕尼黑国际电子元器件展会 | 慕尼黑新国际博览中心 | 德国 | 慕尼黑 | 11 | 电子元器件＋PCB |
| 65 | 深圳国际电子展会 | 深圳会展中心 | 中国 | 深圳 | 12 | 电子元器件＋电子制造SMT |
| 66 | 中国家电及消费电子博览会（AWE） | 上海新国际博览中心 | 中国 | 上海 | 3 | 大型家用电器＋消费电子＋厨卫及小家电＋环境及健康家电＋智慧家庭＋家电零配件及配套服务 |

以上是全球范围内主流的电子元器件、消费电子、家电、小家电、计算机、通信、智能穿戴等产品及元器件的展会。通过这些展会，我们基本上可以了解整个电子行业从产业上游原材料到元器件、组件及最终成品的全部信息，其中包括生产这些产品的设备信息。在展会上我们可以学习到很多行业知识并积累很多供应资源，尤其是定制件、成品及半成品，对于做标准件的国际一流厂商，我们很少能在展会上看到，因为它们在行业内名气很大，几乎不用通过展会做推广，比如英特尔、三星、飞思卡尔、海力士、恩智浦半导体、瑞萨科技、意法半导体、德州仪器、东芝、AMD、美光、英飞凌、高通、松下、索尼、博通（安华高）、IBM微电子、罗姆、亚德诺、飞索半导体、英伟达等。表 3-6 中列举的主要是针对通用电子元器件及电子成品的展会，各个行业也有各自的行业展览，比如太阳能光伏、激光电子、照明、灯光舞台、音响、电池、电机、LED、PCB、电线电缆等。凡是做电子的都离不开通用电子元器件和电子成品，其余行业展会可根据自己所在的行业有选择性地参加。

3. 行业协会

行业协会是指介于政府、企业之间，商品生产者与经营者之间，并为其服务，行使咨询、沟通、监督、公正、协调职能的社会中介组织。行业协会是一种民间性组织，它不属于政府管理机构，而是连接政府与企业的桥梁和纽带。行业协会属于《中华人民共和国民法典》规定的社团法人，是中国民间组织社会团体的一种，即国际上统称的非政府机构（又称NGO），属于非营利性机构。

为推动行业发展，越来越多的行业自发地组建自己的协会，用于交流技术，探讨行业发展及趋势。通过行业协会可以近距离接触各个厂家，对它们有更深入的了解，而且可以了解整个行业的"全貌"。这里根据已有的资讯对国内主要的电子元器件、材料、组件行业协会及全球线路板协会进行了整理，如表 3-7 所示。

表3-7　国内主要的电子元器件、材料、组件行业协会及全球线路板协会

| 序号 | 协会名称 | 协会等级 | 商品类别 | 国家 | 城市 | 范围 | 网址 |
|---|---|---|---|---|---|---|---|
| 1 | 中国半导体行业协会（CSIA） | 总会 | 半导体 | 中国 | 北京 | 全国性 | http://www.csia.net.cn/ |
| 2 | 中国电子元件行业协会（CECA） | 总会 | 电子元器件 | 中国 | 北京 | 全国性 | http://www.ic-ceca.org.cn/ |
| 3 | 中国电子电路行业协会（CPCA） | 世界电子电路理事会（WECC）成员之一 | 印刷线路板（PCB） | 中国 | 北京 | 全国性 | http://www.cpca.org.cn/ |
| 4 | 中国化学与物理电源行业协会（CIAPS） | 总会 | 电池 | 中国 | 北京 | 全国性 | http://www.ciaps.org.cn/ |
| 5 | 中国工业经济联合会（CFIE） | 总会 | 工业经济 | 中国 | 北京 | 全国性 | http://www.cfie.org.cn/ |
| 6 | 香港线路板协会（HKPCA） | 世界电子电路理事会（WECC）成员之一 | 印刷线路板（PCB） | 中国 | 香港 | 全球性 | http://www.hkpca.org/s/ |
| 7 | 韩国线路板协会（KPCA） | 世界电子电路理事会（WECC）成员之一 | 印刷线路板（PCB） | 韩国 | 首尔 | 全球性 | http://www.kpca.or.kr/kr/eng |
| 8 | 台湾电路板协会（TPCA） | 世界电子电路理事会（WECC）成员之一 | 印刷线路板（PCB） | 中国 | 台湾 | 全球性 | http://www.tpca.org.tw/ |
| 9 | 日本线路板协会（JPCA） | 世界电子电路理事会（WECC）成员之一 | 印刷线路板（PCB） | 日本 | 东京 | 全球性 | https://jpca.jp/eng/ |

续表

| 序号 | 协会名称 | 协会等级 | 商品类别 | 国家 | 城市 | 范围 | 网址 |
|---|---|---|---|---|---|---|---|
| 10 | 国际电子工业联接协会（IPC） | 世界电子电路理事会（WECC）成员之一 | 印刷线路板（PCB） | 美国 | 伊利诺伊州 | 全球性 | http://www.ipc.org/ |
| 11 | 印度线路板协会（IPCA） | 世界电子电路理事会（WECC）成员之一 | 印刷线路板（PCB） | 印度 | 班加罗尔 | 全球性 | http://www.ipcaindia.org/ |
| 12 | 欧洲线路板协会（EPCA） | 世界电子电路理事会（WECC）成员之一 | 印刷线路板（PCB） | 欧洲 | 荷兰 | 全球性 | http://www.eipc.org/ |
| 13 | 中国电子材料行业协会（CEMIA） | 总会 | 电子材料 | 中国 | 北京 | 全国性 | http://www.c-e-m.com/ |
| 14 | 中国电声行业协会 | 中国电子元件行业协会分会之一 | 电声 | 中国 | 北京 | 全国性 | |
| 15 | 中国电子企业协会 | 总会 | 电子产品 | 中国 | 北京 | 全国性 | http://www.ceea.org.cn |
| 16 | 中国电子仪器行业协会（CEIA） | 总会 | 电子仪器 | 中国 | 北京 | 全国性 | http://www.ceia.org.cn |
| 17 | 中国电器工业协会 | 总会 | 电工产品 | 中国 | 北京 | 全国性 | http://www.ceeia.com/ |
| 18 | 中国电子信息行业联合会 | 总会 | 信息产业 | 中国 | 北京 | 全国性 | http://www.citif.org.cn |
| 19 | 中国通信企业协会 | 总会 | 通信 | 中国 | 北京 | 全国性 | http://www.cace.org.cn |
| 20 | 中国光学电子行业协会（COEMA） | 总会 | 光学电子 | 中国 | 北京 | 全国性 | http://www.coema.org.cn/intro/ |

续表

| 序号 | 协会名称 | 协会等级 | 商品类别 | 国家 | 城市 | 范围 | 网址 |
|---|---|---|---|---|---|---|---|
| 21 | 中国电子元件行业协会电阻电位器分会 | 中国电子元件行业协会分会之一 | 电阻电位器 | 中国 | 北京 | 全国性 | http://resistor.ic-ceca.org.cn/ |
| 22 | 中国电子元件行业协会压电晶体分会 | 中国电子元件行业协会分会之一 | 晶振 | 中国 | 北京 | 全国性 | http://www.chinapcac.org/ |
| 23 | 中国电子元件行业协会电接插元件分会 | 中国电子元件行业协会分会之一 | 电接插件 | 中国 | 北京 | 全国性 | http://connector.ic-ceca.org.cn/ |
| 24 | 广东省电子变压器电感器行业协会 | 总会 | 磁性元件 | 中国 | 广州 | 区域性 | http://www.etia.org.cn |
| 25 | 中国电器工业协会变压器分会 | 中国电器工业协会分会之一 | 变压器 | 中国 | 北京 | 全国性 | http://www.ctn.net.cn |
| 26 | 中国电子商会 | 总会 |  | 中国 | 北京 | 全国性 | http://www.cecc.org.cn/ |
| 27 | 世界电子论坛（WEF） | 总会 |  | 美国 | 华盛顿 | 全球性 | https://www.wefonline.org/Home.aspx |
| 28 | 中国电子元件行业协会电容器分会 | 中国电子元件行业协会分会之一 | 电容器 | 中国 | 北京 | 全国性 | http://www.china-drq.com |
| 29 | 中国电子元件行业协会电子防护元器件分会 | 中国电子元件行业协会分会之一 | 电子防护元器件 | 中国 | 北京 | 全国性 | http://www.ic-ceca.org.cn/ |
| 30 | 中国电子元件行业协会混合集成电路分会 | 中国电子元件行业协会分会之一 | 混合集成电路 | 中国 | 北京 | 全国性 | http://www.ic-ceca.org.cn/ |

由于行业协会本身就是为了推动某个行业的发展由民间"自发"组建起来的，因此在民间存在着有形的、无形的、大规模的、小规模的等成千上万种协会组织，这里无法将电子行业的协会信息全部收集起来。表3-7中罗列的协会是电子行业相对知名的"官方"协会，涵盖了电子元器件领域的大部分商品，比如半导体、二极管、三极管、变压器、印刷线路板、电容器、电阻、线材、电池、磁性元件等。这里所说的"官方"是指这些协会都是经民政局报备审批后由专业的组织机构进行管理和维护的协会，且都有官方网站，而不是几个或多个企业老板私下组织的"朋友圈"。

这些专业的行业协会对我们采购人员开发优质的供应商有非常大的帮助，主要体现在以下两个方面：其一，我们可以从这些专业的协会网站中了解海量的信息，并将多个不同渠道获得的信息进行对比分析，从而"去粗取精，去伪存真"，从中得到有价值的信息；其二，在有条件的情况下，可以鼓励公司加入这些协会并派资深的研发人员、销售人员及采购人员积极参加协会定期举行的各种交流会议，以便从协会交流会上了解最新的行业动态、产业链上下游供应资源。

4. 口碑介绍

每个人的精力、经历及视野是有限的，无法在信息海洋中精确了解所需的全部信息并准确判断信息的真伪。采购搜寻供应商的过程本质上就是信息的收集、分析、识别、整理并得出结论的过程。因此，如果我们希望能高效率地获取更多有价值的供应源信息，与他人交流是一个很重要的途径。这里的"他人"可能是同行、朋友、供应商、工程师、品质工程师等。在实际供应商开发过程中，口碑介绍是一种效率极高的供应商开发方式。

5. 竞争对手产品分析

价格通常是同业竞争的一个重要方面，所以很多企业尤其是外资企业会通过购买或者其他途径拿到竞争对手的产品以便进行分析。很多外资企业会安排一个小组专门分析竞争对手的产品，分析的内容包括竞争对手的设计方案、器件选型、关键物料供应商、产品性能等，并会对竞争对手的产品进行性能测试、关键器件测试，然后将BOM交给采购部，请采购人员报价，最后从整个产品的性能与 BOM 报价两个方面和本公司同类产品进行对比，对产品进行性价比分析。在这个过程中，采购人员可以从竞争对手的产品中了解到很多之前不知道的供应资源，甚至有时采购降本压力很大时，会主动向部门申请到市场中购买所有同类产品进行物料分析，看看竞品用的是什么器件及其厂家。因此，分析竞争对手的产品也是一种很好的开发供应资源的途径。

### 6. 供应商"毛遂自荐"

前文中分析过，采购可以通过展会、行业协会、竞品分析等渠道寻源，其实这些都是向市场或销售人员"学"来的。销售与采购是同一事物的两个方面，销售人员有什么样的寻找客户的渠道，采购人员就有什么样的寻源渠道，反之亦然。当市场定位清晰以后，聪明的销售人员可以很快地搜寻到其目标客户，并准确地拿到潜在客户端的"关键人员"的联系方式，这些关键人员包括但不限于研发、采购、供应链、供应商品质管理人员等。拿到潜在客户端的关键人员的联系方式之后，销售人员就会向其推广自己的产品。因此，企业的研发或采购人员经常会接到其他厂商销售人员的电话，要知道"厉害"的销售人员的"情报收集"能力是非常强的。

### 7. 行业名录（黄页）

行业名录是关于行业的或全球范围内的供应商信息的主要来源之一，也称"黄页"。黄页是一种传统的企业名录，可以通过购买、网络搜索及展会赠品的方式获得。以下对我们所了解的全球主要行业名录及其网站进行了整理，如表 3-8 所示。

表 3-8　全球主要行业名录及其网站

| 序号 | 名录名称 | 服务范围 | 网址 | 名录存在的方式 |
| --- | --- | --- | --- | --- |
| 1 | 世界营销名录 | 全球 | https://www.dnb.com/ | 网络平台及电子档 |
| 2 | 马可尼国际注册 | 全球 |  | 印刷版本 |
| 3 | 在线中国产品 | 全球 | http://www.manufacture.com.tw/ | 网络平台 |

续表

| 序号 | 名录名称 | 服务范围 | 网址 | 名录存在的方式 |
|---|---|---|---|---|
| 4 | Zycon 制造业名录 | 全球 | http://www.zycon.com/ | 网络平台 |
| 5 | 中国（香港）企业名录 | 全球 |  | 印刷版本 |
| 6 | 环球资源 | 全球 | https://www.globalsources.com/ | 网络平台 |
| 7 | 中国行业名录大全 | 全球 | https://www.beiei.com/industries.html | 网络平台 |
| 8 | 伊梅名录资源 | 全球 | https://resource.emagecompany.com/ | 网络平台 |
| 9 | 黄页88 | 全国 | http://b2b.huangye88.com/ | 网络平台 |
| 10 | 中国网库 | 全国 | http://www.99114.com/ | 网络平台 |
| 11 | 中国黄页网 | 全国 | http://www.yellowurl.cn/ | 网络平台 |
| 12 | ThomasNet | 全球 | https://www.thomasnet.com/ | 网络平台 |
| 13 | Hoover's | 全球 | http://www.hoovers.com/ | 网络平台 |
| 14 | 商名录 | 全国 | http://www.b2bname.com/ | 网络平台 |

8. 互联网搜索引擎

互联网已经成为人们工作与生活的重要组成部分，我们很难想象如果没有互联网，世界将会怎样。互联网的一个很重要的特征就是信息传递，而采购寻源的核心就是信息的搜寻、筛选、整理、确认。因此，网络搜索是采购寻源的一个重要的渠道或工具。互联网搜索对于采购寻源来说是一把"双刃剑"，一方面，我们很容易从互联网中获取想要的信息，另一方面，我们通过搜索引擎获取的信息通常是海量的、无序的、重复的、片面的，甚至是错误的，如果我们利用得当，互联网将帮助我们得到我们所需要的信息，反之它会提供错误或片面的信息，从而误导我们的判断和决策。因此，如何有效地利用搜索引擎，如何通过筛选、整理、分析得到有价值的信息才是关键。这其实是一项工作量非常大的任务，具体工作量取决于供应商的数目和已获取的信息。Mack Trucks（沃尔沃的子公司之一）为了一个产品在全球范围内搜寻供应商，可能会搜集500家供应商的信息，然后将这些信息分类录入全球数据库，为现在或将来的供应商开发做参考。

9. 专业的行业网站

市场信息具有多样性、复杂性及动态性的特征，这些特性导致市场信息对于我们个人而言就像大海一样浩瀚无垠，但人们又需要搜集市场信息，在这种情况下各种专业的行业网站应运而生。专业的行业网站对于采购人员来说非常重要，它不仅能帮助采购人员搜索供应资源，还能提供大量的价格信息、行业动态、商品知识、产品技术路线图等。下面对常用的电子产品元器件、原材料的主流行业网站做一整理，如表3-9所示。

表3-9 国内外电子元器件及原材料主流行业网站

| 序号 | 网站名称 | 范围 | 商品大类 | 商品次类 | 侧重点 | 语言 | 网址 |
|---|---|---|---|---|---|---|---|
| 1 | 伦敦金属交易所（LME） | 全球 | 原材料 | 有色金属 | 商务 | 英文、中文 | https://www.lme.com/ |
| 2 | 上海有色金属网 | 中国 | 原材料 | 有色金属 | 商务 | 中文 | https://www.smm.cn/ |
| 3 | 中塑在线 | 中国 | 原材料 | 塑胶原料 | 商务 | 中文 | http://www.21cp.com/ |
| 4 | 国际电子商情 | 中国 | 电子 | 综合 | 商务 | 中文 | https://www.esmchina.com/ |
| 5 | 中国信息产业商会 | 中国 | 电子 | 综合 | 商务 | 中文 | http://www.ciita.org.cn/ |
| 6 | 中国信息产业商会电子分销商分会 | 中国 | 电子 | 综合 | 商务 | 中文 | http://www.cedachina.org/ |
| 7 | 电子元件查询网 | 中国 | 电子 | 综合 | 商务 | 中文 | http://cn.alltheic.com/ |
| 8 | 电子技术应用 | 中国 | 电子 | 综合 | 技术 | 中文 | http://www.chinaaet.com/ |
| 9 | 电子产品世界 | 中国 | 电子 | 综合 | 技术 | 中文 | http://www.eepw.com.cn/ |
| 10 | ALLDATASHEET | 全球 | 电子 | 综合 | 技术 | 英文、中文 | https://www.alldatasheet.com/ |

## 第三章 供应商开发与选择

续表

| 序号 | 网站名称 | 范围 | 商品大类 | 商品次类 | 侧重点 | 语言 | 网址 |
|---|---|---|---|---|---|---|---|
| 11 | 华强电子网 | 中国 | 电子 | 综合 | 商务 | 中文 | http://www.hqew.com/ |
| 12 | 元器件交易网 | 中国 | 电子 | 综合 | 商务 | 中文 | http://www.cecb2b.com/ |
| 13 | 维库电子市场网 | 中国 | 电子 | 综合 | 商务 | 中文 | http://www.dzsc.com/ |
| 14 | 51电子网 | 中国 | 电子 | 综合 | 商务 | 中文 | http://www.51dzw.com/ |
| 15 | 电子元件交易网 | 中国 | 电子 | 综合 | 商务 | 中文 | http://www.114ic.com/ |
| 16 | 21IC中国电子网 | 中国 | 电子 | MCU | 技术 | 中文 | http://www.21ic.com/ |
| 17 | 电子工程世界 | 中国 | 电子 | IC及半导体 | 技术 | 中文 | http://www.eeworld.com.cn/ |
| 18 | 电源网 | 中国 | 电子 | 电源模块及其电子元件 | 技术 | 中文 | http://www.dianyuan.com/ |
| 19 | OFweek光电新闻网 | 中国 | 电子 | 光电及照明器件 | 商务 | 中文 | http://www.ofweek.com/ |
| 20 | 中国LED网 | 中国 | 电子 | LED及其应用 | 商务 | 中文 | https://www.cnledw.com/ |
| 21 | 中国LED在线 | 中国 | 电子 | LED及其应用 | 商务 | 中文 | http://www.ledinside.cn/ |
| 22 | 阿拉丁照明网 | 中国 | 电子 | 照明 | 商务 | 中文 | http://www.alighting.cn/ |
| 23 | 中国照明网 | 中国 | 电子 | 照明 | 商务 | 中文 | http://www.lightingchina.com.cn/ |
| 24 | 云汉芯城（电子元器件采购网） | 中国 | 电子 | 综合 | 商务 | 中文 | http://www.ickey.cn/ |
| 25 | 电线电缆网 | 中国 | 电子 | 电线电缆 | 商务 | 中文 | http://www.cableabc.com/ |
| 26 | 世界电子元器件 | 中国 | 电子 | 综合 | 商务 | 中文 | http://gec.eccn.com/ |
| 27 | 全球IC采购网 | 中国 | 电子 | 综合 | 商务 | 中文 | http://www.qic.com.cn/ |
| 28 | SiliconExpert | 全球 | 电子 | 综合 | 商务 | 英文 | https://www.siliconexpert.com/ |

续表

| 序号 | 网站名称 | 范围 | 商品大类 | 商品次类 | 侧重点 | 语言 | 网址 |
|---|---|---|---|---|---|---|---|
| 29 | netCOMPONENTS | 全球 | 电子 | 综合 | 商务 | 英文、中文 | https://www.netcomponents.com/ |
| 30 | Findchips | 全球 | 电子 | 综合 | 商务 | 英文 | https://www.findchips.com/ |
| 31 | DigiKey（得捷） | 全球 | 电子 | 综合 | 商务 | 英文、中文 | https://www.digikey.com/ |
| 32 | e络盟 | 全球 | 电子 | 综合 | 商务 | 英文、中文 | https://www.element14.com/ |
| 33 | Mouser（贸泽） | 全球 | 电子 | 综合 | 商务 | 英文、中文 | www.mouser.com |
| 34 | 美德电子 | 全球 | 电子 | 综合 | 商务 | 英文、中文 | https://www.ttiinc.com |
| 35 | RS（欧时） | 全球 | 电子 | 综合 | 商务 | 英文、中文 | https://rsonline.cn/web/ |
| 36 | Arrow（艾睿） | 全球 | 电子 | 综合 | 商务 | 英文、中文 | https://www.arrow.com/ |
| 37 | ECIAauthorized | 全球 | 电子 | 综合 | 商务 | 英文 | https://www.eciaauthorized.com/ |
| 38 | 安富利 | 全球 | 电子 | 综合 | 商务 | 英文、中文 | https://www.avnet.com |
| 39 | 富昌 | 全球 | 电子 | 综合 | 商务 | 英文、中文 | https://www.futureelectronics.com |
| 40 | FRANCHISED-DISTRIBUTORS | 全球 | 电子 | 综合 | 商务 | 英文 | https://www.franchised-distributors.eu/home/ |
| 41 | iSuppli | 全球 | 电子 | 综合 | 商务 | 英文 | https://technology.ihs.com/ |
| 42 | Gartner | 全球 | 电子 | 综合 | 商务 | 英文 | https://www.gartner.com/en |
| 43 | EE Times | 全球 | 电子 | 综合 | 商务 | 英文 | https://www.eetimes.com/ |
| 44 | ECIA | 全球 | 电子 | 综合 | 商务 | 英文 | https://www.ecianow.org/ |
| 45 | Evertiq | 全球 | 电子 | 综合 | 商务 | 英文 | https://evertiq.com/ |

续表

| 序号 | 网站名称 | 范围 | 商品大类 | 商品次类 | 侧重点 | 语言 | 网址 |
|---|---|---|---|---|---|---|---|
| 46 | MFG.com | 全球 | 电子 | 综合 | 商务 | 英文、中文 | https://www.mfg.com/ |
| 47 | allxref | 全球 | 电子 | 综合 | 商务 | 英文 | http://www.allxref.com/ |
| 48 | 中国电子元件行业协会 | 中国 | 电子 | 综合 | 商务 | 中文 | http://www.ic-ceca.org.cn/ |
| 49 | PCB信息网 | 中国 | 电子 | PCB | 商务 | 中文 | http://www.pcbinfo.net/ |
| 50 | PCB007 | 全球 | 电子 | PCB | 商务 | 英文 | http://pcb.iconnect007.com/ |
| 51 | 电池网 | 中国 | 电子 | 电池 | 商务 | 中文 | http://www.itdcw.com/ |
| 52 | 中国新能源网 | 中国 | 电子 | 电池 | 商务 | 中文 | http://li.china-nengyuan.com/ |
| 53 | 全球电池网 | 中国 | 电子 | 电池 | 商务 | 中文 | http://www.qqdcw.com/ |

表3-9主要针对我们在做电子产品时需要用到的原材料、电子元器件及机电零部件的国内外主流行业网站进行整理汇总，具体商品类别包括但不限于有色金属材料、塑胶粒、模具、线材、电池、LED、PCB、MCU、半导体分立器件、被动器件（阻容感）、光电器件等商品。有些信息与行业协会、行业名录会有重叠，比如PCB。这些行业网站通常不会将现成的"答案"给我们，需要我们对这些信息进行筛选、分类、整理、分析，多视角证明才能得出我们想要的答案。

10. 行业期刊

在互联网出现之前，期刊及报纸是传播知识及资讯的重要媒介，而在当今高度发达的互联网及移动互联网时代，期刊所承担的传播知识与资讯的功能逐渐被互联网替代。尽管如此，期刊在某些专业领域依然被视为行业权威，如半导体及电子技术的应用领域。半导体及电子技术作为第三次科技革命的基础，在世界科学技术与电子产业的发展中发挥了重要作用，因此随之产生了各种半导体、电子器件、电子技术及电子产品的期刊。要想成为一名资深的电子采购专家，需要学习和积累多方面的知识，尤其是基础电子知识。在供应资源开发过程中，无论何种开发渠道或方法都无法直接给出"答案"，需要我们依据自身的知识、经验进行筛选、整理、分类、分析及最终确认，才能找出我们需要的资源。通过阅读行业期刊，一方面，我们可以学习产品知识，另一方面，这些期刊在讨论产品时一定会以主流厂家的产品为载体，因此在阅读时我们可以通过"蛛丝马迹"发现我们需要的产品资源以及各个厂家产品的优劣势信息。下面整理了国内主流电子产品及器件行业通用的部分期刊，如表3-10所示。

表3-10 国内主流电子产品及器件行业通用期刊

| 序号 | 期刊名称 | 品类 | 侧重点 | 语言 |
| --- | --- | --- | --- | --- |
| 1 | 电子产品世界 | 综合 | 技术 | 中文 |
| 2 | 电子测试 | 综合 | 技术 | 中文 |
| 3 | 电子设计工程 | 综合 | 技术 | 中文 |
| 4 | 电子世界 | 综合 | 技术 | 中文 |
| 5 | 电子制作 | 综合 | 技术 | 中文 |
| 6 | 科学技术与工程 | 综合 | 技术 | 中文 |
| 7 | 电子学报 | 综合 | 技术 | 中文 |
| 8 | 今日电子 | 综合 | 技术 | 中文 |
| 9 | 电子技术应用 | 综合 | 技术 | 中文 |
| 10 | 现代电子技术 | 综合 | 技术 | 中文 |
| 11 | 信息与电子工程 | 综合 | 技术 | 中文 |
| 12 | 电气应用期刊 | 综合 | 技术 | 中文 |
| 13 | 世界电子元器件 | 综合 | 商务 | 中文 |
| 14 | 电子器件 | 综合 | 技术 | 中文 |
| 15 | 电子元器件应用 | 综合 | 商务 | 中文 |
| 16 | 电子元件与材料 | 综合 | 商务 | 中文 |

第三章　供应商开发与选择

续表

| 序号 | 期刊名称 | 品类 | 侧重点 | 语言 |
|---|---|---|---|---|
| 17 | 固体电子学研究与进展 | 综合 | 技术 | 中文 |
| 18 | 真空电子技术 | 综合 | 技术 | 中文 |
| 19 | 半导体学报 | 半导体 | 技术 | 中文 |
| 20 | 中国集成电路 | 半导体 | 技术 | 中文 |
| 21 | 国际电子商情 | 综合 | 商务 | 中文 |
| 22 | 电子科技 | 综合 | 技术 | 中文 |
| 23 | 电子工程专辑 | 综合 | 技术 | 中文 |
| 24 | 中国电子商务 | 综合 | 商务 | 中文 |
| 25 | 印制电路信息 | PCB | 技术 | 中文 |
| 26 | 印制电路资讯 | PCB | 商务 | 中文 |
| 27 | 半导体技术 | 半导体 | 技术 | 中文 |

11. 专业机构的市场行情报告（付费）

进行信息收集、分析、处理并据此提供解决方案也是一个很大的产业，即咨询管理。实际上，采购寻源的过程就是进行信息收集、分析、处理并据此提供解决方案的过程，只不过采购寻源的规模、范围、专业性、严谨性与专业的咨询公司不在一个级别上。通常专业咨询公司提供的市场调研报告都是付费获得的，如果企业愿意花钱购买这种专业的市场调研报告，那么采购寻源的工作量将大大减少。

如果企业需要某个行业或产品的相关信息且愿意支付相应费用，可以向相关市场调研机构购买。通常企业在做营销战略时会请市场调研机构做市场调研。营销与采购是同一事物的两个方面，尤其是市场行情报告，营销能用到的报告，对于采购同样有价值。国内主流市场情报网，如表3-11所示。

表 3-11　国内主流市场情报网

| 序号 | 机构名称 | 服务范围 | 网址 |
| --- | --- | --- | --- |
| 1 | 中商情报网 | 中国 | http://www.askci.com/ |
| 2 | 中国产业信息研究网 | 中国 | http://www.china1baogao.com/ |
| 3 | 中国产业研究院 | 中国 | http://www.chinairn.com/yjbg/ |
| 4 | 中国产业信息网 | 中国 | http://www.chyxx.com/ |
| 5 | 中研网 | 中国 | http://www.chinairn.com/ |
| 6 | 中国产业竞争情报网 | 中国 | http://www.chinacir.com.cn/ |
| 7 | 中华全国商业信息中心 | 中国 | http://www.cncic.org/ |
| 8 | 中国科技情报网 | 中国 | http://www.chinainfo.org.cn/ |
| 9 | 中国产业洞察网 | 中国 | http://www.51report.com/ |
| 10 | 中国产业经济信息网 | 中国 | http://www.cinic.org.cn/ |
| 11 | 中国经济信息网 | 中国 | http://www.cei.gov.cn/ |
| 12 | 中国统计信息网 | 中国 | http://www.tjcn.org/ |
| 13 | 中国智库网 | 中国 | http://www.chinathinktanks.org.cn/ |

12. 行业研讨会

很多行业在行业协会、产业联盟的组织下会举行一些非官方的区域性会议，以讨论行业当前动态、发展趋势、新技术及新产品等议题。在这种情况下，采购人员通常可以接触到大量同行、产业上下游企业，为企业开发供应资源提供了一种有效渠道。

13. 客户举行的供应商大会

有一定规模的企业每年或定期会举行供应商大会，大会有全开放式（所有供应商聚集在一起）、半开放式（同类型企业聚集在一起）及封闭式（同行保持"隔离"）三种形式。当同行有机会聚集在一起时，聪明的销售人员往往可以从同行那里了解其供应资源情况，以帮助提升所在企业的供应资源水平。

14. 经验积累

在众多职业中，采购相对于其他的职业，流动性更大一些，造成这种局面的既有主动原因，也有被动原因。管理并运用好自己所掌握的供应资源，对于采购人的职业发展很重要。这里所谓的"自己掌握的供应资源"是指采购多年来在不同企业任职所积累下来的资源。这里的"积累"并非复制所服务过的公司的数据和资料，而是指自己在服务公司期间对各个供应商及其市场行情进行全方位、多视角的研究，搞清楚采购器件在市场上有哪些厂家，同一个制造商有哪些不同的代理商，同一个代理商代理哪些不同的品牌，不同代理商之间有何异同，等等。只有这样，才能"吃透"供应资源和市场供应格局。

15. 客户推荐

在 OEM 或 EMS 工厂中，客户的相关部门（研发部、采购部、品质部等）经常会或明或暗地、直接或间接地推荐一些供应商，有的是从公司利益角度出发，有的是从个人利益角度出发。我们暂且不论客户推荐或介绍供应商是否合理，但从寻源的角度来看，这也是一种资源开发方式。有时客户是秉持着公正、公平的原则从双方公司利益角度出发为其 OEM 求 EMS 工厂介绍或推荐供应商的，这也未尝不可，但如果是出于个人目的，那就另当别论了。

16. 现有供应商库

不同的企业类型及同一企业在不同的发展阶段，对新供应商开发的要求有所不同。比如，在竞争激烈的消费电子行业中，此类企业开发新供应商的数量和频率远远超过处于寡头垄断市场状态的工业控制或设备类的企业；成熟的企业对于新供应商的需求比处于发展上升期的企业对新供应商的需求要少；等等。尽管开发新供应商对企业的发展意义重大，但也并不需要天天开发新供应商，因为很大一部分信息是来自现有的供应商。买方通常希望由现有供应商来满足其新的采购需求。这样做的好处是，买方不用额外增加和管理一个新的供应商。此外，买方与已经熟悉的供应商合作，可以节省评估新供应商能力所耗费的时间和资源。

完全依赖现有供应商也有不好的一面，即尽管与现有供应商合作比较容易，效率也比较高，但从长期来看可能并不总是最好的选择。如果没有其他供应资源，采购人员可能永远也无法知道还有更好的供应资源可以利用。正是这个原因，大部分企业依然会不断寻找新的供应资源，并将搜索范围扩大到全世界。

当有新供应商开发需求时，我们要做的第一步是从合格供应商中筛选有无合适的供应商资源，而不是一开始就从外部新供应商入手。因此，新供应商开发的必要性或者动机分析很重要。比如，在实际的采购活动中，经常由于采购工程师（包括采购经理）并没有"完全吃透"企业已有的合格供应商，导致本来不需要开发新供应商却花费大量人力、物力来开发新供应商。没有"完全吃透"是指这些采购同人并不十分清楚目前所有合格供应商具体能供应哪些规格的物料，能代理哪些品牌的器件，技术及制造水平如何，等等。比如，一家手机上游屏厂的供应资源池中关于松下连接器已经有安富利、艾睿、TTI及本土代理商华商龙，由于价格原因，这家公司的采购人员询问了前面三家供应商之后依然没有达到公司要求的目标价，就到市场上重新询价，进而开发了一家新的代理商，后来报批到采购经理时，采购经理发现华商龙的价格是可以达到目标价的，最终没有导入这家新的代理商。这个结果可能是采购人员人为原因造成的，也可能是采购人员真的忽略了其实在公司的合格供应商池中就有能满足要求的供应商。

17. 采购与供应的相关组织、协会及网络平台

一些民间组织常常举办一些同行交流会，讨论行业现状及发展趋势，这个时候也是获取供应商资源的好时机，大家在交流的过程中可以将各自掌握的信息互通有无，进行资源共享。

18. 微信公众号

自微信诞生以来，当代人尤其是年轻人，无论何时何地，一有机会都是"手中拿着手机，眼睛盯着微信"的状态，因此各种媒体、自媒体、办事机构开始建立微信公众号，作为资讯传播的一种平台。在这种时代背景下，电

子行业及供应链管理行业也诞生了很多知名的微信公众号。微信公众号只能是信息提供的辅助工具，不能作为主流信息提供工具，因为微信公众号提供的信息很多都是"只言片语"，或者是不具有官方权威的资讯。电子行业常见的微信公众号有"半导体行业动态""半导体行业观察""采购从业者""采购专场""采芯网""电源联盟""电子变压器资讯""电子材料圈""电子产品世界""电子发烧友网""电子工程专辑""电子圈""电子制造业服务平台""迪奇采购与供应链管理""EETOP""高工 LED""供应链管理云平台""供应链管理专栏""供应链社区""国际电子商情""IC 诚信圈""IC 交易网""ITTBANK""价值链研习社""科尔尼采购与分析事业部""满天芯""OFweek 半导体照明""新材料在线""芯师爷""芯三板""寻材问料""芯闻俞论""硬姐元器件""易容网"和"中国半导体论坛"等。

19. 不同供应商开发渠道的优劣势对比

不同供应商开发渠道的优劣势对比，如表 3-12 所示。

表 3-12　不同供应商开发渠道的优劣势对比

| 序号 | 寻源方法（渠道） | 优势 | 不足 | 应用条件 |
| --- | --- | --- | --- | --- |
| 1 | 行业展销会 | 针对性强，直接高效，资源丰富 | 资源不全 | 需要经过筛选和背调 |
| 2 | 行业协会 | 针对性强，直接高效，资源丰富 | 资源不全 | 需要经过筛选和背调 |
| 3 | 口碑营销 | 针对性强，成功率高 | 信息不容易获取 | 通常可以直接引用 |
| 4 | 竞争对手产品分析 | 针对性强，成功率高 | 信息不容易获取 | 通常可以直接引用 |
| 5 | 供应商"毛遂自荐" | 节省时间 | "鱼龙混杂"，需要筛选 | |
| 6 | 行业名录（黄页） | 信息全面 | 信息过时 | |
| 7 | 互联网搜索引擎 | 方便快捷 | 信息杂乱无章 | |
| 8 | 专业行业网站 | 针对性强 | 信息不全 | |

续表

| 序号 | 寻源方法（渠道） | 优势 | 不足 | 应用条件 |
|---|---|---|---|---|
| 9 | 行业期刊 | 针对性强 | 信息不全 | |
| 10 | 专业机构的市场行情报告 | 信息全面 | 成本高 | |
| 11 | 行业研讨会 | 针对性强 | 信息不全 | |
| 12 | 客户举办的供应商大会 | 针对性强，成功率高 | 机会不容易获取 | 通常可以直接引用 |
| 13 | 采购从业者经验 | 方便快捷 | 带有个人偏好 | |
| 14 | 客户推荐 | 方便快捷 | 不容易管理 | |
| 15 | 现有供应商库 | | | |
| 16 | 采购与供应的相关组织、协会及网络平台 | 针对性强 | 信息不全 | |
| 17 | 微信公众号 | 方便快捷 | 信息杂乱无章 | |

## 二、供应商搜寻的基本原则

供应商搜寻是一项长期性、持续性的工作，因此在搜寻的过程中我们要遵循以下原则。

1. 多渠道搜寻，尽量全面

尽量从多个渠道搜寻和了解供应商资源，以防漏掉最佳实践者。

2. 由远及近、由粗到细

供应商开发、产品开发和画画是一样的原理，都是先勾勒出轮廓，再逐渐细化，最后目标越来越清晰。

3. 循序渐进、持之以恒

供应商开发是一项持续性的工作，并非一朝一夕能完成的，我们不能因为事态紧急就胡乱引进供应商，要做到"宁缺毋滥"。

4. 专业的人问专业的问题

在供应商搜寻过程中，为提高效率，应该问一些专业的问题。

5. 当找不到合适资源时的处理原则

当寻源工程师长时间寻找供应商未果时，我们应该思考是什么原因导致找不到合适的供应商资源。事实上，无非是以下几种原因。

（1）人的问题，即寻源工程师的意愿和能力。人都是有私心的，可能寻源工程师本就不愿意引进新的供应商，因而人为地设置障碍，我们将这类问题称为"意愿问题"。关于人的问题，除意愿外，就是能力问题，也可能是因为寻源工程师经验有限，确实找不到合适的供应商。

（2）方法问题。寻源工程师没有选择正确的供应商搜寻方法。

（3）需求问题。当其他部门或采购领导对寻源工程师提出开发新供应商的需求时，常常会提出一些要求和目标，比如某个器件已经连续降价5年了，采购部领导要求这个器件再降价30%，寻源工程师找遍市场所有能做这款或代理这款器件的厂家都没有找到能降价30%的同类型器件，那么在这种情况下，我们就不得不重新审视我们的"需求"本身是否具有合理性了。

当我们分析出真正的供应商开发原因时，找不到供应商的问题就会迎刃而解。比如，如果是人的问题，就换人；如果是方法问题，就选择正确的方法；如果是需求本身不合理，就调整需求。经过反复验证，最终我们一定可以找到合适的资源。

## 第四节　供应商选择的标准

战略采购管理是供应链管理的核心，而供应商开发与选择又是战略采购管理的核心工作之一，供应商选择的好与坏直接决定战略采购的工作绩效的好与坏。因此，很多企业试图寻找一种公认的最好的、最优的供应商评估与选择方法或模板，并将其运用到自己的企业中。于是，大家开始研究苹果公司的供应链、IBM的供应链、华为的供应链、沃尔玛的供应链、丰田的供应链等，最后依然找不到"现成"的答案。这些企业的初衷是好的，但供应链管理是管理的一个门类，具备管理的一个重要特点，即管理是无形的，管理方法和流程无法复制。世界上没有所谓的最好的供应商评估与选择方法和流程，也无法找到采用同一套供应商评估与选择流程的两个企业。不管企业采用什么方法，最终目标都是相同的，即提高效率，降低采购风险，使采购方整体价值最大化。为了让企业更好地实现这一目标，结合采购工作的实践经验与业界（供应链管理）的一些理论观点，从以下几个方面来探讨我们该如何更好地选择供应商：①供应商选择的总方针；②影响供应商选择的重要采购因素；③供应商选择的几个重要原则；④供应商选择的工具。企业的规模大小不一，细分行业不同（尽管都是电子行业，但细分行业有很多），应根据自身情况来考虑不同的供应商选择方法和流程。

## 一、供应商选择的阶段

在实际采购活动中，供应商选择主要有两个阶段：一个是对新供应商的评估与选择，另一个是新项目出现时对已经在资源池中的合格供应商进行选择。在有些情况下会出现这两种阶段"合并"，比如，企业接到一个新的重要项目，需要对供应商资源做进一步优化时，会同时考虑对新供应商与合格供应商进行评估，从中选择最优的供应商来做这个新项目。这两个阶段选择供应商时所考虑的问题和原则基本一致，只是在为具体项目选择供应商时应围绕项目进行，在选择新供应商时则从宏观角度考虑。

## 二、供应商选择的总方针

供应商评估与选择是战略采购管理的核心战略之一，战略采购管理被纳入企业战略的核心，因此供应商的评估与选择和企业的核心战略、采购管理的使命是"一脉相承"的。在这种情况下，我们应围绕战略采购管理来制定供应商选择方针。

## 三、影响供应商选择的重要采购因素

在选择供应商时，企业需要考虑多种因素，其中影响供应商选择的重要采购因素有以下几个。

*1. 合作意愿*

我们选择供应商的直接目标是获得最佳供应绩效，最佳供应绩效既是我们的目标，也是我们选择供应商的直接依据。管理学中有一个公式，即期望值＝意愿值 × 能力值，就是说当人们做一件事时，事情的结果能否达到期望或者绩效的高低主要取决于做这件事情的人或组织的意愿与能力水平，绩效值与这两个因素的值成正比。我们认为意愿比能力重要，因为意愿可以改变能力，但能力无法改变意愿。关于这一点，我们常常看到有些知名外资企业甚至世界 500 强企业的部分定制件供应商规模都不是很大，资金雄厚的企业，一般是在某个细分领域做得非常好的中小型企业。外资企业，尤其是日本、德国、美国的企业，愿意从技术支持、制程管控、品质管理到供应链管理等一系列管理上给予供应商帮助和培训，真心实意将供应商当作合作伙伴来看待。由于意愿并非像价格与质量指标那样可以量化，因此很难以一个量化的值来衡量意愿的强与弱，只能通过其他的指标来"折射"意愿水平的高低。

*2. 质量*

毫无疑问质量是选择供应商时必须参考的"硬性"指标，企业在选择供应商时对于质量方面的问题是"零容忍"的，即如果供应商的产品质量无法达到企业要求或存在重大质量隐患，这类供应商一定不会在潜在供应商候选名单中出现。在新供应商开发的实践活动中，矛盾的焦点通常落在供应商质量管理部门和采购部门两个部门之间。供应商质量管理部门通常严格按照供应商审核体系来评估供应商，公司的供应商审核体系通常只有一个，最多两个，但实际采购活动中采购的商品类别众多，比如塑胶件、五金件、标准电子元件、非标机电件、标准机电件、包装材料、线材等，每个品类的商品特性不同，导致厂商在规模及管理方式上有很大不同，因此所有商品类别均按一个标准来审核是难以执行的。另外，在评估新供应商质量水平时通常会从是否通过了质量体系认证（ISO 9000、TS 16949）、产品认证（UL、CE），是否实施全面质量管理，是否有专业测试的实验室、PPM指数、质量团队等方面进行综合评估。

3. 价格

在电子行业中，价格是影响供应商选择的仅次于质量因素排名第二位的重要因素。在某种程度上质量符合要求是双方合作的基本前提，因此质量一般作为默认的条件。从这个角度来看，价格几乎是供应商选择考虑的第一要素，商品采购的价格对于企业的重要性就不言而喻了。简单来讲，采购价格对于企业具有三重意义，即决定企业是否能"活下来"，决定企业的综合竞争力，决定企业的净利润。另外，如何评估比较不同厂商报价的优劣势是进行供应商选择时考虑的一项重要价格因素指标。对于评估供应商报价，市场上主要有以下两种做法：一种是只看单位商品的报价，另一种是关注TCO。TCO包括产品采购到后期使用、维护的成本。这是公司经常采用的一种技术评价标准。其实TCO的本质在于全方位、多视角地评估采购价格，包括但不限于考虑付款周期、交货地点、运费、税费、售后服务等。关于TCO的算法，在后续章节中详细介绍。

4. 交付

交付是指交货的可行性与时效性，通常以及时交货率、采购前置期等指标来衡量。没有交付，价值交换就无法完成，就意味着采购活动没有达成，由此可见，交付对于企业的重要性。在采购与采购管理实践中亦是如此，即整个运营部和采购部（包括供应链部门）每天都在处理交付或者与交付有关的具体工作，甚至很多企业在交付上每天都处于到处"救火"的状态。价格与交付对于企业的采购管理来说就像两条平行线，影响着企业的供应绩效及综合竞争力。在不同的电子行业、不同类型的企业及企业的不同阶段，对价格与交付的要求也有所不同，很多时候企业宁愿选择价格高但交付好的供应商作为合作伙伴，在有些情况下交付比价格更重要。在评估供应商交付能力时，除了及时交货率、采购前置期等过往指标外，我们还可以从供应商的地理位置、产能规划、制造能力等方面综合评估其商品交付能力。

### 5.服务

这里所谈到的服务，主要是指供应商对客户的需求的响应速度与响应质量。通常人们认为，服务这项采购因素不像价格、质量与交付那样可以量化，即通过数字来体现其优劣，它是非常感性的，如小王觉得这家供应商服务很差，换成采购员小李，可能会觉得这家供应商服务很好。事实上服务指标可以量化，比如，发询价单给供应商规定多长时间必须回复，品质出现异常出8D报告的时间，订单到达供应商多久可以确认交期，样品交付时间，等等。这一系列具体的工作绩效都可以用数字的方式量化，作为对供应商进行考核与评估的依据。服务水平是企业综合水平的一个重要体现，反映在供应商是否将所有具体工作流程目标化、标准化与时间化。日本企业的标准化与精细化管理可以说在全球范围内是首屈一指的，值得我们借鉴。举例来讲，日本企业会将所有的细节标准化、量化，比如收到订单24小时内一定回复交期，收到询价单24小时内必须提供报价（统一的报价格式），等等。日本企业这一系列标准化作业并非只是针对VIP客户，而是面向所有客户的。

### 6.技术

毫无疑问，现代文明社会的形成离不开科学与技术，科技对于人类的进步起着决定性和革命性的作用。有数据表明，从全世界范围来看，三次科技革命所带来的GDP超过自人类开始统计GDP到第一次科技革命期间产值的总和。从全世界的GDP历史数据中可以明显看出，在科技革命出现以前，全世界的GDP几乎没有明显的增长。从微观经济（企业）上来看，越是发展得好的企业，越是注重研发的投入；反之，越是注重研发投入，企业越有发展潜力。研发是企业技术积累的一个方面，对于大部分制造型企业而言，技术决定企业的生命力与竞争力；具体到供应商开发而言，供应商的技术能力决定"能不能做"的问题，即生产制造客户所需产品的可行性问题，在采购因素中其他的因素均是解决"想不想做"及"如何做"的问题，所以技术能力是双方合作的基础与根本，如果乙方没有甲方所需要的技术能力，那么双方将失去合作的基础，也就不会有合作的可能性。技术能力包括但不限于产品设计能力、产品良率能力（如果产品良率太低，意味着某种产品还没有进入量产阶段,即还不具备量产的能力,尤其是在半导体行业)、制造工艺能力、设备精度等。衡量企业技术能力的指标通常包括但不限于技术人才的占比、技术人才的学历、研发投入比、设备清单、产品制造能力等。举例来讲,为何 MLCC 最近几年被炒得"热火朝天"?其原因是 MLCC 行业有很高的技术门槛,就全球供应格局来看,主要集中在日韩(村田、京瓷、TDK、太诱、三星)和中国(国巨、华科、风华)。当日韩以村田为首的全球 MLCC 巨头决定放弃大尺寸 MLCC 的市场时,中国的国巨(台湾)、华科(台湾)及风华(广东)一下就成了市场上的翘楚。以村田为首的日系厂不做 0402 及以上尺寸的电容,中国的宇阳、创天等厂商没有能力做 105uF 及以上容量的产品,在这种情况下,我们便选用国巨与华科等供应商的产品来解决 0402 及以上尺寸电容的需求。由此再一次证明,技术能力直接决定了供应厂商"能不能做"的问题,这是战略问题,不能做就意味着无法达成价值交换,也就不可能有后续的采购活动发生。

7. 创新

当今时代每个人都在谈创新,就供应商选择而言,创新也是影响供应商选择的一个重要因素,供应链管理学界将创新的对象定义为管理的创新、制度的创新、信息系统的创新,包括不限于使用六西格玛质量管理系统、全面质量管理(TQM)、现场 5S 与全面可视化管理(看板)、精益生产管理等。供应商选择中的创新,是指企业(供应商)的开放程度与学习能力,即企业是否愿意接受新事物,是否有持续学习改善的能力。真正原创性的创新比例是很小的,对于大部分企业而言,如果开放程度高,愿意持续学习新事物并为企业所用,若在某个领域用到极致,最终的效果一定是其他企业无法比拟的,从某种程度上来讲这也是一种创新。

8. 财务状况

资金是企业的血液,企业没有资金就如同人没有血液一样,将无法"运转"。在国内跑业务的销售人员都知道,在筛选客户时要考虑的第一要素不是卖个好价钱,而是评估客户的付款是否及时,即客户的财务状况是否健康。很多中小企业由于其最大的客户资金周转不灵而倒闭,无数"惨痛的教训"

告诉销售人员，在开发新客户时，客户的财务状况是最重要的评估要素之一。尽管供应商倒闭对于客户的影响不如客户倒闭对供应商的影响程度大，但从供应风险及稳定性的角度来看，我们在选择新供应商时一定要评估供应商的财务状况。举例来讲，在线路板行业有一家中等规模的厂商曾遭遇一场突如其来的大火，导致工厂处于停产甚至是破产的边缘。这场大火烧掉了大部分的机器设备、原材料、半成品及成品，在这种情况下，企业急需资金解决设备与材料问题以快速恢复生产，所以这家企业的老板一边联系银行看能否贷款，一边将情况立即汇报给其排名前三位的重要客户。最后的结果是银行拒绝贷款，供应商拒绝供应材料并要求其立即支付货款，在这种"腹背受敌"的情况下，其客户天马预付了几千万元的现金给这家厂商，帮助其渡过难关。很多外界人士猜测这家厂商与客户天马之间关系非常好，其实，企业之间的合作有私人的情感在里面，但更多是从企业集体利益的角度出发。天马之所以这样做，也是为了保障自身供应的稳定性，从而稳住自己的客户，因为天马的终端是手机厂商，手机行业本身对时间的要求就非常高，不能有任何的"停顿"，且短期内又无法承认新的板厂，在这种情况下，唯有帮其供应商渡过难关，才能帮助自己渡过难关，否则可能会因自身供应商的问题导致自己被终端罚款并终止合作，后果不堪设想。财务本身就是量化指标，因此企业的财务状况可以通过一些财务指标来衡量，包括供应商的盈利性、现金流状况（是否有足够的流动资金用于支付账单、购买原材料以及支付工人工资）、固定资产、负债情况、成本结构和分摊方式、银行信用等级、总体财务健康水平等。

9. 环境、可持续性及社会责任

尽管每个国家或地区在不同时期发展并不均衡，甚至出现不好的方面，但历史的车轮是一直向前的，从社会的大环境到国家的法律，再到企业的制度，乃至个人的发展，都是一个逐渐完善的过程。在这种情况下，人类要想保持可持续性发展，就一定要爱护环境。爱护自然环境的同时，我们也应该爱护社会环境，因此企业要有社会责任感。在选择供应商时，环境、可持续性及社会责任被越来越多的公司纳入考核事项中，尤其是世界500强企业。

举例来讲，宝洁公司认为，可持续性发展是为了确保现在及子孙后代享有更好的生活，包括社会及环境责任，从供应商到制造商，到最终消费者的整条供应链都应包含在内。因此，宝洁公司开发了可持续供应商计分卡来追踪供应商的改进情况，遵循3BL（Bottom Line）原则，即"人（People）""星球（Planet）""利润（Profit）"。另外，很多世界500强企业都会通过供应商有无雇用童工及非法劳工、公司目前及未来二氧化碳排放量目标、过往有无环境污染事件、安全事故率等指标来评估供应商。

## 四、供应商选择的几个重要原则

采购因素是当我们已经搜寻到候选供应商时或在搜寻供应商前设定的明确的选择标准，依据这个标准来筛选供应商。如何从海量的供应商资源中筛选出候选名单？需要遵循一定的原则或战略缩小我们的筛选范围。下面依据采购工作经验总结出几个重要原则供大家参考。

### 1. 追根溯源

前文中多次谈到，对于企业内部而言，供应商的选择是整个供应链条运转的开端，正所谓"好的开始是成功的一半"，供应商的选择对于整个供应链条的后期管理意义重大。比如，后期的采购价格竞争力、服务水平、交付能力、商品质量、技术支持等供应绩效，都与供应商选择有着重要的关系。在实际供应商选择中，一方面我们要选择优质的供应商资源，另一方面我们要识别并管控风险。追根溯源的目的在于防控选错供应商所带来的风险。追根溯源就是从根本上搞清楚新供应商的股权结构、实际控制人以及为制造型厂商所供应的产品是否真实为其所生产。为什么会有这种顾虑？因为如果不对新供应商追根溯源，可能会给企业带来极大的成本浪费，这与我们的采购目标及企业的经营宗旨是背道而驰的。由于选错供应商而给供应链管理带来风险的案例有很多，有两种普遍现象。其一，"监守自盗"。企业的采购经理（或采购工程师或研发工程师）自己成立一家公司，与自己所服务的企业做生意，当然，他们是"幕后"的操盘手，"台前"一般是由其亲戚或朋友来处理公司日常业务，而在他们公司的注册信息中一般是看不到这些人员的名字的。更有胆子极大的采购经理，自己担任所成立公司的监事，与其服务的公司合作多年。且不说这种"监守自盗"的供应方式其价格是否具有竞争力，供应是否稳定，服务是否合格，至少这样的企业长期"霸占"公司供应商的位置，完全挤占了市场上"价优物美"的供应商与企业合作的机会，扰乱了市场秩序。其二，"瞒天过海"。在商业领域经常会有"马甲型"企业，这些企业实际上就是"皮包公司"，这类企业最大的特点是靠人脉资源吃饭。在电子制造业中，如果采购的是标准的元器件或零部件，"马甲型"企业可能还有一定的生存空间，因为这些标准器件不涉及技术支持、品质及生产制造的问题，它们依靠与客户高级管理人员或采购人员的关系与官方的代理商或经销商"抢"生意。如果采购的是定制件，这类"马甲型"企业是没有任何竞争力的，因为客户可以直接从制造厂家采购物料，"马甲型"企业为企业的正常购买设置了障碍。"马甲型"企业通过要求制造商将其名字和LOGO及文件全部换成"马甲型"企业的名字和LOGO及文件，以"瞒天过海"，更有甚者直接"收买"审核人员从而达到其目的。

因此，无论从哪个方面来看，企业都应该杜绝这种会给企业造成极大成本浪费的现象，优化企业的供应商审核流程，让市场这只"无形之手"来做出选择，而不是以某个人或某些人的意志来选择供应商。

2."门当户对"

做过供应商管理的同人都知道，供应商的开发、搜寻、选择与管理的过程与个人寻找、选择恋爱对象及结婚的轨迹比较相似，二者之间的对比如表3-13所示。

表3-13 寻找、选择恋爱对象结婚与供应商开发及管理的对比

| 序号 | 共性 | 寻找、选择恋爱对象结婚 | 供应商开发及管理 |
| --- | --- | --- | --- |
| 1 | 合作 | 一般情况下，每个人都需要找对象组建家庭，共度今生 | 由于分工效应的存在，任何企业都无法独立完成自身产品所有材料与零部件的制作加工，因而需要从企业外部获取资源，通过合作完成产品的生产 |

续表

| 序号 | 共性 | 寻找、选择恋爱对象结婚 | 供应商开发及管理 |
|---|---|---|---|
| 2 | 寻找 | 找对象就有一个找的过程，当然也有偶遇、别人介绍、相亲大会、自由恋爱等方式，但无论是什么样的方式，男女双方都必须有一方"主动出击"，当然包办婚姻除外 | 供应商开发有主动搜寻、介绍、展会、高层指定等方式，在此过程中也需要买方"主动出击" |
| 3 | 标准设定 | 无论是男孩找女孩，还是女孩找男孩，大家心中都有自己的择偶标准，这些标准包括但不限于长相、才华、财富、家庭背景、学历、学识、性格、籍贯等。现实告诉我们，完美的人是很少的，人都有缺点和不足，因此个人在择偶时最终都会抓住一两个主要"矛盾"（标准）来选择 | 企业在寻找与选择供应商之前也会制定一系列的标准及原则，这些标准通常包括但不限于合作意愿、成本、质量、服务、交付、技术能力、创新、财务状况等，尤其是当两个候选供应商实力相当时，往往是最难做决策的，这时通常要结合企业自身的状况来判断以哪一个"维度"作为供应商选择的标准 |
| 4 | 相互了解 | 结婚是人生的一件大事，因此在男女双方决定结婚之前需要一个相互了解的过程（恋爱期），在相互了解之后才能最终做出决定 | 供应商选择逐渐成为企业战略层面的议题，尤其是在国际化分工越来越细的今天，供应商的选择对于企业发展的重要性不言而喻。因此，我们在选择供应商之前会做很多具体的工作，比如供应商背景调查、实地考察、银行信用调查等，对厂商进行全面的了解 |
| 5 | 做出选择 | 经过一定时间的了解，男女双方需要决定是否接受彼此成为恋人关系 | 当需求明确、标准设定完成且对厂商有了深入了解后，采购委员会就会对潜在供应商进行选择 |

续表

| 序号 | 共性 | 寻找、选择恋爱对象结婚 | 供应商开发及管理 |
|---|---|---|---|
| 6 | 初步交往 | 当男女双方确定恋爱关系后,就会进行初步交往,以更多地了解彼此 | 当选择好潜在供应商后,甲乙双方会通过技术交流、样品验证、工厂审核、高层互访等方式进行初步交往 |
| 7 | 磨合 | 男女双方在恋爱期出现矛盾、分歧或争执是很正常的事情,我们将这个阶段称为"磨合期" | 甲乙双方在前期相互了解和接触的过程中,由于涉及跨部门的沟通与协调,且每个企业的文化及管理方式有所不同,经常会出现分歧和争执,这也是正常现象 |
| 8 | 联姻 | 经过磨合期后,男女双方的感情得到"升华",进而步入婚姻的殿堂。当然,如果没能走过磨合期,最终双方分道扬镳也是常有的事情 | 如果甲乙双方经过一系列前期沟通、合作、反馈、改善发现对方是自己想要的合作伙伴时,就会正式进入"友好合作期",我们称之为"联姻" |
| 9 | 成果 | 婚姻的成果是组建家庭、养育孩子及赡养老人 | 甲乙双方同步发展并共同开发或生产出好的产品,这个产品可以称为"双方合作的结晶或成果" |
| 10 | 管理 | 要想婚姻"青春常驻",是需要经营管理的 | 如果说供应商开发是供应链管理获得成功的一半,那么供应商管理就是供应链管理获得成功的另一半。供应商的选择就像"生小孩",孩子生下来之后,如何养育就变得至关重要了。同理,供应商管理就如同对孩子的养育,甲方应该视乙方为"命运共同体",为其提供支持和培训,帮助其成长 |

受中国传统文化影响,中国人择偶的一个重要的原则就是"门当户对",即男女双方家庭的社会地位和经济情况相当,双方才适合交往或结亲;否则夫妻不和,子女受罪,影响巨大。家庭的生活方式和文化是一个家族一代一代沿袭或传承下来的,即便周围的环境有所变化也是不会轻易改变的。男女

双方如果生活习惯相近，对现实事物的看法相近，生活中才会有更多的共同语言，才会有共同的快乐，才会保持更长久的彼此欣赏，才能让婚姻保持持久的生命力。尽管当今世界是开放共享的，与西方文化也有了广泛的交流，但几千年的传统文化对国人的影响是深入骨髓的。在现实生活中，婚姻幸福的家庭，追根溯源可以发现夫妻双方多是"门当户对"的，当然我们不要狭隘地把"门当户对"理解成经济条件相当，"门当户对"是广义的，不局限于出身，还包括后天的努力等。由此可见，要想让婚姻有生命力，在前期择偶时"门当户对"是一个很重要的因素。同理，要想让企业双方之间的合作保持可持续性发展，在早期选择合作伙伴时也应该考虑"门当户对"。这里的"门当户对"是指规模大的企业就选择规模大的供应商之前型企业就选择中等规模的供应商，小企业就选择小规模的供应商。一般情况下需要遵循这一原则，但也不乏营业收入数百亿元的企业其供应链中也有很多营业收入几亿元甚至几千万元的小规模供应商的情况。后来仔细研究发现，有些集团公司业务众多，产品线甚广，集团分了很多个事业部，导致有些产品线的年采购量很小。尽管这些产品是某个世界 500 强企业旗下的品牌，但由于其采购量太小大企业不愿意与其合作，最终只能找规模小的企业合作。因此，对于供应商选择的"门当户对"不应该是企业双方规模的匹配，而是具体产品线需求量与供应能力的匹配，当然还包括质量要求、技术能力、管理水平、价格水平等方面的匹配。

3. 分类管理

分类管理是指对于供应商评估及选择的标准，我们应该依据采购战略及商品类别分门别类地进行精细化管理，而非"眉毛胡子一把抓"的粗放式管理。借用营销中的波士顿矩阵的方法，在供应链管理上，人们根据采购金额与供应风险两个维度，将供应商分为战略型、杠杆型、一般型与瓶颈型四种类型。针对不同类型的供应商，我们的评估与选择标准也有所不同。不仅要考虑供应商的定位，还要考虑商品类别，即标准电子元器件、塑胶件、五金件、定制机电件、半成品、成品、线材、包装材料、PCB、LED、电池等商品特性及市场供应格局均有所不同，因此我们在具体评估并选择不同的商品时所使用的标准及选择方法应该是不同的。

4. 市场定位

在开拓市场之前，工作的第一步就是进行市场细分、选择及定位，这一步也是决定市场营销活动能否取得成功的关键。前文中谈到，营销与采购是对立与统一的"矛盾共同体"，二者是同一事物的两个方面。因此既然有营销市场，那么"寻源定位"就同样存在供应市场；既然有营销市场细分与定位，那么同样存在供应市场细分与定位。在一般自由竞争的市场格局中，通常某类商品会有多个供应者（制造商或代理分销商），因此当我们要寻找某类商品的供应资源时就会存在一个定位的问题，这里的定位就是我们需要什么"档次"的供应者。作为一名专业的品类采购者（战略采购），应该非常清楚自己所负责的商品类别在市场上有哪些供应者及其市场地位。以 LED 灯珠为例，我们知道在全球市场上 Cree（科锐）、OSRAM（欧司朗）及 Nichia（日亚）是第一梯队，Everlight（亿光）、LG、Seoul（首尔）、Toyota（丰田合成）、三星等厂商为第二梯队，鸿利、三安、木林森、雷曼等厂商属于第三梯队。如果我们的产品是用在车灯上而且是中高级车上的，那么我们肯定是选择第一梯队的厂商；如果我们的产品是应用在民用照明领域且终端是欧美中等偏上的市场，那么我们可以选择第二梯队的厂商，有时根据客户要求可能会选择第一梯队的厂商；如果我们的产品定位于国内中等市场，我们可以选择第三梯队的厂商，以此类推。这里的梯队是从商品品牌价值、价格、质量、可靠性、性能、安全规范等多个维度考量的，第一梯队的厂商在这些维度肯定是高于第二梯队的厂商的，第二梯队的厂商高于第三梯队的厂商。因此，我们不能期望以第二梯队厂商的产品价格购买第一梯队的品牌、性能及品质。这正如德国人所认为的那样，产品的品质与性能是成本堆积起来的，不存在所谓的"物美价廉"。在工作中，采购人员经常被上级或其他部门要求搜寻价格低且产品性能、品质过硬的厂商，试问：我们拿着小米手机的预算去购买苹果手机，做得到吗？只有我们对所需购买的商品定位清晰了，我们在搜寻与选择厂商时才能更加明确地做出选择。

### 5. 不能错选，也不能错过

俗话说得好："男怕入错行，女怕嫁错郎。"说的是选择的重要性，供应商选择对于企业发展的意义亦是如此。每个企业在其发展的过程中都必定要选择供应方合作伙伴即供应商，尽管当今时代大部分商品领域是买方市场，即买方在众多的供应方中选择一个或多个合作伙伴，但最终合作是否长久以及双方的价值是否得到最大化发挥，对于任何企业来说都是一个难题。因此，越是大型企业，越是成熟型的企业对于供应商的选择越是"谨小慎微"，反而是一些中小型企业的企业主或采购负责人常把"不行就换"这句话挂在嘴边，这些企业主或采购负责人对于供应商管理最大的"法宝"就是换供应商，以致最后没有供应商愿意与其合作。选错供应商会给企业带来很大的麻烦，下面举一个真实的例子。一家美国公司，由于企业战略性调整，要将海外工厂逐渐关闭，走外包路线，因而要求在短时间内找到合适的代工厂。这家美国企业做的是工业类产品，且在全球具有领导者地位，所以其选择 OEM 和 EMS 代工厂的要求很高，最终在排名全球前四位的 OEM 和 EMS 厂中挑选了一家。由于海外工厂关厂期限已到，这家美国企业不得不将几百款产品转移至这家 OEM 厂生产，结果由于文化差异及管理问题，这家 OEM 厂根本无法交货。这种错误的选择会给企业带来很大的损失，如果是小企业就很可能因此倒闭。就像当年锤子手机选择中天信一样，由于中天信倒闭最终导致锤子手机断供。

在进行供应商搜寻时要尽最大努力找齐供应市场主流的供应商并逐一分析，以防错过更好的厂商。当今时代企业间的竞争不再只是企业之间的竞争，而是企业及其供应伙伴与其竞争对手及其供应伙伴之间的竞争。如果我们没有发掘并选择更有竞争力的合作供应商，那么企业整个供应链的竞争力自然不如竞争对手。我们不能错过任何一个提升企业自身竞争力的机会，因为企业的发展如"逆水行舟，不进则退"。

### 6. 有备无患

供应商开发与选择本身就存在不确定性因素，为了减少供应链的风险，我们在进行供应商开发与选择时要做到有备无患。也就是在选择供应商时通常会准备 2~3 个候选供应商，并制定 A 方案和 B 方案，有时甚至还有 C 方案。2019 年华为面临巨大的供应链风险，但它安然度过了危机。这是因为华为在 20 年前就开始模拟"极限生存"，以提前识别各种企业经营风险并采取相应措施和预案。正是因为这种"居安思危"的企业文化，华为在 20 多年前就专门成立了海思半导体来自主开发芯片，并于 2012 年自主开发手机操作系统"鸿蒙"。面对供应链危机，华为宣布 B 方案（海思芯片）及"鸿蒙"进入启动状态，从而大大降低了其供应链风险。

7. 半数比例

半数比例是指买方所购买的商品金额或规模占据某供应商总产值或产能的 50% 以上。对于这类供应商，由于其对客户（买方）的依赖性非常大且非常"安逸和舒适"，会导致企业的竞争力减弱。因此，当我们碰到这类供应商时应不予考虑，因为一方面这类供应商竞争力低，另一方面新的客户永远不能成为其 A 类客户，从而可能得不到好的服务和支持。

8. 抓大放小

关于供应商选择，最难的一点是如何在多方的"诉求"中找到"最佳平衡点"，即采购委员会是由多个不同职能部门组成的，而每个部门又只会从自己部门的角度或立场出发来做选择，比如，品质部最关心供应商的质量稳定性，研发部为减少风险通常选择行业知名品牌器件，供应链物流部关心交付，项目组要求时间快，采购部最关心价格，等等。尽管我们可以用平衡计分卡这种科学的工具对新供应商进行评估，但问题是平衡计分卡中的权重与打分仍带有很强的主观意识，并不能保证绝对的公平与合理。古人说"鱼和熊掌不可兼得"，在新供应商选择上亦是如此。市场上很难找到一个"十全十美""面面俱到"的供应商，即这个供应商能满足我们所有的要求。我们应该结合开发供应商的原因及我们自身的"条件"来开发与选择供应商。比如，物料交付成为我们目前供应存在的最大问题，那么为解决这个问题，交付所占的比重就比较大，在这种情况下，即使 A 厂商的产品价格高于 B 厂商，但其 LT 有竞争力，我们依然会选择 A 厂商。我们需要将选择供应商时的考虑要素（价格、交付、质量、服务、技术等）排一个优先级，从而做到"抓大放小"。

### 9. 共同成长

寻求合作伙伴，尽量找到愿意与企业共同成长的合作伙伴。当企业规模很小时，很多供应商不愿意为其提供商品和服务，大部分供应商都希望找"大客户"做生意，但有些"聪明"的供应商不仅关注客户的现在，更关注客户的潜力，即使在企业规模很小时，也为其提供同样的商品和服务。当有一天这个曾经的"小客户"发展壮大时，这家供应商也随之发展壮大了。

### 10. 地缘因素

想要做成一件事，"天时、地利、人和"缺一不可。这其中的"地利"，我们可以理解为环境，对于供应商开发而言，供应商的地理位置可以算是一种环境因素。举例来讲，长三角终端厂商的主力供应商通常在长三角，珠三角的客户的主力供应商大部分在珠三角；电子元器件通常走分销渠道，这些分销商是按区域划分片区的；机构件、五金件及包装材料就更加注重供应商的地理位置了，一个华东的客户不可能找华南的供应商买纸箱。从这个角度来看，厂商的地理位置对于我们开发与选择供应商有很重要的参考意义。其原因是，企业双方在合作中需要时刻保持有效沟通及互访，空间距离较远势必拉开企业之间的"距离"。

## 五、供应商选择的工具

在实际采购活动中，供应商选择常常会运用一定的工具来完成，接下来对供应商选择方式进行如下总结。

### 1. 价格为"王"法

在中小型民营企业甚至一些规模较大的民营企业中，供应商的选择一般是由企业总经理或采购最高负责人或有实权的采购工程师个人决定。这些人选择供应商的依据非常简单，即价低者胜。他们一般只关注产品的价格而忽略其他相关的隐性成本，谁的价格最低，订单就给谁。

### 2. 总拥有成本法

总拥有成本（TCO），又称为"全生命周期成本"，即以产品寿命为周期，综合考虑各种显性成本、隐性成本、时间成本、机会成本而最终算出的一种"加权成本"。以加权成本来做比较而不只是考虑采购商品的价格。TCO 的计算方法相对比较科学，会考虑与采购商品相关的所有成本因素，供应链管理先进的跨国公司通常会专门写一个程序文件用来定义和计算 TCO。

### 3. 寻源委员会

很多跨国公司会采用寻源委员会的方式来选定供应商。寻源委员会是指企业的采购委员会成员集体讨论并确定某个项目供应商的会议，通常参加会议的人员包括但不限于采购经理、研发经理、品质经理、财务经理、项目经理等。寻源委员会中通常包含人员及其职责、项目概况、潜在供应商概况及优劣势、供应商技术能力评估、供应商品质能力评估、报价对比及最后的结论等内容。

## 第五节　新供应商开发与选择的基本流程

采购人员常常以采购管理为"载体"来思考企业的管理问题，因而也比较关注企业总经理、高级管理人员及顾问公司管理专家对于管理的看法和观点。下面对一些与流程相关的管理观点（区别于纯理论学派）做如下总结。

（1）制度管人，流程管事。

（2）管理 = 流程 + 表单。

（3）管理就是 3P，即 People Management（人的管理）、Process Management（流程管理）和 Performance Management（绩效管理）。

（4）对于企业而言，财富就是管理，就是文档。

以上观点是由民营企业董事长、企业高级管理人员、资深供应链管理专家提出的，这些观点有一个共同点就是，这些实战派企业管理者都在强调流程对于企业的管理有着非常重要的意义。服务于企业的采购同人可以看到企业的管理者（层）一般只做几件事，即目标设定、"排兵布阵"（布置任务）、开会、流程设定及优化、摇旗助威（激励）、报表（PPT）等。由此可见，无论是战略层面，还是战术层面，流程与企业管理活动"如影随形"。正是由于流程对企业管理的重要性，很多企业总经理或高级管理人员总是试图寻找"完美"的流程来管理企业，其所做的尝试包括但不限于请第三方顾问公司对企业流程进行再造及优化，请世界 500 强资深职业经理人出任 CEO，研究行业领导者的管理流程（苹果与华为经常被作为典型案例），等等。对于试图在短期内找到"完美"流程的想法或观念，我们不敢认同。因为任何事物包括流程都是不可能完美的，尽管苹果与华为的供应链管理被视为"最佳供应链管理实践"，但依然有其不足之处，更不用提生搬硬套地模仿最佳实践者的做法来管理自己的企业。我们可以学习其先进的管理理念和精神，但不能生搬硬套，否则只能是"东施效颦"。那么企业如何获得最佳管理流程呢？关于这一点，我们还得学习日本企业的精益生产的精神，即全员参与，持续改进。具体来讲，就是企业首先要认清"我是谁"（企业目前的发展阶段及状况），"我们要到哪里去"（流程改善目标，通常来讲流程改善目标有两个，即提升效率，控制风险），"我们将如何到达"（实现流程改善的具体路线及方法）。因此，任何一个组织或企业及个人学习他人的长处和优点时，都是要学习其实质、精神，而非形式。具体到供应商开发与选择的流程上，企业在不同的发展阶段以及不同企业横向对比都会有所差别，适合自己的流程就是最好的流程。那么这个"适合"的标准是什么？在控制风险的前提下，效率提升了就是适合的流程。具体来讲，就是如果我们的流程能有"日本持续改善的精神＋德国的严谨性＋美国的灵活度＋中国台湾的执行力"，那么这样的流程堪称"最佳实践者"。下面以德国企业与美国企业关于供应商开发与选择的实际做法来探讨一下供应商开发与选择的基本流程。

## 一、新供应商开发与选择的总流程图

关于新供应商开发流程，第一章中就做了基本介绍，其流程图请参考表1-14。

## 二、供应商搜寻的基本工作流程

供应商搜寻的基本工作流程并不复杂，但其过程比较艰辛。供应商搜寻其实是个体力活，因为我们要从海量的信息中搜寻、整理、分析、对比、调查并最终提取有价值的信息为公司所用，这个过程与警察破案有点类似。警察破案需要做大量的基础排查工作，不能放过任何一个疑点和嫌疑人。很多案件都是通过排查找到蛛丝马迹而成功告破的，供应商搜寻亦是如此。为了找到适合所在企业的资源，我们同样要做很多基础调查工作，只有基础工作做扎实了，才能获得第一手信息。下面我们依据实际采购工作简单谈谈供应商搜寻的基本工作流程。

1. 明确需求

在进行供应商搜寻前，我们首先需要明确采购商品的规格参数、图纸、用量、应用领域，商品是用在量产项目还是新项目，预计量产时间。

2. 明确采购策略及对潜在供应商的定位

接下来需要明确需要开发哪种类型的供应商，是战略型供应商、一般型供应商、杠杆型供应商还是瓶颈型供应商；需要的供应商是第一梯队、第二梯队还是第三梯队；等等。

3. 供应商搜寻

用不同的方法收集潜在供应商的基本信息，包括但不限于供应商名单、联系人、联系方式、公司网址、主要产品线、主要客户、产品主要应用市场等。

4. 询价

将商品的规格参数、图纸全部整理好，按照公司固定格式发送询价单给潜在供应商，请其报价，对于需要签署保密协议的图纸，需与供应商签订保密协议之后才能发送询价单。每个公司的询价单格式与内容有所不同，通常包括但不限于公司名称、采购窗口、公司联系地址及网址、企业物料编码、规格参数、制造商名称、制造商料号、年用量、是否量产、预计量产时间、采购前置期、最小订购量、最小包装量、阶梯报价（不同的用量，不同的价格）、币种、税率、付款方式、交货地点、交货方式、材料等级等内容。

5. 报价分析

报价分析通常按照横向分析（不同厂家报价对比）与纵向分析（成本分析）来评估各个厂家报价的合理性。在进行横向分析时，通常采用TCO来进行对比分析，而不只考虑价格。TCO从横向（付款方式、交货方式、运费、税率）与纵向（时间的长度）来综合评估供应商的报价而不只看价格，最终是根据产品的净现值（Net Present Value，NPV）来评估供应商的报价优劣。

6. 供应商基本信息收集及分析

供应商基本信息收集一般在不同阶段会有不同的收集表单和方式。

（1）初级阶段。初级阶段通常会对搜寻到的所有供应商做非正式的信息收集，收集的信息包括但不限于供应商名单、联系人、联系方式、公司网址、主要产品线、主要客户、产品主要应用市场等。

（2）中级阶段。经过初级阶段的供应商筛选，想进一步了解有意向的潜在供应商的更多信息时，通常会发送表单给供应商让其填写。每个企业的"供应商基本信息调查表"格式有所不同，但内容大同小异，下面举一个实例供大家参考，如表3-14所示。

表3-14 供应商基础信息调查表

| 供应商基础信息调查表 ||
|---|---|
| 公司名称 | 惠州××电子有限公司 |
| 公司地址 | 广东省惠州市陈江镇五一工业区 |
| 联系人 | ×× |
| 联系电话 | 0752-3088××× |

续表

| 供应商基础信息调查表 ||
|---|---|
| 传真 | 0752-3088××× |
| E-mail | ×××××× |
| 公司网站 | Http://www.×××.com |
| 公司属性 | 民营企业 |
| 公司所有人 | ××× |
| 公司成立时间 | 2015-11-04 |
| 主要产品 | 柔性线路板 |
| 分工厂及产品 | ××电子A厂（背线板）<br>××电子B厂（镀铜板、碗孔板、单面覆盖膜板）<br>××电子C厂（日光灯板）<br>××电子D厂（软硬结合板） |

| 公司员工总数 | 1000人 | 工厂面积 | 28 500平方米 |
|---|---|---|---|
| 工人 | 800人 | 生产区域面积 | 25 000平方米 |
| 管理人员 | 65人 | 成立时间 | 2015-11-04 |
| 工程技术人员 | 20人 | 产能 | 50万平方米/月 |
| 开发人员 | 15人 | 工人平均工资 | 5500元/月 |
| 质量部人员 | 65人 | 每日工作时间 | 8:00—20:00 |
| 采购人员 | 5人 | 每周工作天数 | 6天 |
| 销售人员 | 30人 | 每日排班数量 | 2班 |

| 产品行业销售比例 | 照明、消费电子、医疗等 |
|---|---|
| 自有品牌 | ×× |
| 主要客户 | 飞利浦、欧普、山浦、佛照、华彩、励晶、欧曼 |

续表

| 供应商基础信息调查表 ||||
|---|---|---|---|
| 主要供应商 | ××电子分公司、××科技股份有限公司 |||
| 内销和外销销售比例 | 95:5 |||
| 公司年销售额 | 2015年：2000万美元 | 2016年：2700万美元 | 2017年：5000万美元 |
| 实验室设备 | 二次元、千分尺、游标卡尺、剥离强度测试仪、膜厚测试仪、电子秤等 |||
| 品质保证年限 | 真空包装3个月 |||
| 常规板材品牌和型号 | 品牌××，型号 NEB1120S/NEB1120D |||
| 产品市场优势 | 价格比同行低，优质，专利 |||
| 已获得的管理体系认证 | ISO 9001:2008、ISO 14001:2004 |||
| 已获得的产品认证 | UL |||
| 专利 | 已授权146项 |||
| 样品订单完成时间 | 7~10天 |||
| 量产订单时间 | 10~15天 |||
| 最大客户的付款方式 | 月结90天 |||

（3）成熟阶段。对于即将被纳入初选名单，即候选供应商名单的供应商，我们需要对其进行全面深入的了解，因此需要供应商完成表3-15的填写。

表3-15 供应商资料调查表

| 供应商资料调查表 ||
|---|---|
| 序号 | 项目（Item） |

续表

| | 供应商资料调查表 | |
|---|---|---|
| A | 公司详情（Company details） | 详细资料（Description） |
| 1 | 公司名称（Company name） | |
| 2 | 地址（Address/Location） | |
| 3 | 经营/所有者（Manager/Owner） | |
| 4 | 联系人（Contact person） | |
| 5 | 电话（Telephone） | |
| 6 | 传真（Fax） | |
| 7 | 电子邮件地址（E-mail address） | |
| 8 | 网址（Internet） | |
| 9 | 公司成立时间（Company established date） | |
| 10 | 注册资金（Registered capital） | |
| 11 | 合作伙伴或股东（Joint venture partner） | |
| 12 | 员工人数/工程师（Total employee/engineer） | |
| 13 | 公司组织结构图（Company organization chart） | |
| 14 | 是否自行出口（Export license〈have or have not〉） | |
| B | 付款信息（Banking information） | |
| 15 | 出口代理商名称、地址、电话（Export agent） | |
| 16 | 受益银行名称（Beneficiary bank） | |
| 17 | 银行地址（Bank address） | |
| 18 | 银行代码（Swift code） | |
| 19 | 美元账号［Account no（USD）］ | |

续表

| 供应商资料调查表 |||
|---|---|---|
| 20 | 受益公司名称、地址<br>（Beneficiary name and address） | |
| C | **市场信息（Marketing Information）** ||
| 21 | 产品行业销售比例（product segment ratio） | |
| 22 | 自有品牌（Owned brand） | |
| 23 | 主要客户（Main customer）（排名前五位） | |
| 24 | 主要供应商（Main supplier）（排名前五位） | |
| 25 | 内销和外销销售比例<br>（Domestic & oversea revenue ratio） | |
| 26 | 公司年销售额（美元）（Annual sales revenue USD） | |
| D | **主要生产设备（Key manufacture equipment）** ||
| 27 | 设备名（Description） | |
| 28 | 安装日期（Year installed） | |
| 29 | 制造商（Made by） | |
| 30 | 投资金额（Invest amount） | |
| 31 | 生产能力（Capacity） | |
| 32 | 数量（Quantity） | |
| E | **主要产品（Main product）** ||
| 33 | 主要产品名称（Type of mian product） | |
| 34 | 产量（去年）（Output QTY.previous year） | |
| 35 | 产量（今年）（Output QTY.current year） | |
| 36 | 生产能力（Capacity） | |
| F | **成本分析（Cost analysis）** ||

续表

| | 供应商资料调查表 | |
|---|---|---|
| 37 | 主要原材料价格（Main raw-material） | |
| 38 | 员工工资（Iabour cost） | |
| 39 | 电、水、气成本（Power cost） | |
| 40 | 制造费用（Manufacturing cost） | |
| G | **主要原材料供应商（Pre-material suppliers）** | |
| 41 | 主要原材料（Main pre-material） | |
| 42 | 供应商（Supplier） | |
| 43 | 采购价格（Cost） | |
| 44 | 质量保证情况（Quality assurance） | |
| 45 | 质量经理（Quality manager） | |
| 46 | 负责质量保证的员工人数（Employees responsible for quality assurance） | |
| 47 | 有无 ISO 9001 或 ISO 14000 证书（ISO 9001 or ISO 14000 certificate passed） | |
| 48 | 出货前质量合格率（"Quality passed" lever for outgoing quality check） | |
| 49 | 是否有专门处理投诉的小组或部门（"Core team" to deal with the complain） | |
| 50 | 是否使用统计技术，如有，请列出（Any statistic methord used） | |
| H | **主要质量保证设备（Key Equipment for quality check）** | |
| 51 | 设备名（Description） | |
| 52 | 安装日期（Year installed） | |
| 53 | 制造商（Made by） | |
| 54 | 投资金额（Invest amount） | |

续表

| | 供应商资料调查表 | |
|---|---|---|
| 55 | 能力（Capacity） | |
| 56 | 数量（Quantity） | |
| I | **物流（Logistic）** | |
| 57 | 收到订单后多长时间交货（平均）（Average lead time after receive of order） | a. 生产时间（Production date）<br>b. 运输时间（Transportation date） |
| 58 | 发货海港（Shipping port） | |
| 59 | 负责人姓名（Person responsible for） | a. 生产管理（Production control）<br>b. 订单管理（Monitor customer order）<br>c. 出货管理（Monitor delivery） |
| J | **销售（Sales）** | |
| 60 | 销售额（去年）（Turnover previous year） | |
| 61 | 销售额（今年）（Turnover current year） | |
| 62 | 公司名称（Compang name） | 采购产品及数量（Purchase volume） |
| 63 | 主要客户（Main customer） | |

### 7. 潜在供应商背景调查

尽管供应商按照以上表单提供了其基本或详细信息，但其信息的真实性和完整性还需要我们通过其他渠道进一步调查与核实。因为这些表单中通常含有比较重要甚至敏感的信息，所以很多企业不愿意在表单中写真实完整的信息，另外，有些中小型企业为了争取大客户会人为夸大其公司业绩。因此，进一步调查与核实供应商信息尤为重要。

### 8. 与潜在厂商进行基本沟通与洽谈

当完成以上工作后，我们会与潜在供应商在公司信息、产品信息、报价及合作意愿上进行基本的沟通与洽谈。通常是以电话或邮件的形式完成，如果供应商想进行拜访，当面沟通也可以。

9. 初选名单提名

在供应商搜寻过程中完成了报价、基本信息收集、背景调查等工作，在与供应商洽谈后，采购人员会将潜在供应商名单导入初选名单中，以便采购委员会进行讨论。

完成以上步骤，接下来是采购委员会就初选名单进行讨论；产生入围名单，即潜在候选供应商名单；产生最终候选供应商名单。

## 三、新供应商评估工作流程

新供应商的导入（开发与选择）是一个循序渐进的过程，即归因、设定需求及标准、发掘潜在供应商、前期挑选、初级评估、正式评估、正式审核、审核结果评定及供应商选择。这是一个由粗到细、由浅入深、由远及近、由不熟悉到熟悉的过程。

尽管流程对于企业来说非常重要，但没有一种流程是完美且万能的，因为世界上没有两个企业是一模一样的。正是因为每个企业都有区别于其他企业的不同之处，所以我们不能因为企业 A 采用了某种先进的管理方法，而将这种方法照搬到企业 B，以期使 B 企业迅速变得优秀，这显然是违背事物发展规律的，也是不可能的。因此，这里探讨的新供应商评估工作流程并非完美的流程，而是以几家大型跨国公司为背景，结合自身对新供应商评估的理解来展开探讨。

1. 选择合适的供应商进行评估

供应商开发与管理需要企业投入大量的资源（人力、物力），因此供应商开发是有成本的。在这种情况下，采购人员在启动供应商评估团队对供应商进行评估之前，需要对供应商进行初步筛选，筛选出那些具有被评估资质的供应商。这有利于将不具备被评估资质的供应商"提前"识别出来，从而最大限度地节省团队的时间。这项工作通常是由采购部内部讨论完成的。选择的依据是企业自身的现状以及企业对供应商的期望，从供应商报价、基本信息、技术能力、品质管控、交付能力、服务水平、合作意愿等方面进行初步筛选。

2. 新供应商的初步评估（初审）

新供应商评估的本质是一个对新供应商的认知过程，而人们对新事物的认知又是一个循序渐进的过程，即由不认识到认识、由远及近、由粗到细、由浅入深的过程。基于这种逻辑，采购管理实践者逐步总结出新供应商的评估流程，包括评估前的选择、新供应商的初步评估、新供应商的正式评估及审核等环节。在采购管理实践中，一般成熟型企业都是按照这样的流程来评估与审核新供应商，尤其是欧美企业。新供应商的初步评估流程如图3-2所示。

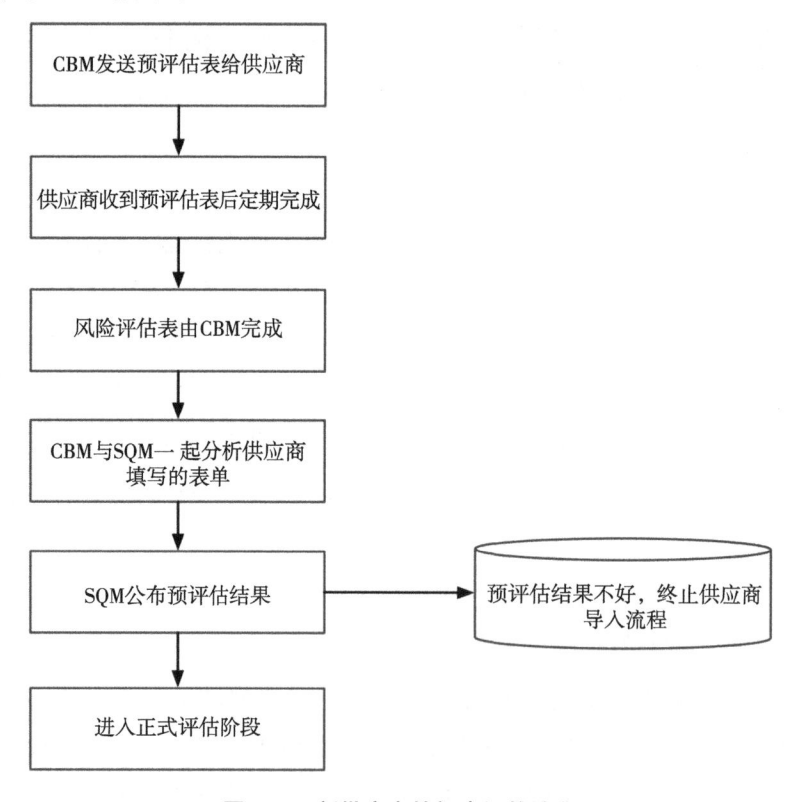

```
┌─────────────────────────┐
│ CBM发送预评估表给供应商 │
└───────────┬─────────────┘
            ↓
┌─────────────────────────┐
│ 供应商收到预评估表后定期完成 │
└───────────┬─────────────┘
            ↓
┌─────────────────────────┐
│ 风险评估表由CBM完成       │
└───────────┬─────────────┘
            ↓
┌─────────────────────────┐
│ CBM与SQM一起分析供应商    │
│ 填写的表单               │
└───────────┬─────────────┘
            ↓
┌─────────────────────────┐      ┌──────────────────┐
│ SQM公布预评估结果         │─────→│ 预评估结果不好，终止供应商 │
└───────────┬─────────────┘      │ 导入流程          │
            ↓                     └──────────────────┘
┌─────────────────────────┐
│ 进入正式评估阶段          │
└─────────────────────────┘
```

图3-2 新供应商的初步评估流程

（1）工作流。

（2）职责划分。明确定义各评估职能部门的责任与义务。

（3）预评估维度。成熟型企业通常会设计一套标准来评估新供应商的能力，这套标准通过评估要素及其所占比重来实现。供应商预评估维度如表3-16所示。

表3-16 供应商预评估维度

| 序号 | 预评估维度 | 描述 | 是否强制 |
|---|---|---|---|
| 1 | 一般性问题 | 比如，需要评估的商品、技术或服务，是否接受我司的文化，等等 | |
| 2 | 成本管理 | 内容包括报价，TCO，是否接受年度降价及降幅，是否提供分解报价，等等 | |
| 3 | 社会责任 | 环境、健康、可持续性发展等 | |
| 4 | 人力资源 | 员工教育、员工离职率等 | |
| 5 | 关键指标 | 企业组织结构图及其员工数量、产值、主要客户等 | |
| 6 | 物流管理 | 供应交付、EDI（电子数据交换）、物流时间、交付时间等 | |
| 7 | 文化认可度 | 是否接受我公司的管理文化等 | |
| 8 | 产品开发流程 | 新产品开发管理 | |
| 9 | 生产制造 | 人、机、料、法、环各个方面的管控流程是否健全 | |
| 10 | 品质 | 品质体系、品质标准、产品良率、客诉处理、企业获得体系等 | |
| 11 | 产品流程控制 | 通过对哪些流程的管控生产出高良率的产品 | |

（4）评估结果分析。一般成熟型的企业都有新供应商预评估表，将相应评估值填入表单中，系统会按照之前设定的公式自动算出评估的分数。通常评估结果有三种，即"通过""不通过""有条件接受"。"通过"和"不通过"两种情况通常比较好处理，通过了就进入正式评估阶段；不通过，立即终止供应商导入流程。最难处理的是"有条件接受"的情况，而这种情况

在实际工作中又是最常见的。流程对于企业的重要性不言而喻，但流程在制定时考虑的往往是最理想的状态，理想与现实往往又存在差距，即在我们开发供应商的过程中很难一下子找到符合标准的厂商，尤其是在为降价而开发供应商的情况下以及一线品牌国产化的项目中。

3. 新供应商的正式评估及审核

如果说供应商初步评估算是初审，那么接下来的正式评估就可以算是对供应商的正式审核。正式审核的团队通常是由品类经理以及供应商质量管理、研发、工艺或工程等职能部门的人员组成，一般由供应商质量管理部门主导，其他部门配合。审核体系一般包括 ISO 9000、ISO 14000、TS 16949、VDA 6.3 等。德系企业通常会用 VDA 6.3 体系来审核新供应商，VDA 6.3 是 VDA 协会编制的第六卷第三部分标准——过程审核。

（1）职责划分。供应商质量管理部门人员是主审，负责主导供应商审核及完成评审报告；品类经理配合供应商质量管理部门的人员完成审核及报告；研发、工艺或工程等部门人员参加审核并给出意见或建议。

（2）正式审核的条件。供应商在进入正式评估及审核之前必须完成供应商基本信息调查表、自评表、预评估表、风险评估表、技术或制程能力测评表等的填报。

（3）实地审核。正式审核一般是对供应商进行实地审核（VDA 6.3），同时对预评估表中的信息和数据进行确认，以确保供应商所提供的信息符合真实情况。

（4）审核工具。每个企业都有一套供应商审核体系及流程文件，因此每个企业的审核表都有所不同，但其本质上是一致的，即防控风险，提高效率。我们不必追求流程在形式上的完美，而应该追求其本质。

（5）审核过程。审核员既要实事求是，又要有一定的灵活性，即具体问题具体分析。企业流程文件如同一个国家的法律，我们要常怀敬畏之心，在严格遵守流程的同时，我们"在一线干活的人"也应该具体情况具体分析，而不是机械地执行流程。流程与制度最终是为企业服务的，如果因此给企业发展带来阻碍，那么就应该对现有流程做出改善，所以很多企业都在学习日本的精益生产精神，即持续改善。

（6）审核结果。供应商质量管理部门组织相关部门完成评估表，并最终发布审核结果。审核结果通常有三种情况，即审核通过、审核不通过及有条件接受（有6个月到1年的改善期）。

## 四、商品验证及承认

商品验证及承认通常有两种情况：一种情况是A供应商已经是企业的合格供应商，当A供应商准备向企业供应新的材料或零部件时，企业品质部门要对新的零部件进行测试、验证及承认；另一种情况是B供应商不是企业的合规供应商，当供应商B想进入企业的合格供应商清单时，必须对其计划供应的商品（原材料或零部件）进行测试、验证及承认。由于本章是围绕新供应商开发展开讨论的，因此这里所谈到的商品验证及承认主要是针对新供应商导入而言的。

1. 商品验证及承认与新供应商导入的关系

在新供应商进入正式审核之前就应该对其样品进行测试及验证，并根据样品验证结果来决定是否要对此供应商进行正式审核。这里结合多家知名外资企业人员的新供应商导入流程以及目前国内一般企业的采购实操，将商品验证及承认总结为以下几种情况。

（1）先样品、后审核。

先样品、后审核是指在进入新供应商正式审核流程之前，采购人员与供应商质量管理人员就对潜在供应商所提供的样品进行工程验证，样品验证结果将作为决定是否对此供应商进行正式审核及导入的一个重要依据。这样做的好处是可以缩短新供应商开发周期，并减少供应商开发成本。新供应商开发需要投入大量人力和时间，而企业的人力和时间就是成本，如果在进入正式审核之前就发现某供应商的商品不符合我公司的要求，就可以立即终止供应商开发，而不是等到花费大量人力和时间进行正式审核之后才发现供应商所提供的样品不达标。这种方式也有其不足的地方，包括权力集中在研发人员或工程师手中，容易滋生腐败；现实采购活动中，工程师常常拒绝测试非合格供应商（NVL）的样品，尤其是需要长时间进行可靠性测试及需要整机测试的器件或材料；等等。

（2）先审核、后样品。

有的企业要求先对供应商进行正式审核，审核通过后才能对其样品进行验证。大型外资企业通常采用这种模式，因为大型外资企业在流程的系统性及细节性方面做得比较好，他们往往在前期的供应商评估中就基本上能判断出某供应商的技术能力能否达到本企业的要求，而且大型企业的人员配备比较齐全。在外资企业看来，供应商审核与样品验证之间没有必然联系，因为他们是真正从体系上对供应商的各个方面进行审核，如果供应商审核通过了但后期样品验证未通过，他们也会对供应商进行辅导，直至样品验证通过。对于这一点，国内民营企业通常做不到。

2.供应商的制程及技术能力的评估方法

供应商的制程及技术能力评估主要采用以下几种方法。

（1）规格书回签。

规格书回签是指在供应商打样之前，客户将所需要的材料或器件的规格书发送给供应商填写。客户的规格书中对其商品的关键参数做了详细要求，供应商应如实填写自家产品的参数及水平并回签给客户，客户再依据实际产品应用来评估供应商所回签的规格书，如果能满足技术参数要求就通知供应商打样。规格书回签是一种非常有效的供应商制程及技术能力的评估方法，可以提前评估或衡量供应商是否具备制造客户所需产品的能力，但同时要求客户提供所需材料或零部件的清晰的规格定义、技术参数及品质标准。对于这一点，很多中小企业无法做到。

（2）类似产品的测试数据或报告。

供应商可以用类似产品的测试数据或报告来证明其制程能力、技术能力。

（3）商品制程能力评估表。

不同的商品应该有不同的制程能力评估表，如五金件与半导体的制程是截然不同的，因此不能用一种通用的模式来评估所有品类的制程能力。

（4）样品测试的文件要求。

不同的商品具有不同的特性，因此对不同的商品进行样品测试所需的文件也有所不同，表 3-17 所示。

表 3-17 样品测试文件清单

| 事项 | 文件清单 | 五金材料 | 塑胶材料 | 电子材料 | 包装材料 | 其他材料 | 备注 |
|---|---|---|---|---|---|---|---|
| 1 | 规格书封面 | Yes | Yes | Yes | Yes | Yes/NA | 买方设定标准格式，内容包括卖方公司名称、地址、送样联系人、部门、样品编号、样品型号等 |
| 2 | 供应商图纸或规格 | Yes/NA | Yes/NA | Yes | Yes/NA | Yes/NA | 主要是指制造商的图纸或规格书 |
| 3 | FAI（首件检验）全尺寸测试报告 | Yes/NA | Yes | Yes/NA | Yes/NA | Yes/NA | 标准元件除外，如标准电子元器件、塑胶粒、有色金属等 |
| 4 | 关键尺寸 CPK（过程能力指数）报告 | Yes/NA | Yes/NA | Yes/NA | Yes/NA | Yes/NA | 图纸中有重要尺寸标识的，买方有明确 CPK 要求的 |
| 5 | ROHS 符合声明书 | Yes | Yes | Yes/NA | Yes | Yes/NA | 卖方需将样品送测拿到 ROHS 报告，标准元件可自行到网上下载 |
| 6 | ROHS 测试报告 | Yes | Yes | Yes | Yes | Yes/NA | 卖方需将样品送测拿到 ROHS 报告，标准元件可自行到网上下载 |
| 7 | 原材料材质证明报告 | Yes | Yes | Yes/NA | NA | Yes/NA | 标准电子元件和未使用化工原料的零件可免除 |
| 8 | MSDS 报告 | NA | Yes/NA | Yes/NA | NA | Yes/NA | 标准电子元件和未使用化工原料的零件可免除 |

续表

| 事项 | 文件清单 | 物料类别 ||||| 备注 |
|---|---|---|---|---|---|---|---|
| | | 五金材料 | 塑胶材料 | 电子材料 | 包装材料 | 其他材料 | |
| 9 | 盐雾测试报告 | Yes/NA | Yes/NA | NA | NA | Yes/NA | 经电镀处理的材料需做盐雾耐腐蚀性测试（含塑胶电镀件） |
| 10 | 焊锡性测试报告 | Yes/NA | NA | Yes/NA | NA | Yes/NA | 涉及焊锡工艺的材料需提交焊锡性测试报告 |
| 11 | 胶黏性测试报告 | NA | NA | NA | Yes/NA | Yes/NA | 视图纸或规格的具体要求提交 |
| 12 | 抗压和戳穿力报告 | NA | NA | NA | Yes/NA | Yes/NA | 视图纸或规格的具体要求提交 |
| 13 | 菲林和切片 | NA | NA | Yes/NA | NA | Yes/NA | 只针对FPC和PCB |
| 14 | 高低温循环测试 | NA | Yes/NA | Yes/NA | NA | Yes/NA | 元件规格中包含高低温循环测试特性要求的（如贴片电子元件等） |
| 15 | 基本特性参数测试 | NA | NA | NA | NA | Yes/NA | 标准电子元件，如电阻、电容、电感、二极管、三极管、IC等，需要提交其主要特性参数的测试报告 |
| 16 | 其他测试报告 | Yes/NA | Yes/NA | Yes/NA | Yes/NA | Yes/NA | 视图纸或规格的具体要求提交 |

注：Yes 需要提交，NA 不适用，Yes/NA 视具体情况决定是否提交
ROHS，有害物质限制，是一种质量要求
MSDS，化学品安全技术说明书

## 五、新供应商开发与选择的全流程

前文详细分析了新供应商开发与选择过程中所考虑的关键点及子流程，将其"串"起来即为新供应商开发与选择的全流程。

1. 需求提出

新供应商导入需求可以由采购工程师提出，也可以由跨职能部门提出，

## 第三章 供应商开发与选择

比如供应链部门、品质部、市场部、研发部等"利益相关者"。

**2. 分析供应商开发的必要性（原因分析）**

当采购部或跨职能部门提出导入新供应商的需求时，我们暂不走新供应商开发流程，而是首先分析他们提出的需求是否合理，即开发供应商的必要性。例如，供应链部门投诉某个供应商的交付太差，于是向采购部提出开发新的供应商以满足生产需要。当出现这种情况时，采购人员应该深入了解造成该供应商 OTD 差的原因，如产能不够，订单 LT 不够，没有预测，实际订单远远大于预测，生产效率低，等等。如果导致供应商 OTD 差的原因不在供应商而在买方自身，那么对于这种情况下提出的新供应商开发需求，采购部可以拒绝，因为如果不解决自身问题，即使开发新的供应商，OTD 差的情况依然存在，这明显没有"对症下药"，所以我们要深入分析开发新供应商的必要性。

**3. 供应商选择标准设定**

选择一个事物的时候，通常需要设定相应的标准，否则靠"感觉"或"拍脑袋"做出的决策通常是不科学的，甚至可能是错误的。供应商选择对于采购管理及企业发展的重要性不言而喻，因此在开发与选择供应商之前我们要设定选择标准。供应商选择标准的设定过程如下。

（1）确定采购主因素。采购因素包括但不限于供应商的合作意愿、价格、质量、交付、创新、技术、服务、社会责任、同行经验等。我们要依据不同的商品类别设定采购主因素，如杠杆型商品侧重于价格，瓶颈型商品侧重于服务，战略型商品侧重于质量和价格，等等。

（2）确定子因素。每个主因素下面会有相应的子因素"支撑"，因此我们需要识别每个主因素下面的子因素。

（3）分配权重。为主因素和子因素分配权重，如表 3-18 所示。

表 3-18 供应商评估权重

| 主因素 | 子因素 | 主因素权重 | 子因素权重 | 得分（5 分制） | 权重得分 | 总分 |
|---|---|---|---|---|---|---|
| 质量体系 | 流程控制系统 | 20 | 5 | 4 | 4.0 | 17.4 |
| | 全面质量保证 | | 8 | 4 | 6.4 | |
| | 每百万零部件的缺陷绩效 | | 7 | 5 | 7.0 | |
| 管理能力 | 管理层与员工的关系 | 10 | 5 | 4 | 4.0 | 8.0 |
| | 管理能力 | | 5 | 4 | 4.0 | |
| 财务状况 | 债务结构 | 10 | 5 | 3 | 3.0 | 7.0 |
| | 周转率 | | 5 | 4 | 4.0 | |
| 成本结构 | 相对于行业的成本 | 15 | 5 | 5 | 5.0 | 14.0 |
| | 对成本的了解 | | 5 | 4 | 4.0 | |
| | 成本控制或降低的成效 | | 5 | 5 | 5.0 | |
| 交付绩效 | 承诺的绩效 | 15 | 5 | 3 | 3.0 | 9.0 |
| | 前置期要求 | | 5 | 3 | 3.0 | |
| | 反应能力 | | 5 | 3 | 3.0 | |
| 技术能力 | 产品创新 | 15 | 5 | 4 | 4.0 | 14.0 |
| | 流程创新 | | 5 | 5 | 5.0 | |
| | 研发 | | 5 | 5 | 5.0 | |
| 信息系统能力 | EDI 技能 | 5 | 3 | 5 | 3.0 | 3.0 |
| | CAD（计算机辅助设计）或 CAM（计算机辅助制造） | | 2 | 0 | 0.0 | |

续表

| 主因素 | 子因素 | 主因素权重 | 子因素权重 | 得分（5分制） | 权重得分 | 总分 |
|--------|--------|------------|------------|----------------|----------|------|
| 一般类别 | 少数供应商的支持 | 10 | 2 | 3 | 1.2 | 8.2 |
| | 环境服从 | | 3 | 5 | 3.0 | |
| | 供应商的供应链管理 | | 5 | 4 | 4.0 | |
| | | | | | 总权重得分 | 80.6 |

（4）为主因素及子因素设定评分系统。

4. 供应商搜寻

前文已详细介绍供应商搜寻的途径、方法及步骤，这里不再赘述。

5. 前期接洽

前期接洽是指正式导入供应商之前与潜在供应商的沟通、询报价、供应商背景调查，甚至一些初步拜访等。这是一个对供应商进行初步了解的过程，经验丰富的采购人员往往只通过一些前期的接触和沟通就能对供应商形成基本的判断，为后续工作收集基础信息和数据。

6. 筛选候选供应商初选名单

从众多的潜在供应商中筛选出 8~10 家供应商作为潜在的候选人，请这些供应商报价、自评，填写基础资料，并对其进行深入的背景调查。

7. 筛选候选供应商入围名单

当候选供应商初选名单确定之后，依据采购战略的总目标、采购手册、供应商导入资格审查、TCO 分析选出 2~3 家供应商放入候选供应商入围名单。放入候选供应商入围名单中的供应商将成为我们重点评估和审核的潜在供应商。

8. 供应商初审及样品验证

对候选供应商入围名单中的供应商进行初审及样品验证。

9. 供应商正式审核

依据以上审核标准对通过初审的供应商进行正式审核。正式审核通常要求供应商质量管理人员带领审核小组（采购、研发、工艺及其他部门人员）到供应商所在基地（工厂）进行实地审核。实地审核是整个供应商开发过程中最重要的一个过程，比如欧洲企业用 VDA 6.3 标准审核供应商，其审核内容包括但不限于供应商的项目管理能力、技术研发能力、工艺制程能力、设备能力、供应链管理能力、财务风险、品质控制能力等。

10. 评估审核结果

供应商审核结果通常有以下三种。

（1）不合格。假定某企业设定的评分标准为 80 分，而实际审核某个供应商的综合得分低于 80 分时，视为不合格。

（2）有条件使用。有时候供应商的审核综合得分十分接近 80 分，比如 78 分或 79 分，针对这种情况，审核小组将情况上报给采购委员会，希望有条件使用。有条件使用是指在一定条件或范围内使用某个供应商，比如由于项目成本的需要决定就某个具体的产品线或项目使用此供应商，而其他产品线不允许使用。

（3）合格。当供应商的综合得分大于 80 分时，视为合格。

11. 持续改善

动因是做任何事情的起点，供应商开发亦是如此。供应商开发原因分析对于供应商开发有两个重要意义：其一，确定开发供应商的必要性，即是否需要开发新供应商；其二，不同的供应商开发原因，评估与选择供应商的侧重点有所不同，从而能更好地开发适合公司目标的供应商。

任何事情都是由某种原因引起的，供应商开发需求的提出也是如此。对于企业内部而言，采购几乎处于整个企业内部供应链的末端，即当出现与供应链绩效相关的问题时，除平台部门以外的其他任何职能部门都可以向采购部门提出要求或需求，当现有供应商无法满足需求时，新供应商开发需求就产生了。

做选择的前提是，知道我们需要什么，供应商的开发与选择亦是如此。其实开发供应商是为了选择，选择供应商时首先考虑的就是我们需要什么，即需求问题。这个环节主要解决两个问题：其一，我们需要什么样的产品，即产品的规格及参数;其二,我们需要什么样的供应商,即价格、质量、交付、服务、技术水平、财务状况、社会责任等采购因素。

## 六、实战中经常出现的问题

新供应商的开发与选择对于企业采购管理有着战略意义,因此它是一项系统性的工作,而非一项事务性的工作。在实际工作中,各种细节问题常常会困扰企业对于供应商的开发与选择。这里结合实际工作情况,对供应商开发与选择工作中常见的问题进行如下总结。

1. 审核流程太严苛,供应商审核通过率低

有些企业的供应商审核流程过于严苛,最终导致的结果是供应商审核通过率低。制定新供应商审核流程的目的在于定义职责、防控风险,但我们不能为了防控风险而人为地"抵制"一切新事物。

2. 审核流程与标准过于"主观",缺乏量化标准

有些企业制定的新供应商审核流程只有大的框架,而缺乏评估细节,最后的结果是同一个指标、同一个现场、同一个评估对象,不同的审核员会打出不同的分值。

3. 审核人员过于"机械","重形式、轻本质"

制造五金、塑胶产品的厂家与制造电子元件的厂家显然是不同的,前者在5S上显然不如后者,因为电子元件与结构件相比本身更加精密、微小,所以对制程环境要求更高。审核人员以同样的标准来审核两个不同类型的厂家就过于"机械"了。

4. 缺乏供应商开发信息与渠道

由于每个企业、每个采购工程师对于供应市场的理解和认知存在差异,有时差异甚至很大,导致对于同一品类供应商的搜寻,不同的人会搜寻出不同的供应商信息,使企业很难看到供应资源的"全貌",从而有可能失去获取"最佳供应商"的机会。

5. 供应商出尔反尔

供应商开发的周期通常比较长,我们常常发现有些供应商缺乏诚信或者

存在管理问题。例如，在前期接洽的过程中，供应商承诺可以按照月结 90 天的付款账期给客户，但当一系列审核工作完成后，供应商反悔了，要求前 6 个月进行预付款。供应商这种出尔反尔的行为常常会影响企业的供应商开发周期。

6. 供应商提供虚假信息

我们常常发现供应商的自评与我们实地审核的结果出入很大，这是因为在早期接洽时供应商提供了一些虚假信息，以获取进一步与企业沟通的机会。

7. 供应商与审核小组成员"内外勾结"

一些企业为"顺利"通过客户的审核常常私下"收买"客户审核小组的关键成员，甚至是整个审核小组，这已经是严重的违规问题。

8. 评估小组专业性不强，无法服众

作为供应商管理团队，评估小组一旦不能做出专业的评估，不仅会导致与供应商合作过程中问题不断，还会引起优秀供应商心理失衡。

9. 评估小组内部意见不一致

在新供应商导入过程中，常常会出现审核小组内部意见不一致的情况，尤其是供应商质量管理部门与采购部门之间容易产生分歧，大家的关注点和立场不同，所以意见不一致。

# EFFECTIVE PROCUREMENT MANAGEMENT

# 卓有成效的
# 采购管理

（下册）

金 兵 著

企业管理出版社
ENTERPRISE MANAGEMENT PUBLISHING HOUSE

## 图书在版编目（CIP）数据

卓有成效的采购管理：上、下册 / 金兵著. -- 北京：企业管理出版社，2025.1

ISBN 978-7-5164-2245-8

Ⅰ.①卓… Ⅱ.①金… Ⅲ.①采购管理 Ⅳ.①F253

中国版本图书馆CIP数据核字（2020）第185689号

| 书　　名： | 卓有成效的采购管理（下册） |
|---|---|
| 书　　号： | ISBN 978-7-5164-2245-8 |
| 作　　者： | 金　兵 |
| 选题策划： | 周灵均 |
| 责任编辑： | 陈　戈　周灵均 |
| 出版发行： | 企业管理出版社 |
| 经　　销： | 新华书店 |
| 地　　址： | 北京市海淀区紫竹院南路17号　邮　编：100048 |
| 网　　址： | http://www.emph.cn　电子信箱：2508978735@qq.com |
| 电　　话： | 编辑部（010）68701408　发行部（010）68417763 |
| 印　　刷： | 北京厚诚则铭印刷科技有限公司 |
| 版　　次： | 2025年1月第1版 |
| 印　　次： | 2025年1月第1次印刷 |
| 开　　本： | 710mm×1000mm　1/16 |
| 印　　张： | 19 |
| 字　　数： | 290千字 |
| 定　　价： | 138.00元（全二册） |

版权所有　翻印必究·印装有误　负责调换

| 目录 |

下　册

**第四章　采购成本管理** 201
 **第一节　正确理解价格与成本** 204
  一、价格 204
  二、成本 205
  三、从供应链的角度看价格与成本的关系 209
  四、与采购相关的价格与成本 212
 **第二节　价格在整个采购活动中的角色及作用** 216
  一、价格在采购活动中的角色 216
  二、价格在采购活动中的作用 216
  三、价格与各关键采购职能的关系 219
 **第三节　供应商定价模型** 222
  一、基于成本的定价模型 222
  二、基于市场的定价模型 224
  三、基于竞争的定价模型 226
 **第四节　采购活动中的询报价及其过程管理** 227
  一、谁负责报价 228
  二、何时需要询价 230
  三、询价时需要准备哪些资料 231
  四、常用的报价方法 233

五、影响供应商报价的因素 …………………………………… 237

　　　六、报价分析 ……………………………………………………… 250

　　　七、如何有效地议价 …………………………………………… 271

　　　八、报价应遵循的原则 ………………………………………… 277

　第五节　电子行业中常见的商品（物料）成本模型 ………… 280

　　　一、印刷线路板的成本模型 …………………………………… 280

　　　二、集成电路器件的成本模型 ………………………………… 297

　　　三、小结 …………………………………………………………… 309

　第六节　采购如何进行有效的价格管理 …………………………… 310

　　　一、建立科学的商品价格数据库 ……………………………… 310

　　　二、设定合理的基准价格 ……………………………………… 312

　　　三、标杆分析 ……………………………………………………… 313

　　　四、运用价差管理工具 ………………………………………… 314

　　　五、建立严谨、科学的核价流程 ……………………………… 315

　　　六、建立供应商档案与准入制度 ……………………………… 317

　　　七、运用 TCO 分析 ……………………………………………… 317

　　　八、建立价格成本模型 ………………………………………… 318

　　　九、建立成本考核机制 ………………………………………… 318

　　　十、应该成本 ……………………………………………………… 318

　　　十一、定期进行商品供应市场研究及分析 ………………… 320

　　　十二、建立价格复查或审计流程 ……………………………… 320

## 第五章　采购战略制定 …………………………………………… 321

　第一节　从 5W1H 的角度理解采购战略 ………………………… 324

　　　一、什么是采购战略 …………………………………………… 324

　　　二、为什么要制定采购战略 …………………………………… 327

# 目 录

　　　　三、谁来制定采购战略 ················· 328

　　　　四、什么时候制定采购战略 ············· 328

　　　　五、如何制定采购战略 ················· 329

　　第二节　采购支出分析 ······················ 332

　　　　一、为什么要进行采购支出分析 ········· 332

　　　　二、商品分类 ························· 333

　　　　三、如何进行采购支出分析 ············· 334

　　　　四、采购支出分析案例 ················· 338

　　第三节　供应商分类及整合 ·················· 355

　　　　一、供应商分类 ······················· 355

　　　　二、供应商分类举例 ··················· 362

　　　　三、供应商整合 ······················· 368

　　第四节　商品采购策略的制定 ················ 384

　　　　一、如何制定商品采购策略 ············· 384

　　　　二、商品采购策略制定步骤 ············· 392

　　第五节　降本策略及方法 ···················· 392

　　　　一、影响企业物料成本的具体因素 ······· 394

　　　　二、企业常用的降本方法 ··············· 396

　　第六节　战略性改善产品交付绩效 ············ 411

　　　　一、多品种、小批量产品交付绩效差的原因 ·· 412

　　　　二、如何改善产品交付绩效 ············· 414

　　第七节　物料供应风险预估 ·················· 418

## 第六章　电子元器件及其供应市场 ············ 419

　　第一节　采购人员应该学习的商品基础知识 ···· 422

　　　　一、采购人员为什么要学习商品知识 ····· 422

二、采购人员该如何学习商品知识 …………………………… 426
　　三、电子元器件基本知识介绍——以电容为例 ……………… 428
　　四、电子元器件命名规则 ……………………………………… 436
　　五、常用封装介绍 ……………………………………………… 439
第二节　电子元器件的供应市场 …………………………………… 442
　　一、收集电子元器件制造商及其代理商清单 ………………… 442
　　二、电子元器件供应格局 ……………………………………… 457
第三节　电子元器件分销行业 ……………………………………… 469
　　一、电子元器件分销商 ………………………………………… 469
　　二、电子元器件代理商行业现状及趋势 ……………………… 470
　　三、熟知电子元器件代理市场对于采购工作的意义 ………… 479
第四节　通用电子元器件供应市场的特点、现状及发展趋势 … 484
　　一、行业并购加剧 ……………………………………………… 484
　　二、市场供应格局决定市场供应状况 ………………………… 492
　　三、国内电子元器件电商的兴起 ……………………………… 492
　　四、国际大厂调整代理商数量 ………………………………… 496
　　五、国产电子元器件替代国际一线品牌成为必然趋势 …… 496

# 第四章 采购成本管理

## 第四章　采购成本管理

企业竞争战略可以归结为三种，即低成本战略、差异化战略与利基市场战略（又称"缝隙市场战略"，即定位于满足特殊人群需求的市场战略）。

——哈佛商学院著名教授　迈克尔·波特

**导读**　从迈克尔·波特教授的论断中我们可以看到，低成本战略是企业获取与加强竞争力的一种重要途径。从经济学的角度来看，市场形态通常分为完全自由竞争、完全垄断、垄断竞争及寡头垄断。低成本战略并非适用所有的市场形态，但其在竞争性的市场中（自由竞争、垄断竞争）一定会发生作用。在电子行业中，市场主要有自由竞争、垄断竞争及寡头垄断三种形态，因此从理论上我们可以推出，在电子行业中低成本战略是企业获取与加强竞争力的重要"武器"。另外，在经济活动实践中，这一竞争战略也被很多实践活动证明是行之有效的。例如，通信设备厂商华为早期就是依靠低成本战略占领市场，从而迫使其当时的强劲竞争对手诺基亚、阿尔卡特、西门子退避三舍；手机行业的后起之秀小米科技也是靠低成本战略"发家"，从一个名不见经传的小企业发展到排名国内前四、全球前五的手机厂商；PC机厂商戴尔当年通过直销模式在个人计算机行业取得巨大成功，其直销的本质还是低成本战略，因为直销模式去掉中间商，使终端消费者可以用更少的钱买到同质量或高质量的计算机；沃尔玛采用的"天天平价"策略使其在电商兴起之前连续数年居世界500强企业之首。这样的例子不胜枚举。因此，无论是从理论上还是实践中，我们都可以看到如果低成本战略运用得当，会极大地增强企业的竞争力，尤其是在企业进入某个行业的早期阶段。

低成本优势并非低价格，低成本是指客户获取同等价值的商品或服务而花费更少的钱（成本）。那么，企业如何获得可持续性的低成本优势呢？如前文所述，对于大部分（80%以上）电子制造企业而言，尤其是生产成品或半成品的企业，其原材料成本占企业营业收入的比例至少在50%以上。因此，对于一般电子制造企业，要想获取低成本，企业必须将主要精力放在材料供应领域，而材料供应恰恰是战略采购的职责。由此可见，企业要想获取低成本优势离不开优秀的采购管理。当然，我们并非要夸大采购管理对于企业获取竞争优势的作用，影响企业成本的因素还包括产品研发与设计端、产品生产与制造端、厂房土地等投入要素。

从前文中我们了解到成本管控对于企业的重要性，具体到采购工作，即价格与成本贯穿整个P2P过程的每个环节。例如，需求确认阶段我们会依据市场端对产品本身的定位提出需求，产品定位环节最重要的就是产品价格定位；器件选型是依据元器件性能与价格做性价比分析，从而挑选性价比高的元器件；供应商开发过程中，供应商的报价与成本分析是一个很重要的环节；在供应商选择环节，价格几乎是决定性因素；在采购战略规划及实施环节，价格也是关键因素；在订单下达与对账环节，价格更是重要因素。

价格与成本对于企业具有重要的战略意义，并在采购活动各个环节中"如影随形"，每位采购人员都应该全方位、多视角地对商品采购价格管理及其成本控制进行深度思考。接下来就价格与成本的定义，价格在采购活动中的作用，供应商定价模型，采购报价，影响供应商报价的因素，如何建立有效的价格管理系统，商品成本模型，如何有效地控制成本多个方面展开探讨。

## 第一节 正确理解价格与成本

尽管采购人员每天都会接触到价格与成本，但并不是每个人都清楚价格与成本的含义，接下来将阐述价格与成本的含义。

### 一、价格

关于价格，不同的学者给出了不同的定义，以下是几种常见的价格定义。

（1）莱森和法灵顿。价格就是用标准货币单位计量的商品或服务的价值。

换言之，价格就是供应商供应商品或服务所收取的费用。

（2）维基百科。价格是货币的表现形式。对商品而言，价格是指每一单位商品所需要的货币数量。

（3）百度百科。价格是商品同货币交换时每一单位商品所需要的货币数量。

（4）马克思主义经济学。价格是商品内在价值的外在体现。

（5）西方经济学。价格是商品同货币交换比例的指数，或者说价格是价值的货币表现，是商品的交换价值在流通过程中的转化形式，是一项以货币为表现形式，为商品、服务及资产所确立的价值数字。

尽管以上定义的表述方式有所差异，但究其本质，这些价格定义是一致的，即对商品而言，价格是指购买每一单位商品所需要的货币数量。

## 二、成本

### （一）成本的定义

常见的成本定义有以下几种。

（1）成本是生产和销售一定种类与数量的产品耗费的资源用货币计量的经济价值。企业进行产品生产需要消耗生产资料和劳动力，这些消耗在成本中用货币计量就表现为材料费用、折旧费用、工资费用等。企业的经营活动不仅包括生产活动，也包括销售活动，因此管理生产所发生的费用以及在销售活动中所发生的费用都应计入成本。

（2）成本是为取得物质资源所需付出的经济价值。企业为进行生产经营活动，购置各种生产资料或采购商品而支付的价款和费用，就是购置成本或采购成本。随着生产经营活动的不断进行，这些成本就转化为生产成本和销售成本。

（3）成本是为达到一定目的而付出或应付出资源的价值牺牲，它可以用货币来计量。

（4）成本是为达到一种目的而放弃另一种目的所牺牲的经济价值。

（5）中国成本协会（CCA）发布的《成本管理体系　术语》（CCA2101：

2005）第 2.1.1 条中对成本术语的定义："为过程增值或结果有效已付出或应付出的资源代价。"

（6）美国会计学会（AAA）所属的"成本与标准委员会"将成本定义为"为了达到特定目的而发生或未发生的价值牺牲"，它可以用货币来衡量。

（7）成本是指生产活动中所使用的生产要素的价格成本的构成，也称"生产费用"。

**（二）成本的分类**

在企业运营中，成本无时无处不在。财务部门和采购部门是与企业成本有直接联系且对其影响最大的两个职能部门，但财务部门对企业成本的影响在"事后"，采购部门对企业成本的影响在"事前"，从这个角度来讲，采购活动对企业成本的影响超过其他一切职能部门。正因如此，成本分析及管控才成为采购工作的重中之重。因此，是否具备成本分析能力是衡量采购人员专业素养的一项重要指标。接下来以实体制造业为载体，来探讨成本的构成。

（1）直接材料成本。

直接材料成本是指生产中所使用的原材料及零部件的成本，其形态和成本可追溯到最终产成品中。直接材料既可以自制，也可以外购，但对于一般的企业而言几乎都是外购。品类采购管理者主要是围绕企业直接材料展开工作，非生产性物料及成品类别采购不在此范畴。

（2）直接人工成本。

直接人工成本是指员工工资和其他薪酬费用，其劳动可以追溯到最终产成品中。这里所说的员工是指生产线上的一线作业员工，不包括管理人员、工程师、财务人员等。

（3）间接材料成本。

间接材料成本是指不构成产成品实体的工厂物料，以及构成产成品但很难将其成本追溯到产成品中的物料的成本。例如，PCB 或 FPC 生产过程中用到的辅料（模切、酚醛板）不会在最终产成品中出现，SMT 生产过程中用到的一些耗材（锡膏、松香水）的成本很难直接追溯到产成品中。

（4）制造成本（加工成本）。

直接制造成本与间接制造成本的总和就是制造成本。

（5）直接制造成本。

直接材料成本与直接人工成本的总和就是直接制造成本。

（6）间接制造成本。

除去直接制造成本以外的制造成本就是间接制造成本，包括间接材料成本、间接人工成本、场地费、机器设备折旧及保养费、满足有关监管要求的费用等。间接制造成本又称"制造费用"。间接制造成本通常以整体形式出现而不是被核算为单位产品的费用，但精细化成本管理通常希望得到单位产品的成本信息，在这种情况下通常将制造费用按一定比例分摊到单位产品中。

（7）主要成本。

主要成本是指产品或服务在生产或服务过程中所消耗的直接材料成本和直接人工成本（直接制造成本）。

（8）产品成本。

产品成本是指购买或生产存货的成本。

（9）固定成本。

固定成本又称"不变成本"，是指成本总额不因产品的产出数量变化而变化的那部分成本和费用。比如，产品的模具成本是固定的，不会因为生产10个产品或100个产品而导致模具成本的变化。固定成本还包括管理人员和行政人员的薪金、财产税、租金和租赁费以及各种类型的保险费等。

（10）变动成本。

变动成本又称"可变成本"，是指成本总额会随着产品产出数量的变化而变化的那部分成本和费用。比如，直接材料、直接人工都属于变动成本。

（11）机会成本。

机会成本是指企业为从事某项经营活动而放弃从事另一项经营活动的机会，或利用一定资源获得某种收入时所放弃的另一种收入。另一项经营活动应取得的收益或另一种收入，即为正在从事的经营活动的机会成本。无论是企业还是个人都不愿意放弃机会成本高的机会，因此在制造业中几乎所有厂商都喜欢型号少但单体量大的订单，而不喜欢型号多且单体量少的订单。

（12）沉没成本。

沉没成本是指已经发生且不会因为未来行动而有所改变的成本。对企业来说，沉没成本是企业在以前的经营活动中已经支付现金，在经营期间摊入成本费用的支出。因此，固定资产、无形资产、递延资产等均属于企业的沉没成本。从成本的可追溯性来说，沉没成本可以是直接成本，也可以是间接成本。沉没成本如果可追溯到个别产品或部门则属于直接成本，如果由几个产品或部门共同引起则属于间接成本。从成本的形态来看，沉没成本可以是固定成本，也可以是变动成本。企业在撤销某个部门或停止某种产品的生产时，沉没成本中通常既包括机器设备等固定成本，也包括原材料、零部件等变动成本。通常情况下，固定成本比变动成本更容易沉没。从数量角度来看，沉没成本可以是整体成本，也可以是部分成本。例如，中途弃用的机器设备，如果能变卖出售获得部分价值，那么其账面价值不会全部沉没，只有变现价值低于账面价值的部分才是沉没成本。

（13）付现成本。

付现成本常用来描述尚未发生且在各种可能的行动方案中会有改变的成本，付现成本是相对于沉没成本而言的。

（14）总拥有成本。

总拥有成本（TCO），是指买方在评估采购建议或供应商绩效时识别并估计标准单价、运输和加工成本以外的其他成本。一般将 TCO 定义为与产品、服务或固定设备相关，并在将来产生的所有成本现值。TCO 方法是采购工作中常用的评估供应商报价的一种有效的工具和成本分析方法，其本质是全生命周期成本，即它不仅关注供应商的报价，还关注付款条件、账期、运输方式等影响企业购买某一商品的实际费用支出的各种因素，将除价格以外的其他成本或费用用统一算法算出 TCO，然后进行比较。后文将深入而具体地探讨 TCO。

（15）显性成本。

显性成本是指厂商在生产要素市场上购买或租用所需要的生产要素的实

际支出，即企业支付给企业以外的经济资源所有者的货币额，如支付的生产费用、工资费用、市场营销费用等，因而它是有形的成本。

（16）隐性成本。

隐性成本是指厂商自己所拥有的、被用于企业生产过程的生产要素的总价格，是一种隐藏于企业总成本之中、游离于财务审计监督之外的成本。隐性成本是由于企业或员工的行为而有意或者无意造成的具有一定隐蔽性的将来成本和转移成本，是成本的将来时态和转嫁的成本形态的总和，如管理层决策失误带来的巨额成本增加，领导的权威失灵造成的上下行动不一致而产生的成本，信息和指令失真导致的成本增加，效率低下导致的成本增加，等等。相对于显性成本来说，隐性成本具有较强的隐蔽性，且难以避免，不易量化。

## 三、从供应链的角度看价格与成本的关系

### （一）LED 灯具的价值链

铜线厂家、电感厂家、LED 驱动模块、LED 灯具厂家、灯具一级经销商构成了 LED 灯具的价值链，如图 4-1 所示。

```
铜线厂家 ($6520) → 电感厂家 ($0.03) → LED驱动模块 ($0.4662) → LED灯具厂家 ($1.4634) → 灯具一级经销商 ($2.05)
```

图 4-1　LED 灯具的价值链

1. 铜线的价格构成

由于铜线的材料构成就是铜，因此其价格取决于市场铜价，通常铜线厂商会在市场铜价基础上加 10% 的加工费作为铜线的价格。

2. 电感的价格构成

工字电感的产品结构较为简单，其直接材料主要由"铜线+磁芯+骨架"构成。由表 4-1 中普通工字电感的价格构成可以看出，铜线占整个电感售价的比例最高，因此铜线购买价格对电感的售价有直接影响。比如，铜线厂家出售铜线给电感厂家时的价格为 6520 美元/吨，铜线厂家的售价对于

电感厂家来讲是采购价格，因此当买卖双方发生交易时，单位商品价值的货币表现形式就是价格，即铜线价格为 0.006 5 美元/克。当电感厂家需要分析电感的价格构成时，0.006 5 美元/克就不再称为"价格"，而称作"直接材料成本"。

表 4-1 工字电感的价格构成

| 序号 | 成本科目 | 规格 | 单位 | 用量 | 材料单价（美元/克） | 成本（美元/克） | 售价占比（%） |
|---|---|---|---|---|---|---|---|
| 1 | 铜线 | 2UEW-F ∮ 0.23mm | 克 | 2.6 | 0.006 5 | 0.016 9 | 48.70 |
| 2 | 磁芯 | EE13 PC40 | 个 | 1 | 0.008 3 | 0.008 3 | 23.92 |
| 3 | 人工成本 |  |  |  | 0.000 0 | 0.003 8 | 10.95 |
| 4 | 骨架 | EE13 T375J | 个 | 1 | 0.002 6 | 0.002 6 | 7.49 |
| 5 | 其他 | 清漆 BC-346A |  | 0.2 | 0.003 0 | 0.000 6 | 1.73 |
|  | 毛利润 |  |  |  | 0.000 0 | 0.002 5 | 7.20 |
|  | 电感产品出厂价 |  |  |  |  | 0.034 7 |  |

3. LED 驱动模块的价格构成

当 LED 驱动模块厂商（电源）需要制造 LED 驱动时就必须找电感厂商买电感。同理，当 LED 电源厂家找电感厂家购买电感时，购买价格 0.0347 美元/个对于交易双方来讲是价格，但当电源厂家核算电源模块的成本时，0.0347 美元/个就属于直接材料成本，如表 4-2 所示。

表 4-2 LED 驱动模组的价格构成

| 序号 | 成本科目 | 成本（美元） | 售价占比（%） |
|---|---|---|---|
| 1 | 电子料 | 0.265 1 | 57.23 |

续表

| 序号 | 成本科目 | 成本（美元） | 售价占比（%） |
|---|---|---|---|
| 2 | PCB | 0.047 8 | 10.32 |
| 3 | 包装材料 | 0.008 4 | 1.81 |
| 4 | 组装成本 | 0.075 6 | 16.32 |
| 毛利润 | | 0.060 0 | 12.95 |
| 物流 | | 0.006 3 | 1.36 |
| LED 驱动模组出厂价 | | 0.463 2 | |

4. 小功率 LED 灯具的价格构成

当 LED 灯具厂采购 LED 驱动模组时，0.4632 美元/个是采购价格，当灯具厂对灯具进行成本核算时，0.4632 美元/个为直接材料成本，如表 4-3 所示。

表 4-3 小功率 LED 灯具的价格构成

| 序号 | 成本科目 | 成本（美元） | 售价占比（%） |
|---|---|---|---|
| 1 | LED 驱动模组 | 0.463 2 | 31.66 |
| 2 | LED 光源 | 0.200 0 | 13.67 |
| 3 | 结构件 | 0.280 0 | 19.14 |
| 4 | 组装成本 | 0.220 0 | 15.04 |
| 毛利润 | | 0.300 0 | 20.50 |
| 小功率 LED 灯具出厂价 | | 1.463 2 | |

（二）价格与成本的关系

根据上述分析，对价格与成本的关系做如下总结。

（1）产成品价格 = 成本（直接材料费用 + 直接人工费用 + 制造费用 + 管

销费用+财务费用）+利润+税。由公式可以看到，对于企业内部而言，成本是产品价格的一部分，或者说价格由成本组成。按照市场经济规律，几乎不存在不追求利润的企业，有些企业短期内可以不要利润但不可能长期不要利润，企业没有利润就无法生存，一些特殊性质的组织及上市公司除外。

（2）从供应链的角度来看，单位产成品材料成本（直接材料成本+间接材料成本）=原材料（元器件）价格×用量（如一个PCBA板用一颗MCU〈微控制、单片机〉或20颗ESD〈静电释放〉管），因此上游供应企业的商品价格决定了下游企业的产品材料成本。

（3）价格一定是在发生交易时产生，因此价格是动态的概念；当某种交易发生后就会产生成本，因此成本是静态的概念。

## 四、与采购相关的价格与成本

成本分析是采购人员应该学习和掌握的一项重要技能，我们常常听到"成本控制""采购成本"等与成本相关的术语，有很多人并未真正理解这些术语，接下来我们简单探讨一下。

1. 价格分析

价格分析是指在没有供应商成本信息的前提下，对多家供应商报价进行比较的过程。价格分析仅关注供应商的报价，而很少或几乎不考虑价格的构成要素。

2. 成本分析

成本分析是指对形成最终价格的所有成本构成要素（物料、劳动时间和工资率、管理费用、利润等）的分析过程。成本分析过程就是对供应商提供的分解报价（成本因素）进行逐项查证，以判断其合理性与真实性的过程。

3. 降低产品成本

产成品总成本=直接材料成本+直接人工成本+制造费用+管销费用+财务费用+其他，因此降低产品成本的途径包括但不限于从设计的角度（如零部件标准化，优化设计方案减少多余零件，采用通用性设计）降低产品成本，价值工程法（优化生产或制造工艺以节省制造费用），降低材料成本，机器替代人工从而减少工人成本，等等。

4. 降低原材料成本

原材料成本，即元器件成本。材料成本主要由材料单价构成，因此要想降低材料成本就需要降低材料购买价格，材料包括直接材料与间接材料。减少材料用量或减少物料编码（合并）也是降低材料成本的有效途径，但这项工作通常需要研发与工程部门主导，采购部门辅助。

5. 采购降本

企业常常要求采购降本，其实就是指降低材料成本，即材料价格。

6. 采购降价

降低商品的采购价格，包括但不限于原材料、半成品、产成品及其他商品等。

7. 总成本

总成本是指企业生产某单位产品所需要投入的所有资源以货币形式表现出来的数值。总成本＝研发成本＋材料成本＋制造费用＋仓储费用＋运输费用＋报关报检费用＋交易成本＋税＋其他费用。

8. 采购成本

对于采购成本，不同的人有不同的理解。有人将其理解为采购物料的成本（价格），即材料成本；有人将其理解成企业为了完成某项或某些采购活动而需要支出的费用或开支。这两种理解都是对的。第一种理解将"采购"理解成一个名词，即"采购＝采购的物料"；第二种理解将"采购"理解为一个动词，即"采购＝采购活动"。汉语中通常一个词既是名词，也是动词，这与英语有很大的差别。如果我们按照英语的思维来理解，第一种理解对应的应该是"采购物料成本"，就是物料成本而非采购成本；第二种理解是为了表达采购活动所耗费的支出，应该表述为"采购交易的成本"。本书中多是按照第二种理解来阐述采购成本的。

在外资企业每个部门都有一个成本中心,用来追踪各个部门除生产性费用以外的一切费用及开支,这样就可以追踪企业的管理费用及其他间接成本,采购部也不例外。开发供应商所产生的差旅费以及时间、人力、执行采购的订单管理等都是有成本的。从这个角度来讲,采购的成本就是除购买物料(原材料、零部件、机器设备等)的费用以外的其他所有费用与支出,用公式表示就是"采购成本=采购总支出–材料总支出"。

采购成本的构成,如表4-4所示。

表4-4 采购成本构成

| 序号 | 成本大类 | 成本科目 | 描述说明 |
| --- | --- | --- | --- |
| 1 | 材料维持成本 | 维持费用 | 是指企业为了维持存货所需要投入的资金,是一种机会成本。如果这笔资金不用来维持存货而用来投资,投资所得就是一笔很大的维持成本 |
| | | 搬运支出 | 货物的搬运需要用到一定的人力、物力及机器,而这些都有成本 |
| | | 仓储成本 | 是指仓库的租金及管理、设施维护等费用 |
| | | 折旧及坏损 | 存货放在仓库里时间久了容易变质、破损、丢失等,而这些会导致企业成本的增加 |
| | | 其他支出 | 存货的保险及其他费用 |
| 2 | 采购管理成本 | 请购费用 | 通常是指在中小企业中,每一笔订单都要总经理签批,为了准备订单及订单签批过程中所耗费的人力、物力(纸张) |
| | | 采购成本 | 战略采购在开发新供应商、询报价、打样、供应商实地审核等工作中,常常会有一些费用产生 |
| | | 进货验收成本 | 购买的物料都要经过来料检验(IQC),检验涉及人员、仪器、化验室等 |
| | | 进库成本 | 物料入库需要人力成本 |
| | | 其他成本 | 其他 |

续表

| 序号 | 成本大类 | 成本科目 | 描述说明 |
|---|---|---|---|
| 3 | 采购不当导致的间接成本 | 采购过早及其管理成本 | 有时为了满足客户紧急订单需求或依据客户预估提前下订单给厂商，经常会发生客户中途取消订单或减少订单数量的情况，这样就导致产生呆料及前期的"无用功"成本 |
| | | 安全存货及其成本 | 电子行业中的半导体器件采购前置期（LT）通常很长，这样一来，企业为满足客户及时交付的要求，会进行安全库存备货。安全库存是一把"双刃剑"，用好了就是"天堂"，用不好就是"地狱"，会让企业蒙受巨大的经济损失，这些损失都是成本 |
| | | 延期交货及其成本 | 延期交货可能会导致客户将订单转走，也可能导致客户要求企业花高价调货，这两种情况都会增加企业的成本 |
| | | 失销成本 | 一些客户允许延期交货，但有些客户会转向其他企业。在这种情况下，缺货会导致失销，给企业带来的直接损失是这种货物的利润损失。除了利润的损失，还应该包括当初负责这笔业务的销售人员的人力、精力等机会成本。另外，由于无法及时供货，就不能估算客户预期订单会有多少，这一部分也是公司的损失 |
| | | 失去客户的成本 | 由于缺货而失去客户，使客户转向另一家企业。如果失去了客户，也就失去了相应的营业收入，这种缺货造成的损失很难估计。除了本身应该有的利润损失，还有由于缺货造成的信誉损失。信誉很难度量，因此在采购成本控制中常被忽略，但它对未来销售及客户经营是非常重要的 |

表4-4中列示的三类采购成本，与采购活动及采购战略直接相关的只有采购管理成本。采购管理成本是指不同企业采用不同采购管理体系及工具所带来的采购成本上的差异。比如，同样是管理10亿元的采购额，如果一家企业采取手工下订单及催料的方式跟进采购活动，那么可能需要招聘50个采购员；如果企业招聘一名资深ERP软件工程师，将企业订单全部电子化（采购员不用自己下订单，依据系统生成的采购需求自动生成订单并发送到供应商端），那么可能只需要招聘10个采购员。这样一来，就大大降低了采购

215

管理成本。在上述三类成本中，其他两类成本多属于机会成本和沉没成本。比如，仓储物流等成本，企业会将其计入企业所销售的产品中，而不会自己为此买单。延期或失去客户的机会成本，是很难量化并找到精确的责任人的，延期或失去客户并非只与采购部门有关，而是与所有营运部门都有关，我们不能把"账"全部算到采购部门身上。搬运、维持成本及一些人工成本，会计入企业所销售的产品中。由于工人在岗 8 小时以内的劳动时间都已经归企业所有，无论他们是否劳动，企业都得付其薪水，因此这些成本亦是沉没成本。

## 第二节 价格在整个采购活动中的角色及作用

采购活动的本质是买卖双方实现价值交换（各取所需），而价格的本质是单位商品价值的货币表现形式。毫无疑问，当今世界贸易或国内贸易结算的主要工具是货币而非其他，以物易物及其他结算工具少之又少。由此可见，要想实现价值交换，即完成采购活动，离不开价格。下面所谈到的价格均是指商品的采购价格。

### 一、价格在采购活动中的角色

角色是指某项事物在某个组织或活动中的位置，这里谈到的价格在采购中的角色其实就是价格在采购活动中的位置。如果将位置划分为中心位置、次中心位置及边缘位置，那么价格在采购活动中毫无疑问是处于中心位置，因为价格贯穿整个采购活动的始终，而且价格是我们进行采购决策的重要依据。

### 二、价格在采购活动中的作用

价格在采购活动中有以下几种作用。

（1）价格是完成采购活动的必要条件。

采购活动的本质是买卖双方实现价值交换的过程，即卖方向买方提供商品、技术或服务（技术或服务也可以算作一种商品），买方向卖方支付货款，最终买卖双方的需求得以实现（各取所需）。价格的本质是单位商品价值的货币表现形式，或者是以货币数量呈现单位商品的价值。因此，卖方向买方提供商品，买方就必须向卖方提供等同商品价值的货币，而货币总额就等于单位商品价值的货币乘以商品数量。由此可见，我们要想完成任何一项采购活动或者商品交易都必须有价格，否则就无法计算货币总额，没有货币总额，商品交易（贸易）将无法完成。

实际采购过程亦是如此，有谁见过买卖双方达成交易是没有价格的？没有价格的"交易"不算交易，只能算是赠送，赠送与商品交易是两码事。因此，可以说价格是完成采购活动的必要条件。

（2）价格伴随采购活动的始终。

整个 P2P 过程随处可见价格的"影子"。从最早的需求定义开始，产品经理就是依据前端市场营销人员的市场定位来完成产品需求文档（Product Requirement Document，PRD）。市场定位中一个很重要的领域就是价格定位，因此在产品开发初期，价格就出现了。当产品价格目标设定完成之后，接下来产品开发过程中的一切活动都会围绕价格目标进行。例如，原材料及器件的选型需要依据价格来做出选择；人力成本要依据当地工资来核算，工资其实就是人力资源的价格；其他物流、设备、厂房、租金等一切生产要素的成本都是依据其市场价格核算的；当需要开发新供应商时，价格是影响潜在供应商选择的一个重要因素；报价工作毫无疑问就是处理价格问题；订单上最主要的信息就是产品规格、价格及数量等。一切采购活动都离不开价格。

（3）价格是做出一切采购决策的重要依据（无形之手）。

从经济学的角度来看，社会资源配置的调节方式主要有三种，即以政府计划为主导的计划经济体制、以市场为主导的市场经济体制、政府宏观调控与市场经济相结合的混合制经济。实践证明，市场经济体制是最有效率的资源配置方式。尽管混合制经济有政府宏观调控的成分，但政府不能以行政手段直接干预市场和经济。

市场经济的特征之一正如古典经济学派的创始人亚当·斯密所论述的，市场就像一只"看不见的手"，在价格机制、供求机制及竞争机制的相互作用下，推动生产者和消费者各自做出决策。

采购活动本身就是一项经济活动，因此它应该具备经济活动的所有特征。比如，采购活动的首要任务就是解决物料供应问题，而要解决物料供应问题，首先要知道企业的需求是什么，因此需求与供应管理成为采购的第一任务，其他一切采购活动都是为解决需求与供应问题而衍生出来的。就具体的采购工作而言，无论是供应商的开发与选择、采购战略的制定与实施，还是供应商关系管理等采购核心工作，在我们做决策时都必须考虑价格因素，有些中小企业的管理者甚至是"唯价格论"者，即单价决定一切。单价决定一切显然是粗放式的管理，价格并非单价，科学合理的采购应该是看商品的综合价格（也可以算是TCO），而非只看商品单价，如果两家供应商所供应的商品质量与性能不在同一个层次上，其价格是没有可比性的。

（4）价格是控制成本的核心。

前文已有分析，在制造行业中尤其是电子制造业中，材料成本占企业营业收入的比重在50%以上，占企业总成本的70%~80%，因此通常情况下，如果一个企业能控制好材料成本，基本上就能控制好整个企业的总成本，或者说企业产品成本的竞争力在很大程度上取决于企业材料成本的竞争力。单位产品材料成本 = 材料价格 × 材料用量，也就是说，单位材料成本取决于材料价格和材料用量两个因素，材料用量取决于研发和工程，而传统成熟电子产品的设计方案差异不大，所以产品材料成本在很大程度上取决于材料价格。因此我们说，价格是控制成本的核心。另外，在实际采购工作中，尽管采购岗位有很多KPI考核及工作职责，但实际上企业从上至下最关心的依然是降价，而且我们在具体采购工作中也是在降价与成本管控上花费的精力最多，尤其是在竞争激烈的消费电子行业。

（5）价格是采购工作的核心。

人们在读书看报时都会去找"关键词"，掌握了"关键词"基本就掌握了整个段落或文章的核心信息，即"中心思想"。文章是人们以文字表达思想或理论的一种方式，按照人类表达的逻辑来看，越是重要的信息，就越会重复强调和阐述，所以在一篇文章或报告中"关键词"一定会多次出现。其实不只是写文章会遵循"关键词原理"，采购工作亦是如此。如果我们留心观察与倾听其他采购人员的日常工作，就会发现下列语句是采购人员每天都会用到的。

"×××，那颗 TDK（日本东田化集团）电感的价格什么时候报出来啊？"

"×××，你们家的电解电容价格太高了，比同行立隆、万裕高出10%，请重新核价并报最优惠的价格给我公司！"

"×××，我公司年度议价工作已经开始了，我们下一年度 PCB 的降价目标是 5%。贵公司在我公司 PCB 供应体系中采购额排名前三位，是我公司的战略合作伙伴，请对上一年度合作的 30 款 PCB 重新报价并给予我公司重点支持！"

"×××（领导），昨天就我们的 HX001 项目和 ST（意法半导体）原厂重新议价，意法半导体坚持原来的价格，我们是否向研发部门提出用 TI（德州仪器）的 MCU？德州仪器同款的价格比意法半导体便宜 8%。"

由此可见，"价格"或与价格相关的词是采购人员经常挂在嘴边的。我们暂且不从其他方面来阐述价格对于采购的重要性，仅从"关键词原理"来看，价格毋庸置疑是采购工作的核心，因为"价格"是日常采购工作中出现频率最高的词，采购人员在日常工作中不可避免地会提到"价格"或与价格相关的词（"报价、降价、降本"）。

## 三、价格与各关键采购职能的关系

### （一）价格与新产品开发

任何产品都是有生命周期的，尤其是电子产品，既然产品无法逃离生命周期的规律，那就意味着企业必须开发新产品才能满足市场和时代的需要。在实际企业运营中，凡是做终端成品的企业都有项目部，项目部由项目经理或类似项目经理的角色组成。项目部是新产品开发的第一责任人，由项目经理组织并领导项目成员，如系统工程师、硬件工程师、软件工程师、测试工程师、品质工程师、项目采购、项目物流、制程工程师等，共同完成新产品开发工作。项目采购在整个新产品开发过程中有两大主要职能：其一，管控整个产品的物料成本；其二，按项目进度要求保障所有物料及时交付。在这两项职能中对于项目采购来讲，物料成本控制其实就是对物料采购价格的管控。因为产品方案一旦确定，影响整个产品物料成本的就只有物料的采购价格了。当然，在实际工作中，项目采购与研发人员合作，都是从设计与供应的角度考虑怎样使产品成本更低。

对于新产品开发而言，影响产品开发可行性及进度的原因无非是以下几个：①市场部给不出清晰的产品定位与"产品轮廓"；②研发部解决不了技术难题；③产品成本不达标。在实际产品开发中，很多时候会由于成本不达标而导致项目被终止或推迟，可见产品成本对于新产品开发的重要性。产品成本主要取决于物料的采购价格，由此可见，物料采购价格的高低会直接影响项目开发的进度，甚至会影响项目能否开发完成。

（二）价格与器件或材料选型

前文提到，单位产品材料成本＝材料价格×材料用量，其中材料用量是由研发方案决定的，而材料价格是由采购管控的。在实际工作中，研发人员往往会依据市场与产品经理的要求给出几种不同的设计方案，将不同的设计方案提供给项目采购，请他们完成产品的成本评估，然后一起决定用哪种方案。对于电子产品而言，设计选型主要是选"平台"，比如，是用亚诺德（ADI）的DSP，还是用德州仪器的DSP；是用意法半导体的MCU，还是用微芯（Microchip）的MCU；等等。选用不同的"平台"，会产生不同的BOM，不同的BOM就有不同的材料成本。当方案定下来后，针对每种材料还有一个器件选型的过程，比如，同样是二极管，全球有安世半导体（Nexperia）、安美森半导体（Onsemi）、英飞凌（Infineon）、威世（Vishay）、美高森美（Mirosemi）、美维科（MCC）、美台高科（Diodes）、长电、乐山、杨杰等品牌，不同的厂家价格不同；电解电容有红宝石（Rubycon）、尼吉康

（Nichicon）、黑金刚（Nippon Chemicon）、万裕、丰宾、立隆、智宝、艾华、江海、永铭等品牌。在整个产品开发过程中，研发人员的职能是进行产品设计与工程验证，这也是其专长。对于元器件的价格与市场供应格局，研发人员是没有太多认知的。专业的采购人员会根据研发人员提出的性能要求，从全球供应市场中搜寻符合研发要求的器件并拿到准确的报价，从而更加准确地将每个厂家的同款产品价格提供给研发人员，为研发人员更加精准与快速地做出选型决策提供支持。

（三）价格与新供应商开发

前文已重点讨论过新供应商开发的话题，从中我们可以看到，在整个供应商开发过程中都离不开价格因素。比如，从初选名单到入围名单的筛选；如果新供应商开发的主要动因是降价，采购就会花大力气在与供应商议价上，以达成降价的目标；每个新供应商在进入预审之前都需要完成报价；等等。价格因素伴随着整个供应商开发过程。

（四）价格与供应商的选择

关于供应商的选择前文已重点探讨过，无论是影响供应商选择的因素还是供应商选择标准的制定，价格都是影响供应商选择的一个重要方面。实际采购活动中，很多中小企业选择供应商时只看价格（单价）。不仅如此，一些大型企业采取的招标方式也是让供应商通过"赤裸裸"的价格"拼杀"来赢得订单。在这一方面，大型外资企业的做法相对"柔和"一些，它们通常采用TCO方式来选择供应商，前提是这些供应商已经被纳入合格供应商名录。TCO的本质就是综合价格，即其不仅看产品的单价，还关注影响企业内部成本的其他成本要素；不仅关注产品的当前成本，还关注产品的未来成本。TCO其实是一种相对公平的比价方式，它将所有厂商报价放在同一水平线上进行综合比较，而不是仅关注产品的单价。尽管如此，产品单价在整个TCO的各个成本要素中所占的比例依然是最大的。因此，无论是中小企业的价格论，还是大型民营企业的招标，抑或外资企业以TCO的方式选择供应商，产品的价格都直接影响着供应商的选择，包括新供应商的选择和新项目选择供应商（生意授予）。

### （五）价格与采购战略

采购战略是指主要依据企业自身商品需求与商品供应格局而制定的相关采购路线。根据商品采购金额与风险度，可以将商品分为战略型、杠杆型、一般型、瓶颈型四种类型。不同类型的商品，价格弹性不同，比如，杠杆型商品的价格弹性很大，瓶颈型商品的价格弹性小，等等。我们需要根据不同商品类型制定不同的价格策略。

### （六）价格与供应商管理

年度议价是供应商管理中一项重要的工作，也是供应商绩效考核的一个重要 KPI。

### （七）价格与订单管理

价格是一份完整订单的必要事项，所有订单必须有价格信息，没有价格信息的订单是无效的。执行采购在进行订单管理时要注意核对价格的单位、准确性，以确保没有价格错误。

## 第三节　供应商定价模型

采购人员作为购买方的代表从卖方那里购买商品，以满足企业生产制造的需要。在采购过程中，价格直接关系到企业的利益与发展，因此，作为企业购买活动的代表，采购人员必须帮企业把好价格关。采购人员作为询价者，如果想要获得最佳价格，就必须知道供应商是依据什么进行定价、报价的，正所谓"知彼知己，百战不殆"。接下来与大家一起探讨供应商是依据什么进行定价、报价的，即供应商定价模型。

### 一、基于成本的定价模型

基于成本的定价模型是比较传统的定价方法，通常有以下几种模型。

### （一）成本加成定价模型

在成本加成定价模型中，供应商只对成本进行估计，然后附加一定百分比的利润就等于商品的售价。企业通常会核算出单位产品的总成本，然后在总成本基础上附加一定比例的利润。总成本＝直接材料成本＋直接人工成本＋制造费用（包括间接材料成本、间接人工成本、厂房、租金、机器折旧费、水电气费、不良率发生的费用、物流成本等）＋税费。举例来讲，某PCB厂普通FR4（玻璃纤维材料）双面板的总成本为300元/平方米，假设其想获得25%的毛利润，那么按照成本加成定价方式计算，其PCB的单位售价＝300+300×25%=375（元/平方米）。

### （二）边际定价模型

边际定价是指以商品的边际利润为基础来定价，而边际利润是指厂商每增加一单位的产出所带来的纯利润的增量。从边际利润的定义我们可以推出，边际利润率＝边际利润总和/总销售收入。

边际利润总和＝单位边际利润×销售量

总销售收入＝单位售价×销售量

单位边际利润＝单位售价－单位成本

因此，边际利润率＝（单位边际利润×销售量）/（单位售价×销售量）＝单位边际利润/单位售价＝（单位售价－单位成本）/单位售价。

单位售价＝单位成本/（1－边际利润率）

同样以PCB为例，某PCB厂想获得25%的利润（25%的边际利润），那么单位售价＝300/（1-25%）=400（元）。

由此可见，同样的利润率基于不同的基数进行计算，最终的利润额也是不同的。

### （三）收益率定价模型

在收益率定价模型（投资回报率）中，供应商把投资的具体期望收益作为定价的基础，而并非以预算成本为基础来定价。

单位售价＝单位成本＋单位产品利润

单位产品利润＝（投资总额×利润率）/生产商品的数量

同样以 PCB 为例，假定生产普通双面 RF4 板的单位成本为 300 元 / 平方米，新增加一条生产线需要投入 100 万元，期望利润率为 25%，一年生产总量为 2273 平方米，推出 PCB 单位售价 = 300 +（1 000 000 × 25%）/2273 ≈ 410（元 / 平方米）。

## 二、基于市场的定价模型

对企业而言，影响企业报价的不仅有成本因素，还有市场因素。基于市场的定价模型有以下几种。

### （一）以量定价法

对于 B2B 商业模式而言，以量定价法的主要依据是规模经济存在使同一款商品的成本因其产量不同而不同的规律。规模经济的特点是随着产品产量的不断增加，长期平均总成本不断下降。

平均成本 = 总成本 / 产品数量

总成本 = 固定总成本 + 可变总成本

可变总成本 =（直接材料成本 + 直接人工成本）× 产品数量

平均成本 =（固定总成本 / 产品数量）+（直接材料成本 + 直接人工成本）

产品单价 = 平均成本 + 平均利润 =（固定总成本 / 产品数量）+（直接材料成本 + 直接人工成本）+ 平均利润

从以上产品单价公式中可以看到，针对某个具体的商品，假定企业就某个产品想获得的平均利润不变，那么影响产品售价（产品单价）的因素只有产品数量，且产品单价与产品数量成反比，因为固定总成本是不变的，且直接材料成本与直接人工成本在一定时期内也是固定不变的。

在实际采购活动中，当我们询价时经常被供应商要求提供年用量或需求量，其目的就是依据产品需求量来核算产品单价。比较严谨的企业通常会报一个阶梯价给客户。尽管电子元器件的主要通路（销售渠道）是以代理与分销的方式卖给终端用户或其代工厂，但电子元器件制造商在生产制造元器件与机构件（塑胶件、五金件、机电件等）时，都遵循着规模经济的规律，因此无论是电子元器件还是机构件在报价时通常都是以量定价，即不同的产品需求量给予不同的价格。

### （二）市场份额定价法

很多厂商想进入一个新的领域或"攻克"一个新的客户时，常常会以很低的价格来"诱惑"客户。我们知道材料价格对企业利润的影响非常大，因此只要材料品质满足企业要求，几乎很少有企业能够拒绝供应商低价带来的诱惑。在这种情况下，有价格优势的厂商在某种或某类商品的市场中市场占有率越来越高，其市场份额越来越大。市场份额大意味着订单增加，订单的增加会导致出现规模经济效应，最终企业产品成本降低，利润增加。这种以价格为"杠杆"逐渐渗透市场并最终主导市场的方式，我们称之为"市场份额定价法"。在现实采购活动中，这种报价策略是非常常见的，而且从某种程度上说是十分有效的，但如果我们要制定长期采购战略，并与供应商保持长期合作，那遇到采用这种报价策略的供应商时我们就需要小心了。

### （三）市场撇脂定价法

供应商假定一个较高的引入价格，以便吸引那些热切希望尽早得到新产品的客户（如果这个产品本身是很有创新性且具有市场竞争优势的产品）以及那些有支付能力的客户。换句话说，供应商会在产品上市早期尽可能地扩大自己的短期利润（把最上面的那层"油脂"刮走）。这就是所有的企业都重视新产品开发的原因——新产品可以给企业带来更高的利润。产品（包括元器件和成品）在刚进入市场的阶段，其销售价格比后期的产品价格要高得多的原因也在于此。

### （四）收益定价法

当市场不景气时，企业主通常考虑的是如何分摊沉没成本（或固定成本），此时他们并不期望能够盈利，"活下去"是他们的首要目标。在这种情况下，他们可能会以相当于甚至低于成本的价格来承接订单，因为如果没有订单或稼动率低，固定成本或沉没成本的存在可能会导致企业处于亏本的状态。任何制造型企业都会面临这样的问题，尤其是重资产行业的企业，比如，从事SMT加工、PCB制造、塑胶及五金件生产等的企业。以收回成本为目标的定价方法，称为"收益定价法"。

### （五）促销定价法

在特定的一段较短的时间内，供应商会给出一个折扣价，以刺激短期销售。这种定价法常常会应用在消费品市场，尤其是需求价格弹性大的商品。

### （六）差异定价法

对于不同的细分市场，供应商会根据采购方的价格承受能力制定不同的价格，即不同的客户获得不同的价格。以电子元器件为例，原厂通常采用划分区域的方式来管理其市场及销售团队，同样的元器件在北方城市与南方城市的销售价格不同。

### （七）折扣定价法

很多企业会采取一些激励措施促使买方及时支付货款。其中一种方法是为在一定期限内支付货款的客户提供现金折扣。例如，如果买方在收到发票10天内支付货款，可以享受2%的折扣。卖方通常期望在30天内收到全部货款。

与数量折扣不同，一般情况下，采购方更愿意享受现金折扣，因为采购方很难在10天内利用货款获得与交易中现金折扣相等的收益。不接受现金折扣的机会成本往往要高于接受现金折扣的机会成本。管理得当的公司都会利用现金折扣，而且会在特定的期限内安排货款支付事宜。

### （八）根据市场供应格局定价法

如果供应市场是卖方市场，那么价格就是由卖方来定了。例如，半导体行业中的FPGA（现场可编程门阵列），全球范围内Xilinx（赛灵思）与Altera（阿尔特拉，被因特尔〈Intel〉收购）的FPGA出货量加起来占全球FPGA市场总出货量的90%以上，因此在FPGA领域这两家企业垄断着整个卖方市场，价格当然是由卖方来定了。

## 三、基于竞争的定价模型

基于竞争的定价模型关注采取的定价措施以及对供应商竞争对手已提出的定价方案或即将提出的定价方案做出的反应。这种定价模型希望在低于竞争对手价格的基础上对采购方收取可能的最高价格。基于竞争的定价模型，在采购实践中通常有两种典型的应用，即投标和逆向拍卖。针对金额高的采购项目，一般买方都会采取电子招标的方式选择供应商，各供应商为获取项目必须参与投标。在投标的过程中，供应商的报价目标是希望企业的投标价格比竞争对手低一点，且能最大限度地增加企业的利润。

一般情况下，逆向拍卖的情况很少出现在电子行业中，但在特殊时期也会存在。比如，2017 年、2018 年 MLCC 市场火爆，原厂（Yageo〈国巨〉）选择采取逆向拍卖的方式将 MLCC 的产能卖给各个代理商，形成了哪个代理商出的价格高就将 MLCC 卖给谁的局面。

## 第四节　采购活动中的询报价及其过程管理

前文重点分析了材料价格与单位产品材料成本的关系、材料成本与企业利润之间的关系，接下来再次借助财务会计公式阐述材料价格与企业利润之间的关系。

产成品售价＝成本（直接材料成本＋直接人工成本＋制造费用＋管理费＋销售费＋财务费）＋利润＋税

单位产品利润＝单位产成品售价－单位产品成本－单位产品税

单位产成品材料成本（直接材料成本＋间接材料成本）＝材料价格 × 用量

单位产品利润＝单位产成品售价－（材料价格 × 用量）（每个 BOM 中原材料或器件的用量）－单位产品税

假设产成品售价、BOM 用量及单位产品税均是固定值，那么单位产品利润取决于材料价格，即单位产品利润与材料价格成反比。企业经营的首要任务就是获取合理利润，而材料价格直接影响着企业利润，因此材料价格的管控对于企业的重要性不言而喻。企业该如何获取最优且有效的材料价格呢？答案是通过报价。这里的报价是指买方向卖方询价，买方分析报价，买卖双方议价并最终达成一致价格的过程。那么买方该如何完成询报价并对其进行管理？

## 一、谁负责报价

谁负责报价？有些采购人员肯定会说："这还用问吗？肯定是采购人员负责报价呀！"问题是采购有多个不同的种类，而且不同采购职能侧重点有所不同。另外，每个企业的做法又有所不同。

### （一）几种常见的不同类型的企业报价负责人

报价工作归谁负责？这其实是个组织架构方面的问题，关于组织架构在前面章节中已做阐述，这里只谈谈几种常见的不同类型的企业报价负责人。

1. 小型企业

由于小型企业业务量并不是很大且资金有限，通常负责原材料采购管理的报价负责人有以下几种情况。

（1）由企业老板负责所有物料的价格谈判，然后招聘一个或多个跟单采购员负责下单跟进。

（2）由企业老板负责主要材料的价格谈判，然后招聘一个或多个跟单采购员负责主要材料的下单跟进以及辅料耗材的价格谈判及下单事宜。

（3）企业老板的亲戚（小舅子、小姨子、侄子等）负责主要材料的价格谈判，然后招聘一个或多个跟单采购员负责主要材料的下单跟进以及辅料耗材的价格谈判及下单事宜。

（4）企业老板信任的人负责主要材料的价格谈判，然后招聘一个或多个跟单采购员负责主要材料的下单跟进以及辅料耗材的价格谈判及下单事宜。

采购对于买方而言就意味着"花钱"，报价则意味着"要花多少钱"。从商业的角度来看，所有买方都期望"少花钱，多办事儿"。在这种情况下，小型企业的原材料的报价权几乎全部掌握在老板手中，因为这类企业的业务量并不大。

## 2. 中型企业

中型企业的报价负责人有以下几种情况。

（1）由企业老板负责少数主要原材料的价格谈判，成立了专门的采购部负责企业的采购工作。在这种情况下，通常是由采购主管或经理负责其他所有材料的价格谈判，再招聘一个或多个跟单采购员负责主要材料的下单跟进以及辅料耗材的价格谈判及下单事宜。

（2）企业主不参与任何采购报价工作，而是招聘职业采购经理人并成立采购团队完成相关工作。采购分为战略采购与执行采购，并按不同的商品类别分工。

## 3. 大型企业

大型企业（上市公司）已经发展到相对成熟的阶段，其组织架构与职能基本上按照国际标准进行，所以大型企业的采购报价工作通常由专业采购组织完成，即由品类经理（工程师）、项目采购及执行采购负责。

## 4. 外资企业

外资企业（跨国公司）的采购团队更加全面且分工明确。其报价工作由全球品类经理、区域品类经理、项目采购等角色完成。

### （二）科学合理的报价负责人

不同品类的采购工作，应由不同的职能部门完成。

## 1. 量产物料的报价

量产物料是指所用物料的机种或产品已经进入批量生产阶段。当需要完成物料的季度或年度降价目标或者需要进行物料转移时，其报价工作一般由品类经理（工程师）完成。

## 2. 新产品 BOM 估价

在新产品开发早期，项目采购需要完成对产品 BOM 的估价工作，此时由项目采购直接向 OEM 或 ODM 询价。

## 3. 新物料的报价

当 BOM 中有新的物料出现时，通常由品类经理完成报价。

## 二、何时需要询价

一般以下几种情况下会产生询价需求。

1. 完成降价目标

当现有供应商无法达成企业产品的季度或年度降价目标时，企业不得不就同样的物料需求向其他厂家询价，以期发现潜在降价机会。

2. 除降价原因以外的任何将物料从 A 供应商转到 B 供应商的情况

当我们发现 A 供应商的供应能力已经无法满足我公司的需求时，我们不得不将 A 供应商所供应的物料转移到 B 供应商，但在转移前我们需要就 A 供应商所供应的物料向其他潜在供应商询价，在综合评估后选出 B 供应商。可能的情况包括但不限于 A 供应商出现大的品质事故，A 供应商 OTD 太差，A 供应商违背与我公司所签署的采购协议，A 供应商主动放弃与我公司的合作，等等。

3. 新供应商开发

在进行新供应商开发的过程中，要求潜在供应商报价是必要条件。

4. 新产品开发

在新产品开发过程中，需要对产品成本进行全面评估，因而会产生询价需求。

5. 新材料或材料变更

当新材料出现或发生材料变更时，需要询价。

6. 对标分析

很多时候，采购人员为了向上级领导"证明"目前所询到的价格是最优价格，需要找多个供应商报价做对标分析，来证明我们的价格来源的真实性与准确性。

7. 议价

买卖双方既是合作者又是竞争者，当我们试图说服对方接受我们期望的目标价时，采购人员常常就同一款商品找到多个供应商报价，以分析出合理的市场价，并据此说服对方接受我们的目标价。

8. 市场行情分析

一名资深的品类采购，应该具备就某类商品分析整个商品的产业链、竞争者、供应格局、当前市场价格、未来价格走势等的能力。当我们进行商品市场行情分析时，也需要与市场直接的供应者（供应商）沟通商品的价格问题，这时也需要进行询价。

9. 元器件选型

研发工程师在设计产品时，常常由于不清楚元器件的市场价格而无法选到性价比最高的元器件或原材料，这时就需要采购人员配合研发人员完成元器件选型的工作。选型的标准就是选择性价比高的元器件，而"商品的性价比＝商品的性能/商品的价格"，在这个过程中，如果采购人员也不清楚某些物料的价格，询价的需求就产生了。

## 三、询价时需要准备哪些资料

为了高效快捷地完成询价工作，当我们请供应商报价时通常会为其提供以下资料。

1. 供应商名单

在开展询价工作前，我们需要解决向谁询价的问题，即拟订潜在询价供应商名单。当企业内部有询价需求时，一般的流程是先向合格供应商名录（AVL）中的供应商询价，当 AVL 中的供应商无法满足要求时，再向非合格供应商名录（NVL）中的供应商询价。当然，有时是拿 NVL 中的供应商做对标分析，以此作为与 AVL 中的供应商议价的依据。

2. 商品类别

不同类别的商品在询价时需要提供的资料有所不同，比如，成品需要提供 BOM、半成品、原材料及元器件等资料。

3. 商品规格

商品规格决定了我们购买的标的物。在询价过程中常常由于买方无法提供完整的规格或者提供了错误的规格而导致报价错误或延迟报价。因此，买方在询价之前就应该向其研发人员或工程师确认清晰的规格需求或主要技术参数。

4. 图纸

有些商品需要提供图纸供应商才能报价，比如，塑胶件、五金件、PCB、半成品组装件等。

5. 报价类型

按照是否已经量产可以将商品分为以下两类。

（1）量产物料。对已经量产的物料进行询价时，通常直接列出需要报价的物料的规格、年用量等信息，以便供应商报价。

（2）新物料。对新产品开发时出现的新物料进行询价时，通常需要提供项目信息，尤其是芯片元器件的询价。示例如下。

项目名称：Superstar

项目代码：S001

预计年用量：300K/年

物料规格：TI（Texas Instruments）：TMS320DM8148CCYE2

应用领域：专业音响

终端用户：×××公司

项目阶段：EVT（Engineering Validation Test，工程验证测试）

预计量产时间：12/01/2019

6. 质量要求

有些原材料或元器件会规定质量等级，比如，民用级、工业级、汽车级和军工级等。

7. 相关文件

新供应商需要签署保密协议、采购协议、行为准则和品质协议等文件。

8. 有无特殊要求

企业在询价时，如有特殊要求，在询价单中列示出来。

9. 询价单

每个企业都会有各自的询价单格式，尽管格式不同，但询价单的内容几乎一致。

## 四、常用的报价方法

不同的供应商类型、不同的需求类型及商品特性，会导致不同的报价方法。常见的报价方法有以下几种。

### （一）商品目录报价

在电子行业中，找现货及买工程样品是采购人员经常要做的事情，而为了解决这两种需求，市场上产生了一类专业的供应商，即在线目录分销商。全球知名电子元器件在线目录分销商包括但不限于 Digikey（得捷）、Mouser（贸泽）、RS（欧时）、Future（富昌）、Avnet（安富利）、Arrow（艾睿）、Farnell Element14（e络盟）等。当然，这些在线目录分销商不仅是目录分销商，也是很多电子元器件的大代理商，尤其是艾睿、安富利和富昌。随着互联网的高速发展，目前国内采用同样的商业模式创立的电子元器件电商平台越来越多，其中包括但不限于云汉芯城、华强电子网、科通芯城、维库电子市场网、中电港、猎芯网、华强芯城、立创商城、芯智云城、易库易等。以德捷为首的这类自营或第三方平台的电子元器件在线分销商都是采取商品目录报价的方式，即只要是有库存的电子元器件，在其官网都可以看到报价。

### （二）"询、比、议价"报价

"询、比、议价"报价是指买方（采购方）将询价单以邮件或传真方式发送到卖方（供应商），或者以电话方式向卖方（供应商）就某种或某类商品询问价格，并在经过分析及双方讨论后达成购买协议的过程。"询、比、议价"报价是电子制造企业最常用也是最重要的获取价格的方式。询价工作可以通过电话、邮件、正式询价单等不同的方式完成。实际询价工作中常用的询价单格式，如表4-5所示。

表4-5 询价单

| 询价单 ||||
|---|---|---|---|
| 买方（采购方） | | 卖方（供应商） | |
| 地址 | | 地址 | |
| 联系人 | | 联系人 | |
| 联系电话 | | 联系电话 | |
| 邮箱 | | 邮箱 | |

| 序号 | 物料编码 | 规格描述 | 制造商 | 制造商型号 | 年用量 | 供应商名称 | 单价 | 单位 | 币别 | 付款方式 | 交货方式 | 最小包装量 | 最小订购量 | 采购前置期 |
|---|---|---|---|---|---|---|---|---|---|---|---|---|---|---|
| 1 | 0000001 | CAP MC 0.1UF 16V +/-10% 0603 X7R | 国巨 | CC0603KRX7R7BB104 | 5kk | | | | | | | | | |
| 2 | 0000002 | CAP MC 0.33UF 50V +/-20% 1210 X7R | 基美 | C1210C334M5RAC | 5kk | | | | | | | | | |
| 3 | 0000003 | CAP MC 4.7UF 16V +80,-20% 1206 Y5V | 艾维克斯 | 1206YG475ZAT2A | 5kk | | | | | | | | | |
| 4 | 0000004 | TTL 74AHC04 TSSOP-14 | 德州仪器 | SN74AHC04PWRE4 | 1kk | | | | | | | | | |
| 5 | 0000005 | TTL 74VHC244 TSSOP-20 | 德州仪器 | SN74AHC244PWE4 | 1kk | | | | | | | | | |
| 6 | 0000006 | CAP MC 1UF 16V +/-10% 0603 X5R | 村田 | GRM188R-61C105KA93D | 5kk | | | | | | | | | |
| 7 | 0000007 | DIODE MMBD4148 200MA 75V SOT-23 | 美台高料 | MMBD4148-7-F | 1kk | | | | | | | | | |

续表

| 序号 | 物料编码 | 规格描述 | 制造商 | 制造商型号 | 年用量 | 供应商名称 | 单价 | 单位 | 币别 | 付款方式 | 交货方式 | 最小包装量 | 最小订购量 | 采购前置期 |
|---|---|---|---|---|---|---|---|---|---|---|---|---|---|---|
| 8 | 0000008 | IC ADP3050 ARZ-3.3 SOIC-8 | 亚诺德 | ADP3050 ARZ-3.3-RL7 | 1kk | | | | | | | | | |
| 9 | 0000009 | IC STM809 UP SUPER-VISOR | 意法半导体 | STM809 RWX6F | 1kk | | | | | | | | | |
| 10 | 0000010 | RES CHIP 5.11K OHM 1/16W +/-1% 0402 | 日本电器 | NRC04F 5111TRF | 5kk | | | | | | | | | |

### （三）客户协议价

对于一些ODM或OEM或EMS类型的代工厂而言，很多时候其终端客户往往在产品设计阶段就已经与原厂（制造商）就单价高的器件或者核心器件谈好了价格，当产品设计完成转移到ODM或OEM或EMS代工厂生产制造时，代工厂不必就这些器件进行寻源和报价，而是直接采用其终端客户在原厂那边的协议价，这种情形的报价我们称之为"客户协议价"。一般来讲，终端客户的影响力往往大于其代工厂，所以客户协议价通常是比较有竞争力的。

### （四）长期价格

企业要求供应商报价，第一年报价时就已经确定了未来一定时期内的产品价格。有些有影响力的企业要求其供应商报出未来3~5年的商品价格，以便更好地管控企业的物料成本。这些企业的订单量通常比较大且稳定，所以其采购人员要求供应商就某类商品报出第一年、第二年一直到第五年的价格，且价格是逐渐递减的。尽管商品价格会受到很多因素的影响，存在不确定的风险，但大部分供应商还是喜欢这种长期价格模式，因为这一方面体现了客户的忠诚度很高，不会轻易丢失，另一方面，订单量稳定，供应商可以提前做好产能及供应链规划工作，以确保及时交付。

### （五）电子招标

越来越多的企业采用电子招标的方式获取最优价格，尽管这种方式对供应商来说比较"残忍"，但对于买方而言常常能最大限度地挤掉价格"水分"，以帮助企业获取最优物料成本。

### （六）随行就市

有些行业是基于一个固定的公式报价的，公式中包含可变部分与不变部分。可变部分的成本随市场行情的变化而变化，这种情形的报价我们称之为"随行就市"。

### （七）官方经济指数

一些大宗商品的价格通常由专业的交易所定期发布商品价格或价格指数，比如，纽约的贵金属交易市场（COMEX）、纽约矿产交易所（NYMEX）、伦敦金属交易所（LME）和上海有色金属交易所（SMM）等。在对一些电子元器件进行成本分析时，常常会分析到上游原材料端的价格，比如，变压器中铜线的价格、PCB 中的环氧树脂及铜箔的价格、太阳能板硅片的价格、芯片中的硅片及晶圆的价格等。这些上游原材料的价格通常可以在官方发布的报告中查询到。

### （八）不同报价方式的对比

不同报价方式的对比，如表 4-6 所示。

表 4-6　不同报价方式的对比

| 序号 | 报价方式 | 特点 | 优势 | 劣势 | 适用条件 |
| --- | --- | --- | --- | --- | --- |
| 1 | 商品目录报价 | 明码标价 | ①方便快捷，效率高<br>②透明，公平合理 | ①单价相对较高<br>②无法解决非标准器件需求，商品类别有限 | ①标准材料及器件<br>②现货需求<br>③工程样品<br>④零售 |

续表

| 序号 | 报价方式 | 特点 | 优势 | 劣势 | 适用条件 |
|---|---|---|---|---|---|
| 2 | "询、比、议价"报价 | 从头至尾 | ①没有商品类别限制，即标准件、非标准器件、材料、设备等所有商品的报价都可以以这种方式进行<br>②获取竞争优势，即同一种器件，每个客户的价格不同 | ①效率低<br>②工作量大 | ①批量采购物料<br>②企业95%以上的商品采购将采用这种方式 |
| 3 | 客户协议价 | 客户指定 | 可享受客户有竞争力的价格 | 占用企业资金 | 客户指定物料 |
| 4 | 长期价格 | 长期价格 | ①有利于规避价格波动风险<br>②便于成本预算及管控 | 具有供应商涨价风险 | ①需求稳定且量大的器件<br>②长期战略合作伙伴之间 |
| 5 | 电子招标 | 充分竞争 | ①可以最大限度地减少价格"水分"，有利于获得最优价格<br>②能有效防止腐败<br>③公平合理 | ①存在潜在品质风险<br>②不利于企业与供应商之间保持长期战略合作关系 | 订单量大且价值高的物料 |
| 6 | 随行就市 | 波动 | 公平合理 | 不利于成本核算 | 特殊工序的加工 |
| 7 | 官方经济指数 | 市场价格 | ①权威性<br>②公开透明 | 商品类别有限 | 原材料之类的大宗商品 |

## 五、影响供应商报价的因素

在实际采购工作中，采购人员经常会问供应商这个价格是怎么核算出来的，也经常被别人（领导、老板、财务主任、项目经理等）"质疑"为什么这种物料价格这么高，为什么是这个价格而不是更低的价格。

从时间和空间两个维度来看，很多时候同一款商品（物料）在不同的时期、不同的地区、不同的国家、不同的区域及不同的企业之间所获取的价格是不同的，因为影响供应商报价的因素有很多。一般而言，影响报价的因素主要有以下几个。

### （一）成本因素

价格＝总成本＋利润＋税

总成本＝直接材料成本＋直接人工成本＋制造费用（包括间接材料成本、间接人工成本、厂房、租金、机器折旧费、水电气费和不良率产生的费用等）＋物流成本＋设计成本（研发投入、设备、材料和测试等）

价格＝直接材料成本＋直接人工成本＋制造费用（包括间接材料成本、间接人工成本、厂房、租金、机器折旧费、水电气费和不良率产生的费用等）＋物流成本＋设计成本（研发投入、设备、材料和测试等）＋利润＋税

由以上公式可以看出，影响价格的因素有三个，即总成本、利润和税。假定同一类或同一款产品两个厂家的利润和税是一样的，那么影响两家报价的因素就是总成本，影响总成本的子因素包含但不限于直接材料成本、间接材料成本、直接人工成本、间接人工成本、物流成本和设计成本等。以直接人工成本为例，近10年，越来越多的电子制造业企业从沿海地区尤其是深圳搬到内地（江西、湖南、湖北、四川等省）投资建厂。一方面是因为内地城市有好的招商引资政策，另一方面是因为内地直接劳动力"便宜"。目前深圳一般产线操作工人每个月可以拿到4000~6000元的工资，而内地一般产线操作工人的工资只有2000~4000元/月，其中的差距我们一目了然。

### （二）利润因素

"价格＝总成本＋利润＋税"，假定两家企业的总成本和税费相同，那么影响价格的因素就是利润了。每个企业对于自身的利润预期是不同的，有的企业期望"薄利多销"，有的则定位于中高端市场以期获得较高的利润。以德国著名企业Wurth（伍尔特）电子元器件事业部为例，其大部分电

子元器件由中国工厂代工生产，据悉，其在中国有近200家电子元器件代工厂。这类电子元器件厂家同时在我国销售自己品牌的产品，同一间工厂生产出来的产品，国内工厂只敢加20%~30%的利润，这类知名品牌企业却会加100%~200%的利润，最终反映在价格上就有巨大的差异。当然，品牌本身是一种无形资产，但是以同样的制造成本生产出来的产品，由于厂家对利润的要求不同导致产品价格不同。

### （三）税费因素

"价格＝总成本＋利润＋税"，假定两家同类型企业（同一行业且生产同一种产品）的总成本和利润相同，那么影响企业报价的因素就是税费了。税费是如何影响企业利润及价格的，是一个专业的财务与会计课题。我们从以下几个方面来看税费对商品价格的影响。

1. 合理避税

当企业规模越来越大时，财务与会计职能对企业的影响也越来越大，尤其是在处理合理避税的问题上，从某种意义上来讲，财务管理也是企业利润的源泉之一。将两笔同样的资金投入两个规模和产出相同的企业，由不同的财务管理者用不同的会计方法处理，两个企业的税费也会不同，因而其最终产品售价也不同。

2. 出口退税

我国鼓励出口创汇，因此在税务上给予出口企业很大的优惠——出口退税。假定两家同等规模的电子元器件企业A企业和B企业同时服务于一个客户，A企业具有进出口权，B企业只有内销权。那么，对于其终端客户而言，显然A企业的产品价格相比B企业有绝对的优势，因为A企业较B企业税费成本很低，因而其在价格上有绝对的优势。

3. 招商引资

很多企业从沿海城市逐渐迁往内地城市，一方面是因为内地劳动力便宜，另一方面是因为内地城市政府为了招商引资，发展当地经济，建立了很多工业园、经济开发区，给予"回乡投资"的企业很多优惠政策，比如，提供低息贷款，免费工业园，税收减免，等等。

4. 高新技术企业的优惠税收政策

国家对高新技术的发展是大力扶持和鼓励的，因此对于这类企业也给予很多税收的优惠政策。很多"沾边"的企业都想尽办法申请高新技术企业的补贴及享受优惠税收政策，有些高新技术企业甚至是免税的，在这种情况下，未能享受免税优惠税收政策的同类企业又如何能在价格上与享受免税优惠税收政策的企业竞争呢？

### （四）供应市场格局

基本的经济学规律是，价格由市场的供应与需求决定。除了一些特殊的商品和行业以外，90%以上的商品都遵循着这一市场规律。以电子产品原材料和元器件为例，电子元器件市场不稳定，不仅价格波动大，而且常常遭遇物料短缺的困境，自2016年年底到2017年的PCB涨价潮以及2017年到2018年的MLCC涨价潮尤为突出。针对这一市场价格的巨大波动，分析人士称，这是由近几年经济高速发展带来的人工、原材料的价格上涨引起的通货膨胀造成的；还有人分析，是因为此前几年MLCC市场议价太严重导致MLCC厂家及其代理商都没收益，所以不得不涨价。其实导致PCB与MLCC价格暴涨的真正原因在于市场供应格局和市场需求的变化，下面以这两种电子材料和元器件为例来分析造成市场价格波动的根本原因。

1. PCB 涨价

PCB的主要原材料是覆铜板（CCL）与铜箔。目前全球最大的覆铜板制造商在中国，且中国是全球覆铜板生产量最高的国家。日系的松下（Panasonic）、日立（Hitachi）及住友（Sumitomo）等大厂的CCL价格比中国企业的价格要高几倍，所以这些厂家的CCL都被用在高端的电子产品上，一般电子产品和客户用不起这些厂家的CCL。

我国台湾地区的南亚、宏仁、台光及联茂等厂商的CCL价格比大陆厂商要高出30%~40%，且产能有限。中国大陆有建滔、生益、金宝、华正等厂商，建滔本身定位就是中低端市场，其价格与品质一般客户都能接受，所以其国内市场占有率非常高，超过了50%；生益定位于中高端市场，其CCL价格比建滔要高出20%以上；而金宝与华正算不上主流厂商。在这种供应格局下，以建滔为首的 CCL 厂家一起涨价，加上市场上一些大的资本参与进来，一起哄抬物价，最终导致 2016—2017 年 PCB 价格一路上涨。

2. MLCC 涨价

2017—2018 年 MLCC 在电子元器件市场可谓是从"星光璀璨"上升到"众星捧月"的地位，很多半导体及插件类器件厂商对其生意火爆程度羡慕不已。在我们看来，导致 MLCC 价格上涨的直接原因主要有三个。其一，从时间的维度来看，MLCC 的需求逐年增加。为什么其需求会逐年增加呢？这主要得益于汽车电子与智能手机两个市场的蓬勃发展。现代化汽车的电子功能越来越多，越来越智能化，从而对电子元器件的需求也越来越多。智能手机本身出货量较前几年没有太大的增长，但随着手机技术的发展，手机设计上发生了很大的变化，用户对手机的要求是越"薄"越好，体现在 MLCC 上是单个手机 MLCC 的用量增加了 50%，即假设原本生产一部手机用 100 颗 MLCC，现在生产一部手机需要用 150 颗 MLCC。手机和汽车电子又是 MLCC 用量最大的两个领域，这就从整体上导致 MLCC 的市场需求量大幅增加。其二，MLCC 供应格局是"接近寡头垄断"。从全球范围来看，生产 MLCC 的主流厂商有 10 多家，但能做全系列产品的厂家只有村田（Murata）、三星（Samsung）和国巨。全系列是指可生产任何容量、电压及尺寸的 MLCC 产品，比如，宇阳定位于手机市场，所以做不了 0603 及以上尺寸的产品，国内 MLCC 领军者肇庆风华做不了高压、高容的 MLCC 产品，等等。其三，供应减少。作为 MLCC 龙头企业的村田于 2018 年 3 月发布停产通知函："对 ZRA 系列的 0402 及以上尺寸和 GR 系列的 0603 及以上尺寸的产品，将于 2020 年 3 月正式停产。"这两个系列的这些尺寸的产品的最后购买日（Last Time Buy，LTB）为 2019 年 3 月 31 日，最后出货日（Last Shipment Date，LSD）为 2020 年 3 月 31 日。村田占有全球 MLCC 市场 30% 以上的市场份额，当其宣布停止生产以上产品时，很多客户根本来不及更改现有产品的设计，在这种情况下，企业只能更换供应商，而市场上可供选择的只有中国厂商，因为其他日系，比如 TDK（东京电气化工）、TAIYO（太诱）及 Kyocera（京瓷），在几年前就宣布不做 0402 及以上尺寸的电容了。这三个原因直接导致整个 2018 年国巨、华新及风华的 MLCC 价格升到了最高点。由此可见，这三个直接原因本质上依然是需求市场和供应格局问题。

当某种商品出现供不应求且供应格局是垄断、寡头垄断或"接近寡头垄断"时，商品的价格不再受商品本身的成本、企业的利润预期、税费、客户关系、产品性能等因素的影响，而是取决于市场供应格局。MLCC 和 PCB 市场供应商格局与价格的关系，如表 4-7 所示。

表 4-7　MLCC 和 PCB 市场供应格局与价格的关系

| 序号 | 商品类别 | 需求市场特征 | 供给市场特征 | 市场上的主流厂商（主要供应者） | 市场占有率较高的厂商 | 市场价格决定权 |
|---|---|---|---|---|---|---|
| 1 | MLCC（贴片电容） | 市场需求巨大，只要是电子产品都会用到 MLCC | 接近寡头垄断 | 美国：KEMET（基美）<br>日本：村田、TDK(东京电气化工)、TAIYO（太诱）、Kyocera&AVX（京瓷，AVX 被京瓷收购了）等<br>韩国：三星<br>中国：台湾的厂商有国巨、华新科、达方、禾伸堂等，大陆的厂商有风华、宇阳、火炬电子、三环、华信安、宏达、达利凯普、创天等 | 村田、三星、国巨、华新科、风华 | 村田、三星、国巨 |
| 2 | PCB CCL（PCB：印刷线路板；CCL 覆铜板） | 市场需求巨大，只要是电子产品都会用到 PCB | 接近寡头垄断 | KB（建滔）、Shengyi（生益）、Nanya（南亚）、EW（松下电工）、ISOLA（依索拉）、DOOSAN（斗山）、日立、住友、Jinbao（金宝）、ITEQ（联茂）、EMC（台光）、GDM（金安国纪）、WAZAM（华正新材）、TUC（台耀科技）、GRACE Electron（广州宏仁）等 | 建滔、生益、南亚、松下电工、金安国纪 | 建滔、生益、南亚 |

## （五）商业条款

商业条款主要涉及付款方式、付款账期、交货条件、推迟及取消窗口、采购前置期、安全库存、VMI（供应商管理库存）模式等内容。下面将这些影响供应商报价的商业条款做一总结，如表4-8所示。

表4-8 影响供应商报价的商业条款

| 序号 | 条款 | 内容 | 与价格的关系 |
|---|---|---|---|
| 1 | 付款方式 | 电汇、银行承兑、商业承兑、支票等 | 通常来讲，如果客户愿意付现金（电汇）而不是银行承兑的话，对于同一种商品，供应商在同等条件下会给付现金的客户更优惠的价格 |
| 2 | 付款账期 | 定金、发货前预付、发货后付款、月结30天、月结60天等 | 对于卖方而言，账期的长短意味着资金的财务成本多少，即时间越长，占用企业的资金越多，财务成本越高；反之，财务成本越低。因此，针对同一商品在同等条件下，供应商通常会给付款账期更短的企业更低的价格 |
| 3 | 交货条件 | 主要是以国际贸易术语为基础的一些交货方式，包括EXW（工厂交货）、FOB（船上交货）等 | 交货条件主要是买卖双方就物流（包括报关）与保险成本进行磋商。EXW指的是卖方将货交于自己工厂，买方自己安排物流公司提货，从卖方工厂到买方仓库中间所有的物流及保险费用全部由买方承担。在这种情况下，针对同一款商品，在同等条件下供应商对于接受EXW的客户的报价肯定要低于接受FOB的客户的报价，因为供应商所承担的物流费用及保险费是不同的 |
| 4 | 采购前置期（LT） | LT是指从下订单到供应商交货所需要的时间 | 电子行业企业十分重视供应商报价时提供的LT问题，因为时间就是成本。知名品牌电子元器件通常是走代理商的分销渠道。对于这些代理商而言，如果LT有优势（LT比较短），通常是代理商自己承担了备货的成本和风险，所以通常来说，LT越有竞争力，同一款商品的价格越高 |

续表

| 序号 | 条款 | 内容 | 与价格的关系 |
|---|---|---|---|
| 5 | 推迟及取消窗口 | 推迟及取消窗口是指买方下订单之后多长时间内可以更改交货日期或取消订单 | 推迟及取消窗口对于供应商而言意味着库存成本，因此这个窗口对供应商越有利，在同等条件下供应商的报价越低。比如，同一款商品，供应商要求 A 客户下订单之后不允许推迟和取消，供应商接受 B 客户在订单要求交付前一周推迟和取消订单。在这种情况下，供应商报给 A 客户的价格肯定会低于报给 B 客户的价格。因为对于 A 客户的订单，供应商库存风险被转移至客户 A 了，因而也就不存在呆料的风险；而对于 B 客户的订单，库存风险在供应商这边，所以供应商在进行商品报价时要考虑呆料的成本 |
| 6 | 安全库存 | 买卖双方就安全库存及备货方面的问题所做的磋商 | 库存是有成本的，因此供应商愿意帮客户备库存时所报的商品价格肯定高于供应商不愿意备库存时的商品价格 |
| 7 | VMI 模式 | VMI 通常被称作"寄售制"，即供应商将货物放置于客户的仓库，但货物所有权归供应商，客户依据产线的需要将 VMI 的货从 VMI 中心仓库领出。打单之后，货物所有权由供应商转移到客户端 | 对于供应商而言，VMI 可以节省物流成本，在同等条件下 VMI 模式的价格比非 VMI 模式的价格更有竞争力 |

## （六）订单数量

在报价过程中，数量与价格是息息相关的，所以当采购人员接到询价需求时，第一反应就是问需求者需求物料或项目的年用量或预估量，而不是等到供应商向采购人员要求提供报价数量时才问,这样既浪费时间又显得采购人员不够专业。通常情况下,价格与询价商品的数量(年用量)成反比,即年用量越大,同款商品的价格就越低;反之,价格越高。价格与商品数量之所以成反比,是因为沉没成本和学习曲线的存在会产生规模经济效应。规模经济效应不仅存在于生产型企业,也存在于商业型企业,因为尽管商业型企业不存在学习曲线,但它存在沉没成本。这里所说的学习曲线是指在生产型企业中,一线工人的产出会随着时间的推移逐渐增加,个人产出的增加意味着单位直接人工成本降低。

**(七)客户关系**

人与人交往会产生情感或感情,企业与企业之间亦是如此。尽管企业之间的交往是基于商业合作,但时间久了总会处出一些感情。因此,同一款产品,供应商报给合作 10 年的客户的价格通常要比报给刚刚合作的新客户的价格优惠。这一方面是因为供应商会与合作比较久的老客户有一定的感情,另一方面是因为交易成本问题。供应商与老客户合作久了,彼此非常信任、了解,配合默契,所以合作起来没有任何的障碍和不顺畅的地方。如果刚刚合作的新客户,供应商与客户之间需要更多的时间去磨合及深入地了解。比如,供应商会担心这个客户的信誉资质、财务健康度、企业发展潜力,以及双方接洽业务的人合作是否顺利,正是因为有这些潜在风险的存在,所以供应商在报价时会将这些风险成本考虑进来,其报价就会高于合作时间较长的老客户。

**(八)终端客户**

在电子元器件行业尤其是半导体芯片行业,当我们询价时供应商会要求我们提供使用这颗芯片的终端客户,并在系统中进行"备案"登记,在完成一系列流程之后才报出价格。芯片报价备案制度一方面是由于原厂非常重视使用自己芯片的客户的应用情况,以便更好地了解终端市场的情况,从而指导自己的芯片设计;另一方面是由于很多高端芯片属于卖方市场,原厂对自己的销售渠道进行严格管控,以防一些贸易商"炒货",并最终影响原厂的声誉和所占市场份额。比如,一些商家炒作 A 公司的 MCU,代理商和贸易商联手"制造"缺料,暗地里又以高价出售。由于市场缺料引起的恐慌及调货成本太高导致一些终端厂家在设计产品时将 A 公司的芯片全部换为 B 公司的，造成 A 公司的市场份额急剧下降。因此，如果芯片厂对其销售渠道管控得不严，可能会导致亲手将客户"推向"其竞争对手的可怕后果。

除芯片具有卖方市场的独特性外，其他的器件报价与终端客户的关系是，很多企业，尤其是民营企业，为了"打入"知名企业的供应体系，愿意牺牲一些利润为其提供更优的价格。如果有幸进入知名企业的供应体系，其销售人员在向其他客户推销产品时就会更加有信心，也似乎更能说服其他客户使用他们的产品。其逻辑是，我们的产品已经被知名企业采用了，所以我们的产品质量和性能都是很好的，而且我们公司也是被知名企业认可的。一般来讲是这样的，但很多时候一些知名企业由于早期发展是粗放的，有些甚至收购很多不同类型的企业，最终导致其供应商的能力参差不齐。

我们常常听到有些供应商说"我们是华为的二级供应商""我们是苹果的二级供应商"之类的话。由此可见，终端客户对供应商报价是有很大影响的。

### （九）市场策略

有些时候，供应商为了能进入某个新兴领域或某个非常有价值的客户的供应体系，常常会以极有竞争力的价格向潜在客户报价，有时甚至是低于成本价的价格。这种"策略性"报价一般分两种情况。其一，有些企业在以很低的价格获取某个大项目之后，会整合其内部资源及自身的供应商进行产品成本优化，最终使自身的产品成本降下来而逐渐地盈利。这是一种"练内功"式的良性做法。其二，有些企业以极低的价格承接项目是为了进入目标客户的供应体系，它们想以这种方式"击垮"其竞争对手，逐渐成为目标客户在某个商品上的最大或独家供应商，等其成为该客户的独家供应商时，就开始涨价或者跟客户谈条件。对于第二种情况，这是非良性的，采购人员要特别注意采用这种策略性报价的供应商。

### （十）商品品质与性能

人们常说"一分钱，一分货"，其实也就是说商品的品质与性能是由成本决定的。对于企业而言，成本的本质就是生产要素的投入。企业的任何生产要素投入都是成本，包括但不限于人（直接劳动力与间接劳动力）、机（机器设备）、料（直接物料与间接物料）、法（产品设计方案、制程工艺）、环境（厂房、租金、水电气）等。同一款产品，假定两个厂商拥有同样的人、机、料及环境要素，但制程工艺不同，其"输出"的产品也会不同。有些企业会省略很多测试环节以节省时间，但有些企业会严格按照国际标准进行测试。在采购商品之前，买方对商品的品质和性能都是有明确要求的，只要供应商提供的产品的品质和性能达到买方的要求，那么这些符合要求的供应商对买方而言几乎处于"同等地位"，不会因为某些供应商的产品质量非常好而使买方对其购买倾向更大，因为这些供应商的产品在质量和性能上都能满足买方的要求，品质过剩并不会给企业带来太多价值。比如，一家做LED灯具的企业，其对终端消费者承诺灯具寿命保3年，在这种情况下，用国产的元器件就可以达到要求因而也就不需要用日系的元器件，尽管日系企业承诺其元器件（电解电容）可以用10年。

另外，我们在对不同供应商的报价进行对比时，通常不会将不同等级的供应商放在一起比较，因为基准不同就没有可比性。比如，日系企业与日系企业对比，中国企业与中国企业对比，知名品牌与知名品牌对比，二、三线品牌与二、三线品牌对比。

### （十一）供应商报价管理流程

各企业的管理水平和管理方式是有差异的，而且具体的差异情况又是"千姿百态"的。在制造行业，优秀企业与一般企业在管理上有一个明显的差异，即标准化。优秀企业的标准化程度非常高，而一般企业标准化程度一般或很低。以销售部报价为例，我们看到那些管理较好的企业或成熟型企业都是按照既定的标准报价的，而不会有太多人为因素的干扰。报价标准是指这些企业会依据不同的客户类型、客户关系、行业，在企业内部制定一系列报价模板，报价模板中已经设定好利润率，所有销售人员都按照报价模板报价，他们没有权限更改既定的报价模板，若有特殊价格更改需要申请。报价标准化不仅有利于控制销售人员乱报价的风险，更重要的是有利于树立企业诚信的形象并对客户保持公平。

与标准化相对的是非标准化，非标准化就意味着有太多的人为因素。很多中小型企业或贸易公司的销售人员报价都是没有具体标准可依的。对于这类企业，老板通常会定一个"低价"给销售人员，剩下的报价权限全部在销售人员手中。比如，同一款商品，不同销售人员给出的报价不同，同一个销售人员给不同客户的报价也不同。这样做的后果通常是业务员对自身利益的考虑比对公司利益的考虑更多，有时同一企业内部的业务员为了抢一个客户竟成了"竞争对手"。在这种情况下，即使是同一款商品，最终报出的价格也不相同。

### （十二）"内外勾结"

商业领域的腐败的最终表现形式是价格，正所谓"羊毛出在羊身上"，即卖方会将所有的行贿成本转嫁给买方。那么，卖方是如何实现成本转嫁的呢？唯一的途径就是抬高价格。这样一来，本来某种商品的售价是1元，当买卖双方的代表存在不正当利益勾连时，价格肯定高于1元。由此可见，商品的价格受"腐败行为"的影响是很大的。

### （十三）恶意报价

在自由竞争的市场中，经常会有一些厂商以"恶意报价"的方式来扰乱市场或者打击竞争对手。恶意报价就是以低于成本的价格报给客户，让其他同行都"望尘莫及"。比如，有3个做LED驱动电源的厂商同时竞争一个价值1000万元的大项目，其中一个厂商的报价比另外两家低了20%以上，结果客户企业的管理层自此就以这家报价最低的厂商的价格为基准价来核算所有同类产品的价格。这样一来，采购人员的压力巨大，无论如何仔细调研并分析，该厂商产品的物料成本都要高出其报价。最后，了解到这是因为这家厂商生意不好，老板想通过低价竞争的方式拿到订单来"养活"工人，同时将竞争对手"挤出"客户的供应体系。从长远来看，这种恶性竞争的方式是不利于买卖双方的长远发展的，因此不能以其价格最低而选择其作为这个项目的供应商。如果我们拿着这种"恶意报价"的价格与其他供应商所报的价格进行横向对比，显然会影响其他供应商的报价水平，可见，恶意报价会影响市场的正常价格水平。

## （十四）不可抗力事件

当市场发生不可抗力事件时，市场的价格也不能反映常态市场下的商品价格。比如，2011年日本地震及泰国洪灾发生以后，整个日系品牌的电子元器件价格波动非常大。这种情况下的市场价格并非常态市场下的商品价格。

## （十五）商业诚信

商业诚信所涵括的领域比较广，比如，买卖双方是否遵守合作协议，买卖双方是否遵守保密协议，卖方的产品品质是否符合买方的品质标准要求，买方是否如期付款给卖方，等等。这里所说的商业诚信是指买卖双方是否以合理的价格交易，在交易过程中是否存在欺骗或欺诈的行为。以一家照明企业为例，一段时间以前，该企业有一种2835 LED灯珠的进货价格从42元每1000颗降价至23元每1000颗，降幅高达45%，并且这种灯珠的年采购量高达1600万颗左右。为什么LED厂商自愿降价45%？这是因为这家照明企业的老板原来是做陶瓷贸易的，对LED照明行业"一窍不通"，其LED灯珠主要由这家LED厂商供货。之后供应链顾问对市场同类产品进行价格调查、寻源、打样，最终发现市场上同类产品的价格为25~29元，然后导入了另外两家供应商，原来那家高价格的LED厂商想维持合作，只好主动将价格从42元每1000颗调整到23元每1000颗。有人说供应商降价是好事，不一定。这样的厂商对于客户而言是没有诚信可言的，因为他们知道客户不懂行情就"蒙"客户，从而在短期内获取巨额利润。例如，在日常生活中，我们到沃尔玛购物，沃尔玛的商品都是明码标价，如果有打折会标注出来，沃尔玛这样的正规超市是不会发生因为顾客不懂产品而乱报价的现象的。如果我们到街边的服装店或鞋帽店购买商品，就需要讨价还价，一件衣服的价格甚至可以从300元"砍"到30元，显然这种店是没有诚信可言的。因此，一家供应商是否具备诚信也是影响其产品价格的重要因素。

## （十六）交期与服务

交期与服务的背后是管理，而好的管理是需要成本的，因此对于同一款商品，不同的交期与不同的服务所需要的成本也是不同的，不同成本的产品，售价自然也不同。以产品交期为例，在排名全球前四位的电子元器件代理商中，富昌的产品交期较之于艾睿、安富利及 WPG（大联大）是最短的，因为富昌不仅全球设有三大物流中心，还设立了专门的供应链物流团队分析客户订单，并提前下单自备库存，厂家承诺客户所有的电子元器件订单两周之内可以交货，并可送至全球任何地方，而两周交货是其他任何代理商都做不到的，除非双方就某些电子元器件签署备货协议。富昌能两周交货，所以其价格通常比艾睿、安富利等要高出 5% 左右。

**（十七）使用不同的定价模型**

如果供应商采用不同的定价模型，即便是同一款商品，其最终报价也有所不同。

## 六、报价分析

前面花了很大篇幅讨论供应商定价模型及影响供应商报价的因素，目的是使读者更好地理解并分析供应商的报价。前文已经分析过采购价格对企业的利润及竞争力有着重要的影响和作用，而报价分析又直接影响着采购价格的合理性和竞争性，因此报价分析对于整个采购活动有着十分重要的意义。对于具体采购工作而言，可以将报价分析能力作为衡量采购人员职业能力的一把"尺子"，即越是资深的采购人员，越能全面、客观、准确地分析供应商的报价是否合理。

报价分析的意义在于了解供应商的报价是如何构成的，是从何而来，其报价是否合理，报价分析的最终目的是为接下来的议价服务，正所谓有调查才有发言权，有数据才有合理性。关于报价分析的方法，可以从三个维度来分析供应商的报价，即时间、空间及质量（质地与重量）。

**（一）空间横向对比**

空间横向对比是指就同一款产品（物料或成品）找多个不同的供应商进行报价，并对其最终价格进行比较。这里对价格的比较不能仅限于单价的比较，而应该考虑产品的综合价格或总拥有成本。

1. 同样的物料，不同的供应商报价

对于标准零部件，尤其是品牌元器件，比较容易进行横向对比分析。假定供应商的付款条件、交货条件、最小订购量、采购前置期均相同，那么对比这些供应商的报价时直接对其报价进行比较即可，因为供应商的报价都是基于相同的商品，不存在产品质量与性能的差异。标准电子元器件在不同供应商之间的报价对比，如表4-9所示。

表4-9 标准电子元器件在不同供应商之间的报价对比

| 序号 | 物料编码 | 物料描述 | 制造商名称 | 制造商型号 | 艾睿（欧洲）（美元） | 艾睿（美国）（美元） | 艾睿（中国）（美元） | 安富利（中国）（美元） | 富昌（中国）（美元） | 科通（美元） |
|---|---|---|---|---|---|---|---|---|---|---|
| 1 | 5000000-01 | CAP,100u,20%,35V,EL,105C,6.3x5 | 松下 | EEE-FT1V101AP | 0.082 2 | 0.130 0 | 0.091 0 | 0.081 0 | 0.120 0 | |
| 2 | 5000000-02 | IC,VREG,MPM3620,ADJ,SW,2.0A,QF | 芯源半导体 | MPM3620GQV-Z | 1.550 0 | 1.610 0 | 1.590 0 | 1.480 0 | | |
| 3 | 5000000-03 | XSTR,MFET,N-CH,650V,34A,TO-220 | 艾赛斯 | IXFP34N65X2 | 2.300 0 | 2.500 0 | 2.088 0 | 1.950 0 | | |
| 4 | 5000000-04 | IC,PROGLGC,FPGA,SPARTAN6,XC6SL | 赛灵思 | XC6SLX25-3FTG256C | 22.030 0 | 24.050 0 | 21.010 0 | 21.110 0 | | 18.700 0 |
| 5 | 5000000-05 | CHOKE, COMMON 1MH 700MA SMD | 爱普科斯 | B82793C0105N265 | 0.527 0 | 0.630 0 | 0.590 0 | 0.580 0 | 0.570 0 | |
| 6 | 5000000-06 | IC,DSP,ADSP-21469,450MHz,BGA | 亚诺德 | ADSP-21469KBCZ-4 | 10.680 0 | 11.670 0 | 10.489 5 | 11.100 0 | 12.000 0 | |
| 7 | 5000000-07 | DIO,RECT,600V,8A,VS-8EWL06FN-M | 威世 | VS-8EWL06FNTR-M3 | 0.328 2 | 0.850 0 | 0.450 0 | 0.380 0 | 0.550 0 | |
| 8 | 5000000-08 | IC,MEM,128Kx36,4Mb 7.5ns SYNC | 芯成半导体 | IS61LF12836A-7.5TQLI-TR | 2.420 0 | 5.960 0 | 4.500 0 | 3.100 0 | 4.670 0 | |
| 9 | 5000000-09 | IC,VREG,IGBT DRVR,ISOLATED,2A, | 英飞凌 | 1ED020I12FA2XUMA2 | 2.870 0 | 3.200 0 | 2.470 0 | 2.550 0 | 2.870 0 | |
| 10 | 5000000-10 | DIO,600V,60A,FAST,TO247 | 艾赛斯 | DSEI60-06A | 1.938 4 | 2.170 0 | 1.970 0 | 2.010 0 | 2.200 0 | |

## 2. 同样规格的物料，不同的供应商报价

对于规格相同但供应商不同的物料进行横向价格对比，也是我们日常采购活动中经常面临的问题。假定以下供应商的商务条款一致，即付款条件、交货条件、最小订购量、采购前置期均相同，我们在对这些供应商报价进行横向对比之前需要对每个供应商的样品进行测试与验证，只有供应商的样品通过了验证，其产品价格才具有可比性。因为这类定制件虽然每个供应商都是依据客户提供的规格参数来生产产品，但每个供应商所用的原材料、工艺不完全相同，只有当它们的样品通过了客户的测试与验证，我们才可以认为它们的产品是符合客户要求的，只有产品质量符合客户要求，供应商才能算是在"同一起跑线上"。当然，在样品测试与验证阶段，有的供应商的产品性能可能会优于其他供应商，其价格也会高于其他供应商，但最终我们要依据客户的选型标准来选择供应商。同样规格的物料在不同供应商之间的报价对比，如表4-10所示。

表4-10 同样规格的物料在不同供应商之间的报价对比

| 序号 | 物料编码 | 商品类别 | 规格描述 | 湖南艾华（美元） | 万裕（美元） | 上海永铭（美元） | 南通新三能（美元） | 丰宾（美元） |
|---|---|---|---|---|---|---|---|---|
| 1 | D30000001 | 电解电容 | 330U-20-130C-25-LS5-10.5*11 | 0.036 0 | 0.049 0 | 0.038 5 | 0.022 0 | 0.027 1 |
| 2 | D30000002 | 电解电容 | 1U-20-105C-400-LS2.5-6.8*13 | 0.016 0 | 0.016 0 | 0.011 8 | 0.010 8 | 0.009 4 |
| 3 | D30000003 | 电解电容 | 2U2-20-130C-400-LS2.5-6.8*13 | 0.019 0 | 0.023 0 | 0.018 0 | 0.012 9 | 0.011 1 |
| 4 | D30000004 | 电解电容 | 100U-20-105C-35-LS5-6.8*13 | 0.022 8 | 0.021 0 | 0.017 4 | 0.018 3 | 0.014 3 |

续表

| 序号 | 物料编码 | 商品类别 | 规格描述 | 湖南艾华（美元） | 万裕（美元） | 上海永铭（美元） | 南通新三能（美元） | 丰宾（美元） |
|---|---|---|---|---|---|---|---|---|
| 5 | D30000005 | 电解电容 | 220U-20-105C-35-LS5-8.5*13 | 0.032 5 | 0.025 0 | 0.031 9 | 0.028 0 | 0.019 8 |
| 6 | D30000006 | 电解电容 | 100U-20-105C-25-LS5-8.5*10 | 0.018 0 | 0.021 0 | 0.011 8 | 0.011 0 | 0.008 9 |
| 7 | D30000007 | 电解电容 | 10U-20-130C-35-LS2.5-6.8*9 | 0.013 2 | 0.013 8 | 0.008 4 | 0.011 0 | 0.009 3 |
| 8 | D30000008 | 电解电容 | 220U-20-130C-35-LS2.5-8.5*10.5 | 0.031 0 | 0.026 8 | 0.024 2 | 0.026 0 | 0.023 0 |

3. 价格大数据分析

在电子行业，产品的硬件部分通常由结构件（五金件与塑胶件）、电子元器件（有源器件与无源器件）、机电模组件（LED、开关、变压器、传感器、电缆线材、PCB和发热灯等零部件）、包装材料及化工原料组成。在实际采购活动中，一般要求供应商以成本分析的方式报价的只有结构件、机电模组件及包装材料三类商品，而电子元器件与化工原料一般不会要求供应商提供分解报价。主要原因有两点：其一，对于电子产成品而言，电子元器件已经是不可分割的最小零件单位；其二，从全球范围来看，电子元器件的主流厂商来自美国、欧洲、日本、韩国及中国的台湾，大部分电子元器件处于卖方市场格局，尤其是知名品牌厂商的元器件及半导体器件。因此，当80%以上的终端用户采购知名品牌的电子元器件时，只能依据规格对其价格进行分析，而无法拿到元器件厂商的分解报价。当然，还是有少数的终端用户是可以要求元器件厂商提供分解报价的，比如，苹果、三星、华为、西门子等行业巨头，因为它们在知名元器件厂商中的影响力超过了一般的终端客户。尽管我们无法像分析结构件及机电模组件那样对电子元器件产品进行分解报价分析，但我们可以对标准电子元器件进行价格分析，从中找到厂家报价的大致规律，并将其应用于电子元器件价格分析。下面以 MLCC 为例来探讨我们该如何做标准元器件的价格分析。

（1）收集并整理数据源。

作为采购人员，我们可以从 ERP 系统中导出所有物料的价格信息。当我们需要对某个子类商品进行采购价格分析时，只需要从数据库中选中所需要的那类物料并导出其价格信息，比如，从系统中导出 MLCC 的价格（见表 4-11）。统一所有价格"口径"并形成标准，即全部含税，币种全部为人民币，容值单位全部换算成 μF，等等，这样方便比较分析。

表 4-11 某企业 MLCC 的采购价格清单

| 序号 | 物料编码 | 商品类别 | 供应商 | 含税单价（元） | 制造商 | 制造商型号 | 容值（μF） | 封装 | 电压（V） | 材质 | 精度（%） |
|---|---|---|---|---|---|---|---|---|---|---|---|
| 1 | C05000001 | MLCC | 湘海 | 0.08500 | 村田 | GRM155R60J106ME44D | 10.000000 | 0402 | 6.3 | X5R | 20 |
| 2 | C05000002 | MLCC | 湘海 | 0.02950 | 村田 | GRM188R60J106ME47D | 10.000000 | 0603 | 6.3 | X5R | 20 |
| 3 | C05000003 | MLCC | 湘海 | 0.07900 | 村田 | GRM188R61A106ME69D | 10.000000 | 0603 | 10 | X5R | 20 |
| 4 | C05000004 | MLCC | 湘海 | 0.19500 | 村田 | GRM188R61E106MA73D | 10.000000 | 0603 | 25 | X5R | 20 |
| 5 | C05000005 | MLCC | 湘海 | 0.36000 | 村田 | GRM188R61C106KAALD | 10.000000 | 0603 | 16 | X5R | 10 |
| 6 | C05000006 | MLCC | 湘海 | 0.18600 | 村田 | GRM219R61C106KA73D | 10.000000 | 0805 | 16 | X5R | 10 |
| 7 | C05000007 | MLCC | 湘海 | 0.12000 | 村田 | GRM155R61A106ME11D | 10.000000 | 0402 | 10 | X5R | 20 |
| 8 | C05000008 | MLCC | 泰和源 | 0.02300 | 三星 | CL10A106MQ8NNNC | 10.000000 | 0603 | 6.3 | X5R | 20 |
| 9 | C05000009 | MLCC | 泰和源 | 0.05600 | 三星 | CL10A106KP8NNNC | 10.000000 | 0603 | 10 | X5R | 10 |

续表

| 序号 | 物料编码 | 商品类别 | 供应商 | 含税单价（元） | 制造商 | 制造商型号 | 容值（μF） | 封装 | 电压（V） | 材质 | 精度（%） |
|---|---|---|---|---|---|---|---|---|---|---|---|
| 10 | C05000010 | MLCC | 信和达 | 0.05600 | 东京电气化工 | C1608X5R0J106MTJ00N | 10.000000 | 0603 | 6.3 | X5R | 5 |
| 11 | C05000011 | MLCC | 信和达 | 0.03600 | 国巨 | CC0603MRX5R5BB106 | 10.000000 | 0603 | 6.3 | X5R | 20 |
| 12 | C05000012 | MLCC | 湘海 | 0.02480 | 村田 | GRM155R60J475ME47D | 4.700000 | 0402 | 6.3 | X5R | 20 |
| 13 | C05000013 | MLCC | 湘海 | 0.02150 | 村田 | GRM188R61A475KE15D | 4.700000 | 0603 | 10 | X5R | 10 |
| 14 | C05000014 | MLCC | 湘海 | 0.31000 | 村田 | GRM185R61A475KE11D | 4.700000 | 0603 | 10 | X5R | 10 |
| 15 | C05000015 | MLCC | 湘海 | 0.35500 | 村田 | GRM188R61E475KE11D | 4.700000 | 0603 | 25 | X5R | 10 |
| 16 | C05000016 | MLCC | 湘海 | 0.29500 | 村田 | GRM21BR61H475KE51L | 4.700000 | 0805 | 50 | X5R | 10 |
| 17 | C05000017 | MLCC | 湘海 | 0.35500 | 村田 | GRM188R6YA475KE15D | 4.700000 | 0603 | 35 | X5R | 10 |
| 18 | C05000018 | MLCC | 湘海 | 0.07450 | 村田 | GRM155R61A475KEAAD | 4.700000 | 0402 | 10 | X5R | 10 |
| 19 | C05000019 | MLCC | 湘海 | 0.02900 | 村田 | GRM155R60J475ME87D | 4.700000 | 0402 | 6.3 | X5R | 20 |
| 20 | C05000020 | MLCC | 湘海 | 0.12400 | 村田 | GRM155R61A475MEAAD | 4.700000 | 0402 | 10 | X5R | 20 |
| 21 | C05000021 | MLCC | 湘海 | 0.31000 | 村田 | GRM185R61A475KE11D | 4.700000 | 0603 | 10 | X5R | 10 |
| 22 | C05000022 | MLCC | 泰和源 | 0.01900 | 三星 | CL10A475KP8NNNC | 4.700000 | 0603 | 10 | X5R | 10 |
| 23 | C05000023 | MLCC | 泰和源 | 0.01800 | 三星 | CL10A475KQ8NNNC | 4.700000 | 0603 | 6.3 | X5R | 10 |
| 24 | C05000024 | MLCC | 泰和源 | 0.04300 | 三星 | CL05A475MP5NRNC | 4.700000 | 0402 | 10 | X5R | 10 |
| 25 | C05000025 | MLCC | 泰和源 | 0.07500 | 三星 | CL05A475KP5NRNC | 4.700000 | 0402 | 10 | X5R | 10 |
| 26 | C05000026 | MLCC | 得尔特 | 0.08970 | 京瓷 | CM03X5R225M06AH | 2.200000 | 0201 | 6.3 | X5R | 20 |
| 27 | C05000027 | MLCC | 得尔特 | 0.19010 | 京瓷 | CM03X5R225M10AH | 2.200000 | 0201 | 10 | X5R | 20 |

续表

| 序号 | 物料编码 | 商品类别 | 供应商 | 含税单价（元） | 制造商 | 制造商型号 | 容值（μF） | 封装 | 电压（V） | 材质 | 精度（%） |
|---|---|---|---|---|---|---|---|---|---|---|---|
| 28 | C05000028 | MLCC | 湘海 | 0.01170 | 村田 | GRM155R60J225ME15D | 2.200000 | 0402 | 6.3 | X5R | 20 |
| 29 | C05000029 | MLCC | 湘海 | 0.02800 | 村田 | GRM188R61C225KE15D | 2.200000 | 0603 | 16 | X5R | 10 |
| 30 | C05000030 | MLCC | 湘海 | 0.02100 | 村田 | GRM155R61A225KE95D | 2.200000 | 0402 | 10 | X5R | 10 |
| 31 | C05000031 | MLCC | 湘海 | 0.15300 | 村田 | GRM155R61C225ME11D | 2.200000 | 0402 | 16 | X5R | 20 |
| 32 | C05000032 | MLCC | 湘海 | 0.14400 | 村田 | GRM155R61E225KE11D | 2.200000 | 0402 | 25 | X5R | 10 |
| 33 | C05000033 | MLCC | 湘海 | 0.14200 | 村田 | GRM155R61C225KE11D | 2.200000 | 0402 | 16 | X5R | 10 |
| 34 | C05000034 | MLCC | 湘海 | 0.14300 | 村田 | GRM155R61C225KE11D | 2.200000 | 0402 | 16 | X5R | 10 |
| 35 | C05000035 | MLCC | 湘海 | 0.18000 | 村田 | GRM155R61E225ME15D | 2.200000 | 0402 | 25 | X5R | 20 |
| 36 | C05000036 | MLCC | 湘海 | 0.11500 | 村田 | GRM188R71A225KE15D | 2.200000 | 0603 | 10 | X7R | 10 |
| 37 | C05000037 | MLCC | 湘海 | 0.13800 | 村田 | GRM033R60J225ME47D | 2.200000 | 0201 | 6.3 | X5R | 20 |
| 38 | C05000038 | MLCC | 湘海 | 0.25000 | 村田 | GRM033R61A225KE47D | 2.200000 | 0201 | 10 | X5R | 10 |
| 39 | C05000039 | MLCC | 湘海 | 0.14500 | 村田 | GRM155R61E225ME11D | 2.200000 | 0402 | 25 | X5R | 20 |
| 40 | C05000040 | MLCC | 湘海 | 0.24000 | 村田 | GRM033R61A225ME47D | 2.200000 | 0201 | 10 | X5R | 20 |
| 41 | C05000041 | MLCC | 湘海 | 0.11000 | 村田 | GRM155R61C225KE44D | 2.200000 | 0402 | 16 | X5R | 10 |
| 42 | C05000042 | MLCC | 湘海 | 0.01900 | 村田 | GRM155R61A225ME95D | 2.200000 | 0402 | 10 | X5R | 20 |
| 43 | C05000043 | MLCC | 湘海 | 0.02150 | 村田 | GRM188R60J225KE19D | 2.200000 | 0603 | 6.3 | X5R | 10 |
| 44 | C05000044 | MLCC | 湘海 | 0.02300 | 村田 | GRM188R60J225KE19D | 2.200000 | 0603 | 6.3 | X5R | 10 |
| 45 | C05000045 | MLCC | 湘海 | 0.05900 | 村田 | GRM188R61E225KA12D | 2.200000 | 0603 | 25 | X5R | 10 |

续表

| 序号 | 物料编码 | 商品类别 | 供应商 | 含税单价（元） | 制造商 | 制造商型号 | 容值（μF） | 封装 | 电压（V） | 材质 | 精度（%） |
|---|---|---|---|---|---|---|---|---|---|---|---|
| 46 | C05000046 | MLCC | 湘海 | 0.09800 | 村田 | GRM219R61E225KA12D | 2.200000 | 0805 | 25 | X5R | 10 |
| 47 | C05000047 | MLCC | 湘海 | 0.01950 | 村田 | GRM155R60J225KE95D | 2.200000 | 0402 | 6.3 | X5R | 10 |
| 48 | C05000048 | MLCC | 湘海 | 0.02000 | 村田 | GRM155R60J225KE95D | 2.200000 | 0402 | 6.3 | X5R | 10 |
| 49 | C05000049 | MLCC | 湘海 | 0.11500 | 村田 | GRM219R61E225KA12D | 2.200000 | 0805 | 25 | X5R | 10 |
| 50 | C05000050 | MLCC | 泰和源 | 0.04200 | 三星 | CL05A225KA5NUNC | 2.200000 | 0402 | 25 | X5R | 10 |

（2）找出影响产品价格的主要参数。

通常来说，对标准器件的价格分析主要是从产品性能的角度进行的，而产品的性能一般由其主要参数决定，因此从产品性能的角度来看，影响产品价格的主要因素是产品的主要参数。比如，影响MLCC价格的主要参数为电容容量、封装尺寸、电容电压、电容精度、电容材质（材质决定了温度漂移系数）。我们该如何找出影响商品价格的主要参数？这就需要采购人员深入学习商品知识，包括但不限于基本电路知识、电子元器件基础知识以及电子元器件性能、电子元器件制造工艺和元器件应用领域等相关知识。关于元器件的基础知识，后面章节会单独介绍。

（3）多变量价格分析。

当我们确定了影响产品价格的主要因素时，就需要运用统计学方法来分析每个主要参数与价格的关系，以及主要参数是如何共同影响价格的。假定价格函数 $P=f$（制造商品牌、同一品牌不同代理商、电容容量、封装尺寸、电压、精度和材质等）。从价格函数中我们可以看出，只要是影响最终价格的因素都可以看作变量，因此我们可以运用价格函数对任何同一规格、不同制造商的产品进行价格分析，对同一制造商、不同规格的产品进行价格分析，对同一制造商、不同代理商的产品进行价格分析，等等。前文已分析过，影响价格的因素非常多，而且有些因素无法量化，比如，供需关系、服务水平、市场策略及客户关系等。因此，在对标准器件进行价格分析时，通常以产品的主要参数及制造商为变量来分析它们是如何影响产品价格的，而假定其他影响产品价格的因素是"恒定值"，即在同等条件下对价格变量进行分析。MLCC主要参数与价格的关系，如表4-12所示。

表4-12 MLCC主要参数与价格的关系

| 序号 | 物料编码 | 商品类别 | 供应商 | 含税单价（元） | 制造商 | 制造商型号 | 容值（μF） | 封装 | 电压（V） | 材质 | 精度（%） | 价格规律 | 备注 |
|---|---|---|---|---|---|---|---|---|---|---|---|---|---|
| 1 | C05000002 | MLCC | 湘海 | 0.02950 | 村田 | GRM188R60J106ME47D | 10 | 0603 | 6.3 | X5R | 20 | 同样规格的电容，品牌不同，价格也不同。精度越高，单价越高 | 品牌与价格的关系 |
| 2 | C05000008 | MLCC | 泰和源 | 0.02300 | 三星 | CL10A106MQ8NNNC | 10 | 0603 | 6.3 | X5R | 20 | | |
| 3 | C05000010 | MLCC | 信和达 | 0.05600 | 东京电气化工 | C1608X5R0J106MTJ00N | 10 | 0603 | 6.3 | X5R | 5 | | |
| 4 | C05000011 | MLCC | 信和达 | 0.03600 | 国巨 | CC0603MRX5R5BB106 | 10 | 0603 | 6.3 | X5R | 20 | | |
| 1 | C05000002 | MLCC | 湘海 | 0.02950 | 村田 | GRM188R60J106ME47D | 10 | 0603 | 6.3 | X5R | 20 | 当容值、尺寸及材质相同时，电容价格取决于电压与精度。正常情况下，电容的单价与电压及精度的高低成正比 | 电压与价格的关系 |
| 2 | C05000003 | MLCC | 湘海 | 0.07900 | 村田 | GRM188R61A106ME69D | 10 | 0603 | 10 | X5R | 20 | | |
| 3 | C05000004 | MLCC | 湘海 | 0.19500 | 村田 | GRM188R61E106MA73D | 10 | 0603 | 25 | X5R | 20 | | |
| 4 | C05000005 | MLCC | 湘海 | 0.36000 | 村田 | GRM188R61C106KAALD | 10 | 0603 | 16 | X5R | 10 | | |

第四章 采购成本管理

续表

| 序号 | 物料编码 | 商品类别 | 供应商 | 含税单价（元） | 制造商 | 制造商型号 | 容值（μF） | 封装 | 电压（V） | 材质 | 精度（%） | 价格规律 | 备注 |
|---|---|---|---|---|---|---|---|---|---|---|---|---|---|
| 1 | C05000001 | MLCC | 湘海 | 0.08500 | 村田 | GRM155R60J106ME44D | 10 | 0402 | 6.3 | X5R | 20 | 同一品牌的电容，当其容值、材质、电压及精度相同时，电容尺寸与价格成反比，即尺寸越小，价格越高 | 尺寸与价格的关系 |
| 2 | C05000002 | MLCC | 湘海 | 0.02950 | 村田 | GRM188R60J106ME47D | 10 | 0603 | 6.3 | X5R | 20 | | |
| 3 | C05000007 | MLCC | 湘海 | 0.12000 | 村田 | GRM155R61A106ME11D | 10 | 0402 | 10 | X5R | 20 | | |
| 4 | C05000003 | MLCC | 湘海 | 0.07900 | 村田 | GRM188R61A106ME69D | 10 | 0603 | 10 | X5R | 20 | | |
| 5 | C05000005 | MLCC | 湘海 | 0.36000 | 村田 | GRM188R61C106KAALD | 10 | 0603 | 16 | X5R | 10 | | |
| 6 | C05000006 | MLCC | 湘海 | 0.18600 | 村田 | GRM219R61C106KA73D | 10 | 0805 | 16 | X5R | 10 | | |
| 1 | C05000077 | MLCC | 湘海 | 0.02600 | 村田 | GRM033R60J105KEA2D | 1.000 | 0201 | 6.3 | X5R | 10 | 同一品牌的电容，当其尺寸、电压、材质及精度相同时，电容容量与价格成正比 | 容量与价格的关系 |
| 2 | C05000101 | MLCC | 湘海 | 0.01300 | 村田 | GRM033R60J224KE15D | 0.220 | 0201 | 6.3 | X5R | 10 | | |
| 3 | C05000112 | MLCC | 湘海 | 0.00650 | 村田 | GRM033R60J104KE19D | 0.100 | 0201 | 6.3 | X5R | 10 | | |
| 4 | C05000142 | MLCC | 湘海 | 0.00310 | 村田 | GRM033R60J103KA01D | 0.010 | 0201 | 6.3 | X5R | 10 | | |
| 1 | C05000066 | MLCC | 湘海 | 0.01980 | 村田 | GRM188R61E105KA12D | 1.000 | 0603 | 25 | X5R | 10 | 同一品牌的电容，当其容量、尺寸、电压、精度均相同时，电容价格取决于材质，即在同等条件下，X7R电容的价格高于X5R电容的价格 | 材质与价格的关系 |
| 2 | C05000072 | MLCC | 湘海 | 0.09600 | 村田 | GRM188R71E105KA12D | 1.000 | 0603 | 25 | X7R | 10 | | |
| 3 | C05000071 | MLCC | 湘海 | 0.08500 | 村田 | GRM188R71C105KA12D | 1.000 | 0603 | 16 | X7R | 10 | | |
| 4 | C05000075 | MLCC | 湘海 | 0.01850 | 村田 | GRM188R61C105KA93D | 1.000 | 0603 | 16 | X5R | 10 | | |

259

续表

| 序号 | 物料编码 | 商品类别 | 供应商 | 含税单价（元） | 制造商 | 制造商型号 | 容值（μF） | 封装 | 电压（V） | 材质 | 精度（%） | 价格规律 | 备注 |
|---|---|---|---|---|---|---|---|---|---|---|---|---|---|
| 1 | C05000024 | MLCC | 泰和源 | 0.04300 | 三星 | CL05A475MP5NRNC | 4.700 | 0402 | 10 | X5R | 20 | 同等条件下，当其他参数相同时，电容价格与精度成正比，即精度越高，价格越高 | 精度与价格的关系 |
| 2 | C05000025 | MLCC | 泰和源 | 0.07500 | 三星 | CL05A475KP5NRNC | 4.700 | 0402 | 10 | X5R | 10 | | |

## （二）质量成本分析

质量成本分析是指根据产品本身的质地与重量对产品价格进行纵向分析，即我们通常所说的产品分解报价。这里所说的"质量"并非指品质。价格分析是从产品性能（主要参数）的角度比较分析各个主要参数与价格的关系。质量成本分析主要是基于产品本身的结构，加上制造费用、利润、税来分析采购价格是如何构成的，以及价格构成的各个部分从何而来。下面依据管理会计，结合实际采购活动中的成本分析，设计了一个产品成本分析基本模型，如表4-13所示。

表4-13 产品成本分析基本模型

| 序号 | 科目 | 子科目 | 次级子科目 | 科目定义 | 成本 | 成本占比 |
|---|---|---|---|---|---|---|
| 1 | 直接制造成本 | 直接材料成本 | | 直接材料是指构成产成品实体的原材料和零部件，可以直接追溯到所生产的产品中，即我们通常所说的BOM里的物料 | BOM中物料成本总和 | |
| | | 直接人工成本 | | 直接参与产品制造的工人的工资费用 | 工人单位小时工资 × 单位产品工时 | |

续表

| 序号 | 科目 | 子科目 | 次级子科目 | 科目定义 | 成本 | 成本占比 |
|---|---|---|---|---|---|---|
| 2 | 间接制造成本 | 制造费用 | 间接材料费用 | 包括辅料与耗材。不构成产成品实体的工厂物料，或者构成产成品但很难将其成本追溯到单位产成品中的物料 | 单位产品间接材料费用摊销 | |
| | | | 间接制造人工费 | 与生产制造相关的除直接人工以外的所有间接人员的工资。比如，班组长、设备修理及维护技术员、仓库管理员和保安等人员的工资。 | 单位产品间接制造人工费摊销 | |
| | | | 场地费 | 仓房折旧费、租金、土地及建筑物保险费、建筑物维护费和水电气等公共事业费 | 单位产品场地费摊销 | |
| | | | 机器设备费 | 机器折旧及维护保养费用 | 单位产品设备折旧费摊销 | |
| | | | 满足有关监管要求的费用 | 工厂安全生产费用、消防费用以及废料处理、工厂废气排放环保费用等 | 单位产品监管费用摊销 | |
| | 制造成本 | 直接制造成本 | | 直接材料成本与直接人工成本加总 | | |
| | | 间接制造成本 | | 制造费用 | | |
| 3 | 产品不良率成本 | | | 制造成本×产品不良率＝产品不良率成本 | 单位产品制造成本/（1-不良率百分比） | |
| | 总制造成本 | 制造成本 | | 直接制造成本与间接制造成本加总 | | |
| | | 产品不良率成本 | | 制造成本×产品不良率＝产品不良率成本 | | |
| 4 | 销售费用 | 保险费 | | 产品销售过程中购买的保险支出 | 销售费用比率 | |
| | | 包装费 | | 销售过程中产生的额外包装费用 | | |
| | | 展览费和广告费 | | 开展销会的费用及广告费 | | |
| | | 商品维修费 | | 商品返修费用 | | |
| | | 预计产品质量保证损失 | | 质量保障损失预计费用 | | |

续表

| 序号 | 科目 | 子科目 | 次级子科目 | 科目定义 | 成本 | 成本占比 |
|---|---|---|---|---|---|---|
| 5 | 管理费用 | 公司经费 | 间接人工成本 | 总部管理人员工资、职工福利费、差旅费、办公费、董事会会费、折旧费、修理费、物料消耗、低值易耗品摊销及其他公司经费 | 管理费用比率 | |
| | | 职工教育、住房经费 | | ①按应付工资的2.5%计提的用于职工教育方面的费用。开支的范围主要有培训教材费、师资费、外委培训费、培训教师及外委培训人员的差旅费、交通费等，培训领用的消耗品和零配件等 ②住房公积金。公司为职工缴纳的住房公积金，计提基数是岗位技能工资，计提比例公司为10%，个人为10%（其中个人部分从个人工资中扣除） | | |
| | | 税金 | | 各种税务费用 | | |
| | | 技术转让费 | | 企业为购买或使用专有技术而支付的费用 | | |
| | | 无形资产摊销 | | 按照使用年限，将无形资产分为期限型无形资产和无期限型无形资产两大类。期限型无形资产是指随着该项无形资产的使用，其寿命会越来越短，最终在一定的使用年限之后，它将不再属于该企业的一项资产。这个使用期限正如现行会计制度的规定，如专利权、非专利技术、商标权、著作权和土地使用权等。无期限型无形资产主要是指那些没有法律与合同规定或公认使用年限的无形资产。这里的"无期限"是一个相对概念，它是指在企业良好运行期间的无期限，如果企业面临倒闭，该项相对意义上的无期限型无形资产也会随之消失 | | |
| | | 咨询费 | | 指委托人为就相关事项从咨询人员或公司获得意见或建议而支付的报酬 | 管理费用比率 | |
| | | 诉讼费 | | 指当事人为向人民法院提起诉讼程序应当缴纳的费用，包括案件受理费和其他诉讼费用 | | |
| | | 其他 | | | | |

续表

| 序号 | 科目 | 子科目 | 次级子科目 | 科目定义 | 成本 | 成本占比 |
|---|---|---|---|---|---|---|
| 6 | 财务费用 | 利息支出 | | 指企业短期借款利息、长期借款利息、应付票据利息、贷款利息、票据贴现利息、应付债券利息以及长期应付引进国外设备款利息等利息支出（除资本化的利息外）减去银行存款等的利息收入后的净额 | 财务费用比率 | |
| | | 汇兑损失 | | 指企业因向银行结售或购入外汇而产生的银行买入、卖出价与记账所采用的汇率之间的差额；月度（季度、年度）终了，各种外币账户的外币期末余额按照期末规定汇率折合的记账人民币金额与原账面人民币金额之间的差额；等等 | | |
| | | 相关的手续费 | | 指发行债券所需支付的手续费（需资本化的手续费除外）、开出汇票的银行手续费和调剂外汇手续费等，不包括发行股票所支付的手续费等 | | |
| | | 其他财务费用 | | 如融资租入固定资产发生的融资租赁费用等 | | |
| 7 | 物流仓储费用 | 运费 | | 将商品从一个地方运输到另一个地方所涉及的所有相关费用 | | |
| | | 关税 | | 海关税费 | | |
| | | 仓储费用 | | 仓储存放费用 | | |
| | | 其他物流费用 | | | | |

续表

| 序号 | 科目 | 子科目 | 次级子科目 | 科目定义 | 成本 | 成本占比 |
|---|---|---|---|---|---|---|
| 8 | 工程和开发费用 | 研发人员工资及差旅费用 | | 某个项目投入研发人员的数量及时间 | 研发人员工资 × 总工时，按年限分摊 | |
| | | 仪器设备 | | 用于产品研发所购买的仪器、设备和工装治具等 | 设备、仪器及工装治具的实际支出按年限分摊 | |
| | | 材料费用 | | 用于产品研发所购买的原材料、器件、半成品及成品 | 材料费用分摊 | |
| | | 产品认证 | | 安全生产规范认证相关费用 | 安全生产规范费用分摊 | |
| | | 其他 | | | | |
| 9 | 潜在风险成本 | 多余库存 | | | | |
| | | 坏账风险 | | | | |
| | | 其他 | | | | |
| 10 | 其他费用 | | | | | |
| 11 | 总成本 | | | | | |
| 12 | 毛利润 | | | | | |
| 13 | 单位产品售价 | | | | | |

由表 4–13 可以看出，任何产品的价格构成都离不开以下价格模型，即

"价格＝直接制造成本＋间接制造成本＋产品不良率成本＋销售费用＋管理费用＋财务费用＋物流仓储费用＋工程和开发费用＋潜在风险成本＋其他费用＋毛利润"。这个价格模型是基于终端产成品的价格模型，如果运用于有些半成品或零部件的价格核算，有些费用会被分摊到制造费用或放进毛利润中，比如，"销售费用＋管理费用＋财务费用＋物流仓储费用"，有时也会以一定比例直接放进毛利润中。很多技术含量不高的制造型企业，工程和开发费用几乎是零，所以有时我们将价格模型简化为 "价格＝直接材料成本＋直接人工成本＋制造费用＋毛利润＝成本＋毛利润"。也许有人会想，价格受很多变量因素影响，那为什么价格有一个恒定的公式呢？没错，价格的确会受很多变量因素影响，但无论是受供需关系、市场格局、客户关系、用量、终端客户等因素影响，还是受其他因素影响，所有对价格产生影响的变量因子只会对商品成本和毛利润两个变量产生影响，但不会对"价格＝成本＋毛利"这个价格模型产生影响。例如，企业要采购 ADI：ADSP-21469KBCZ-4（DSP Floating-Point 32bit 450MHz 324-Pin CSP-BGA Tray），由于 A 企业是一个普通电子厂，亚诺德原厂或其指定代理商报价给 A 企业时价格可能是市场价 22.7 美元 / 个；但如果终端客户是华为，那么同样的芯片，亚诺德原厂可能给华为报价 8.2 美元 / 个。在这种情况下，对于亚诺德原厂来讲，其芯片的成本可能是相同的，但不同的是毛利润。通过这两个价格的对比我们可以知道，亚诺德给 A 企业的报价比给华为的报价每颗芯片至少会多出 14.5 美元的毛利润，尽管终端客户对价格有很大的影响，但商品的价格构成依然是"价格＝成本＋毛利"。

通过表 4-13 我们可以基本了解制造行业中产品价格的结构，但在实际工作中对于供应商提供的分解报价，我们有时也很难判断各部分报价的合理性和真实性。一方面是因为产品价格构成对于任何一个企业而言都是高度机密的信息，一般企业不会对外公布这一数据；另一方面是因为供应商不愿意让客户知道其产品真实的利润是多少，往往会把利润"藏"在分解报价的某个地方或某几个地方。鉴于此，我们以财务为基础，从采购的角度来剖析价格构成的主要科目从何而来。

1. 直接材料成本

直接材料成本是指构成产成品实体的原材料和零部件，可以直接追溯到所生产的产品中，即通常所说的 BOM 里的物料。对于供应商提供的直接材料成本的审核，根据产品复杂度不同，将其归纳为以下三种情况。

（1）产品结构相对简单的物料。产品结构简单是指 BOM 物料种类少，比如，塑胶件的主要原材料就是塑胶粒和色粉，PCB 的主要原材料是玻璃纤维布、环氧树脂、PP 片、铜箔及黏合剂等材料。产品结构相对简单的物料的 BOM 成本一般比较容易分析，并且这类产品的上游供应链更靠近原材料端，原材料端的价格在市场上相对透明。

（2）半成品或组件。这类物料本身是一个成品，但其必须放在最终产成品中才能发挥其性能，比如，带变压器的链接器、LED 驱动模块、马达和太阳能板组件等，这类产品的 BOM 通常由 20~100 颗物料组成。

（3）产品结构复杂的成品。产品结构复杂的成品是指 BOM 中物料比较多的产成品，比如，计算机、白色家电、手机、医疗设备、音响功放等。这类产品的 BOM 通常由 100 颗以上的物料组成，有些 BOM 甚至由几千颗物料组成，比如，专业音响中的 Video（录像带）&Control（操纵装置）由 3000 多颗物料组成。

对于产品结构复杂的产品的直接材料成本的分析往往是战略采购（成品采购）工作的重点，因为直接材料成本是这类产品的主要成本，且种类繁多、金额大。

2. 直接人工成本

直接人工成本是指直接参与产品制造的工人的工资费用，在制造型企业中，直接人工通常是指流水线上的操作工人。

单位产品人工成本 = 工人单位小时工资 × 单位产品工时（周期时间）

工人单位小时工资 = 城市最低标准工资 / 每月标准劳动时间（21.75 × 8 = 174〈小时〉）

以 2018 年深圳标准工资为例，2018 年深圳工人单位小时工资 = 2200/174 = 12.64（元/小时），平时加班的单位小时工资 = 12.64×1.5 = 18.96（元/小时），周末加班的单位小时工资 = 12.64×2 = 25.28（元/小时）。

当我们对供应商分解报价中的直接人工成本进行分析时，难点就在于买方并不清楚单位产品工时的真实性与准确性，因此这通常是供应商"藏"利润的一个地方。工人单位小时工资依据各个城市最低工资标准可以清晰地核算出来，这一点买卖双方通常没有异议。

3. 制造费用

制造费用也称"制造成本"，是指除直接材料成本和直接人工成本以外的所有制造成本，包括间接材料成本、间接人工成本、设备维修费用、机器折旧费、水电气费和厂房租金等。由于制造成本不像直接材料成本与直接人工成本那样可以直接追溯到单位产品中清晰地核算出来，制造成本属于"公共性"费用，比如，厂房折旧费，每个产品的生产都需要用到厂房，我们无法核算出每个具体产品真实的厂房折旧费。在这种情况下，通常是由财务成本核算人员根据一定期限内（一个月、季度或一年）企业所实际发生的制造成本总支出与销售额之比算出一个比率，作为我们核算单位产品制造成本的一个参考值。制造成本通常也是供应商报价时用来"藏"利润的一个地方，具体原因如下。

（1）制造成本比率本身就是根据已经发生的费用估算出的一个参考值，在产品没有生产出来之前，企业自身也无法精确地核算出制造成本总额。

（2）同一家企业不同的产品线所耗费的制造资源不尽相同，所以并非所有产品的单位制造成本都是相同的，但我们又无法像追溯直接材料成本与直接人工成本一样将制造成本追溯到单位产品中，最多只能按产品大类进行追溯。

（3）不同行业、同一行业不同企业之间的制造成本也有差别，而且没有一定的行业标准。没有标准，我们就无法衡量供应商所报的制造成本比率是否合理。

（4）制造成本与产品种类及数量有直接关系。

其一，由于制造成本中包含一些沉没成本，比如，机器设备折旧费、厂房租金或折旧费等，所以在一定期限内产出越高，单位产品的制造成本越低，反之就越高。因为无论产品产出多少，这些沉没成本都在"那里"。正是由于这个原因，规模大的工厂都需要大量的订单来"拉低"制造成本。

其二，大家都知道，在同一段时间内"少品种、大批量"订单的产出远远高于"多品种、小批量"订单的产出，因为"多品种、小批量"的订单不具备规模经济效应，但它们需要耗费同样的资源，尤其是时间成本。

4. 产品不良率成本

产品不良率成本是指在生产制造过程中由于产品不良给企业带来的额外成本。这也是买卖双方经常有争议的地方，因为没有固定的标准可循。可能有的企业产品不良率是 0.5%，但其给客户报价时反映在分解报价中的产品不良率是 2%，这样一来就多出了 1.5% 的毛利润。

5. 销售费用、管理费用、制造费用与财务费用

销售费用、管理费用与制造费用通常被称作"制造型企业的三大费用"，这三大费用的共性是，它们都属于间接产品成本，无法清晰地追溯到每个单位产品中。这三大费用加上财务费用，通常是按财务部给出的费率分摊到产品中。

6. 物流仓储费用

依据不同的产品类型，物流部与财务部一起规定产品的物流费率。

7. 工程和开发费用

工程和开发费用通常会放在毛利润中，一般企业不会单独在报价时列出工程和开发费用。

8. 其他费用

以钢片为例，其产品分解报价如表 4-14 所示。

### 表4-14 钢片分解报价案例

<table>
<tr><td colspan="10" align="center">钢片分解报价</td></tr>
<tr><td>物料编码</td><td>G0000001</td><td>买方名称</td><td>深圳市×××有限公司</td><td></td><td></td><td>报价币种</td><td>人民币</td><td>供应商名称</td><td>深圳市×××有限公司</td></tr>
<tr><td>物料描述</td><td>补强钢片</td><td>买方地址</td><td>深圳市××××××</td><td></td><td></td><td>报价用量</td><td>2KK</td><td>供应商地址</td><td>深圳市×××××</td></tr>
<tr><td>图纸编号</td><td>D0001</td><td>买方联系人</td><td>王小姐</td><td></td><td></td><td>产品应用</td><td>补强</td><td>供应商联系人</td><td>张小姐</td></tr>
<tr><td>图纸版本</td><td>D0001-V2</td><td>联系人电话</td><td>0755-××××××××</td><td></td><td></td><td>预计量产时间</td><td>2024年6月</td><td>联系人电话</td><td>0755-××××××××</td></tr>
<tr><td>商品类别</td><td>辅料</td><td>联系人邮箱</td><td>×××@××.com</td><td></td><td></td><td>项目寿命</td><td>2年</td><td>联系人邮箱</td><td>×××@××.com</td></tr>
<tr><td>询价单号</td><td>RFQ-20160101</td><td>付款方式</td><td>月结90天</td><td></td><td></td><td>报价日期</td><td>2024年3月1日</td><td>是否有供应商代码</td><td>有</td></tr>
<tr><td>询价类别</td><td>分解报价</td><td>出货方式</td><td>以工厂交货方式</td><td></td><td></td><td>是否含税</td><td>未税</td><td>供应商代码</td><td>5008801</td></tr>
<tr><td colspan="10" align="center">直接材料成本</td></tr>
<tr><td>序号</td><td>材料名称</td><td>材料平方米单价（元/平方米）</td><td>产品宽度（毫米）</td><td>产品长度（毫米）</td><td>产品厚度（毫米）</td><td>体积（立方米）</td><td>产品数量（平方米）</td><td>制程良率（%）</td><td>材料成本（元/个或种）</td></tr>
<tr><td>1</td><td>SUS304不锈钢</td><td>48.00</td><td>10.6</td><td>15.3</td><td>0.15</td><td>162.2</td><td>6166</td><td>97</td><td>0.007 55</td></tr>
<tr><td>2</td><td>CBF-300胶</td><td>400.00</td><td>10.6</td><td>15.3</td><td></td><td></td><td>6166</td><td>97</td><td>0.062 92</td></tr>
<tr><td>3</td><td>SUS304镀镍</td><td>129.00</td><td>10.6</td><td>15.3</td><td>0.15</td><td>162.2</td><td>6166</td><td>97</td><td>0.020 30</td></tr>
<tr><td>4</td><td>刀模</td><td>2000</td><td></td><td></td><td></td><td>生产数量</td><td>200 000</td><td></td><td>0.010 00</td></tr>
<tr><td></td><td></td><td></td><td></td><td></td><td></td><td>（A）直接材料及模具成本合计</td><td></td><td></td><td>0.100 77</td></tr>
</table>

续表

| 钢片分解报价 ||||||||||
|---|---|---|---|---|---|---|---|---|---|
| 直接人工成本 ||||||||||
| 序号 | 工序名称 | 工费率（元/人） | 模具每小时产出（片） | 产品层次 | 跳距（毫米） | 模穴数 | 每小时产出（个或种/人） | 制程良率（%） | 工时费（元/小时） |
| 1 | 冲压 | 35.00 | 3000 | | | 1 | 3000 | 100 | 0.011 67 |
| 2 | 热压背胶 | 20.00 | 3000 | | | 1 | 3000 | 100 | 0.006 67 |
| 3 | 全检 | 15.00 | 5000 | | | 1 | 5000 | 100 | 0.003 00 |
| 4 | 清洗 | 15.00 | 5000 | | | 1 | 5000 | 100 | 0.003 00 |
| 5 | 绿胶带 | 15.00 | 5000 | | | 1 | 5000 | 100 | 0.003 00 |
| 6 | 包装 | 15.00 | 5000 | | | 1 | 5000 | 100 | 0.003 00 |
| | | | | | | （B）单位人工成本合计 | | | 0.030 34 |

| 序号 | 成本科目 | 费率 | 成本 |
|---|---|---|---|
| 1 | 直接制造成本（C） | $C=A+B$ | 0.131 10 |
| 2 | 管理及销售费用（D） | $D=C\times 5\%$ | 0.006 56 |
| 3 | 运输成本（X） | $X=C\times 2\%$ | 0.002 62 |
| 4 | 样品及财务费用（Y） | $Y=C\times 6\%$ | 0.007 87 |
| 5 | 间接制造成本（机器、厂房、租金和水电气费等）（L） | $L=C\times 4\%$ | 0.005 24 |
| 6 | 产品销售成本（E） | $E=C+D+X+Y+L$ | 0.153 39 |
| 7 | 毛利润（F） | $F=E\times 15\%$ | 0.023 01 |
| 8 | 未税单价（G） | $G=E+F$ | 0.176 40 |
| 9 | 增值税（T） | $T=(G-A)\times 17\%$ | 0.012 86 |
| 10 | 含税单价（P） | $P=G+T$ | 0.189 26 |

## （三）时间对比

从空间（横向）与质量（纵向）的角度分析完产品报价后，基于同一厂商，我们还会从时间的角度分析其报价的变化趋势。我们通常用PPV工具来管理同一种物料在不同时间段价格的变化问题。

## 七、如何有效地议价

采购活动的本质是买卖双方以商品、服务或技术为载体实现双方的价值交换。在这一价值交换过程中，当卖方向买方提供商品、技术或服务，完成向买方的价值流传递之后，买方相应地要向卖方提供同等价值的某种"载体"，以形成一个"回路"，完成双方的价值交换。在当今时代，买方向卖方提供的同等价值的"载体"通常是一定金额的货币，而货币金额通常等于商品的采购价格乘以采购数量，用公式表示如下。

商品价值 = 采购价格 × 采购数量

公式左边的"商品价值"是卖方需要向买方提供的，公式右边的"采购价格 × 采购数量"是买方需要向卖方提供的，从这个价值交换的公式中我们可以看到，整个价值交换的过程共涉及四个因素，即商品价值、采购价格、采购数量与供应交付（等号代表双方实现供应交付，只有双方实现供应交付才标志着价值交换完成）。其实在整个采购活动中要管理和解决的所有问题都是围绕这四个因素进行的。采购过程的核心问题，如表 4-15 所示。

表 4-15 采购过程的核心问题

| 序号 | 项目 | 内容 |
| --- | --- | --- |
| 1 | 商品价值 | 商品的规格参数、商品的品质标准定义、需求确认、器件选型、有无指定制造商、寻源、供应商开发与选择、供应商生产商品等 |
| 2 | 采购价格 | 报价、价格分析、TCO 分析、商务条款磋商、价格磋商、价格管理等 |
| 3 | 采购数量 | 订单数量的确定、需求预估等 |
| 4 | 供应交付 | 寻源、订单需求管理、订单管理、交付管理、物流、仓储等 |

从以上价值交换的公式中我们可以看到，要想实现一个完整的采购价值

链的活动，以上四个因素是必要条件。换句话说，如果买卖双方对于这四个因素没有达成一致，那么采购活动是无法完成的。在这四个因素中，商品价值与采购数量相较于采购价格与供应交付更容易解决，且双方更容易达成一致，因此采购价格与供应交付问题在采购活动中往往是双方谈判的重点。我们暂不讨论供应交付的问题，接下来我们来谈谈买卖双方在采购价格上是如何达成一致的。

因为报价受多个因素的影响，所以买卖双方在达成价格一致上也有多种情况。有卖方市场，卖方掌握定价权；买方市场，买方掌握定价权；自由竞争市场，市场掌握定价权；等等。一般情况下，80%以上的买卖活动是通过市场机制来完成交易的，所以买卖双方大多时候是通过价格磋商来确定采购价格（销售价格）的。那么采购人员该如何有效地与供应商议价？

在日常生活中，我们经常会听到这样的话："你怎么像个买卖人一样，做什么事情都讨价还价呢？"这句话道出了买卖人的自然属性，即讨价还价。采购活动本身就是一个"买卖"的过程，那么买方与卖方议价的过程其实就是一个"讨价还价"的过程，卖方希望为自己的商品"讨"个好价钱，买方为了以最低的价格买到最好的商品不得不同卖方"还价"，这个你来我往的过程就是议价。议价的过程也是一个谈判的过程，采购活动中通常会有多个谈判的议题，而价格谈判是采购谈判中一个非常重要的议题。采购谈判是一个比较大的课题，在此不予讨论，我们将从实际采购工作出发讨论该如何做好议价工作。

从议价的前后逻辑顺序来看，议价可划分为议价前的准备阶段、议价中的谈价阶段及议价后的跟进阶段这三个阶段，下面分阶段谈谈我们该如何做好议价工作。

### （一）议价前的准备阶段

经验告诉我们，"凡事预则立，不预则废"，议价工作亦是如此。所谓商场如战场，要想打赢一场战争，战前的准备与谋划是必不可少的。在议价工作中，我们准备得越充分，掌握的主动权越大，否则在谈判中就会处于被动的局面。那么议价前我们该做哪些准备工作?

1. 设定价格预期

在议价之前，我们一定要有一个明确的价格目标或价格预期，否则双方磋商的"基石"就不存在了。这个价格预期既要符合买方的利益，也要考虑卖方能否接受。比如，我们在与供应商进行年度议价时，都会按照商品类别或者供应商设定不同的降价比例，这个比例就是我们的价格预期。对于价格预期，我们通常会设定一个范围而非一个固定的数值，因为在实际磋商的过程中有很多不可控的因素，所以我们经常会讲"最好的情况……，最坏的情况……"。我们设定价格预期时的这个"最坏的情况"就是我们的底线，"最好的情况"就是我们想要达成的目标价格。

2. 全面做好价格分析及成本分析工作

采购工作中的"讨价还价"与日常生活中在菜市场买菜时的"讨价还价"有相似的地方，但更多的是不同，因为采购工作属于企业之间的商业活动，企业之间的商业活动带有复杂化、多样化特点，更加强调商业规则、市场规律，而日常生活中的买卖活动相对简单，随意性很强。日常生活中的"讨价还价"带有很强的主观色彩，没有太多的商业规则及伦理，而采购活动中的议价工作不能像菜市场买菜一样"打口水战"。

作为买方，我们一定要清楚自己所购买的商品的成本结构、供应商的报价模型、横向价格分析等数据。当我们知道这些数据之后就可以对商品进行估价，将我们自己的估价与供应商的报价进行对比，找出其中的差异，而这些差异之处就是我们在议价过程中要重点关注的地方。全面做好价格与成本分析的意义就在于，清楚商品的价格是"从何而来的"。

3. 深入分析我们所购买商品的市场格局

价格由市场供需关系决定，因此市场格局也是影响价格的重要因素。在与供应商议价之前，我们要充分地调查研究我们所购买商品的市场需求与供应格局。例如，2017年到2018年第三季度，MLCC市场一直处于供不应求的"火爆"状态，且MLCC供应市场又处于寡头垄断的市场格局，在这种情况下，如果买方要求供应商降价，显然时机不对；但2018年第四季度开始，MLCC的需求放缓，供应充足甚至有些过剩，MLCC价格大幅下降，在这种情况下，我们要求供应商降价的成功率显然是很高的。

4. 深入了解议价对象

所谓"知彼知己，百战不殆"，了解议价的对象，即供应商是我们在议价前必须做的"功课"。我们要了解供应商在市场中的行业地位，其市场定位、市场战略及其竞争优势与劣势等，当我们清楚"对手"的情况后，在后面的价格谈判中就能"避其锋芒，击其要害"。例如，某企业采购人员与台湾地区电解电容企业丰宾就年度降价进行谈判，谈判前该采购员分析了整个电解电容市场主流厂商的特点、终端客户和市场定位。通过分析发现，丰宾的市场策略及定位在随着终端市场的变化而变化，比如，原来丰宾定位于电源、电视机及PC等市场，后来其发现这些市场逐渐下滑时，不得不重新开发一些新兴市场以保持增长率。中高端照明市场一直是丰宾想进入的市场，在这种情况下，他们为了进入照明市场一定会在产品价格上做出让步。如果我们深入了解对手的意图，将十分有利于我们制定相应的价格谈判策略。

5. 设想在议价过程中供应商可能会提出的一系列问题

议价的过程类似辩论的过程，买卖双方都试图说服对方接受自己的观点，一旦对方接受了自己的观点，就意味着其接受了己方的价格。在辩论的过程中最忌讳回答不出对方的提问，一旦回答不出对方的问题就意味着自己的观点站不住脚，从而对方胜出。为什么回答不出对方的问题呢？一般有几种情况：我方有明显的逻辑错误被对手抓住了，我方某种认知或知识上的欠缺，等等。议价的过程亦是如此，一旦对手（供应商）连续地提问而我们答不上来，就意味着对方比我们更专业，专业又意味着"权威"。一旦"权威"被对方掌握，那么定价权也随之到对方那边去了，因此，我们在进行价格谈判之前要设想一系列供应商可能会提出的问题，并提前找到问题的答案或解决方案，使我方不至处于被动的状态。举个例子，采购部帮工程部买10套小型烧录治具，结果供应商报价1500美元/套。采购经理让供应商提供针对这个报价的分解报价，结果供应商怎么算都不到1500美元，甚至连1500元人民币都达不到。最后采购经理以每套500元人民币的价格从另一个厂商那里采购到了同样的治具，这两个供应商的治具价格相差近20倍。

6. 分析影响商品报价的主要因素

影响商品报价的因素有很多，报价不仅受到商品本身成本结构、供需关系等因素的影响，还受到其他很多因素的影响。在与供应商正式议价之前，如果我们能分析出影响商品报价的主要因素，在价格谈判中，我们就可以就影响价格的主要因素逐一与供应商进行磋商，看供应商报价的哪些地方是合理的，哪些地方是不合理的，不合理的地方就需要调整。这样议价才会有理有据，双方都能接受。

7. 制定一个议价方案或策略

依据以上分析，制定一个或多个议价方案与策略，以达成我们的目标。

（二）议价中的谈价阶段

在价格谈判的过程中，我们应该注意以下事项。

1. 价格谈判的对象

在电子元器件行业里，原厂或代理商的报价系统中对于同一颗元器件通常会给出几个不同的价格等级，比如，普通价格（普通业务员报给普通客户的价格）、申请价格（普通业务员为某个客户专门申请的价格）、优惠价格（业务经理为某个老客户申请的价格）、特价（业务总监或总经理给某个大客户的特殊价格）等。这意味着，不同级别的销售人员有不同的价格审批权限，级别越高，权限越大。因此，当我们要进行年度议价或就某个大项目进行价格谈判时，我们要清楚该找哪个层级的销售人员议价。如果我们是某个供应商的A类客户，那么我们有理由邀请供应商的销售总监或副总经理参与议价工作，如果只是销售业务员及销售经理参加的话，由于权限问题，他们很难给出我们预期的价格。

2. 价格谈判的方式

价格谈判通常有三种方式，即邮件、电话及面谈。采取什么样的方式取决于价格谈判的重要等级、紧急程度及买卖双方的想法。比如，普通器件的议价，我们可以通过电话或邮件来完成；如果是年度议价，就必须安排双方见面讨论。

3. 价格谈判的时机

价格谈判一般是在买方收到卖方报价并完成报价分析之后展开的。采购人员几乎每天都要处理普通的议价工作。

4. 如何提出目标价

在议价的过程中卖方经常会请买方提出自己的目标价，以提高整个议价工作的效率。在这种情况下，买方如何提出自己的目标价将直接影响着价格谈判的结果。向供应商提出目标价至少要遵循以下两个原则。

（1）对供应商提出的目标价应该低于买方自己的价格预期或"真实的目标价"，因为买卖人天生有一个讨价还价的"属性"。举例来讲，如果买方对采购商品A的价格预期是10元，那么买方给卖方提出的目标价应该低于10元，比如，可以是8元、9元、9.5元等。如果直接提出10元的目标价，最终买方很难成功地拿到这个价格。

（2）对供应商提出的目标价应该是接近市场价格的合理价格。对供应商提出合理的目标价至少意味着两点：第一，买方是专业的，因为买方清楚市场行情及价格；第二，买方是有诚意的，而不是"乘人之危"或乱砍价。与之相反，有些买方确实是因不懂其所购买的商品的市场行情而给不出合理的目标价，也有些买方是明知道市场行情，却仗着自己订单量大而"乘人之危"或乱砍价。

（三）议价后的跟进阶段

当买卖双方完成价格磋商后，采购人员还需完成以下跟进工作。

1. 新价格生效日期确认

新价格生效日期往往也是买卖双方争议的焦点，价格生效日期一般有两种约定方式：一种是以订单交付日期为基准，即双方约定从某一时间点开始交货的订单全部采用新价格，这意味着买方需对在途订单的价格进行更改，这种方式对买方有利，所以买方通常倾向于采用这种生效日期；另一种是以下订单日期为基准，即双方约定从某一时间点开始下的订单均采用新价格，卖方通常倾向于采用这种生效日期。

2. 将新价格及时更新至系统

当新价格及生效日期确定下来之后，采购必须在 24 小时内将新价格更新至 ERP 系统，并告知后端执行采购人员，以防止因信息不对称造成后端采购人员依然用原价格下单。

3. 核算成本节省情况

当新价格确定以后，我们应该核算 PPV 的情况，以便及时了解成本节省状况。

## 八、报价应遵循的原则

获取合理甚至有竞争力的价格是每个买方企业的期望，影响企业能否获得目标价的因素又有很多，询报价就是其中一个非常重要的因素。那么在询报价过程中我们应该设定哪些规则以获取更有竞争力的价格？

### （一）公平、公正及公开原则

向供应商询价的过程，对供应商来讲就是一个竞争的过程。在竞争过程中，需要确保公平竞争和公正评判。

1. 公平

公平是指处理事情合情合理，不偏袒某一方或某个人，即参与社会合作的每个人承担他应承担的责任，得到他应得的利益。公平是指按照一定的社会标准（法律、道德、政策等）、正当的秩序合理地待人处事，这是制度、系统、重要活动的基本遵循。公平包含公民参与政治、经济和社会其他生活的机会公平、过程公平和结果分配公平。

采购活动本身就属于经济活动，因此采购活动也要遵循公平原则，只有遵循公平原则，事物才能保持可持续性发展。具体到询报价的过程，就是采购人员在询报价过程中要公平对待供应商的报价。比如，要同一时间将询价需求发送给每一位厂商，不能先给某些厂商，后给其他厂商，但要求所有厂商必须在同一时间完成报价；报价所需要的产品资料应该同时发送给各个厂商；在进行比价时，要在同等条件下进行，否则就没有可比性；等等。

2. 公正

公正属于伦理学的基本范畴，意为公平正直，没有偏私。它是依据一定标准的，因而公正是一种价值判断，内含一定的价值标准。一般而言，这一标准便是当时的法律。具体到采购报价过程，询价人员应该按照统一标准来评判供应商的报价，不能因偏袒某个供应商而给其提供其他供应商的报价信息或做出其他不公正的行为。

3. 公开

这里谈到采购询价的公开并非指公开价格信息，而是在企业内部采购的一切活动都应该公开、透明。在企业里，我们经常见到很多采购人员找供应商询价时通常是"单线联系"。单线联系是指在采购询价过程中，采购人员只将询价需求发给供应商的某个业务代表，买方中也只有采购代表知道询报价的内容。这样一来，整个买卖企业双方的询价信息只有两个人知道，换言之，买卖双方的价格存在被这两个人私下"操控"的巨大风险，这种行为明显不利于买方获取最优价格，与企业价值是背道而驰的。更有甚者，当其他交叉职能部门的同人需要报价信息时，采购人员往往不会将询报价邮件直接转给其他部门（如项目组、财务部等），而是通过口述或通过自己的邮件将价格传递给其他职能部门。这种"遮遮掩掩"的行为明显是违背透明原则的。这里的"透明"并非指将价格信息发送给企业内部所有人，而是在一定范围内让相关人员了解价格的来龙去脉。

（二）保密原则

价格信息对于任何企业来说都是高度机密的信息，因此企业的管理者及价格的管理者应该有很强的保密意识，但有些企业的供应商报过来的价格往往差异很小，甚至有不同的供应商报价一模一样的情况，这让人不得不怀疑公司的价格信息遭到泄露。有时客户与供应商的博弈如同两军对垒，两军交战时，信息非常重要，所以军队非常重视特工这个岗位，因为特工的主要职能是收集对方的情报提供给己方，以便己方做出正确的决策。鉴于这种情况，企业应该明确地规定哪些职能部门对价格信息有知情权，价格信息应该对哪些部门保密，同时严格禁止任何人以任何理由将企业内部价格信息泄露到企业外部，包括但不限于同行、供应商、客户和网络平台等。

（三）正规渠道原则

制造型企业的采购活动都是批量性重复购买活动，即是长期的、有计划的购买活动，因此我们在早期询报价时一定要慎重选择"对"的供应商。所谓选择"对"的供应商询报价，就是尽量找官方授权代理商或原厂直接报价，不要找贸易商或"马甲型"企业。对于电子元器件而言，凡是由贸易商或"马甲型"企业供货的，专业采购人员都应该特别关注。这类企业通常会存在各种弊病，比如，单价非常高，供应不稳定，"偷梁换柱"，以次充好，内外勾结，等等。因此，我们在最初询价阶段就应该尽量避免找贸易商报价。

（四）有效价格原则

在询报价过程中，人们往往只关注供应商的报价单中的价格，而忽视了价格的有效性。所谓价格的有效性是指在后续采购活动中确定可以以供应商所报的价格进行采购。比如，某种电子元器件供应商所报的采购前置期是50周，一般的客户是无法接受的，那么这种情况下的价格就不能称其为有效价格。再如，有的厂商报价中的最小订购量是50K，但买方的年需求量只有20K，这种情况下的价格也是无效的。

（五）"货比三家"原则

由于影响价格的因素非常多，且市场的信息常常是不对称的，因此人们不得不通过向多家供应商询价来获取更全面的信息，从而判断某种商品在市场中的合理价格。"货比三家"并非真的只找三家供应商询价，可能是两家，也可能是5家或10家。如果条件允许，我们应尽量找到多种规模的不同厂商询价，以便更全面地了解市场价格。"货比三家"的本质是通过横向对比来调查市场价格。

（六）提供分解报价原则

对除不可分解商品外的其他商品进行询价时，采购人员应该要求供应商提供商品的分解报价。有了分解报价，我们才可以从商品本身的构成对其进行价格分析，否则只能看到价格，而无法对其做纵向分析。

## 第五节　电子行业中常见的商品（物料）成本模型

在电子行业中，企业的物料成本占整个企业总支出及总销售额的比重几乎是最高的，因此企业要想有效地控制并降低产品的成本及总支出，重心就应该放在物料成本管控上。企业的物料成本又主要取决于物料的采购价格，因此，如何让企业获取物料的采购价格优势是采购人员应该重点思考与解决的问题。影响买方获取采购价格的因素众多，比如，采购渠道、供应资源的搜寻、影响报价的因素、买方的议价能力等。关于采购渠道及寻源，以及影响报价的因素，前文中做了详细分析。在其他条件相同的情况下，买方的议价能力越强，就越能获取合理的市场价格，甚至是有竞争力的价格。影响买方议价能力的因素有很多，比如，企业自身的行业地位、经济实力、信誉资质及买方代表（采购人员）的职业素养等，在这些因素中，当其他条件相同时，企业是否具备对其采购商品建立成本模型的能力直接决定企业的采购议价能力。因此，商品（物料）成本模型的建立对企业获取合理的物料采购价格有着重要的意义。同时，建立商品（物料）成本模型也有利于企业在新产品开发阶段对产品成本和售价进行预估。商品（物料）成本模型的本质是让买方清晰地知道我们的钱花到哪里去了，花得值不值得。以电子行业中常见的商品为载体，我们来探讨该如何建立商品（物料）成本模型。

### 一、印刷线路板的成本模型

印刷线路板（PCB）是电子行业比较常见的重要基础物料之一，没有PCB，电子产品及其半成品的生产就无法进行。作为采购人员，我们要清楚PCB的构成、工艺、应用及不同材料的特性。接下来，我们从PCB的成本结构、主要成本动因及报价类型三个维度阐述PCB的成本模型。

#### （一）PCB的成本结构

任何硬件产品的成本均由直接材料成本、直接人工成本、制造费用、管理费用、财务费用、销售费用及物流仓储成本等主要部分构成，PCB 的成本结构也不例外。由于 PCB 的整个制程工艺比较长，从开料到包装至少需要 30 多个工序，它的制程不同于一般简单零部件、器件及成品组装，所以通常我们按照主要工艺的平方米价格来核算其成本。PCB 的材料构成并不复杂，但加工工艺相对复杂，主要依靠设备完成，因此 PCB 的制造费用主要由设备利用率、设备折旧费、水电气费构成。

简易的 PCB 成本结构，如表 4-16 所示。

### 表 4-16 简易的 PCB 成本结构

| | | | | | | | | | | | |
|---|---|---|---|---|---|---|---|---|---|---|---|
| \multicolumn{12}{c}{PCB 的成本结构} |
| \multicolumn{12}{c}{直接材料成本} |
| 序号 | 成本因素 | 材料平方米价格（元/平方米） | 产品长度（毫米） | 产品宽度（毫米） | 产品厚度（毫米） | 面积（平方米） | 每个拼板产出的产品数量及每平方米产出的拼板数量 | 每平方米产品产出数量 | 利用率（%） | 制程良率（%） | 单位材料成本（元/平方米） |
| 1 | 基材：KB-KB6160双面板，1.0毫米板厚，1OZ（盎司）铜厚 | 158.00 | 33.71 | 37.03 | 1.00 | 0.001 25 | 64 | 692 | 86.34 | 98.00 | 0.233 09 |

281

续表

| \multicolumn{11}{|c|}{PCB 的成本结构} |
| --- | --- | --- | --- | --- | --- | --- | --- | --- | --- | --- |
| 2 | 拼板尺寸 | 162.00 | 373 | 250 | 1.00 | 0.093 25 | 11 | | 86.34 | 98.00 | |
| 3 | 油墨：绿油白字 | 15.00 | 33.71 | 37.03 | 1.00 | 0.001 25 | 64 | 692 | 86.34 | 98.00 | 0.022 13 |
| | | | | | | | | 直接材料成本（A） | | | 0.255 22 |

| \multicolumn{11}{|c|}{人工及制造费用} |
| --- | --- | --- | --- | --- | --- | --- | --- | --- | --- | --- |
| 序号 | 成本因素 | 材料平方米价格（元/平方米） | 产品长度（毫米） | 产品宽度（毫米） | 产品厚度（毫米） | 面积（平方米） | 每个拼板产出的产品数量及每平方米产出的拼板数量 | 每平方米产品产出数量 | 利用率（%） | 制程良率（%） | 单位材料成本（元/平方米） |
| 1 | 钻孔 | 35.00 | 33.71 | 37.03 | 1.00 | 0.001 25 | 64 | 692 | 86.34 | 98.00 | 0.051 63 |
| 2 | 电测 | 45.00 | 33.71 | 37.03 | 1.00 | 0.001 25 | 64 | 692 | 86.34 | 98.00 | 0.066 39 |
| 3 | 曝光 | 10.00 | 33.71 | 37.03 | 1.00 | 0.001 25 | 64 | 692 | 86.34 | 98.00 | 0.014 75 |
| 4 | 显影 | 10.00 | 33.71 | 37.03 | 1.00 | 0.001 25 | 64 | 692 | 86.34 | 98.00 | 0.014 75 |
| 5 | 蚀刻 | 20.00 | 33.71 | 37.03 | 1.00 | 0.001 25 | 64 | 692 | 86.34 | 98.00 | 0.029 51 |
| 6 | 表面处理：无铅喷锡 | 25.00 | 33.71 | 37.03 | 1.00 | 0.001 25 | 64 | 692 | 86.34 | 98.00 | 0.036 88 |

续表

| | | | | PCB 的成本结构 | | | | | | |
|---|---|---|---|---|---|---|---|---|---|---|
| 7 | 成型 | 0.00 | 33.71 | 37.03 | 1.00 | 0.001 25 | 64 | 692 | 86.34 | 98.00 | 0.000 00 |
| 8 | 模具分摊 | 21.00 | 33.71 | 37.03 | 1.00 | 0.001 25 | 64 | 692 | 86.34 | 98.00 | 0.030 98 |
| 9 | 水 | 10.00 | 33.71 | 37.03 | 1.00 | 0.001 25 | 64 | 692 | 86.34 | 98.00 | 0.014 75 |
| 10 | 电与气 | 18.00 | 33.71 | 37.03 | 1.00 | 0.001 25 | 64 | 692 | 86.34 | 98.00 | 0.026 56 |
| 11 | 辅料及耗材 | 10.00 | 33.71 | 37.03 | 1.00 | 0.001 25 | 64 | 692 | 86.34 | 98.00 | 0.014 75 |
| 12 | 人工 | 35.00 | 33.71 | 37.03 | 1.00 | 0.001 25 | 64 | 692 | 86.34 | 98.00 | 0.051 63 |
| | | | | | | | | 人工及制造费用（$B$） | | | 0.352 59 |

| 其他成本 | | | |
|---|---|---|---|
| 序号 | 成本因素 | 费率 | 单位成本（元/平方米） |
| 1 | 管销费用 | $C=(A+B)\times 5\%$ | 0.019 10 |
| 2 | 样品及财务费用 | $D=(A+B)\times 3\%$ | 0.011 46 |
| 3 | 运输成本 | $E=(A+B)\times 2\%$ | 0.007 64 |
| 4 | 其他 | | |

| 产品单价 | | | |
|---|---|---|---|
| 序号 | 产品销售成本 | $F=A+B+C+D+E$ | 0.646 02 |
| 1 | 毛利润 | $G=E\times 10\%$ | 0.064 60 |
| 2 | 未税单价 | $H=F+G$ | 0.710 63 |

## （二）PCB 主要成本动因

通过 PCB 的成本结构我们可以了解 PCB 的报价是如何构成的，只要我们知道成本结构中的每个成本因素，就可以套用成本结构这个"公式"算出 PCB 的价格。从以上 PCB 成本结构可以看出，影响 PCB 成本的四个主要因素包括拼板方式、产品良率、原材料价格及工艺成本。对于这四个主要成本因素，从采购角度来看，我们应该重点研究 PCB 的原材料价格和工艺成本，并定期维护这些数据，当我们需要核算某款 PCB 的具体成本时，将最新的成本因素的数据"代入"成本模型中就可以得出 PCB 的单价。由于拼板方式与产品良率取决于研发产品设计与供应商工艺能力，因此这两个因素的值通常需要等到具体产品 Gerber 文件（光绘文件）出来之后才可以确定，或者我们可以与厂商通过探讨预估一个值。下面从 PCB 的原材料价格及工艺成本两个方面来谈谈我们该如何收集 PCB 的成本数据。

1. PCB 的原材料价格

获取 PCB 上游原材料价格的方法包括但不限于以下几种。

（1）直接询价。直接向上游原材料厂商询价，从而获取第一手数据。我们在分析 PCB 的成本时，曾经向一些基材厂询过基材的价格，如表 4-17 所示。

表 4-17 PCB 的基材价格

| 序号 | 制造商 | 制造商型号 | 商品类型 | 商品子类 I | 商品子类 II | 规格 板层 | 规格 板厚（毫米） | 规格 铜厚（OZ） | 规格 常规尺寸（毫米） | 市场参考价格含 13% 增值税（元/张） |
|---|---|---|---|---|---|---|---|---|---|---|
| 1 | 建滔 | KB-6160/6160A/6160C | 基材 | 覆铜板 | FR4 板 | 双面板 | 1.0 | 1.0 | 1020×1220 | 122.00 |
| | | | | | | | 1.0 | 2.0 | 1020×1220 | 202.00 |
| | | | | | | | 1.0 | 3.0 | 1020×1220 | 282.00 |
| | | | | | | | 1.2 | 1.0 | 1020×1220 | 132.00 |
| | | | | | | | 1.2 | 2.0 | 1020×1220 | 212.00 |

第四章　采购成本管理

续表

| 序号 | 制造商 | 制造商型号 | 商品类型 | 商品子类I | 商品子类II | 板层 | 板厚（毫米） | 铜厚（OZ） | 常规尺寸（毫米） | 市场参考价格含13%增值税（元/张） |
|---|---|---|---|---|---|---|---|---|---|---|
| 1 | 建滔 | KB-6160/6160A/6160C | 基材 | 覆铜板 | FR4板 | 双面板 | 1.2 | 3.0 | 1020×1220 | 292.00 |
| | | | | | | | 1.6 | 1.0 | 1020×1220 | 165.00 |
| | | | | | | | 1.6 | 2.0 | 1020×1220 | 245.00 |
| | | | | | | | 1.6 | 3.0 | 1020×1220 | 325.00 |
| | | | | | | | 2.0 | 1.0 | 1020×1220 | 245.00 |
| | | | | | | | 2.0 | 2.0 | 1020×1220 | 325.00 |
| | | | | | | | 2.0 | 3.0 | 1020×1220 | 405.00 |
| | | KB-6165/6165G/6165GC/6165F | 基材 | 覆铜板 | FR4板 | 双面板 | 1.0 | 1.0 | 1020×1220 | 146.40 |
| | | | | | | | 1.0 | 2.0 | 1020×1220 | 226.40 |
| | | | | | | | 1.0 | 3.0 | 1020×1220 | 306.40 |
| | | | | | | | 1.2 | 1.0 | 1020×1220 | 156.40 |
| | | | | | | | 1.2 | 2.0 | 1020×1220 | 236.40 |
| | | | | | | | 1.2 | 3.0 | 1020×1220 | 316.40 |
| | | | | | | | 1.6 | 1.0 | 1020×1220 | 195.00 |
| | | | | | | | 1.6 | 2.0 | 1020×1220 | 275.00 |
| | | | | | | | 1.6 | 3.0 | 1020×1220 | 355.00 |
| | | | | | | | 2.0 | 1.0 | 1020×1220 | 226.40 |
| | | | | | | | 2.0 | 2.0 | 1020×1220 | 306.40 |
| | | | | | | | 2.0 | 3.0 | 1020×1220 | 386.40 |
| 2 | 生益 | S1130 | 基材 | 覆铜板 | 常规FR4板 | 双面板 | 1.0 | 1.0 | 1020×1220 | 165.00 |
| | | | | | | | 1.0 | 2.0 | 1020×1220 | 225.00 |
| | | | | | | | 1.0 | 3.0 | 1020×1220 | 285.00 |
| | | | | | | | 1.2 | 1.0 | 1020×1220 | 181.50 |

285

续表

| 序号 | 制造商 | 制造商型号 | 商品类型 | 商品子类 I | 商品子类 II | 板层 | 板厚（毫米） | 铜厚（OZ） | 常规尺寸（毫米） | 市场参考价格含13%增值税（元/张） |
|---|---|---|---|---|---|---|---|---|---|---|
| 2 | 生益 | S1130 | 基材 | 覆铜板 | 常规FR4板 | 双面板 | 1.2 | 2.0 | 1020×1220 | 241.50 |
| | | | | | | | 1.2 | 3.0 | 1020×1220 | 301.50 |
| | | | | | | | 1.6 | 1.0 | 1020×1220 | 206.25 |
| | | | | | | | 1.6 | 2.0 | 1020×1220 | 266.25 |
| | | | | | | | 1.6 | 3.0 | 1020×1220 | 326.25 |
| | | | | | | | 2.0 | 1.0 | 1020×1220 | 247.50 |
| | | | | | | | 2.0 | 2.0 | 1020×1220 | 307.50 |
| | | | | | | | 2.0 | 3.0 | 1020×1220 | 367.50 |
| | | S1141 | 基材 | 覆铜板 | 常规FR4板 | 双面板 | 1.0 | 1.0 | 1020×1220 | 193.60 |
| | | | | | | | 1.0 | 2.0 | 1020×1220 | 264.00 |
| | | | | | | | 1.0 | 3.0 | 1020×1220 | 334.40 |
| | | | | | | | 1.2 | 1.0 | 1020×1220 | 212.96 |
| | | | | | | | 1.2 | 2.0 | 1020×1220 | 283.36 |
| | | | | | | | 1.2 | 3.0 | 1020×1220 | 353.76 |
| | | | | | | | 1.6 | 1.0 | 1020×1220 | 242.00 |
| | | | | | | | 1.6 | 2.0 | 1020×1220 | 312.40 |
| | | | | | | | 1.6 | 3.0 | 1020×1220 | 382.80 |
| | | | | | | | 2.0 | 1.0 | 1020×1220 | 290.40 |
| | | | | | | | 2.0 | 2.0 | 1020×1220 | 360.80 |
| | | | | | | | 2.0 | 3.0 | 1020×1220 | 431.20 |

如果我们希望对市场上的主流基材进行价格调研，首先要找出主流基材生产厂商，再依据不同的规格组合找基材厂商询价。通常基材厂商不对终端厂商报价，我们可以以选型为由向他们询一些参考价格，作为我们对PCB

厂商进行报价分析的基础。PCB 的基材主流厂商包括但不限于建滔（KB）、生益（Sheng Yi）、山东金宝（Jinbao）、金安国纪（GDM）、华正新材（Huazheng）、南亚新材（NOUYA）、宏仁（GRACE）、台光（EMC）、联茂（ITEQ）、台耀（TUC）、松下、日立、住友等。

（2）间接询价。请多个 PCB 供应商提供分解报价，在分解报价中我们可以看到上游原材料的价格，这样的数据属于"二手"数据。以 PCB 供应商提供的油墨价格为例，如表 4-18 所示。

表 4-18 PCB 供应商提供的油墨价格

| 序号 | 制造商 | 制造商型号 | 商品类别 | 含税平方米价格（元） | 条件 |
|---|---|---|---|---|---|
| 1 | 太阳诱电 | PSR-4000 WT02 | 阻焊油墨 | 30.15 | 基于 1.0 毫米板厚、1.0OZ 铜厚的双面板 |
| 2 | 太阳诱电 | PSR-4000 WT05 | 阻焊油墨 | 22.61 | 基于 1.0 毫米板厚、1.0OZ 铜厚的双面板 |
| 3 | 太阳诱电 | PSR LEW-3 | 阻焊油墨 | 37.69 | 基于 1.0 毫米板厚、1.0OZ 铜厚的双面板 |
| 4 | 太阳诱电 | PSR LEW-7S | 阻焊油墨 | 37.69 | 基于 1.0 毫米板厚、1.0OZ 铜厚的双面板 |
| 5 | 太阳诱电 | PSR-2000 FR603W1 | 阻焊油墨 | 37.69 | 基于 1.0 毫米板厚、1.0OZ 铜厚的双面板 |
| 6 | 太阳诱电 | PSR LEW-1 | 阻焊油墨 | 37.69 | 基于 1.0 毫米板厚、1.0OZ 铜厚的双面板 |
| 7 | 太阳诱电 | PSR-4000 WT03 | 阻焊油墨 | 22.61 | 基于 1.0 毫米板厚、1.0OZ 铜厚的双面板 |
| 8 | 江苏广信感光新材料 | KSM-6188 | 阻焊油墨 | 11.31 | 基于 1.0 毫米板厚、1.0OZ 铜厚的双面板 |
| 9 | 彼得 | SG TSW-R5 | 阻焊油墨 | 18.84 | 基于 1.0 毫米板厚、1.0OZ 铜厚的双面板 |
| 10 | 荣达 | H-9100-8G | 阻焊油墨 | 15.83 | 基于 1.0 毫米板厚、1.0OZ 铜厚的双面板 |

（3）专业市场调研机构。每个行业都有专业的市场调研机构，它们为信息需要者提供有价值的信息，其中就包括原材料价格。

（4）专业行业网站。有些行业网站会定期发布原材料价格信息，比如，国际电子商情、PCB 协会等。

2. PCB 的主要工艺成本

PCB 的主要工艺包括但不限于工程前制作、开料、钻孔、线路（干膜、曝光、显影和蚀刻）、自动光学检验（AOI）、压合、烘烤、多次钻孔、通孔电镀、表面处理、印字、喷锡、成型、电测、外观检查及包装。不同类型的板的制程工艺有所不同，而且有些板的制程工艺相差很大，比如，制作普通的双面板与制作 10 层高密度互连二阶板的工艺差异巨大。

一般零部件的生产是通过改变原材料的物理形态并对其进行组装加工来完成的，比如，塑胶件主要是通过模具及成型机将塑胶粒加工成我们需要的形状，变压器及电感是通过机器及人工将原材料磁芯、铜线、骨架、外壳及胶带组装成磁性器件，电解电容是通过对铝箔进行裁剪、绕卷、钉针及灌电解液组装而成，其他电器组件，如开关、马达、灯罩、连接器和电缆线材等，也是通过组装来完成产品生产的。除电解电容、电池等在生产中涉及化学反应外，一般器件都是通过对其进行物理加工及组装来完成生产的。PCB 的制作过程相较于一般零部件的制作过程要复杂一些，它不仅有物理加工（干流程），还有化学工艺（湿流程），而且 PCB 的所有工序都是以机器设备为主、以人工为辅来完成的。鉴于 PCB 这种制程的特性，PCB 行业里一般通过"平方米价格"来核算其制作成本。"平方米价格"是指每道工序制作一平方米的 PCB 需要投入的成本。其核算成本的逻辑如下。

PCB 产出＝F（时间成本、机器折旧费、人工成本、水电气费、辅材、耗材、厂房租金或厂房折旧费、产品不良率成本、其他相关制造费用）

PCB 产出，即在一定时间内从开料到包装所生产出来的 PCB 成品的数量。

F 函数，即是制造资源投入函数。

作为采购工作者，我们将如何获取 PCB 的工艺成本呢？方法包括以下几种：一是请 PCB 供应商提供 PCB 的分解报价；二是向多家 PCB 厂家询问每道工序的行业成本；三是依据对 PCB 的理解自己核算成本；四是采购人员到PCB工厂亲自了解所有的PCB制作工序，并了解PCB所投入的制造资源，然后核算成本。最后一种方式是最直接和最准确的，因为没有厂家愿意将自己的成本机密对客户全部公开。

以下是部分PCB工艺成本。

（1）PCB钻孔成本。

PCB钻孔成本，如表4-19所示。

表4-19 PCB钻孔成本

| PCB钻孔加工报价单 ||||||||
|---|---|---|---|---|---|---|---|
| 市场报价 |||币种：人民币|||单位：元／千孔||
| 板厚／孔径／每千孔价格 || 0.50毫米 | 0.40~0.45毫米 | 0.30~0.35毫米 | 0.2~0.3毫米 | 0.15~0.2毫米 | ≤0.15毫米 |
| 双面板 | 1.6毫米 | 0.68 | 0.80 | 1.12 | 1.57 | 2.20 | 3.38 |
| 双面板 | 1.00~1.20毫米 | 0.60 | 0.72 | 0.96 | 1.28 | 1.71 | 2.50 |
| 双面板 | 0.8毫米及以下 | 0.52 | 0.64 | 0.80 | 1.00 | 1.25 | 1.72 |
| 四层板 | 1.6毫米 | 0.76 | 0.88 | 1.28 | 1.86 | 2.71 | 4.33 |
| 四层板 | 1.0~1.2毫米 | 0.68 | 0.80 | 1.12 | 1.57 | 2.20 | 3.38 |
| 四层板 | 0.8毫米及以下 | 0.56 | 0.72 | 0.96 | 1.28 | 1.71 | 2.50 |

说明

①以上报价为每千孔价格。

②槽孔及异形孔按实际下钻次数两倍计算。

③多层板以四层板为标准，每增加两层，单价在四层板的基础上上浮20%。

④板厚以1.6毫米为标准，每增加0.4毫米厚度，单价在1.6毫米区间的价位基础上相应地上浮20%。

⑤铜厚以1OZ为标准，每增加1OZ铜厚，单价在以上价格的基础上上浮10%。

⑥每块板的费用以板内最小孔径的价位进行计算。

⑦每平方米最低收费30元；不足30元的，按30元收费；超出的部分按实际价格收取费用。

（2）单面板工序报价。

单面板工序报价分解，如表4-20所示。

表4-20　单面板工序报价分解

| \multicolumn{5}{c|}{单面工艺产品工序报价表} |||||
|---|---|---|---|---|---|
| 序号 | 工序 | 基本工艺 | 工艺难度 | 价格 | 备注 |
| 1 | 钻孔 | 钻孔 | 板厚2.0毫米 | | 请参考钻孔费用 |
| | | | 板厚1.6毫米以下 | | |
| | | 二钻 | | 15元/平方米 | 最低消费30元 |
| | | 锣边 | | 0.6元/平方米 | |
| | | | 最小锣刀0.8毫米 | 0.8元/平方米 | |
| 2 | 线路 | 湿膜 | | 12元 | |
| 3 | 电镀 | 普通金板 | | 20元/平方米 | |
| | | 湿膜金板 | | 30元/平方米 | |
| | | 镍板 | | 10元/平方米 | |
| 4 | 蚀刻 | | | | |
| 5 | 绿油 | | 曝光油 | 18元/平方米 | |
| | | | | | |
| | | 碳油 | 跳线 | 13元/平方米 | |
| | | | 跳线+按键 | 15元/平方米 | |
| | | | | | |
| | | | 灌孔（0.8毫米以下） | 45元/平方米 | |
| | | 银浆 | | | |
| | | | 灌孔（0.8毫米以下） | 0.06元/孔 | |

续表

| 序号 | 工序 | 基本工艺 | 工艺难度 | 价格 | 备注 |
|---|---|---|---|---|---|
| 5 | 绿油 | 可剥胶 | 占板 1/2 以下 | 20 元 / 平方米 | |
| | | | 占板 1/2 以上 | 30 元 / 平方米 | |
| 6 | 字符 | | 热固油 | 5 元 / 平方米 | |
| 7 | 喷锡 | 抗氧化（环保） | | 20 元 / 平方米 | |
| | | 抗氧化（普通） | | 8 元 / 平方米 | |
| 8 | 成型 | V-CUT | 普通 | | |
| | | | 同向二次 V-CUT | 2 元 / 平方米 | |
| | | | 同向三次 V-CUT | 6 元 / 平方米 | |
| 9 | 测试 | | | | |
| 10 | 包装 | | 真空 | 2 元 / 平方米 | |
| | | | 特殊包装（加防潮珠） | 10 元 / 平方米 | |

（3）双面板工序报价。

双面板工序报价分解，如表 4-21 所示。

表 4-21　双面板工序报价分解

| 双面工艺产品工序报价表 ||||||
|---|---|---|---|---|---|
| 序号 | 工序 | 基本工艺 | 工艺难度 | 价格 | 备注 |
| 1 | 钻孔 | | 板厚 2.0 毫米 | | 请参考钻孔费用 |
| | | | 板厚 1.6 毫米以下 | | |
| | 二钻 | | | 20 元 / 平方米 | |
| | 三钻 | | | 15 元 / 平方米 | |
| | 四钻 | | | 15 元 / 平方米 | |
| | 五钻 | | | 15 元 / 平方米 | |

续表

| 序号 | 工序 | 基本工艺 | 工艺难度 | 价格 | 备注 |
|---|---|---|---|---|---|
| 1 | 激光钻 锣边 | | | 0.8元/平方米 | 最低消费30元 |
| | | | 最小锣刀0.8毫米 | 1.0元/平方米 | |
| 2 | 沉铜 | | 普通板 | | |
| 3 | 线路 | 湿膜金板 | 普通湿膜板 | 12元/平方米 | |
| | | 干膜 | 普通干膜板 | 18元/平方米 | |
| 4 | 电镀 | 金板 | | 20元/平方米 | |
| | | 镍板 | | 30元/平方米 | |
| | | 锡板 | | 10元/平方米 | |
| | | 塞胶粒 | | 5元/平方米 | |
| 5 | 蚀刻 | | | 20元/平方米 | |
| 6 | 中检 | | 普通板 | | |
| 7 | 阻焊 | 曝光油 | | | |
| | | 塞孔 | 普通塞孔板（双面） | 15元/平方米 | |
| | | | BGA（集成电路封装技术）塞孔 | 25元/平方米 | |
| | | 碳油 | 碳桥 | 20元/平方米 | |
| | | | 按键 | 30元/平方米 | |
| 8 | 兰胶 | 兰胶（单面） | 占板1/2以下 | 25元/平方米 | |
| | | | 占板1/2以上 | 35元/平方米 | |
| | | 兰胶（双面） | 占板1/2以下 | 50元/平方米 | |
| | | | 占板1/2以上 | 70元/平方米 | |
| 9 | 文字 | | | | |
| 10 | 喷锡 | 抗氧化（环保） | | 20元/平方米 | |
| | | 抗氧化（普通） | | 8元/平方米 | |

续表

| 序号 | 工序 | 基本工艺 | 工艺难度 | 价格 | 备注 |
|---|---|---|---|---|---|
| 11 | 成型 | 斜边 | | 3元/平方米 | |
| | | V-CUT | 单向二次 V-CUT | 2元/平方米 | |
| | | | 同向三次 V-CUT | 6元/平方米 | |
| 12 | FQC | | 普通包装 | 2元/平方米 | |
| | | | 真空包装 | 3元/平方米 | |
| | | | 特殊包装 | 10元/平方米 | |

（4）其他工艺附加费。

其他工艺附加费分解，如表4-22所示。

表4-22 其他工艺附加费分解

| 附加费报价表 ||||
|---|---|---|---|
| 序号 | 项目 | 工艺难度 | 增加成本（元/平方米） | 备注 |
| 1 | 板料厚度 | 2.0毫米 | 50 | 基于1.0毫米板厚 |
| | | 2.4毫米 | 100 | 基于1.0毫米板厚 |
| | | 3.2毫米 | 150 | 基于1.0毫米板厚 |
| | | 0.8毫米以下 | 50 | 基于1.0毫米板厚 |
| | | 0.4毫米 | 100 | 基于1.0毫米板厚 |
| | | <0.4毫米 | 200 | 基于1.0毫米板厚 |
| 2 | 板面铜厚 | 1.5OZ | 30 | 基于1.0OZ铜厚 |
| | | 2.0OZ | 100 | 基于1.0OZ铜厚 |
| | | 3.0OZ | 300 | 基于1.0OZ铜厚 |
| | | 4.0OZ | 500 | 基于1.0OZ铜厚 |

续表

| 序号 | 项目 | 工艺难度 | 增加成本（元/平方米） | 备注 |
|---|---|---|---|---|
| 3 | 孔壁铜厚度 | 20~25μm（锡板） | 60 | |
| | | 25μm以上 | 100 | |
| | | 20~25μm（金板） | 100 | |
| | | 25μm以上（金板） | 200 | |
| | 镍面厚度 | 5.0μm以上 | 20 | |
| | | 10μm以上 | 50 | |
| | 金面厚度 | 0.02~0.04μm | 60 | |
| | | 0.04μm以上 | 100 | |
| 4 | 金手指 | | 按实际费用 | |
| | 沉金 | | | |
| | 沉锡 | | | |
| 5 | 线距线宽 | 线距线宽≤4mil（千分之一英寸） | 50 | |
| 6 | 单片尺寸（单只出货） | <0.0004平方米 | 0.15 | |
| | | 2个/片（SET）以上 | 0.15 | |
| | | <0.000625平方米 | 0.1 | |
| | | <0.0009平方米 | 0.05 | |
| 7 | 阻抗要求 | 50~100ohm（欧）+/-10% | 50 | |
| | 埋孔 | | 250 | |
| | 盲孔 | | 250 | |
| | 锥形孔 | | 60 | |
| 8 | 连片完好出货 | 拼板数2 | | 2% |
| | | 拼板数3 | | 3% |
| | | 拼板数4 | | 4% |
| | | …… | | |
| | | 拼板数30 | | 30% |
| 9 | 绿油颜色 | 非普通绿油颜色 | 25 | |
| | 绿油厚度 | 10~25μm（1mil） | 60 | |
| | | 26~50μm（2mil） | 100 | |
| | 指定油墨 | | 加收差价 | |

续表

| 序号 | 项目 | 工艺难度 | 增加成本（元/平方米） | 备注 |
|---|---|---|---|---|
| 10 | 运费 | | 按实际费用 | |
| 11 | 结算天数 | 月结 90 天 | | 1% |
| | | 月结 120 天 | | 2% |
| | | 月结 150 天 | | 4% |
| 12 | 外观要求 | 有要求 | 10 | |
| | | 高 | 25 | |
| 13 | 环保要求 | 无毒 | 50 | |
| | | 特殊测试 | 按实际费用 | |
| | | 无卤 | 50 | |
| 14 | 含税 | | | 13% |

### （三）PCB 报价类型

前文阐述了 PCB 的成本结构及主要成本动因，只有采购人员掌握了产品的成本结构及主要成本动因，我们才能通过对供应商的报价进行分析，以判断其真实性和合理性。在对供应商的 PCB 报价进行分析前，我们需要先拿到供应商报价。对于 PCB 的报价，依据实际采购工作将其分为以下几种类型。

1. 精确报价

精确报价，是指客户将 Gerber 文件、拼板方式和工艺要求发给供应商，请供应商依据 PCB 的具体规格进行报价。这种情形的报价是最准确的，但其条件是客户必须有 Gerber 文件和工艺要求。

2. 平方米价格

在新产品设计阶段，PCB 是所有元器件中最晚得到确认的器件，因此 PCB 往往是在设计完成并确认不会再更改的情况下才会有 Gerber 文件、XY Data（X：横坐标。Y：纵坐标。data：数据。）和拼板方式。我们在设计前就需要核算产品的 BOM 成本，在没有 Gerber 文件的情况下，我们需要知道不同规格 PCB 的平方米价格，并依据平方米价格来估算单片 PCB 的价格。因此，我们常常要求供应商按常规的工艺和材料提供 PCB 的平方米价格。

PCB 的平方米价格，如表 4-23 所示。

表 4-23  PCB 的平方米价格

| 项次 | PCB型号 | 板材品牌 | 材质 | 工艺 | 不含税单价（元/平方米） | 备注 |
|---|---|---|---|---|---|---|
| 1 | 双面 | 生益 | 生益 FR-4 S1141 板厚 0.6~1.6TMM 内层铜厚 1/1OZ 成品 1/1OZ | 化金，金厚 1~1.5u" | 450 | 10万孔以内，超过部分，每1万孔加收4元/平方米 |
| 2 | 四层普通板 | 生益 | 生益 FR-4 S1141 板厚 0.6~1.6TMM 内层铜厚 1/1OZ 成品 1/1OZ | 化金，金厚 1~1.5u" | 630 | |
| 3 | 四层HDI一阶 | 生益 | 生益 FR-4 S1141 板厚 0.6~1.6TMM 内层铜厚 1/1OZ 成品 1/1OZ | 化金，金厚 1~1.5u" | 719 | |
| 4 | 六层普通板 | 生益 | 生益 FR-4 S1141 板厚 0.6~1.6TMM 内层铜厚 1/1OZ 成品 1/1OZ | 化金，金厚 1~1.5u" | 810 | |
| 5 | 六层HDI一阶板 | 生益 | 生益 FR-4 S1141 板厚 0.6~1.6TMM 内层铜厚 1/1OZ 成品 1/1OZ | 化金，金厚 1~1.5u" | 990 | |
| 6 | 六层HDI二阶板 | 生益 | 生益 FR-4 S1141 板厚 0.6~1.6TMM 内层铜厚 1/1OZ 成品 1/1OZ | 化金，金厚 1~1.5u" | 1170 | |
| 7 | 八层普通板 | 生益 | 生益 FR-4 S1141 板厚 0.6~1.6TMM 内层铜厚 1/1OZ 成品 1/1OZ | 化金，金厚 1~1.5u" | 1260 | |
| 8 | 八层HDI一阶板 | 生益 | 生益 FR-4 S1141 板厚 0.6~1.6TMM 内层铜厚 1/1OZ 成品 1/1OZ | 化金，金厚 1~1.5u" | 1440 | |

续表

| 项次 | PCB型号 | 板材品牌 | 材质 | 工艺 | 不含税单价（元/平方米） | 备注 |
| --- | --- | --- | --- | --- | --- | --- |
| 9 | 八层HDI二阶板 | 生益 | 生益 FR-4 S1141 板厚0.6~1.6TMM 内层铜厚1/1OZ 成品1/1OZ | 化金，金厚1~1.5u" | 1620 | 10万孔以内，超过部分，每1万孔加收4元/平方米 |
| 10 | 十层普通板 | 生益 | 生益 FR-4 S1141 板厚0.6~1.6TMM 内层铜厚1/1OZ 成品1/1OZ | 化金，金厚1~1.5u" | 1710 | |
| 11 | 十层HDI一阶板 | 生益 | 生益 FR-4 S1141 板厚0.6~1.6TMM 内层铜厚1/1OZ 成品1/1OZ | 化金，金厚1~1.5u" | 1890 | |
| 12 | 十层HDI二阶板 | 生益 | 生益 FR-4 S1141 板厚0.6~1.6TMM 内层铜厚1/1OZ 成品1/1OZ | 化金，金厚1~1.5u" | 2070 | |

3."矩阵"平方米价格

从单一的平方米价格只能看到某种既定规格板材和工艺的综合价格，无法看到PCB材料和工艺的明细价格。由于PCB的成本主要受PCB材料和工艺的影响，因此有的企业会设计一种以PCB材料和工艺为变量因素的价格矩阵图，要求其供应商就基材价格、油墨价格、工艺成本分别报价。以1.0QZ板厚、1.0OZ铜厚为基准，其他规格在此基础上进行核算。

## 二、集成电路器件的成本模型

商品是用于交换的劳动产品，从这一定义中我们可以看到商品具有交换的特性，即凡是被称作商品的劳动产品一定伴随着交换的过程，否则就不能称之为商品。例如，农耕时代，农民自己种的稻谷自己吃，这些稻谷没有经过市场的交换就不能称之为商品；市场经济年代，农民将自己种的稻谷卖给米厂，被售卖的稻谷就可以称作商品。商品伴随着交换，就一定会有价格，而价格又等于成本加利润，由此可见，任何商品都包含成本。

集成电路器件（IC）作为电子行业中一类热门的商品，其价格也是由成本和利润构成的。在全球范围内，由于以美国为首的主流 IC 厂家为了保持其在行业中长期垄断或寡头垄断的地位，对 IC 的知识产权高度保密。IC 知识产权包括但不限于 IC 的设计、IC 制程工艺、IC 生产设备、IC 成本结构等。因此，我们在市场上很难看到 IC 设计和制程的资料，尤其是国内。接下来从 IC 的成本结构、IC 的主要成本动因和 IC 的价格分析三个方面探讨 IC 的成本与价格分析方法。

### （一）IC 的成本结构

任何商品的成本分析都是基于商品本身的结构与制程工艺进行的，IC 也不例外。完整的 IC 制程工艺极其复杂，这里只从行业对 IC 的成本分析的角度介绍 IC 的成本结构与制程工艺。

1. IC 的物理结构

IC 是一种微型电子器件或部件，采用一定的工艺把一个电路中所需的晶体管、电阻、电容和电感等元件及布线互连在一起，并集成于一小块或几小块半导体晶片或介质基片上，然后封装在一个管壳内，形成具有所需电路功能的微型结构。其中所有元件在结构上已组成一个整体，使电子元件向着微小型化、低功耗、智能化和高可靠性迈进了一大步。因为 IC 的主要原材料是半导体材料，所以 IC 的制造离不开半导体材料。由半导体材料制作而成的器件称为半导体器件，IC 只是众多半导体器件中的一个大的类别。半导体器件按照信号类型不同可分为模拟器件、数字器件及混合信号器件，按照功能不同可分为分立器件、光电半导体器件、传感器、模拟器件、MCU、逻辑器件和存储器等。本节主要以模拟器件、MCU、逻辑器件及存储器为载体来探讨 IC 的成本构成。

通过解剖一个 IC，我们可以了解所有 IC 的物理结构，几乎所有的 IC 都由三个部分构成，即裸芯片（Silicon die）、打线及绑定（Bongdings）和封装（Pakcage）。

（1）裸芯片。裸芯片即将印有电路的晶圆（Silicon wafer）切割成每颗IC所需要的尺寸，IC的全部功能都要靠它来实现。

（2）打线及绑定。打线及绑定是芯片生产工艺中一种打线的方式，即封装前将芯片内部电路用金线与封装管脚连接。

（3）封装。裸芯片上绑定金线后无法直接在产品电路中使用，需要经过封装工艺将芯片内部电路引脚引出来，并给芯片加一个外壳将其"保护"起来，这个加外壳和引出内部电路引脚的过程称作"封装"。

飞思卡尔（Freescale）：SC667226MMMA 内部结构，如图 4-2 所示。

晶片尺寸：$8.4mm \times 8mm = 66.62mm^2$
焊盘数量：461

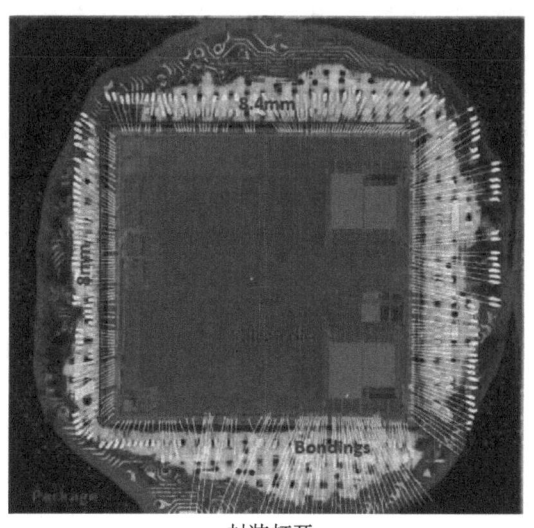

封装打开

图 4-2　飞思卡尔：SC667226MMMA 内部结构

2.IC 的制程工艺

IC 的制程工艺非常复杂，从半导体原材料（锗、硅、砷化镓及磷化镓等）到最终可以直接贴片到 PCB 上的 IC，会经过三个主要的阶段，而每个阶段又可以衍生出一个或多个行业。从石英砂到 IC 的制程工艺，如表 4-24 所示。

表 4-24　从石英砂到 IC 的制程工艺

| 阶段 | 从石英砂（SiO$_2$）到硅棒 | 从硅棒到空白晶圆 | 从空白晶圆到 IC |
|---|---|---|---|
| 工序 | 1.将石英砂高温冶炼成纯度为 98%~99% 的硅，整个地球含有 17% 的硅元素<br>2.将纯度为 98%~99% 的硅石提炼为纯度为 99.9999999% 的硅。这个阶段会生成多晶硅。国际上通常用"Simens process（西门子炼铁法）"来完成这个工序<br>3.长硅或拉晶。长硅是指对多晶硅进行进一步提炼，使之成为单晶硅，因为半导体器件只能用单晶硅来制作。从多晶硅到单晶硅的提炼方法有拉晶法、区熔法、液体掩盖直拉法等<br>拉晶法包括以下步骤：①将多晶硅放入冶炼炉中；②高温熔化多晶硅；③单晶硅在熔炉中逐渐生成；④单晶硅棒形成 | 1.晶圆准备。对单晶硅进行加工前先要进行晶圆准备工作，包括以下步骤。①截断。从单晶炉中取出的单晶体呈不规则形状，在对其进行加工前需要用锯子截掉单晶体的头和尾，使其成为规则的圆柱体。②直径滚磨。③晶体定向、电导率和电阻率检查。④滚磨定向指示<br>2.切片。用有金刚石涂层的内圆刀片把晶圆从单晶体上切下来<br>3.晶圆刻号。大面积的晶圆在晶圆制程工艺中有很高的价值，为了保持精确的可追溯性，可使用条形码和数字矩阵码的激光刻号来区分它们<br>4.磨片。半导体晶圆的表面要规则，没有任何切割损伤，且要完全平整。因此，会采用研磨工艺对刻好号的晶圆进行研磨<br>5.化学机械抛光<br>6.背面处理<br>7.双面抛光<br>8.边缘倒角与抛光<br>9.晶圆评估<br>10.氧化<br>11.包装 | 1.晶片处理。晶体处理流程如下。①湿洗。②平版照相术。③光刻（Litho）。④离子移植 IMP（接口信息处理器）。⑤蚀刻（干法蚀刻、湿法蚀刻、等离子蚀刻）。⑥热处理（快速热退火、熔炉退火、热氧化）。⑦化学气相沉积（CVD）。⑧物理气相沉积（PVD）。⑨分子束外延（MBE）。⑩电化学沉积（ECD）。⑪化学机械平坦化（CMP）。⑫晶片测试（检验电气特性）。⑬晶背研磨。减小晶片的厚度，使得到的晶片能嵌入较薄的器件中，如智能卡或无线网卡（PCMCIA 卡）<br>2.晶粒制备。晶粒制备流程如下：①晶片组装；②晶片切割<br>3.IC 封装。IC 封装流程如下：①晶片固定；② IC 绑定；③ IC 封装。烘烤、电镀、印字、引脚冲压成型<br>4.IC 测试。芯片制造按分工方式分为 IDM、Foundry（晶圆代工厂）、Fabless（芯片设计公司）三种类型。全球按 Foundry 与 IDM 对芯片制造商进行综合排名，排名结果如下。① TSMC（台 |

续表

| 阶段 | 从石英砂（SiO$_2$）到硅棒 | 从硅棒到空白晶圆 | 从空白晶圆到 IC |
|---|---|---|---|
| 半导体主流厂商 | Renewable Energy Corporation（REC）<br>Silfex INC<br>Silicio FerroSolar<br>SunEdison（保利协鑫能源控股有限公司）<br>Tokuyama Corporation（德山公司）<br>Wacker Chemie AG（瓦克集团）<br>Alsilmaterial | Shin-Etsu（日本信越）<br>Sumco（日本胜高）<br>Global Wafer（台湾环球晶圆）<br>Siltronic（德国世创）<br>LG Siltron（韩国 LG）<br>Soitec（法国 Soitec）<br>Wafer Works（台湾合晶）<br>OKMETIC（芬兰 OKMETIC）<br>Episil（台湾嘉晶）<br>上海新昇、重庆超硅、宁夏银和、天津中环、浙江金瑞泓等<br>其中，前五大晶圆厂占全球 92% 的市场份额 | 积电）。② GlobalFoundries（格罗方德）。③ UMC（联华电子）。④三星。⑤ SMIC（中芯国际）。⑥ Powerchip（力晶科技）。⑦ Huahong Group（华虹集团）。⑧ TowerJazz（高塔半导体有限公司） |

表 4-24 只是简化版的制程，IC 的实际生产流程远比表 4-24 所述要复杂得多，但这个表可以使我们对 IC 的制程工艺有一个基本的认知。

3. IC 的成本构成

尽管 IC 的制程工艺非常复杂，但从财务成本的角度来看，其成本构成依然符合财务成本核算的基本模型，即 IC 的成本由直接材料成本、间接材料成本、制造费用、设计费用、管理费用、直接人工成本、间接人工成本等成本要素组成。具体来讲，晶圆加工厂主要依据设计好的电路图通过在购买回来的空白晶圆上进行一系列物理与化学工艺加工来完成裸芯片的制作，并对其进行封装与测试，从而制造成最终的 IC 器件。因此，IC 的成本 = 晶圆成本 + 直接人工成本 + 制造费用 + 管理及销售费用 + 损耗成本 + 其他费用，其价格构成如表 4-25 所示。

表 4-25　飞思卡尔:SC667226MMMA 产品的价格构成

| 序号 | 成本科目 | 成本子科目 | 成本（美元/片） | 成本比例（%） | 备注 |
|---|---|---|---|---|---|
| 1 | 晶圆成本 | Fab 厂出的晶圆 | 1 339.70 | 95.99 | |
| | | 探针测试 | 51.76 | 3.71 | |
| | | 磨片 | 2.11 | 0.15 | |
| | | 切片 | 2.06 | 0.15 | |
| | | 加工后的晶圆成本 | 1 395.63 | | |
| 2 | 芯片成本 | 单片晶圆成本 | 4.09 | 84.05 | 理论上每片晶片能制作芯片的数量为 404，每片晶片制作出芯片的良品数量为 341 |
| | | 探针测试 | 0.13 | 2.63 | |
| | | 磨片 | 0.01 | 0.11 | |
| | | 切片 | 0.01 | 0.10 | |
| | | 损耗成本 | 0.64 | 13.11 | |
| | | 单片芯片成本 | 4.87 | 100.00 | |
| 3 | 器件成本 | 芯片材料成本 | 4.87 | 76.07 | |
| | | 封装 | 1.16 | 18.09 | |
| | | 测试 | 0.23 | 3.59 | |
| | | 损耗成本 | 0.14 | 2.25 | |
| | | 器件制造成本 | 6.40 | 100.00 | |
| 飞思卡尔：SC667226MMMA 销售价格 | | 器件制造成本 | 6.40 | 47.33 | |
| | | 管理及销售费用 | 1.15 | 8.48 | |
| | | 工程及开发费用 | 1.88 | 13.87 | |
| | | 利润 | 4.10 | 30.32 | |
| | | 制造商售价 | 13.52 | 100.00 | |

## （二）IC 的主要成本动因

影响 IC 制造成本的主要动因有晶圆价格、晶圆利用率、产品良率、设备折旧、场地、研发费用、管理及销售费用等。下面与大家探讨一下影响 IC 成本的几个主要成本动因。

### 1. 晶圆价格

这里的晶圆是指已经通过铸造工厂将电路印到晶片上的晶圆，而不是空白晶圆。

IC insights（一家总部位于美国的市场研究公司）的数据显示，如果以 200 毫米等效晶圆计算，全球四个最大的纯晶圆代工厂，即台积电、格罗方德、联华电子和中芯国际，加工每片晶圆产生的平均收入，2018 年达到 1138 美元，较 2017 年的 1136 美元略有上升。数据显示，台积电每片晶圆的营业收入为 1382 美元，比格芯的 1014 美元高出 36%。联华电子每片晶圆在 2018 年创造的营业收入仅为 715 美元，只有台积电的一半左右。中芯国际每片晶圆的营业收入为 671 美元，相较于 2017 年的 719 美元有小幅下降。

以上数据显示，这四大厂家每片晶圆创造的营业收入在 2014 年达到顶峰的 1149 美元，之后一直缓慢下滑，直到 2018 年才迎来了细微的反弹。在这份报告中，台积电是四大晶圆代工厂中唯一一家 2018 年每片晶圆收入比 2013 年高的代工厂（9% 以上）。相比之下，格罗方德、联华电子和中芯国际 2018 年每片晶圆平均收入与 2013 年相比，分别下降 1%、10% 和 16%。IC insights 的统计数据显示，四大纯晶圆代工厂每片晶圆的平均收入在很大程度上取决于工艺技术的最小特征尺寸。2018 年，0.5 微米/200 毫米晶圆的平均营业收入（370 美元/片）和小于 20 纳米/300 毫米的晶圆创造的平均营业收入（6050 美元/片）之间的差异超过 16 倍。即使以每平方英寸的收益进行比较，差异也是巨大的（0.5 微米为 7.41 美元，≤ 20 纳米为 53.86 美元）。由于台积电 ≤ 45 纳米的工艺产品创收占其营业收入的大部分，这就使得该公司每片晶圆的营业收入在 2013—2018 年保持着 2% 的年平均复合增长率，但格罗方德、联华电子和中芯国际在这个时期内年平均复合增长率下滑了 2%。

另外，不同尺寸的晶圆价格差异非常大，这与 MLCC 市场比较类似。

2. 设备投入

毫无疑问，在当今时代，IC 制造是顶端的制造行业，制造行业本身就是重资产行业，何况是顶端的制造业。以飞思卡尔在美国的一个晶圆制造基地为例，生产制造 8 寸晶圆仅设备投入就需要约 11.2 亿美元，如表 4-26 所示。

表 4-26 制作 8 寸晶圆所需要的设备投入

| 设备 | 数量 | 单价（美元） | 总金额（美元） |
| --- | --- | --- | --- |
| Chemical Vapor Deposition | 24 | 3 | 72 |
| Physical Vapor Depostion | 23 | 4 | 92 |
| Steppers | 54 | 8 | 432 |
| Photoresist Processing | 54 | 2 | 108 |
| Etch | 55 | 3 | 165 |
| Cleaning-Strip | 30 | 1 | 30 |
| CMP | 20 | 1 | 20 |
| Diffusion-RTP | 32 | 1 | 32 |
| Ion Implant | 13 | 3 | 39 |
| Process Control | | | 60 |
| Automation/Handling | | | 15 |
| Miscellaneous | | | 57 |
| 合计 | | | 1122 |

3. 厂房设施

建造晶圆厂所需要的厂房设施包括洁净房、水电气、设备等。

（三）IC 的价格分析

电子领域的半导体行业中，尤其是中高端品牌厂家的半导体器件，基本上属于卖方市场，这就意味着商品的价格及交付由卖方决定。我们从实际 IC 的询价过程中也可以明显看出这一点，即对于知名品牌 IC 的询价，原厂及代理商均采取备案制度。所谓备案制度，是指当买方发询价单给代理商时，代理商依据原厂的要求会请买方提供 IC 的所有相关信息，比如，IC 型号、应用领域、项目名称、终端客户、项目计划、年用量等详细信息。代理商再将收集到的项目信息发给原厂，原厂会依据项目信息进行报价。在这种情况下，买方的议价空间是很有限的。因此，即使我们分析出某颗IC的成本价格，也无法依据IC的成本价格与代理商或原厂进行议价。尽管知名品牌的IC器件属于卖方市场，但这些国际大厂通常有标准的报价流程与制度，这就意味着这些国际大厂不会出现像中小代理商或贸易商那样乱报价的现象。乱报价是指完全没有任何依据的报价，甚至可能出现低规格的器件比高规格的器件贵很多的完全不符合事物本身逻辑的情况。鉴于此，采购人员有必要对IC的价格进行分析，即通过对IC本身规格的对比找出IC的主要规格参数与价格之间的内在联系，从而总结出IC价格的大致区间。下面探讨该如何对IC进行价格分析。

1. 按商品类别对原始采购价格的数据进行分类整理

我们从多个不同的渠道选取IC价格信息，并对其进行分类整理，如表4-27所示。

表4-27　IC采购价格分类示范

| 序号 | 制造商 | 制造商型号 | 供应商名称 | 单价（美元） | 类别 |
| --- | --- | --- | --- | --- | --- |
| 1 | 微芯 | AT89LP52-20JU | 富昌 | 0.80 | MCU |
| 2 | 意法半导体 | STM8S207RBT6TR | 意法半导体 | 1.11 | MCU |
| 3 | 艾特梅尔 | ATMEGA 168PA-MU | 大联大 | 1.30 | MCU |
| 4 | 芯科科技 | C8051F310-GQ | 芯科科技 | 1.35 | MCU |
| 5 | 飞思卡尔 | MC9S08AC8CFGE | 安富利 | 1.46 | MCU |
| 6 | 德州仪器 | MSP430F2121IRGER | 艾睿 | 0.79 | MCU |
| 7 | 瑞萨电子 | R5F21276SNFP#U0 | 瑞萨电子 | 0.87 | MCU |
| 8 | 飞思卡尔 | MCHC912B32CFUE8 | 飞思卡尔 | 14.91 | MCU |
| 9 | 英飞凌 | SAK-C167CS-L40M CA+ | 英飞凌 | 15.79 | MCU |
| 10 | 意法半导体 | STM32F101R8T6 | 紫龙 | 1.94 | MCU |

续表

| 序号 | 制造商 | 制造商型号 | 供应商名称 | 单价（美元） | 类别 |
|---|---|---|---|---|---|
| 11 | 瑞萨电子 | UPD70F3736GC-GAD-AX | 儒卓力 | 2.83 | MCU |
| 12 | 德州仪器 | TM4C123BH6ZRBI | 艾睿 | 3.51 | MCU |
| 13 | 亚诺德 | ADUC7021BCPZ62 | 亚诺德 | 3.66 | MCU |
| 14 | 恩智浦 | LPC2142FBD64 | 富昌 | 3.92 | MCU |
| 15 | 飞思卡尔 | MPC555LFMVR40 | 飞思卡尔 | 42.95 | MCU |
| 16 | 亚诺德 | ADSP-21489KSWZ-4B | 艾睿 | 6.46 | DSP |
| 17 | 亚诺德 | ADSP-BF527KBCZ-6A | 亚诺德 | 18.50 | DSP |
| 18 | 德州仪器 | TMS320C6412AZNZ6 | 德州仪器 | 38.45 | DSP |
| 19 | 赛灵思 | XC6SLX16-2FTG256C | 安富利 | 9.60 | FPGA |
| 20 | 赛灵思 | XC3S700AN-4FGG484C | 赛灵思 | 28.15 | FPGA |

2. 分析影响器件价格的主要技术参数

以 MCU 为例，分析影响器件价格的主要技术参数。影响 MCU 价格的主要技术参数包括制造商、总线宽、架构、内核、存储器类型、存储器容量、RAM 容量、I/O 口数量、内核结构、封装方式、pin（脚位）数量等参数。

3. 查找影响器件价格的主要技术参数的具体值

当我们分析出影响器件价格的主要技术参数后，需要从规格书中逐一找出每个元器件这些参数的具体值，并列入一张表中，如表 4-28 所示。

表 4-28 带有主要技术参数的 MCU 价格清单

| 序号 | 制造商 | 制造商型号 | 供应商名称 | 单价（美元） | 类别 | 产品系列 | 线宽（位） | 架构 | 内核 | 程序存储器类型 | 程序存储器容量 | RAM容量 | I/O口数量 | 内核结构 | 封装 | pin数量 |
|---|---|---|---|---|---|---|---|---|---|---|---|---|---|---|---|---|
| 1 | 微芯 | AT89LP52-20JU | 富昌 | 0.80 | MCU | AT89 | 8 | CISC | 80C51 | Flash | 8KB | 256B | 36 | 8051 | PLCC | 44 |

第四章 采购成本管理

续表

| 序号 | 制造商 | 制造商型号 | 供应商名称 | 单价（美元） | 类别 | 产品系列 | 线宽（位） | 架构 | 内核 | 程序存储器类型 | 程序存储器容量 | RAM容量 | I/O口数量 | 内核结构 | 封装 | pin数量 |
|---|---|---|---|---|---|---|---|---|---|---|---|---|---|---|---|---|
| 2 | 意法半导体 | STM8S207RBT6TR | 意法半导体 | 1.11 | MCU | STM8S | 8 | CISC | STM8 | Flash | 128KB | 6KB | 52 | STM8 | LQFP | 64 |
| 3 | 艾特梅尔 | ATMEGA168PA-MU | 大联大 | 1.30 | MCU | Atmega | 8 | RISC | AVR | Flash | 16KB | 1KB | 23 | AVR | VQFN EP | 32 |
| 4 | 芯科技 | C8051F310-GQ | 芯科技 | 1.35 | MCU | C8051F31x | 8 | RISC | 80C51 | Flash | 16KB | 1.25KB | 29 | 8051 | LQFP | 32 |
| 5 | 飞思卡尔 | MC9S08AC8CFGE | 安富利 | 1.46 | MCU | S08 | 8 | CISC | S08 | Flash | 8KB | 0.768KB | 34 | S08 | LQFP | 44 |
| 6 | 德州仪器 | MSP430F2121IRGER | 艾睿 | 0.79 | MCU | MSP430 | 16 | RISC | MSP430 | Flash | 4KB | 256B | 16 | MSP430 | VQFN EP | 24 |
| 7 | 瑞萨电子 | R5F21276SNFP#U0 | 瑞萨电子 | 0.87 | MCU | R8C | 16 | RISC | R8C | Flash | 32KB | 1.5KB | 25 | R8C | LQFP | 32 |
| 8 | 飞思卡尔 | MCHC912B32CFUE8 | 飞思卡尔 | 14.91 | MCU | HC12 | 16 | CISC | HC12 | EPROM | 32KB | 1KB | 63 | HC12 | PQFP | 80 |
| 9 | 英飞凌 | SAK-C167CS-L40MCA+ | 英飞凌 | 15.79 | MCU | C166 | 16 | CISC/RISC | C166 | ROMless | | 11KB | 111 | C166 | MQFP | 144 |
| 10 | 意法半导体 | STM32F101R8T6 | 紫龙 | 1.94 | MCU | STM32F | 32 | RISC | ARM Cortex M3 | Flash | 64KB | 10KB | 51 | ARM | LQFP | 64 |
| 11 | 瑞萨电子 | UPD70F3736GC-GAD-AX | 儒卓力 | 2.83 | MCU | V850ES | 32 | RISC | V850ES | Flash | 256KB | 16KB | 66 | V850ES | LQFP | 80 |
| 12 | 德州仪器 | TM4C123BH6ZRBI | 艾睿 | 3.51 | MCU | Tiva C | 32 | RISC | ARM Cortex M4F | Flash | 256KB | 32KB | 120 | ARM | BGA | 157 |
| 13 | 亚诺德 | ADUC7021BCPZ62 | 亚诺德 | 3.66 | MCU | ADuC7xxx | 16\|32 | RISC | ARM7 TDMI | Flash | 62KB | 8KB | 13 | ARM | LFCSP EP | 40 |
| 14 | 恩智浦 | LPC2142FBD64 | 富昌 | 3.92 | MCU | LPC2000 | 16\|32 | RISC | ARM7 TDMI-S | Flash | 64KB | 16KB | 45 | ARM | LQFP | 64 |
| 15 | 恩智浦 | LPC2142FBD64 | 艾睿 | 4.27 | MCU | LPC2000 | 16\|32 | RISC | ARM7 TDMI-S | Flash | 64KB | 16KB | 45 | ARM | LQFP | 64 |
| 16 | 飞思卡尔 | MPC555LFMVR40 | 飞思卡尔 | 42.95 | MCU | MPC55xx | 32 | RISC | e200 | Flash | 448KB | 32KB | 101 | e200 | BGA | 272 |

4. 按照主要技术参数对商品进行分类和价格对比分析

通过对比产品的主要技术参数及其相应价格，可以推出价格与产品参数的关系，具体如下。

（1）当MCU规格参数几乎相同时，EPPROM的价格比Flash要高出1倍左右。

（2）同等规格条件下，MCU的pin数量越多，价格越高。

307

（3）将同样内核结构的MCU放在一起，一般情况下，MCU的价格与程序存储器容量和RAM（内存）容量成正比。比如，这里将AVR、8051和PIC三个系列的MCU分别按其程序存储器容量进行排序，就可以看出容量与价格的关系。因为PIC16F1936-I/SS这一款MCU是专门为LCD（液晶显示器）类产品设计的，所以其价格比其他应用要便宜。

（4）同等参数条件下，内核不同，价格也不同。经过对比分析得出，ARM的价格比C166有优势。

（5）同等参数条件下，Flash的价格比EPROM要便宜1半以上。

（6）在内核相同的情况下，价格与程序存储器容量和RAM容量成正比。

（7）同等参数条件下，不同的封装，价格不同。

（8）同等参数条件下，微芯的MCU的价格比艾特梅尔要便宜得多，这就是造成艾特梅尔最终被微芯收购的原因之一。

（9）同等参数条件下，线宽小的MCU价格要高于线宽大的MCU。

（10）在程序存储器容量及RAM容量相同的情况下，MCU的价格与总线宽位数成反比。

有人可能在想，这只是一份价格清单，何必搞得这么复杂？这样分析价格有什么意义呢？

可以明确地说，采用这种方法分析价格对于我们做好采购工作十分重要，其重要性主要体现在以下几个方面。

（1）帮助我们实现年度议价，最终实现年度降价目标。

（2）有利于我们高效快捷地做好产品成本估价工作。

（3）当我们与供应商议价时，能提高我们的议价能力。

（4）在新产品开发阶段，有利于选出性价比更高的器件，从而推荐给研发部门。

（5）有利于帮助我们设定合理的器件基准价。

（6）有利于我们识别供应商报价的"水分"。

（7）帮助企业有效管控产品成本，从而提高企业产品在市场中的竞争力。

对于采购人员而言，价格清单不仅是价格清单，我们需要透过现象看本质，透过价格看到价格与产品规格本身的内在联系，使其能够为我们所用，这是一种思维方法，它打破了采购人员只是接线员，采购人员没有增值活动的固有认知。

## 三、小结

本节探讨如何从财务成本的角度对电子物料进行成本分析，以及如何从产品性能（主要技术参数）的角度对电子物料进行价格分析，最终建立我们需要的成本与价格模型。无论是对商品进行成本分析还是对商品价格进行分析，都要求采购人员具备深厚的专业知识素养，如基本的财务管理知识、丰富的商品知识（商品的构成、每类商品的制程工艺、商品的主要技术参数、商品的性能及应用等）、市场知识（既可以纵向分析某类商品的上下游产业链，又可以横向分析对于同一种商品不同厂家的优劣势）、常用的市场与价格分析工具等。当我们具备这些知识和能力时，物料的价格清单就不再是简单的数据堆积，我们可以运用我们的知识和经验对这些数据进行分析，从中找到其内在的联系与规律。对于数据，作为专业采购人员，我们应该透过现象看本质，透过数据本身看到数据背后隐藏的逻辑和规律。当我们掌握了商品成本和价格形成的内在逻辑，就可以反过来运用这些内在逻辑来管理和控制物料采购价格与产品成本。所有商品的成本与价格分析的方法论是一样的，不同的只是商品本身的特性。这里通过对 PCB、IC 的分析，阐释了成本与价格分析的方法与步骤，采购同人可以结合自己实际的采购工作尝试做同样的分析。

## 第六节　采购如何进行有效的价格管理

大家都知道，采购金额 = Σ（商品 1 采购单价 × 商品 1 数量 + 商品 2 采购单价 × 商品 2 数量 + 商品 3 采购单价 × 商品 3 数量 +⋯），而采购金额对企业意味着花出去的钱。由此可见，我们可以直观地看到，企业在采购环节的花费多少取决于商品采购单价和商品数量。相较而言，商品数量较之于商品采购单价更容易管理，商品数量控制属于需求与库存管理方面的课题。在此，假定商品数量波动不大，那么决定企业在采购领域花钱多少的主要因素就是商品采购单价，商品采购单价对于企业就意味着钱，即企业净利润。尽管我们都知道价格对于企业的重要意义，但现实中很多企业往往还是会忽视或无法科学地、系统地管理企业的商品采购价格。对于企业负责人或企业采购部负责人来说，要时常反思本企业所采购的物料的价格是否合理，是否有竞争力；企业物料采购价格到底是由少数人操控的，还是通过科学的管理流程和系统来控制的；每年核算出来的采购节省金额是否是企业真实成本的反映；节省金额占采购总额的比例是否越大越好；企业是否已建立价格复查制度并强有力地落地实施；等等。接下来探讨如何进行有效的价格管理。

### 一、建立科学的商品价格数据库

在当今计算机与互联网和移动互联网主导的数字经济时代，大部分企业都在使用 ERP 信息系统，其中有一个模块就是商品价格数据库。尽管大部分企业都有自己的商品价格数据库，但多数形同虚设，或者最多只能算是一个信息存储及收集系统，不具备科学地整理数据、分析数据并管控数据的功能。具备科学性和系统性的商品数据库应该具备以下特点。

1. 准确性

采购价格是由人录入系统中的，是人就会犯错误，因此我们在实际采购工作中经常会发生由于价格录入错误给采购工作带来麻烦的情况。比如，有时我们需要购买一种电缆线材，供应商报价为20元/卷，结果录入时没看清楚单位或其他原因将这种电缆线材以20元/米的价格录入系统。假定这种电缆线材一卷为10米，这样一来由于单位录入错误导致价格相差9倍，当后端执行采购人员下单给供应商时，如果供应商没有及时发现价格错误，企业很有可能会以高价购入这种电缆线材，那么企业的利润岂不是"无辜"地流失了？与单位商品价格相关的参数有很多，比如，商品单位、币别、是否含税及价格单位（是1种的价格还是1000种的价格）等。同样的数值，一旦这些参数设置错误，或者单价小数点看错，就会产生极大的价格差异。随着现代人工智能的兴起，这个问题很容易被计算机或网络程序员解决。当我们使用互联网或移动互联网工具时，会发现互联网有"记忆"功能，或者互联网知道我们定期会买什么，因为人都是有消费习惯的，互联网依据我们的消费"数据"可以推算出我们的消费路径和时间，这样一来就实现了简单的"人机交互"。商品价格数据库同样是数据，可以聘请程序员设定相应的"防呆"程序以防止人们出现手动错误。

2. 可追溯性

当下，很多企业对待价格很"随意"，比如，有的企业中，每个战略采购人员或品类采购人员负责录入自己所负责商品的价格，每个采购人员都有更改系统价格的权限；有的企业专门聘请部门助理负责录入价格数据；有的企业由财务人员负责录入商品采购价格；等等。当这些个人录入价格数据时，很多时候审批者根本不清楚这些价格数据的来源。审批者又不可能审批每种商品的价格时都将采购人员请过来解释一下，这就导致价格数据来源不清晰，没有可追溯性。

3. 简易性

我们常常为需要整理大量数据而感到苦恼，并因此浪费大量时间，究其原因是我们的数据库设计得不够科学。比如，我们想了解所有二极管物料的单价信息，先要在系统中下载 PIR 清单，然后通过 Excel 表筛选出二极管物料的单价信息。针对这种情况，我们能否直接从 ERP 系统中筛选出二极管物料资料，并下载其单价信息？

4. 管控性

ERP 系统往往只有数据录入功能，而没有数据管控功能。

5. 自动分析功能

很多企业每个月做月报核算节省金额时常常是手动计算，手动计算既不准确又会耗费大量时间。其实，我们可以聘请 ERP 程序员开发具有分析功能的模块，这样一来，无论我们需要任何数据都可以直接从 ERP 系统中下载，而不需要进行手动计算。

6. 数据格式标准化

目前，还没有哪家企业在数据标准化上做得相对完美的。无论是外资企业，还是民营企业，都会发生同一种规格的物料有不同的物料编码且价格不同的情况，其主要原因就是数据格式未进行标准化。张三按张三的风格填写物料描述或规格，李四按李四的风格填写，这会给后端采购人员的数据分析工作带来很多麻烦。因此，制造型企业应该严格定义物料标准，并对物料进行清晰的分类和规格描述，所有的工程师及采购人员都必须依据这些标准和分类来录入物料信息及价格，这样有利于后期做数据分析。

## 二、设定合理的基准价格

衡量事物的好与坏，需要标准；度量物体的长短，需要尺子。同理，我们衡量价格合理与否，同样需要一定的标准或尺度，在现实采购活动中我们通常以物料的基准价格来度量供应商报价的合理性。大多数人都明白这个道理，但问题是如何计算与定义基准价格，制定标准往往是最难的，设定基准价格亦是如此。企业的基准价格设定方法无外乎以下几种。

1. 节点价

以上一财年最后一天的采购价格为基准价格，比如，民营企业通常以 12 月 31 日为财年的最后一天，那么物料均取这一天的价格为基准价格。

2. 期间价

以上一财年物料的加权平均价格为基准价格。在一定时期内（通常为一个财年），用某个物料所有的采购支出除以其采购数量就是这个时期内的物料加权平均价格。加权平均价格反映了物料实际的支出成本。

3. 财务核价

财务部是最直接也是最重要的成本管控部门，因此财务部需要专业的成本核算人员来核算采购所询到的价格。

无论是节点价方式还是期间价方式都有其自身的缺陷性，即如果采用节点价方式设定基准价格，采购人员谈完年度降价后即使有更优价格，往往也不会立即核价到系统中，而要等到12月31日以后才实行。这样一来，一过完12月31日，采购人员就有降价的业绩了，但这种做法对公司是不利的。另外，采用节点价方式设定基准价格没有其他任何依据可言，唯一的依据就是时间节点。如何能确保以时间节点为基准的价格就是符合市场价格、符合公司利益的呢？对于期间价方式，一定期间的加权平均价格的确能够反映在这段时期内企业购买物料的实际成本支出，但这个价格并不能代表市场的合理价格，因为在一段时期内价格是会受内外环境影响而发生变化的，比如，2017年PCB价格的巨大波动，2018年MLCC价格的巨大波动，以及为调现货而多支出的价格差等。此时，核算出来的期间加权平均价格并非稳定市场情况下的合理价格。

那么究竟该如何设定基准价格呢？每个企业都应该对自己所采购的物料建立成本模型和价格标准，在每种物料的价格被核入系统之前都要依据成本模型和价格标准对其进行充分评估，评估后的价格才能核入系统。在财年的前1~2个月与财务部门一起对占采购支出80%的主要物料逐一核价，以设定出一个合理的基准价格。当然，这项工作需要花费大量的时间来完成，但其对管控企业的成本有很重要的意义。

## 三、标杆分析

标杆分析是将企业的业绩与已存在的最佳业绩进行对比，以寻求不断改善企业作业活动、提高业绩的有效途径和方法的过程。其主要目的是找出差距，寻找不断改进的途径。其方法是对同类活动或同类产品生产中绩效最为显著的组织或机构进行研究，以发现最佳经营实践，并将它们运用到自己的企业当中。最佳业绩通常有三类，即内部标杆、竞争对手标杆和通用标杆。比较理想的方法是树立竞争对手标杆，即通过确认竞争者中的最佳实务者并与之进行比较，判断其取得最佳业绩的因素，以资借鉴。这实质上是进行竞争对手分析。

采用该方法进行竞争对手分析时，首先，要明确谁是企业真正的竞争对手。其次，要明确竞争对手所采用的基本竞争战略，因为它决定了企业的成本措施。采用成本领先战略的企业以获得低成本优势为第一目标，会使用各种方式和手段来降低成本；采用差异化战略的企业则以获得差异化优势为第一目标，降低成本的方式和手段以不影响企业差异化战略为限度；采用目标聚集战略的企业以占领特定细分市场为目标，在特定细分市场里，它们仍然会采用成本领先战略或差异化战略。标杆分析只有在采用相同基本竞争战略的竞争对手间进行才有意义和价值。最后，要分析竞争对手的价值链和主要成本动因，并与企业自身价值链和主要成本动因进行比较。若竞争企业向目标市场提供相似产品或服务，并采用相同的基本竞争策略，则其所处的市场环境与我方企业基本相同，分析的重点应是企业内部因素。

标杆分析在成本控制中的用途是多重的。第一，它是企业进行优势与弱点分析的有效手段，能确定竞争者中的最佳实务者及其成功因素，并且通过价值链和主要成本动因分析，企业能认识到自身的优势与面临的威胁，是SWOT分析方法的应用基础。第二，它可以改进企业实务，通过与最佳实务者进行比较，明确企业需要改进的方面，并提供方法与手段。第三，它为业绩计量奠定了基础，以最佳实务者为标准计量企业业绩，使各部门目标保持在先进水平上，使业绩计量具有科学性并能起到指针作用。

## 四、运用价差管理工具

降价是战略采购非常重要的 KPI 之一，有些企业甚至极端地将降价绩效作为衡量采购绩效的唯一标准。

降价绩效是通过降价额和降价幅度来衡量的。

降价总额＝∑［（物料1当前采购价格－物料1基准价格）×采购数量＋（物料2当前采购价格－物料2基准价格）×采购数量＋（物料3当前采购价格－物料3基准价格）×采购数量＋…］

降价比例＝降价总额／（物料1基准价格×采购数量＋物料2基准价格×采购数量＋物料3基准价格×采购数量＋…）

一般来说，人们会认为降价比例PPV百分比这个值越大越好，该值越大表明降价的幅度越大，采购对公司的净利润的贡献也就越大。从数字的逻辑来看，当然是PPV百分比值越大越好，但从采购的逻辑来看并非如此。如果PPV百分比值过高，表明之前的价格"水分"太多，在没有特殊原因的情况下，比如，用替代料，PPV百分比值越高，表明企业之前遭受的损失越大，因为企业一直在以高于市场价的价格采购物料。因此，我们应该根据企业的实际情况设定一定的PPV百分比值，比如，3%或5%，无论物料是涨价3%或5%，还是降价3%或5%，我们都要问为什么，直到找到价格浮动的根本原因，只有这样才能及时或尽早地发现不合理的或虚高的价格，同时以此来监督管控不专业或不道德的采购人员及没有诚信的供应商。

## 五、建立严谨、科学的核价流程

核价是指对采购所询问到的价格进行审核批复的过程，核价的目的是确认企业物料采购价格的合理性，有的企业称之为"获取最优价格"。因为采购价格对于企业太重要了，所以几乎每个企业都会设定具体的核价流程，但问题的关键是企业的核价流程是否严谨、是否科学。在现实采购活动中，常常有以下两种核价现象。

1. 人为核价

人为核价是指企业的采购价格是否合理并生效由某个人决定，这个人可能是企业主（老板）、老板的"亲信"或职业经理人。这种现象在中小型民营企业中比较普遍，甚至一些大型民营企业也是采用这种方法来核价的。将企业的成本"命运"放在某个人身上显然会存在巨大风险。这个风险一方面表现在人的品行方面，因为绝对的权力容易导致权力的滥用，这一点是毋庸置疑的；另一方面，人的能力和精力是有限的，对于物料的采购价格，少则几百个，多则上万个，如此庞大的数据，人的大脑是无法精确地进行存储和分析的，因此一定要借助工具来完成采购价格管理工作。

2. 流程核价

相对成熟的企业都会按照设定的具体核价流程来完成核价工作。企业流程核价通常分为两种，即形式主义的流程核价和科学的流程核价。

（1）形式主义的流程核价。

形式主义的流程核价是指虽然企业制定了核价流程，但这个流程形同虚设，完全是为了设定一个流程而设定，流程本来是用来管控价格的，但这种"形式流程"无法管控价格。有一个1500人的代工厂，该厂有一个核价系统，采购工程师把从供应商那边询到的价格录入核价系统，然后请采购经理批复，由于是柔性线路板组装行业，其时效性很强且零部件多，常常一天有50~100个零部件需要核价。问负责这项工作的采购经理，是如何判断采购工程师提供的价格是否合理、是不是最优价格的，采购经理回答："与之前采购的同类型器件的价格进行对比，或者凭感觉。"当被问及"您如何判断之前同规格物料的价格是否合理呢？"他答不上来。尽管他们有核价系统和流程，但实际上其价格管理是失控的，其所谓的核价系统充其量算是"入价系统"，只起到了记录价格的作用。

（2）科学的流程核价。

科学的流程核价一定要相关人员有"核"这个动作以确保价格的合理性。科学的流程核价应该包括但不限于以下内容。

①设定标准的询价（报价）单，所有供应商使用统一固定模板报价。报价单中应清晰地写出供应商名称、地址、联系人、电话，以及报价日期、单价、币种、物料型号、物料规格、制造商、制造商型号、最小订购量、最小包装量、报价有效期、交货条款、付款账期、付款条件等所有信息。

②"货比三家"。同一型号的物料至少提供2~3家供应商的报价，且尽

量是 AVL 中的供应商。

③分解报价。无论是零部件还是整机，均要求供应商提供分解报价（分解程度为原材料、元器件），标准零件（标准电子元器件、标准原材料）除外。

④战略型物料需按 TCO 方式分析 TCO。

⑤要求企业内部每年年底对所有外购零部件或原材料设定基准价格。

⑥指定核价人员，可以是采购经理（或采购总监）、产品线经理（或总监）、财务成本经理（或总监）。

科学的流程核价的关键在于，设定基准价格、价格透明（分解报价）及多方会签。同时，采购工程师将核价单给以上审批人员审批时，需要提供原始标准的报价单及对比说明。

### 六、建立供应商档案与准入制度

询价过程中第一优先级是向 AVL 中的供应商询价，因为这些供应商都是经过审核和长时间验证的，其报价均为"有效价格"，即可以实施采购的价格、没有争议的价格。与之相对应的是 NVL 中的供应商，因为这些供应商并未与企业合作，也不确定是否能合作，因此其报价只能作为参考价，而不能作为"有效价格"。如前文所述，采购管理的源头在于供应商开发，如果前期开发的供应商质量水准不高，那么给采购与供应带来的负面影响是极大的，因此我们要建立严格的供应商档案与准入制度。

### 七、运用 TCO 分析

TCO 包括产品采购到后期使用、维护的成本。TCO 是企业经常采用的一种技术评价标准，是指企业在一定时间范围内所拥有的包括置业成本和每年总成本在内的总体成本。在某些情况下，这一总体成本是对 3~5 年时间范围内的成本进行平均而获得的一个可比较的现行开支。

## 八、建立价格成本模型

建立价格成本模型的意义在于,让买方清晰地知道购买商品的钱"花在哪里",以及是否"物有所值"。很多定制件的供应商凭着自己所生产的产品是定制件而非标准件,常常报出高出市场价很多的价格给买方,如果买方不建立自己的价格成本模型将无法知道商品的市场价到底应该是多少,也就无从知道该价格是否合理。

## 九、建立成本考核机制

从人的心理角度来看,人都希望自己成为"正面的典型"而不愿意成为其对立面——"负面的典型",基于此,管理就应该设定绩效目标并建立奖罚制度。奖罚的目的是激励团队成员将工作做得更好。同理,采购在成本管控上也应该制定奖惩制度——成本考核机制,以激励团队成员将成本管控做到极致。成本考核机制的过程为设定目标——确认实际结果——将结果与目标进行对比——评判绩效优劣——实施奖惩。

评判成本绩效的方式通常是PPV核算。一般企业会定期回顾价格的准确性和合理性,比如,一般企业会在每月月底核对当月采购价格与基准价格的差异,即PPV。运用PPV的意义在于,一方面核算企业在一段时间内的物料成本的变化(增加还是减少),另一方面用来追踪每种物料在"时间轴"上的变化,如果变化太大,比如,PPV的绝对值大于10%,甚至20%,我们就要深入调查是什么原因导致PPV过高并追责。

## 十、应该成本

外资企业常常用"应该成本"的方式与供应商议价。很多时候,供应商不愿意提供物料成本给买方,在这种情况下,买方不得不用应该成本的方式来核算所购买商品的成本构成,应该成本又称"逆向定价法"。卖方的成本构成影响着价格,因为从长期来看,卖方的定价必须能够弥补生产过程中产生的所有可变成本、部分固定成本及部分利润。许多供应商不愿意分享内部成本信息，而这些信息对采购人员来说意义重大，尤其是在评估供应商报价是否合理的时候。在没有确切成本数据的情况下，供应商总的成本构成必须通过应该成本方式来评估，这意味着如果供应商以适宜的方式分配成本，应根据这些来计算产品成本。成本核算需要专业的成本工程人员来做，有的资深采购人员也可以完成这项工作。

**微型案例：IBM（国际商业机器公司）的应该成本**

中国联想是世界三大个人计算机生产商之一，它是较早使用应该成本方式进行成本研究的公司。联想在2005年收购IBM的个人计算机业务时，获得了一个世界上最新的应该成本操作系统。

19世纪70年代和80年代，工程师对IBM在制造监视器、键盘、终端等方面的成本进行研究，其中还包括对注塑成型、压铸、电缆或者卡片组装及一些模具制造等的成本研究。IBM软件工程师开发了另一个叫作Pisces的工具，用于储存所有的标准时间、人工费用、机器时间等数据。这些数据根据地理范围进行记录，使得企业可以利用这款工具研究世界各地的制造业发展情况。

前IBM和联想个人计算机部成本经理Kagan说，该系统有两种用处：一是可以用来估计生产的内部成本，二是用于对内部成本和未来有可能外包的供应商成本进行比较，而这造就了IBM在19世纪80年代和90年代大规模外包的基础。IBM和其他高科技电子产品制造商把大部分生产任务外包给合同生产商，如Foxconn（富士康）、Flex（伟创力）、Jabil（捷普）和Samina（秀明）等。这些决定并不是随便就做出的，而是基于科学的成本分析做出的。那些专注于某一部件生产的第三方生产商产生了规模经济效应，并且可以优化设备投资与流程。

应该成本在IBM深入发展，从提升内部设计到与竞争者的设计比较。Kagan说："我们开始关注竞争者的设计，把它们拆解并估计它们的成本，然后与我们自己的设计比较，从中吸取教训，并应用到我们下一代产品的设计中。"IBM还对不同的设计迭代采用严格的成本估计，以利用这个工具获取最可行的方案。

## 十一、定期进行商品供应市场研究及分析

采购部应该定期收集各商品类别的供应市场信息，比如市场价格是否有波动、市场价格水平、供应状态（是物料紧缺还是过剩）、市场供应的"主要玩家"及终端需求情况等。世界是联系的，产业链的上下游联系更加紧密。例如，2016年年底MLCC市场就呈现出价格上涨及供不应求的趋势，如果企业时时关注供应市场动态，就可以提前采取措施来规避后期涨价和缺料的风险，但很多企业没有这种风险意识，从而导致2017年年中至2018年年中整整一年企业都处于缺料和花高价买料的状态。

## 十二、建立价格复查或审计流程

价格对于采购管理是非常重要的领域，大部分的成本问题都来自价格管理，因此企业应该设定价格复查或审计流程来进行价格管控。

# 第五章 采购战略制定

# 第五章 采购战略制定

**导读** 俗话说："良好的开始是成功的一半。"采购管理是整个供应链管理的第一阶段，如果采购管理的绩效好了，那么整个供应链管理的绩效就不会太差。采购战略是采购管理的核心，如果采购战略的制定与实施工作做好了，那么采购管理工作就成功了80%，也意味着供应链管理工作成功了80%。

古人云："凡事预则立，不预则废。"这句话指出了"计划"对于事情结果的重要影响。现代西方管理学提出管理的四项基本职能，即计划、组织、领导与控制。由此可见，古今中外的智者都洞悉一条真理——做任何事情，如果我们希望取得一个好的结果，在事情开始前，我们都必须制订计划，换句话说，制订计划是事情获得成功的必要条件。

计划工作表现为确立目标和明确达到目标的必要步骤，包括估量机会、建立目标、制定实现目标的战略方案以及形成协调各种资源和活动的具体行动方案等。简单地说，计划工作就是要解决两个基本问题：一个是做什么，另一个是怎么做。组织、领导与控制等其他一切工作都要围绕着计划所确定的目标和方案展开，所以计划是管理的首要职能。"战略"一词最早是应用于军事领域，战略的特征是发现智谋的纲领。战略的现代含义是：它是一种从全局考虑、谋划实现全局目标的规划，战术只是实现战略的一种手段。有时候我们要牺牲部分利益，去获取战略胜利。战略是一种长远的规划，也是远大的目标，规划战略、制定战略、实现战略目标所需的时间往往比较长。从计划和战略的定义我们可以看到二者有类似之处，从宏观的角度来看，宏观的计划就是战略，而微观的计划就是战术。

采购工作是企业运营中一项重要的工作，如果我们想取得卓越的采购绩效并保持其可持续性，那么制订采购计划是必不可少的。如果我们将采购计划等同于采购战略，那么就可以说采购战略的制定是实现卓越的采购绩效的必要条件。

# 第一节　从 5W1H 的角度理解采购战略

## 一、什么是采购战略

西方人的思维是，在讨论一件事情之前，往往先要清晰地告诉人们这是一件什么事，即下定义或给出名词解释。无论是西方经典管理学名著，还是知名外资企业的程序文件，均以名词解释作为文件的开始，然后展开讨论或论述。这是一种求真务实的做事风格，因为我们要讨论一件事情或一个议题之前，必须统一认知，只有认知统一了，才能理解对方后面提出的观点和所做的论述。

市场上我们常常看到或听到"战略采购、采购战略、商品策略、采购策略"等名词，这些名词的含义是有区别的。

1. 战略采购

中文的"战略采购"有三种含义：第一种是代表采购发展的一个阶段；第二种是代表一种采购方法；第三种是代表采购工作中的一个职位，战略采购与执行（运营）采购相对应。卡洛斯·梅纳的《战略采购和供应链管理：实践者的管理笔记》一书解释了战略采购的第一种含义，即战略采购是采购发展的一个阶段，如表 5-1 所示。

表 5-1　采购的成熟模式

| 项目＼类型 | 交易型 | 成本驱动型 | 综合型 | 领导型 |
|---|---|---|---|---|
| 战略调整/投资 | 无战略性导向或参与 | 与企业战略分离 | ① 支持企业性质战略<br>② 紧密安排 | ① 影响企业性战略<br>② 对价值和战略提供有力的投资 |

## 第五章 采购战略制定

续表

| 类型\项目 | 交易型 | 成本驱动型 | 综合型 | 领导型 |
|---|---|---|---|---|
| 活动范围 | ① 本质上为文职类工作<br>② 与供应商进行一次性交易<br>③ 处理订单<br>④ 鲜有投标 | ① 商业性活动<br>② 投标<br>③ 谈判<br>④ 交易成功 | ① 积极的自制与外购决策<br>② 业务外包<br>③ 全球性采购<br>④ 关注战略性采购<br>⑤ 关系管理与供应商发展 | ① 端对端供应链管理<br>② 少有未触及的外部消费链领域<br>③ 关系管理和供应商发展 |
| 关系管理（外在和内在） | ① 无供应商关系管理<br>② 未加入其他部门 | ① 有限的供应商关系管理<br>② 与内部部门适当地整合 | ① 关系的组合方式<br>② 加入供应商关系管理 | ① 被供应商视为有选择权的消费者<br>② 与其他利益相关者相连<br>③ 紧密的内部整合 |
| 技术使用 | ① IT的特别应用<br>② 电子表格的应用 | 办公性活动自动化以降低成本 | ① 投资信息通信技术<br>② 电子采购 | 全面使用电子采购和网络技术 |
| 人员技能和知识 | ① 办公性<br>② 技术性能差别<br>③ 提供一些培训 | ① 技术性能力<br>② 谈判和商业技能<br>③ 提供培训 | ① 专业化<br>② 高级技术能力<br>③ 良好的项目管理技能<br>④ 系统化的培训方案整合 | ① 专业化<br>② 高级技术能力<br>③ 转型技巧和领导力技巧<br>④ 持续发展<br>⑤ 吸引顶尖人才 |
| KPI | ① 无结构化的目标和有限的跟进<br>② 关注受理的采购订单数目、数量度量和订单流程遵从性 | ① 目标和深刻聚焦金融成果<br>② 关注降价和合同履行 | ① 平衡积分卡<br>② 关注TCO | ① 综合平衡积分卡<br>② 持续地监管<br>③ 专注TCO、创新、可持续性和持续提高 |
| 采购的可见性 | 不突出 | 基于资金节省潜能，提升形象 | 内部和外部的高度可见性 | ① 内部采购被视为竞争优势的驱动力<br>② 供应链冠军 |

卡洛斯·梅纳将采购工作或采购部门的角色归纳为四种类型阶段，即交易型、成本驱动型、综合型和领导型。与此同时我们也可以看到，并非随着时间的推移，所有的企业都会处在同一个阶段，即使到 21 世纪的今天，有的企业的采购职能依然处于交易型、成本驱动型或综合型阶段。因此，针对"战略采购"的三种不同的理解，给出的定义也不同。

如果我们将战略采购理解为采购阶段，那么战略采购的定义是：采购部门积极参与企业的战略制定、企业转型和供应商管理，以寻找可持续的竞争优势。采购领导者不仅要与企业其他部门协商来调整采购战略，还要创造有利于企业和整个供应链获得成功的环境，并据此制定战略。此时的战略采购是相对于传统采购、战术采购而言的，战略采购是从这两个阶段发展而来的。

如果我们将战略采购理解为一种采购方法，那么战略采购的定义是：战略采购是一种系统性的、以数据分析为基础的、以最低总成本获得企业竞争所需外部资源支配权的采购方法。战略采购相对于其他采购方法更加关注 TCO、系统供应链、客户价值、供应商协同与信息化管理等领域。

如果我们将战略采购理解为采购工作中的一个职位，那么战略采购的定义是：战略采购以战略采购方法来做采购工作的岗位，这一岗位是相对于执行采购而言的。

2. 采购战略

采购战略是战略制定中部门战略层面的部分，它主要说明采购将如何支持所需的有竞争力的业务单元策略，执行其他部门战略（比如，营销战略、运营战略等）。结合我们的实际采购工作而言，采购战略是为实现采购总目标而针对影响采购目标的各项重要工作制定的全局性、长远性的规划及管理方案。一般企业的采购工作的主要目标包括四个方面，即质量、成本、交付和服务，即所谓的"QCDS（Quality、Cost、Delivery、Service）原则"。因此，为实现采购目标所做的重要工作包括但不限于需求管理，降本或降价，供应商发展与管理，供应（商）库管理，保障物料的持续供应，满足内部客户的合理需求，等等。换句话说，采购战略是将本部门的主要优先事务、与供应（商）库和其他部门的合作方法、为企业做贡献所需的能力、运行和发展这些能力所需的关系系统全部具体化。

3. 商品策略

商品策略主要说明一个部门如何为所采购的商品制定采购策略，并实现采购目标。这些采购目标同时支持采购战略、业务单元战略并最终支持企业的发展战略。具体到采购工作，就是利用卡拉杰克的经典"四分法"对所采购的商品进行划分，可以分为杠杆型、战略型、普通型和瓶颈型商品，然后依据不同的商品类型采取不同的采购策略。

4. 采购策略

采购策略旨在确定物资采购及操作执行的管理原则，以提高采购效率、采购操作的规范性及采购总成本的控制水平。采购策略通常包括分享合同策略、战略合作策略、长期合作策略、横向打包策略、综合成本策略、工作订单策略、竞争策略、备份合同策略及鲇鱼策略等。

本文所说的采购战略就是指围绕采购的QCDS系列目标制定的路线、方针和方案。

## 二、为什么要制定采购战略

在讨论该如何在全球环境中竞争并取得成功时，公司领导层需要明确地向其执行团队提出以下问题。

（1）公司要在什么样的市场上竞争？在什么样的基础上竞争？

（2）公司希望实现的长期和短期商业目标分别是什么？

（3）公司的预算或经济资源方面的限制有哪些？这些预算或经济资源如何在职能组织和业务组织间分配？

面对这些挑战，企业领导者必须制定相应的战略及方案来解决上述问题，从而企业的整体战略目标就"呼之欲出"了。当企业整体战略目标清晰后，就需要所有职能部门一起来定义各部门的战略，采购部作为企业尤其是制造型企业中一个重要的部门，当然也要为完成企业的整体战略目标而制定自己的战略目标。企业的整体战略目标包括以下主题：如何使公司与众不同，如何实现增长目标，如何降低成本，如何提升客户满意度，以及如何维持企业的可持续盈利能力，以达到或超越股东的预期。对制造型企业而言，离开战略采购部门的战略部署上述目标是不太可能实现的，因为我们之前分析过，制造型企业中原材料成本占企业营业成本的 80% 左右，占企业营业收入的 60% 左右。原材料对于制造型企业的重要性可想而知，而绝大多数企业获取原材料是通过采购职能实现的。

### 三、谁来制定采购战略

采购战略是由采购部的战略采购人员来拟定并落地执行的，下面以全球性的跨国公司为例，将采购战略的拟定者总结至表 5-2 中。

表 5-2 采购战略的拟定者

| 序号 | 工作流程 | 描述 | 执行者 | 审批者 |
| --- | --- | --- | --- | --- |
| 1 | 审阅上一年度的采购战略 | 品类采购人员仔细阅读上一年度的采购战略、公司销售战略及公司整体战略目标 | 品类采购经理 | 品类采购总监 |
| 2 | 拟定采购战略 | 品类采购人员每年年初依据公司总体目标及采购目标制定采购战略 | 品类采购经理 | 品类采购总监 |
| 3 | 采购战略审核 | 品类采购总监审核品类经理拟定的采购战略 | 品类采购总监 | 品类采购总监 |
| 4 | 向采购高层汇报 | 各个品类经理及总监向采购最高层汇报采购战略 | 品类采购经理及总监 | 采购副总经理或采购首席官 |

### 四、什么时候制定采购战略

任何战略或计划都可以按时间长短分为长期战略、中期战略及短期战略。针对长期战略，通常由采购高层领导和其他高层领导一起根据企业整体战略拟定 5 年左右的长期采购战略；品类采购总监根据长期采购战略拟定 2~3 年的中期采购战略；品类采购经理根据中长期采购战略拟定 1 年的短期采购战略，通常在上一财年年末或这一财年年初制定好采购战略。

## 五、如何制定采购战略

### （一）采购目标

采购战略是为采购总目标服务的，因此我们制定采购战略离不开采购总目标。在讨论采购战略制定的基本流程之前，我们先来看看采购目标。某知名世界 500 强企业的采购目标，如表 5-3 所示。

表 5-3　某知名世界 500 强企业的采购目标

| 序号 | 层次 | 内容 |
| --- | --- | --- |
| 1 | 企业战略使命 | ① 全球范围内减少二氧化碳排放<br>② 全球范围内保持增长<br>③ 未来 10 年投资新兴市场 |
| 2 | 采购使命 | ① 通过适当的资源优化、有效的采购组织以及供应商库与客户要求的一致性，为实现企业目标做出贡献，提升价值并降低成本<br>② 充分利用所有事业部及区域内的全球组织购买力<br>③ 在整个采购组织中推行纪律、道德和结果导向的思维<br>④ 定义、执行和监控动态的、有效的商品战略<br>⑤ 与关键的战略供应商发展透明的合作伙伴关系<br>⑥ 其他采购使命 |
| 3 | 采购总目标 | ① 为企业战略使命服务<br>② 持续降低 TCO 以实现永久性的正向财务收支<br>③ 发展一流的供应商关系管理<br>④ 其他采购总目标 |
| 4 | 采购子目标 | ① 在新兴市场开发创新型路线并开发本土供应商<br>② 部署供应商可持续性发展政策<br>③ 推动供应商标准化，同时降低供应商管理的复杂度<br>④ 保障及时供应<br>⑤ 其他采购子目标 |

企业所属国家、文化、规模、行业差异、领导人风格等因素的综合作用导致不同企业的使命及采购总目标有所不同，但一般的电子制造型企业（以成品为主）的采购目标不外乎以下几点。

（1）质量目标。降低供应商来料不良率，比如，每年 100 个 PPM。

（2）成本目标。本企业产成品降价 5%~10%，从而分解出采购物料价格降低、人工成本降低及制造费用降低等目标。

（3）交付目标。为提高企业自身产品的 OTD 而要求供应商相应地提高物料交付达成率。

（4）技术或新产品开发目标。例如，一年要完成多少个新产品开发及专利申请，缩短产品开发周期，等等。

（5）削减供应商数量。很多通信、医疗及工业自动化控制行业的制造型企业的供应商库的管理不够规范，工作繁杂，需要削减供应商数量以提高运营效率。

（6）供应风险控制。供应中存在各种潜在风险，比如，器件停产、周期性涨价及物料短缺等，我们应该提前识别供应风险并找到对应的解决方案。

**（二）采购战略制定的基本流程**

采购战略的制定与其他战略的制定类似，一般会经过以下几个环节。

1. 定义关键的采购绩效目标（我们要去哪里）

目标是我们行动（做事）的方向，企业常常以目标为导向来激励员工和管理者努力工作。只有当我们清楚目标是什么的时候，我们才能知道应该干什么；如果我们连自己应该干什么都不清楚，那我们所做的事情注定是要失败的。采购工作亦是如此。如果想取得卓越的采购绩效，我们首先要清晰地定义关键的采购绩效目标。一般来说，电子制造型企业的主要采购目标包括但不限于质量目标、成本目标、交付目标、技术或新产品开发目标、削减供应商数量目标及供应风险控制目标等。在这些采购目标中，我们需要定义绩效目标，比如，年度降价 5%，来料不良每年小于 100 个 PPM，物料 OTD 达到 98%，年度开发新产品数量不少于 5 个，等等。

## 2. 分析当前采购状况（我们在哪里）

何为采购状况？就是围绕采购主要 KPI 展开的一系列采购工作的最新情况，包括但不限于以下几个方面。

（1）供应商的物料交付达成率。

（2）本企业产成品的交付达成率以及影响产品达成率的物料采购前置期状况（同类型物料的平均采购前置期）。

（3）上一年度物料降价的金额及比例。

（4）上一年度供应商整合的状况，比如，增加了几家新供应商以及为什么增加，减少或合并了几家供应商及其原因，我们的战略合作伙伴供应商有几家，我们的策略供应商有几家，等等。

（5）各供应商的来料不良率分别是多少，有无重大品质事故发生。

（6）我们的钱是如何花出去的，即采购支出分析。

（7）上一年度是否有影响交付的重大事件发生，这类事件是否还会重演，即供应风险评估及对策。

（8）提高库存周转率。

（9）其他。

## 3. 找出目标与现实之间的差距

当我们明确了目标，也清楚了我们的现状时，我们就能知道离目标还有多远。找到方向（目标）和距离（差距），我们就可以制订实现目标的计划。

## 4. 制定达成目标的策略（我们将如何到达）

当我们知道现状与目标之间的差距时，就可以制定到达目的地的路线、方法。这些策略包括但不限于以下几个。

（1）产品降本策略，包括价值工程法、设计决定成本及物料成本等。

（2）物料降价策略，包括形成规模经济效应，导入有竞争力的供应商，找到替代料、替代供应商，进行价格谈判，资源本土化，全球采购，等等。

（3）保障顺畅供应，包括供应商策略、商品策略、缩减采购前置期和提高库存周转率等。

（4）新产品开发策略，包括新供应商寻源策略、器件选型策略等。

（5）其他策略。

# 第二节 采购支出分析

采购支出分析是指对在一定时期内发生的采购活动所产生的支出的数据进行收集、整理及分析的过程。它是我们制定商品采购策略、降价策略，进行风险管理及重大采购决策的重要依据。

## 一、为什么要进行采购支出分析

在现代经济活动中，所有的经济活动最终都会通过数据或者财务数据反映出来。企业经营活动本质上就是以赚取利润为目的的经济活动，因此企业经营过程的各个环节最终也是通过财务数据反映出来的，而且必须通过财务数据即会计记账反映出来，否则企业辛辛苦苦经营一年都不知道到底是赚了还是亏了。从大的方面来讲，会计记账主要记录两个方面的数据，即企业收入与企业支出，企业收入主要受销售业绩影响，因此是销售部应该负责和关心的事情；企业支出主要受采购绩效影响，因此是采购部应该负责和关心的事。因为在电子制造业中，原材料成本能占到总营业成本的60%~80%。

企业的采购活动是动态的、多维的、复杂多变的、持续性的活动，采购交易每天甚至每时每刻都在发生，因此企业每天都会产生繁杂的采购支出数据。每天面对繁杂的采购数据，人脑是无法保存和记住所有数据的，好在我们有计算机及ERP等工具，能帮助我们及时保存所有的数据。每项采购活动都会通过会计职能反映到财务数据中，反过来看，从财务数据中我们也应该能看到数据"背后"的采购活动。那么，面对这么多的财务数据或采购数据，采购人员该如何透过现象看本质，透过数据看到数据"背后"的采购逻辑呢？答案就是通过数据分析。采购支出分析就是采购数据分析的一种，而且这项工作必须由采购人员来完成，其他职能部门无法代为完成。因为会计只具备数据记录的职能，而不具备数据分析的职能；财务分析只能从财务的角度分析会计记录的数据。具体来讲，采购支出分析可以帮助我们得到以下问题的答案。

（1）过去一段时间内（一年或一个季度），我们的原材料成本是多少？原材料成本与总营业成本的比例是多少？原材料成本与营业收入的比例是多少？

（2）过去一段时间内企业花钱购买了什么？企业有没有收到与所支付货款相当数量的产品？

（3）哪些供应商的采购额占总采购额的80%？

（4）哪些商品类别的采购额占总采购额的80%？

（5）我们的采购支出与年初预算是否相符？差距是多少？

（6）有没有机会整合来自不同业务部门的采购需求，将产品需要标准化，减少产品供应的种类以形成更大的规模经济效应？

（7）有无潜在的降价机会？

（8）其他采购相关的问题。

采购支出分析的本质是回答以下问题。

（1）企业在一定时期内花了多少钱？

（2）采购的钱都花在哪些供应商和商品上？

（3）为什么要花这些钱？

作为企业购买活动的代表，采购人员一直致力在满足企业内部客户需求的前提下"精打细算"地花钱，即以最低TCO为企业获取外部资源。因此，我们要时刻关注并管控我们的支出，以确保我们花出去的钱物有所值。

## 二、商品分类

做任何分析工作都需要对分析对象进行分类，对采购支出的分析也不例外。由于电子制造产品不同于一般的轻工业产品（如服装、鞋帽、日用品、纺织品等），其产品BOM通常会涉及多种类型的零部件。因此，在讨论如何进行采购支出分析之前，需要先来探讨电子产品生产涉及哪些类型的零部件及原材料。下面还是以电子元器件为主、以其他零部件为辅，对电子产品的零部件进行分类。

（1）电子产品生产涉及的零部件及原材料可分为电子元器件、五金件、塑胶件、模具、化学品、包装材料、软件及其他八大类。

（2）电子元器件分为有源器件、无源器件及机电元件三类。

（3）有源器件主要包括分立器件和IC。

（4）无源器件主要包括电容、电阻、磁性元件及晶体。

（5）机电元件主要包括开关、连接器、电声器件、电池、显示器件、热管理器件、线材、继电器及马达等。

商品的分类方式有很多，以上主要是从商品功能及常见的分类方式对商品进行的分类。

采购活动本质上是买卖双方实现价值交换的过程，在这个交换价值的过程中卖方向买方提供商品，买方向卖方提供等价的货币，换句话说，商品是买卖双方实现各自价值的载体。在实际采购活动中，买卖双方所有的工作也都是围绕商品展开的，比如，寻源过程中寻找并开发能按照我们的要求供应商品的供应商，议价过程中双方按照商品的市场价值进行议价，物料供应过程中根据商品需求下订单并进行跟进管理，供应商管理亦是根据不同的供应商所提供的商品进行的，等等。由于不同商品的特性有所差异，因此我们要依据不同的商品特性对其进行管理。在实际采购工作中，当我们为物料建立主数据时，一般都会设定物料的类别。对于物料类别的设定，越是管理科学的企业，商品分类越细；反之越粗。当我们在主数据中设定好物料类别后，从系统中下载关于物料的任何数据时都会带有物料类别信息，比如，采购信息记录单、采购订单等。另外，对采购商品进行分类是采购人员的必备技能之一，要想成为专家级资深采购，必须具备丰富的商品知识。

## 三、如何进行采购支出分析

在移动互联网高速发展的今天，大家都在谈论大数据。百度百科中对大数据的定义为"大数据指的是所涉及的资料量规模大到无法通过主流软件工具,在合理时间内达到撷取、管理、处理并整理成为可实现使企业经营决策更积极的目的的资讯"。百度百科对于大数据的解释有点狭隘,对于大数据,我们更愿意将其定义为"大数据是一种思维方法、一种分析工具,即人们利用计算机技术对数据进行整理、分析,从中找出事物发展规律的一种思维方法或一种分析工具",它可以应用于任何领域,比如,科学研究、医院、企业及学校等,它不应该只局限于某个领域,只要有数据或信息的地方就可以用大数据思维来分析问题。任正非更是一语破的:"大数据的本质就是统计学。"既然大数据可以运用到任何有数据的地方,那么对于海量的采购数据,我们同样可以用大数据思维来分析其背后的采购活动,从而透过数据现象找出采购活动的规律。对于采购工作,我们可以利用大数据思维进行价格分析、成本分析、采购支出分析及需求预测分析等。下面谈谈该如何进行采购支出分析。

（一）采购支出分析工具

企业的采购支出数据通常多且杂。以物料编码或料号（Part Number,PN）数量来看,一般小型电子制造企业的 PN 在 10 000 个左右；中型电子制造企业 PN 可能在 10 000~20 000 个；大型电子制造企业可能会有 20 000 多个 PN,但不同的行业、不同的产品,其 PN 数量也有所差异。以供应商数量来看,少则 100 家左右,多则 300~400 家,甚至更多。面对如此多的物料和供应商,如果我们对其逐一进行分析,一是工作量大,二是抓不住重点。当面对复杂数据时,我们常常需要"化繁为简",此时就需要用到帕累托法则。

帕累托法则又称"80/20 法则",它是由意大利经济学家和社会学家帕累托提出的,最初只限定于经济学领域,后来这一法则推广到社会生活的各个领域,且获得广泛认同。帕累托法则是指在任何大系统中,约 80% 的结果是由该系统中约 20% 的变量产生的。例如,在企业中,通常 80% 的利润是来自 20% 的项目或重要客户；经济学家认为,20% 的人掌握着 80% 的社会财富；80% 的品质事故来自 20% 的原因；等等。具体到采购支出数据分析,我们可以预计 80% 的采购支出来自 20% 的供应商,80% 的采购支出来自数量 20% 的物料，80% 的采购支出来自 20% 的物料种类，等等。帕累托法则的本质是，80% 的因变量是由 20% 的自变量引起的，它告诉人们处理复杂问题时，可以运用这一法则快速找到影响结果的主要原因。80/20 只是一个参考值，根据不同情况，其比例也可能是 85/15、75/25 或 90/10 等，但这一法则的发现对于我们分析数据和信息有非常大的帮助。

### （二）采购支出分析步骤

在实际采购工作中，采购支出分析通常会有以下几个步骤。

（1）数据收集。

从 ERP 系统中导出企业所有物料的价格清单，其中包含上一年度用量、物料编码、规格描述、采购单价及年采购额等信息，如表 5-4 所示。

表 5-4　采购支出分析原始数据

| 物料编码 | 规格描述 | 制造商 | 制造商型号 | 单价（美元） | 年用量（片/颗） | 年采购额（美元） |
|---|---|---|---|---|---|---|
| XL001 | DIODE-SI-ZENERXSMD 3.3V/5MAX5 | 威世 | TZMC3V3-GS08 | 0.007 90 | 540 000 | 4266 |
| XL002 | DIODE-SI-ZENERXSMD 5.1V/5MAX5% | 威世 | TZMC5V1-GS08 | 0.009 21 | 782 000 | 7202 |
| XL003 | IC-TELXETHER PHYXB5082 | 博通 | B5082A2KFBG | 1.820 00 | 45 000 | 81 900 |
| XL004 | IC-TELXETHERXBCM5380M | 博通 | BCM5380MKPBG | 9.010 00 | 37 600 | 338 776 |
| XL005 | CAP CER 220NF 100V 10% X7R 120 | 华新科技 | 1206B224K101CT | 0.013 10 | 580 000 | 7595 |
| XL006 | CAP CER 15NF 50V 10% X7R 0805 | 华新科技 | 0805B153K500CT | 0.002 90 | 6 700 000 | 19 430 |
| XL007 | DIODE BAT54 SCHTKY SINGLE SOT- | 美台 | BAT54-7-F | 0.009 31 | 16 920 | 158 |
| XL008 | DIODE BAT54A SCHTKY CMN ANODE | 美台 | BAT54AW-7-F | 0.012 00 | 732 000 | 8784 |

续表

| 物料编码 | 规格描述 | 制造商 | 制造商型号 | 单价（美元） | 年用量（片/颗） | 年采购额（美元） |
|---|---|---|---|---|---|---|
| XL009 | CAP CER 0.1UF 50V Y5V 1206 | 华新科技 | 1206F104M500CT | 0.008 00 | 6 900 000 | 55 200 |
| XL010 | CAP CER 4.7UF 16V 10% X5R 0805 | 华新科技 | 0805X475K160CT | 0.008 00 | 7 800 000 | 62 400 |
| XL011 | IC SRAM ASYNC 128KX16 10NS 3V | 北京矽成半导体 | IS61WV12816DBLL-10TLI TR | 1.220 00 | 349 000 | 425 780 |
| XL012 | IC DDR SDRAM 16MX16 256MB 32M | 北京矽成半导体 | IS43R16160B-5BL | 2.850 00 | 560 000 | 1 596 000 |

（2）数据整理。

从ERP系统中导出的数据往往需要进行整理，比如，有的数据不准确，需要修正；有的没有商品分类或者分类不详细，需要对物料进行归类；有的币种不同，需要统一币种；等等。

（3）排序。

按金额对采购支出进行排序，一般是按从高到低的顺序排列。

（4）占比分析。

依据不同的维度找出占比80%或90%的支出，所依据的维度是根据自身需求设定的，通常包括按供应商分析、按商品类别分析、按采购物料分析、按多种维度综合分析等。

（5）深入分析。

分析的过程是由粗到细、由大至小、由浅入深的过程，这个过程并不是完全线性的过程，而是一个立体的过程。比如，如果我们依据供应商维度找出占采购支出80%的供应商，再对这些供应商的物料进行品类分析，最终判断出有无降价的潜力。

（6）得出结论。

依据分析数据，得出结论。

## 四、采购支出分析案例

背景介绍：以某美国财富 500 强企业在中国的一个工厂的采购额为分析对象，探讨该如何进行采购支出分析。

工厂地址：南方某城市。

行业：通信设备。

采购数据时间：20××年。

年度采购额：约 2 亿美元。

涉及品类：电子元器件、塑胶件、五金件、化学品、半成品、包装材料等。

员工数量：1200 人。

供应商数量：288 家。

### （一）原始数据收集、整理及排序

下面以某外资企业 L 公司 20××年度采购额总表为例，示范原始数据的收集、整理及排序方法，如表 5-5 所示。

表 5-5 某外资企业 L 公司 20××年度采购额总表

| 序号 | 供应商名称 | 采购额（美元） | 百分比（%） | 累计百分比（%） |
|---|---|---|---|---|
| 1 | L0001 | 19 143 818 | 9.50 | 9.50 |
| 2 | L0002 | 15 247 282 | 7.57 | 17.07 |
| 3 | L0003 | 8 513 990 | 4.22 | 21.29 |
| 4 | L0004 | 7 786 804 | 3.86 | 25.15 |
| 5 | L0005 | 7 167 026 | 3.56 | 28.71 |
| 6 | L0006 | 5 837 033 | 2.90 | 31.61 |
| 7 | L0007 | 5 416 854 | 2.69 | 34.30 |
| 8 | L0008 | 4 839 857 | 2.40 | 36.70 |
| 9 | L0009 | 4 291 220 | 2.13 | 38.83 |

续表

| 序号 | 供应商名称 | 采购额（美元） | 百分比（%） | 累计百分比（%） |
| --- | --- | --- | --- | --- |
| 10 | L0010 | 4 228 050 | 2.10 | 40.92 |
| 11 | L0011 | 3 780 986 | 1.88 | 42.80 |
| 12 | L0012 | 3 252 222 | 1.61 | 44.41 |
| 13 | L0013 | 3 084 842 | 1.53 | 45.94 |
| 14 | L0014 | 3 073 014 | 1.52 | 47.47 |
| 15 | L0015 | 3 053 053 | 1.51 | 48.98 |
| 16 | L0016 | 3 051 613 | 1.51 | 50.50 |
| 17 | L0017 | 3 007 904 | 1.49 | 51.99 |
| 18 | L0018 | 2 678 498 | 1.33 | 53.32 |
| 19 | L0019 | 2 412 777 | 1.20 | 54.52 |
| 20 | L0020 | 2 352 257 | 1.17 | 55.69 |
| 21 | L0021 | 2 250 614 | 1.12 | 56.80 |
| 22 | L0022 | 2 140 615 | 1.06 | 57.86 |
| 23 | L0023 | 2 137 951 | 1.06 | 58.93 |
| 24 | L0024 | 2 099 726 | 1.04 | 59.97 |
| 25 | L0025 | 1 595 408 | 0.79 | 60.76 |
| 26 | L0026 | 1 553 312 | 0.77 | 61.53 |
| 27 | L0027 | 1 536 881 | 0.76 | 62.29 |
| 28 | L0028 | 1 520 885 | 0.75 | 63.05 |
| 29 | L0029 | 1 450 547 | 0.72 | 63.77 |
| 30 | L0030 | 1 389 582 | 0.69 | 64.46 |
| 31 | L0031 | 1 382 124 | 0.69 | 65.14 |

续表

| 序号 | 供应商名称 | 采购额（美元） | 百分比（%） | 累计百分比（%） |
| --- | --- | --- | --- | --- |
| 32 | L0032 | 1 354 899 | 0.67 | 65.81 |
| 33 | L0033 | 1 337 895 | 0.66 | 66.48 |
| 34 | L0034 | 1 336 496 | 0.66 | 67.14 |
| 35 | L0035 | 1 330 122 | 0.66 | 67.80 |
| 36 | L0036 | 1 298 627 | 0.64 | 68.45 |
| 37 | L0037 | 1 271 018 | 0.63 | 69.08 |
| 38 | L0038 | 1 238 819 | 0.61 | 69.69 |
| 39 | L0039 | 1 216 195 | 0.60 | 70.29 |
| 40 | L0040 | 1 178 372 | 0.58 | 70.88 |
| 41 | L0041 | 1 135 290 | 0.56 | 71.44 |
| 42 | L0042 | 1 123 301 | 0.56 | 72.00 |
| 43 | L0043 | 1 096 782 | 0.54 | 72.54 |
| 44 | L0044 | 1 094 909 | 0.54 | 73.09 |
| 45 | L0045 | 1 086 089 | 0.54 | 73.63 |
| 46 | L0046 | 1 077 114 | 0.53 | 74.16 |
| 47 | L0047 | 1 045 048 | 0.52 | 74.68 |
| 48 | L0048 | 1 041 178 | 0.52 | 75.20 |
| 49 | L0049 | 1 033 100 | 0.51 | 75.71 |
| 50 | L0050 | 1 028 953 | 0.51 | 76.22 |
| 51 | L0051 | 1 023 964 | 0.51 | 76.73 |
| 52 | L0052 | 985 019 | 0.49 | 77.22 |
| 53 | L0053 | 975 515 | 0.48 | 77.70 |

第五章　采购战略制定

续表

| 序号 | 供应商名称 | 采购额（美元） | 百分比（%） | 累计百分比（%） |
| --- | --- | --- | --- | --- |
| 54 | L0054 | 923 824 | 0.46 | 78.16 |
| 55 | L0055 | 897 900 | 0.45 | 78.60 |
| 56 | L0056 | 893 671 | 0.44 | 79.05 |
| 57 | L0057 | 890 786 | 0.44 | 79.49 |
| 58 | L0058 | 874 921 | 0.43 | 79.92 |
| 59 | L0059 | 851 328 | 0.42 | 80.35 |
| 60 | L0060 | 827 478 | 0.41 | 80.76 |
| 61 | L0061 | 824 969 | 0.41 | 81.17 |
| 62 | L0062 | 812 947 | 0.40 | 81.57 |
| 63 | L0063 | 809 022 | 0.40 | 81.97 |
| 64 | L0064 | 781 325 | 0.39 | 82.36 |
| 65 | L0065 | 743 761 | 0.37 | 82.73 |
| 66 | L0066 | 680 555 | 0.34 | 83.07 |
| 67 | L0067 | 679 550 | 0.34 | 83.40 |
| 68 | L0068 | 679 345 | 0.34 | 83.74 |
| 69 | L0069 | 635 014 | 0.32 | 84.06 |
| 70 | L0070 | 627 129 | 0.31 | 84.37 |
| 71 | L0071 | 626 412 | 0.31 | 84.68 |
| 72 | L0072 | 615 256 | 0.31 | 84.98 |
| 73 | L0073 | 596 011 | 0.30 | 85.28 |
| 74 | L0074 | 587 868 | 0.29 | 85.57 |
| 75 | L0075 | 586 005 | 0.29 | 85.86 |

续表

| 序号 | 供应商名称 | 采购额（美元） | 百分比（%） | 累计百分比（%） |
|---|---|---|---|---|
| 76 | L0076 | 560 703 | 0.28 | 86.14 |
| 77 | L0077 | 553 422 | 0.27 | 86.41 |
| 78 | L0078 | 551 697 | 0.27 | 86.69 |
| 79 | L0079 | 544 197 | 0.27 | 86.96 |
| 80 | L0080 | 516 642 | 0.26 | 87.21 |
| 81 | L0081 | 483 548 | 0.24 | 87.45 |
| 82 | L0082 | 474 102 | 0.24 | 87.69 |
| 83 | L0083 | 473 489 | 0.23 | 87.92 |
| 84 | L0084 | 470 722 | 0.23 | 88.16 |
| 85 | L0085 | 467 842 | 0.23 | 88.39 |
| 86 | L0086 | 449 110 | 0.22 | 88.61 |
| 87 | L0087 | 442 503 | 0.22 | 88.83 |
| 88 | L0088 | 442 278 | 0.22 | 89.05 |
| 89 | L0089 | 437 012 | 0.22 | 89.27 |
| 90 | L0090 | 434 267 | 0.22 | 89.48 |
| 91 | L0091 | 426 912 | 0.21 | 89.70 |
| 92 | L0092 | 423 604 | 0.21 | 89.91 |
| 93 | L0093 | 423 131 | 0.21 | 90.12 |
| 94 | L0094 | 413 119 | 0.20 | 90.32 |
| 95 | L0095 | 408 712 | 0.20 | 90.52 |
| 96 | L0096 | 397 857 | 0.20 | 90.72 |
| 97 | L0097 | 397 337 | 0.20 | 90.92 |

续表

| 序号 | 供应商名称 | 采购额（美元） | 百分比（%） | 累计百分比（%） |
| --- | --- | --- | --- | --- |
| 98 | L0098 | 397 050 | 0.20 | 91.12 |
| 99 | L0099 | 395 916 | 0.20 | 91.31 |
| 100 | L0100 | 374 146 | 0.19 | 91.50 |
| 101 | L0101 | 365 033 | 0.18 | 91.68 |
| 102 | L0102 | 360 645 | 0.18 | 91.86 |
| 103 | L0103 | 348 160 | 0.17 | 92.03 |
| 104 | L0104 | 316 361 | 0.16 | 92.19 |
| 105 | L0105 | 314 430 | 0.16 | 92.34 |
| 106 | L0106 | 312 599 | 0.16 | 92.50 |
| 107 | L0107 | 301 172 | 0.15 | 92.65 |
| 108 | L0108 | 300 090 | 0.15 | 92.80 |
| 109 | L0109 | 299 352 | 0.15 | 92.95 |
| 110 | L0110 | 298 880 | 0.15 | 93.09 |
| 111 | L0111 | 287 439 | 0.14 | 93.24 |
| 112 | L0112 | 283 785 | 0.14 | 93.38 |
| 113 | L0113 | 281 224 | 0.14 | 93.52 |
| 114 | L0114 | 278 911 | 0.14 | 93.66 |
| 115 | L0115 | 277 026 | 0.14 | 93.79 |
| 116 | L0116 | 274 253 | 0.14 | 93.93 |
| 117 | L0117 | 273 553 | 0.14 | 94.06 |
| 118 | L0118 | 263 262 | 0.13 | 94.20 |
| 119 | L0119 | 257 531 | 0.13 | 94.32 |

续表

| 序号 | 供应商名称 | 采购额（美元） | 百分比（%） | 累计百分比（%） |
|---|---|---|---|---|
| 120 | L0120 | 256 791 | 0.13 | 94.45 |
| 121 | L0121 | 256 748 | 0.13 | 94.58 |
| 122 | L0122 | 256 349 | 0.13 | 94.71 |
| 123 | L0123 | 252 224 | 0.13 | 94.83 |
| 124 | L0124 | 245 272 | 0.12 | 94.95 |
| 125 | L0125 | 241 528 | 0.12 | 95.07 |
| 126 | L0126 | 227 578 | 0.11 | 95.18 |
| 127 | L0127 | 224 077 | 0.11 | 95.30 |
| 128 | L0128 | 223 184 | 0.11 | 95.41 |
| 129 | L0129 | 216 182 | 0.11 | 95.51 |
| 130 | L0130 | 208 231 | 0.10 | 95.62 |
| 131 | L0131 | 206 527 | 0.10 | 95.72 |
| 132 | L0132 | 202 662 | 0.10 | 95.82 |
| 133 | L0133 | 202 556 | 0.10 | 95.92 |
| 134 | L0134 | 196 735 | 0.10 | 96.02 |
| 135 | L0135 | 189 808 | 0.09 | 96.11 |
| 136 | L0136 | 189 670 | 0.09 | 96.21 |
| 137 | L0137 | 186 338 | 0.09 | 96.30 |
| 138 | L0138 | 185 700 | 0.09 | 96.39 |
| 139 | L0139 | 176 633 | 0.09 | 96.48 |
| 140 | L0140 | 173 305 | 0.09 | 96.57 |
| 141 | L0141 | 169 027 | 0.08 | 96.65 |

第五章 采购战略制定

续表

| 序号 | 供应商名称 | 采购额（美元） | 百分比（%） | 累计百分比（%） |
|---|---|---|---|---|
| 142 | L0142 | 163 233 | 0.08 | 96.73 |
| 143 | L0143 | 154 595 | 0.08 | 96.81 |
| 144 | L0144 | 153 563 | 0.08 | 96.88 |
| 145 | L0145 | 152 539 | 0.08 | 96.96 |
| 146 | L0146 | 149 665 | 0.07 | 97.03 |
| 147 | L0147 | 149 133 | 0.07 | 97.11 |
| 148 | L0148 | 147 105 | 0.07 | 97.18 |
| 149 | L0149 | 146 985 | 0.07 | 97.25 |
| 150 | L0150 | 144 125 | 0.07 | 97.32 |
| 151 | L0151 | 143 227 | 0.07 | 97.40 |
| 152 | L0152 | 139 672 | 0.07 | 97.46 |
| 153 | L0153 | 138 414 | 0.07 | 97.53 |
| 154 | L0154 | 134 733 | 0.07 | 97.60 |
| 155 | L0155 | 129 120 | 0.06 | 97.66 |
| 156 | L0156 | 127 524 | 0.06 | 97.73 |
| 157 | L0157 | 121 690 | 0.06 | 97.79 |
| 158 | L0158 | 119 294 | 0.06 | 97.85 |
| 159 | L0159 | 118 908 | 0.06 | 97.91 |
| 160 | L0160 | 118 403 | 0.06 | 97.96 |
| 161 | L0161 | 118 194 | 0.06 | 98.02 |
| 162 | L0162 | 117 585 | 0.06 | 98.08 |
| 163 | L0163 | 116 115 | 0.06 | 98.14 |

续表

| 序号 | 供应商名称 | 采购额（美元） | 百分比（%） | 累计百分比（%） |
|---|---|---|---|---|
| 164 | L0164 | 107 780 | 0.05 | 98.19 |
| 165 | L0165 | 107 518 | 0.05 | 98.25 |
| 166 | L0166 | 106 646 | 0.05 | 98.30 |
| 167 | L0167 | 103 639 | 0.05 | 98.35 |
| 168 | L0168 | 103 525 | 0.05 | 98.40 |
| 169 | L0169 | 102 732 | 0.05 | 98.45 |
| 170 | L0170 | 100 989 | 0.05 | 98.50 |
| 171 | L0171 | 93 994 | 0.05 | 98.55 |
| 172 | L0172 | 92 605 | 0.05 | 98.60 |
| 173 | L0173 | 89 973 | 0.04 | 98.64 |
| 174 | L0174 | 88 637 | 0.04 | 98.68 |
| 175 | L0175 | 84 723 | 0.04 | 98.73 |
| 176 | L0176 | 83 069 | 0.04 | 98.77 |
| 177 | L0177 | 83 051 | 0.04 | 98.81 |
| 178 | L0178 | 80 360 | 0.04 | 98.85 |
| 179 | L0179 | 78 040 | 0.04 | 98.89 |
| 180 | L0180 | 76 409 | 0.04 | 98.93 |
| 181 | L0181 | 74 896 | 0.04 | 98.96 |
| 182 | L0182 | 71 002 | 0.04 | 99.00 |
| 183 | L0183 | 69 807 | 0.03 | 99.03 |
| 184 | L0184 | 68 151 | 0.03 | 99.07 |
| 185 | L0185 | 64 869 | 0.03 | 99.10 |

续表

| 序号 | 供应商名称 | 采购额（美元） | 百分比（%） | 累计百分比（%） |
| --- | --- | --- | --- | --- |
| 186 | L0186 | 58 114 | 0.03 | 99.13 |
| 187 | L0187 | 55 504 | 0.03 | 99.15 |
| 188 | L0188 | 55 329 | 0.03 | 99.18 |
| 189 | L0189 | 54 370 | 0.03 | 99.21 |
| 190 | L0190 | 54 275 | 0.03 | 99.24 |
| 191 | L0191 | 53 296 | 0.03 | 99.26 |
| 192 | L0192 | 51 873 | 0.03 | 99.29 |
| 193 | L0193 | 51 291 | 0.03 | 99.31 |
| 194 | L0194 | 50 896 | 0.03 | 99.34 |
| 195 | L0195 | 49 882 | 0.02 | 99.36 |
| 196 | L0196 | 49 076 | 0.02 | 99.39 |
| 197 | L0197 | 48 624 | 0.02 | 99.41 |
| 198 | L0198 | 47 175 | 0.02 | 99.44 |
| 199 | L0199 | 46 670 | 0.02 | 99.46 |
| 200 | L0200 | 46 037 | 0.02 | 99.48 |
| 201 | L0201 | 44 744 | 0.02 | 99.50 |
| 202 | L0202 | 43 858 | 0.02 | 99.53 |
| 203 | L0203 | 40 404 | 0.02 | 99.55 |
| 204 | L0204 | 39 156 | 0.02 | 99.57 |
| 205 | L0205 | 37 397 | 0.02 | 99.58 |
| 206 | L0206 | 33 324 | 0.02 | 99.60 |
| 207 | L0207 | 31 893 | 0.02 | 99.62 |

续表

| 序号 | 供应商名称 | 采购额（美元） | 百分比（%） | 累计百分比（%） |
|---|---|---|---|---|
| 208 | L0208 | 31 729 | 0.02 | 99.63 |
| 209 | L0209 | 31 118 | 0.02 | 99.65 |
| 210 | L0210 | 31 004 | 0.02 | 99.66 |
| 211 | L0211 | 30 505 | 0.02 | 99.68 |
| 212 | L0212 | 30 176 | 0.01 | 99.69 |
| 213 | L0213 | 28 368 | 0.01 | 99.71 |
| 214 | L0214 | 26 826 | 0.01 | 99.72 |
| 215 | L0215 | 25 814 | 0.01 | 99.73 |
| 216 | L0216 | 25 781 | 0.01 | 99.75 |
| 217 | L0217 | 24 895 | 0.01 | 99.76 |
| 218 | L0218 | 24 424 | 0.01 | 99.77 |
| 219 | L0219 | 23 145 | 0.01 | 99.78 |
| 220 | L0220 | 23 136 | 0.01 | 99.79 |
| 221 | L0221 | 22 612 | 0.01 | 99.80 |
| 222 | L0222 | 21 573 | 0.01 | 99.82 |
| 223 | L0223 | 20 259 | 0.01 | 99.83 |
| 224 | L0224 | 18 291 | 0.01 | 99.83 |
| 225 | L0225 | 18 289 | 0.01 | 99.84 |
| 226 | L0226 | 17 328 | 0.01 | 99.85 |
| 227 | L0227 | 17 061 | 0.01 | 99.86 |
| 228 | L0228 | 16 779 | 0.01 | 99.87 |
| 229 | L0229 | 16 223 | 0.01 | 99.88 |

续表

| 序号 | 供应商名称 | 采购额（美元） | 百分比（%） | 累计百分比（%） |
|---|---|---|---|---|
| 230 | L0230 | 15 692 | 0.01 | 99.88 |
| 231 | L0231 | 15 680 | 0.01 | 99.89 |
| 232 | L0232 | 14 395 | 0.01 | 99.90 |
| 233 | L0233 | 13 969 | 0.01 | 99.91 |
| 234 | L0234 | 13 832 | 0.01 | 99.91 |
| 235 | L0235 | 11 137 | 0.01 | 99.92 |
| 236 | L0236 | 10 170 | 0.01 | 99.92 |
| 237 | L0237 | 10 075 | 0.00 | 99.93 |
| 238 | L0238 | 9325 | 0.00 | 99.93 |
| 239 | L0239 | 9276 | 0.00 | 99.94 |
| 240 | L0240 | 8895 | 0.00 | 99.94 |
| 241 | L0241 | 7754 | 0.00 | 99.95 |
| 242 | L0242 | 7690 | 0.00 | 99.95 |
| 243 | L0243 | 7563 | 0.00 | 99.95 |
| 244 | L0244 | 7423 | 0.00 | 99.96 |
| 245 | L0245 | 7382 | 0.00 | 99.96 |
| 246 | L0246 | 6548 | 0.00 | 99.96 |
| 247 | L0247 | 5981 | 0.00 | 99.97 |
| 248 | L0248 | 5590 | 0.00 | 99.97 |
| 249 | L0249 | 5564 | 0.00 | 99.97 |
| 250 | L0250 | 4689 | 0.00 | 99.98 |
| 251 | L0251 | 4267 | 0.00 | 99.98 |

续表

| 序号 | 供应商名称 | 采购额（美元） | 百分比（%） | 累计百分比（%） |
| --- | --- | --- | --- | --- |
| 252 | L0252 | 4136 | 0.00 | 99.98 |
| 253 | L0253 | 4119 | 0.00 | 99.98 |
| 254 | L0254 | 3415 | 0.00 | 99.98 |
| 255 | L0255 | 3255 | 0.00 | 99.98 |
| 256 | L0256 | 3033 | 0.00 | 99.99 |
| 257 | L0257 | 2534 | 0.00 | 99.99 |
| 258 | L0258 | 2010 | 0.00 | 99.99 |
| 259 | L0259 | 1959 | 0.00 | 99.99 |
| 260 | L0260 | 1787 | 0.00 | 99.99 |
| 261 | L0261 | 1763 | 0.00 | 99.99 |
| 262 | L0262 | 1739 | 0.00 | 99.99 |
| 263 | L0263 | 1650 | 0.00 | 99.99 |
| 264 | L0264 | 1563 | 0.00 | 99.99 |
| 265 | L0265 | 1425 | 0.00 | 99.99 |
| 266 | L0266 | 1370 | 0.00 | 100.00 |
| 267 | L0267 | 1368 | 0.00 | 100.00 |
| 268 | L0268 | 1219 | 0.00 | 100.00 |
| 269 | L0269 | 937 | 0.00 | 100.00 |
| 270 | L0270 | 876 | 0.00 | 100.00 |
| 271 | L0271 | 835 | 0.00 | 100.00 |
| 272 | L0272 | 833 | 0.00 | 100.00 |
| 273 | L0273 | 813 | 0.00 | 100.00 |

续表

| 序号 | 供应商名称 | 采购额（美元） | 百分比（%） | 累计百分比（%） |
|---|---|---|---|---|
| 274 | L0274 | 611 | 0.00 | 100.00 |
| 275 | L0275 | 481 | 0.00 | 100.00 |
| 276 | L0276 | 458 | 0.00 | 100.00 |
| 277 | L0277 | 380 | 0.00 | 100.00 |
| 278 | L0278 | 282 | 0.00 | 100.00 |
| 279 | L0279 | 269 | 0.00 | 100.00 |
| 280 | L0280 | 119 | 0.00 | 100.00 |
| 281 | L0281 | 47 | 0.00 | 100.00 |
| 282 | L0282 | 44 | 0.00 | 100.00 |
| 283 | L0283 | 35 | 0.00 | 100.00 |
| 284 | L0284 | 10 | 0.00 | 100.00 |
| 285 | L0285 | 5 | 0.00 | 100.00 |
| 286 | L0286 | 4 | 0.00 | 100.00 |
| 287 | L0287 | 3 | 0.00 | 100.00 |
| 288 | L0288 | 1 | 0.00 | 100.00 |
| 总金额 |  | 201 523 716 |  |  |

## （二）筛选出占总采购额 80% 的供应商

从最后一栏"累计百分比（%）"可以看到，到第 58 家供应商时，采购额累计占总采购额的比例接近 80%。用帕累托的 80/20 法则简单核算一下：一共 288 家供应商，占采购支出 80% 的供应商数量 =288×20%=57.6 ≈ 58（家），再一次验证了该法则，即测算随机抽样的数据与帕累托的推理完全吻合。将剩下 230 家供应商的采购额加总起来算为其他供应商，这 230 家供应商占供应商总数量的 80% 左右，如表 5-6 所示。

表 5-6　筛选出占总采购额 80% 的供应商

| 序号 | 供应商名称 | 采购额（美元） | 百分比（%） | 累计百分比（%） |
| --- | --- | --- | --- | --- |
| 1 | L0001 | 19 143 818 | 9.50 | 9.50 |
| 2 | L0002 | 15 247 282 | 7.57 | 17.07 |
| 3 | L0003 | 8 513 990 | 4.22 | 21.29 |
| 4 | L0004 | 7 786 804 | 3.86 | 25.15 |
| 5 | L0005 | 7 167 026 | 3.56 | 28.71 |
| 6 | L0006 | 5 837 033 | 2.90 | 31.61 |
| 7 | L0007 | 5 416 854 | 2.69 | 34.30 |
| 8 | L0008 | 4 839 857 | 2.40 | 36.70 |
| 9 | L0009 | 4 291 220 | 2.13 | 38.83 |
| 10 | L0010 | 4 228 050 | 2.10 | 40.92 |
| 11 | L0011 | 3 780 986 | 1.88 | 42.80 |
| 12 | L0012 | 3 252 222 | 1.61 | 44.41 |
| 13 | L0013 | 3 084 842 | 1.53 | 45.94 |
| 14 | L0014 | 3 073 014 | 1.52 | 47.47 |
| 15 | L0015 | 3 053 053 | 1.51 | 48.98 |
| 16 | L0016 | 3 051 613 | 1.51 | 50.50 |
| 17 | L0017 | 3 007 904 | 1.49 | 51.99 |
| 18 | L0018 | 2 678 498 | 1.33 | 53.32 |
| 19 | L0019 | 2 412 777 | 1.20 | 54.52 |
| 20 | L0020 | 2 352 257 | 1.17 | 55.69 |

续表

| 序号 | 供应商名称 | 采购额（美元） | 百分比（%） | 累计百分比（%） |
|---|---|---|---|---|
| 21 | L0021 | 2 250 614 | 1.12 | 56.80 |
| 22 | L0022 | 2 140 615 | 1.06 | 57.86 |
| 23 | L0023 | 2 137 951 | 1.06 | 58.93 |
| 24 | L0024 | 2 099 726 | 1.04 | 59.97 |
| 25 | L0025 | 1 595 408 | 0.79 | 60.76 |
| 26 | L0026 | 1 553 312 | 0.77 | 61.53 |
| 27 | L0027 | 1 536 881 | 0.76 | 62.29 |
| 28 | L0028 | 1 520 885 | 0.75 | 63.05 |
| 29 | L0029 | 1 450 547 | 0.72 | 63.77 |
| 30 | L0030 | 1 389 582 | 0.69 | 64.46 |
| 31 | L0031 | 1 382 124 | 0.69 | 65.14 |
| 32 | L0032 | 1 354 899 | 0.67 | 65.81 |
| 33 | L0033 | 1 337 895 | 0.66 | 66.48 |
| 34 | L0034 | 1 336 496 | 0.66 | 67.14 |
| 35 | L0035 | 1 330 122 | 0.66 | 67.80 |
| 36 | L0036 | 1 298 627 | 0.64 | 68.45 |
| 37 | L0037 | 1 271 018 | 0.63 | 69.08 |
| 38 | L0038 | 1 238 819 | 0.61 | 69.69 |
| 39 | L0039 | 1 216 195 | 0.60 | 70.29 |
| 40 | L0040 | 1 178 372 | 0.58 | 70.88 |
| 41 | L0041 | 1 135 290 | 0.56 | 71.44 |
| 42 | L0042 | 1 123 301 | 0.56 | 72.00 |

续表

| 序号 | 供应商名称 | 采购额（美元） | 百分比（%） | 累计百分比（%） |
|---|---|---|---|---|
| 43 | L0043 | 1 096 782 | 0.54 | 72.54 |
| 44 | L0044 | 1 094 909 | 0.54 | 73.09 |
| 45 | L0045 | 1 086 089 | 0.54 | 73.63 |
| 46 | L0046 | 1 077 114 | 0.53 | 74.16 |
| 47 | L0047 | 1 045 048 | 0.52 | 74.68 |
| 48 | L0048 | 1 041 178 | 0.52 | 75.20 |
| 49 | L0049 | 1 033 100 | 0.51 | 75.71 |
| 50 | L0050 | 1 028 953 | 0.51 | 76.22 |
| 51 | L0051 | 1 023 964 | 0.51 | 76.73 |
| 52 | L0052 | 985 019 | 0.49 | 77.22 |
| 53 | L0053 | 975 515 | 0.48 | 77.70 |
| 54 | L0054 | 923 824 | 0.46 | 78.16 |
| 55 | L0055 | 897 900 | 0.45 | 78.60 |
| 56 | L0056 | 893 671 | 0.44 | 79.05 |
| 57 | L0057 | 890 786 | 0.44 | 79.49 |
| 58 | L0058 | 874 921 | 0.43 | 79.92 |
| 59 | 其他供应商 | 40 457 165 | 20.08 | 100.00 |
| 采购额总和 |  | 201 523 716 |  |  |

## （三）深入分析

分析这 58 家供应商所供应商品的特征，比如，采购额大小、供应的复杂程度以及是否有替代供应商等。最后利用卡拉杰克模型分析出供应商的类型，即战略型供应商、杠杆型供应商、瓶颈型供应商及一般型供应商，并根据不同的供应商类型采取不同的采购策略。

## 第三节 供应商分类及整合

供应商分类本属于供应商管理的范畴,由于供应商整合是衡量采购工作的重要 KPI 之一,而供应商整合的前提又是对供应商进行分类,因此这里将供应商分类及整合放在一起讨论。

### 一、供应商分类

#### (一)卡拉杰克模型

在营销领域,企业对所销售的产品做定位分析时常常用到波士顿矩阵,即产品营销的四象限分析法,在采购管理领域,也有与波士顿矩阵有"异曲同工"之效的分析方法,即卡拉杰克模型,又称"卡拉杰克矩阵"。

卡拉杰克模型最早出现于彼得·卡拉杰克的《采购必须纳入供应管理》一文中,这篇文章发表在 1983 年 9—10 月号的《哈佛商业评论》上。作为资产投资管理工具,"投资组合模型"这一概念最初是由哈里·马科维茨于 20 世纪 50 年代提出的。1983 年,卡拉杰克率先将此组合概念引入采购领域。该矩阵也被用作公司采购组合的分析工具。卡拉杰克模型,如图 5-1 所示。

| | 采购组合管理 | |
|---|---|---|
| 收益影响(高→低) | 杠杆项目 | 战略项目 |
| | 非关键性项目 | 瓶颈项目 |

供应风险(低→高)

图 5-1 卡拉杰克模型

卡拉杰克模型主要从供应风险和收益影响两个维度对商品或供应商进行分类。横向供应风险是指供应市场的复杂性、技术创新及原材料更替的步伐、市场准入门槛、物流成本及复杂性以及供给垄断或短缺等市场条件；纵向收益影响是指采购项目在产品增值、原材料总成本及产品收益等方面的战略影响。依据商品或供应商对当期供应风险与收益影响的高和低，可以将商品或供应商分为以下四种类型。

（1）杠杆项目。杠杆项目是指可选供应商较多且能够为买家带来较高利润的采购项目。杠杆型物料通常比较容易替换供应商，且具有标准化的产品质量标准。比如，通用的电子元器件、原材料、包装材料及塑胶粒等。

（2）战略项目。战略项目是指对买方的产品或生产流程至关重要的采购项目。战略型物料往往由于供给稀缺或运输困难而具有较高的供应风险。因此，战略项目一般价值比例高，产品要求也高，通常只能靠个别供应商供应，或者供应难以确保。比如，电子行业中的CPU、硅棒、半导体设备及特殊的IC等。

（3）瓶颈项目。瓶颈项目是指只能由某一特定供应商提供、运输不便且财务影响较低的采购项目。

（4）非关键性项目。非关键性项目是指供给丰富、采购容易且财务影响较低的采购项目，这类物料通常具有标准化的产品质量标准。

卡拉杰克模型是规划企业采购战略常用的重要工具。它可以帮助我们对供应商和采购商品类别进行定位，从而依据不同的供应商或商品类别采取不同的采购策略。卡拉杰克提出了以下三种对策。

（1）开拓。最大限度地提高我们当前的市场地位，并以此形成规模经济效应。

（2）平衡。保持当前位置。

（3）多元化。采取一些措施，使我们能够从当前位置转移到一个更有利的位置。

依据卡拉杰克提出的三种对策，我们对卡拉杰克模型的每个象限分别提出三种采购策略，如表5-7所示。

表 5-7  针对卡拉杰克模型"四象限"提出的采购对策

| 象限 | 低市场位置强度 | 好的市场位置强度 | 很高的市场位置强度 |
|---|---|---|---|
| 杠杆项目 | 利用所有可能<br>① 尽可能地使用你所拥有的权利<br>② 在能得到最优折扣的供应商处进行采购 | 利用<br>①目标定价<br>②短期委托<br>③现场购买<br>④电子拍卖<br>⑤完全利用竞争<br>⑥维持"通用的"特定化<br>⑦最大化利润<br>⑧保持充分的灵活性<br>保持距离型的供应商关系难以维护,尽量少采购 | |
| 战略项目 | 平衡<br>①尽可能地建立最好的关系<br>②为让供应商关注你的客户而工作<br>③把你的潜能当作商品售卖给长期合作的客户<br>④为尽早实现创新继续追踪供应商<br>为尽可能地建立和保持最佳的关系而工作,不要让供应商监管你 | 平衡<br>①发展并培养关系<br>②专注于减少整合成本,减少订购成本和采购支出<br>③共同同意连续的发展项目<br>④追求创新<br>⑤分享风险与机遇<br>专注于发展与供应商的合作关系,但要"保持距离"并具有必要时转换的能力(转移到杠杆型) | 利用<br>①简化采购下单及支付流程,尽可能地实现自动化操作<br>②通过竞争、产品标准以及与供应商的整合去影响最佳价格与条款<br>③减少采购资源中的干扰<br>基本的供应商关系,可能由初级的买家管理 |

续表

| 象限 | 低市场位置强度 | 好的市场位置强度 | 很高的市场位置强度 |
|---|---|---|---|
| 瓶颈项目 | 多样化<br>①寻找替代方式或方法脱离"瓶颈"象限<br>②采购过程中，当有替代品出现时，方可保障公司实现价值最大化<br>③认真管理风险，公开供应，并考虑偶然性<br>④增强对供应商的吸引力，可能通过捆绑销售实现<br>⑤与供应商保持紧密联系并且参与它们对此品类的计划。专注于保持并发展总体吸引力较大的、成熟的供应商关系 | 平衡或多样性<br>①寻找替代方式或方法脱离"瓶颈"象限，或者寻求平衡、保持位置并管理风险<br>②严格地管理供应商，以便在没有实行多样化及发展吸引力的条件下能够维持权利优势 | |
| 非关键项目 | 利用所有可能<br>①尽全力去争取最佳的价格和条款，考虑产品的标准和供应商整合<br>②简化采购下单及支付流程，尽可能地实现自动化操作<br>基本的供应商关系 | 平衡<br>①平衡依据需求对抗发展关系的竞争力量的使用<br>②管理关系<br>③同意有供应商激励的连续发展项目<br>④可能使用自动化来减少订购成本<br>⑤追求创新<br>管理主要供应商关系，但要"保持距离"并具有必要时转换的能力（转移到杠杆象限） | |

卡拉杰克模型不仅是一种采购策略分析模型，更是一种事物定位思维方法。因此，我们既不能局限于卡拉杰克模型中的供应风险和收益影响，也不能局限于对商品或供应商的定位，我们可以对任何事物开展"横纵坐标"定位分析。

## （二）供应商分类

对事物的分类，通常会依据一定的标准进行。因此，对于同一件事，如果选择的分类标准不同，最终的分类结果也会不同。对供应商的分类亦是如此，行业内常用的供应商分类依据如下。

1. ABC 分类法

ABC 分类法是利用帕累托的 80/20 法则以采购额为标准对供应商进行分类的一种方法。

（1）A 类供应商。A 类供应商的采购额占采购总额的 70%~80%，但数量只相当于供应商总数的 15%~20%。

（2）B 类供应商。B 类供应商的采购额占采购总额的 15%~20%，但数量只相当于供应商总数的 30%~40%。

（3）C 类供应商。C 类供应商的采购额占比极低，只占总采购总额的 5%~10%，但数量相当于供应商总数的 60%~70%。

2. 供应商生命周期

同产品生命周期一样，供应商在某个企业也是存在生命周期的。供应商生命周期是指从供应商与某个客户开始接触到最后终止合作的整个过程，通常包含以下几个阶段。

（1）正在评估阶段。这个阶段供应商正在与企业进行前期接触与沟通，企业依据供应商导入流程对供应商进行前期评估，以确定供应商在质量和竞争力方面与企业要求是否相匹配。

（2）导入阶段。供应商通过企业的前期评估，并进入被企业正式承认和验证的阶段，这个阶段的工作包括对供应商进行实地审核、完成审核报告、进行样品测试和认证等。

（3）导入合格阶段。供应商通过企业的各项审核与验证，并正式进入企业供应体系成为企业的合格供应商，已经具备与企业合作的资格。

（4）暂停新的合作阶段。这个阶段供应商只能就现有的项目与企业进行合作，供应商被取消新项目合作资格。

（5）淘汰阶段。供应商被取消与企业合作的资格，从合格供应商名单中被剔除。

3. 供应商的行业地位

企业有时会按照供应商的行业地位对其进行分类，可分为行业领导者、专家级供应商、小规模供应商以及量小、品种多的供应商。供应商的行业地位通常以其规模和所经营产品线的宽度来衡量，如图5-2所示。

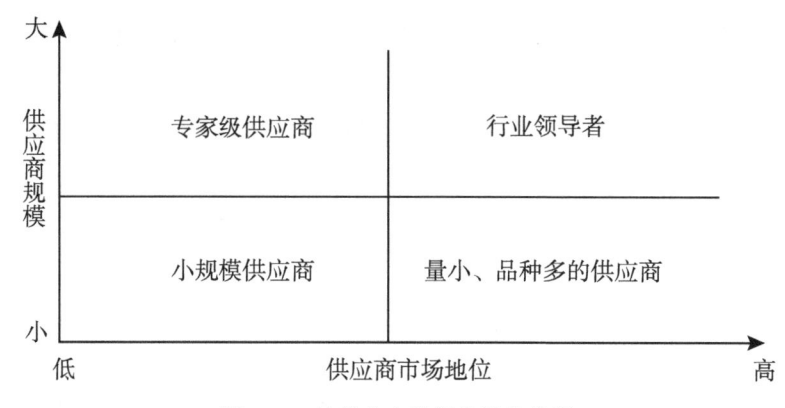

图 5-2　按供应商的行业地位分类

（1）行业领导者。行业领导者是指经营规模较大且产品线齐全的供应商。这类供应商通常在行业内经营得比较久，是行业内的标杆企业，比如，电子元器件代理分销领域的全球前四大分销商艾睿、安富利、大联大和富昌。

（2）专家级供应商。专家级供应商是指经营规模大、经验丰富、技术成熟，但产品线相对少一些的供应商。比如，电子元器件代理分销领域的第二梯队供应商，如文晔、新晔、科通、信和达、天河国际等。

（3）小规模供应商。小规模供应商是指产品线少且经营规模不大的供应商。对于某个行业而言，这类供应商数量很多，且往往比较灵活，但管理和财务状况远不及行业领导者与专家级供应商。

（4）量小、品种多的供应商。这类供应商规模不大，但产品线很多。

4. 卡拉杰克模型

按照卡拉杰克模型，根据供应商的采购金额与供应风险的大小，可以将供应商分为战略型、杠杆型、瓶颈型和一般型四种类型，如图5-3所示。采购金额是量化数据，可以从企业ERP系统中直接导出。卡拉杰克认为，供应风险包括但不限于供应市场的复杂性、技术创新及原材料更替的步伐、市场准入门槛、物流成本及复杂性,以及供给垄断或短缺等市场条件。对企业而言,供应风险是指企业在一定时期内对供应商的依赖程度。企业在一定时期内对供应商的依赖程度越高,其面临的供应风险越大;反之,则越小。

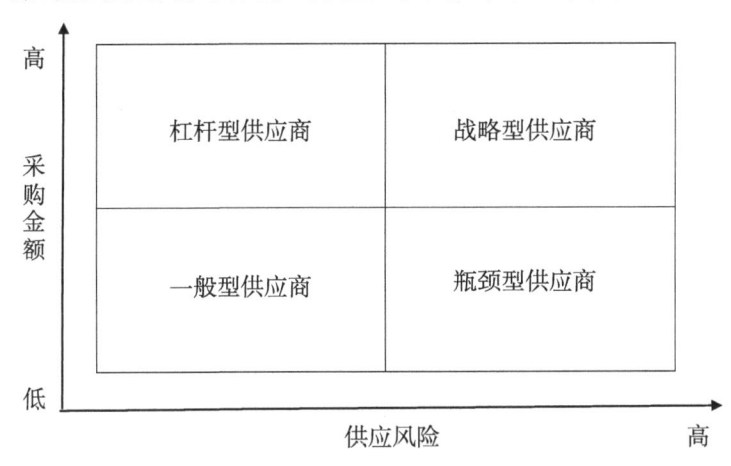

|  | 供应风险低 | 供应风险高 |
|---|---|---|
| **采购金额高** | 杠杆型供应商 | 战略型供应商 |
| **采购金额低** | 一般型供应商 | 瓶颈型供应商 |

图 5-3 按卡拉杰克模型的供应商分类

5. 价值贡献模型

大型外资企业常常按照供应商对企业的价值增值来划分供应商类型,以供应商绩效为横轴,以采购策略为纵轴,将供应商分为集成合作伙伴、创新合作伙伴、优选供应商和一般供应商,如图 5-4 所示。

(1)集成合作伙伴。供应商与企业建立长期战略合作伙伴关系,并能帮助企业进行端对端的价值链优化。

(2)创新合作伙伴。供应商为企业提供创新支持,促进企业业务增长。

(3)优选供应商。与企业合作期间,供应商取得较好的供应绩效,不仅是企业愿意长期合作的对象,而且是可以成为企业战略合作伙伴的潜在供应商。

(4)一般供应商。除以上三种供应商以外的一般型供应商。

在实际采购工作中,采用战略型采购方法的企业常常用卡拉杰克模型与价值贡献模型对供应商进行分类,并据此制定供应商发展策略。

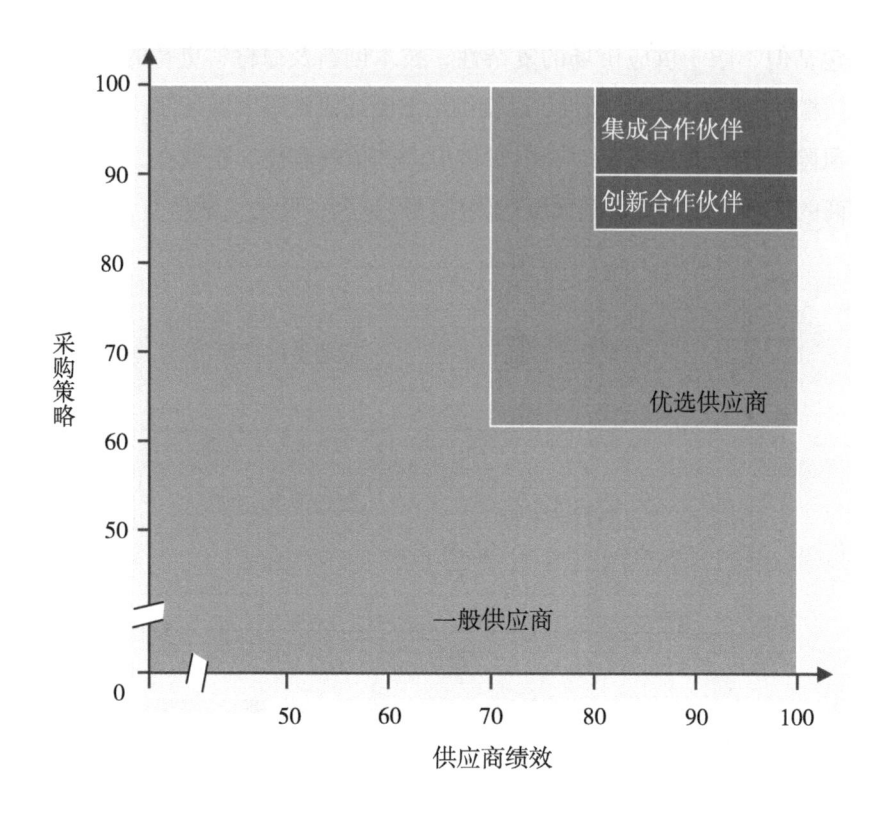

图 5-4 按价值贡献模型的供应商分类

## 二、供应商分类举例

当我们掌握了分析方法和工具后,数据收集就成为我们绘制"供应商分类图"的关键。下面介绍该如何利用卡拉杰克模型和价值贡献模型绘制供应商分类图。

### (一)利用卡拉杰克模型

1. 收集数据

按照卡拉杰克模型中横轴、纵轴的要求,收集并分析供应商的采购金额和供应风险数据。由于卡拉杰克模型最终反映的是被分析对象的"相对位置",因此我们需要依据供应商的实际采购金额和供应风险重新给供应商评分,总分为 100 分,如表 5-8 所示。

表 5-8　某外资企业 L 公司 80% 采购支出的横、纵轴评分

| 序号 | 供应商名称 | 采购金额等级 | 供应风险等级 |
| --- | --- | --- | --- |
| 1 | L0001 | 100 | 100 |
| 2 | L0002 | 98 | 90 |
| 3 | L0003 | 96 | 80 |
| 4 | L0004 | 94 | 45 |
| 5 | L0005 | 92 | 70 |
| 6 | L0006 | 90 | 80 |
| 7 | L0007 | 88 | 30 |
| 8 | L0008 | 86 | 75 |
| 9 | L0009 | 84 | 20 |
| 10 | L0010 | 82 | 15 |
| 11 | L0011 | 80 | 30 |
| 12 | L0012 | 78 | 75 |
| 13 | L0013 | 76 | 30 |
| 14 | L0014 | 74 | 28 |
| 15 | L0015 | 72 | 25 |
| 16 | L0016 | 70 | 17 |
| 17 | L0017 | 68 | 25 |
| 18 | L0018 | 66 | 45 |
| 19 | L0019 | 64 | 50 |
| 20 | L0020 | 62 | 15 |
| 21 | L0021 | 60 | 35 |
| 22 | L0022 | 58 | 30 |
| 23 | L0023 | 56 | 55 |
| 24 | L0024 | 54 | 90 |

续表

| 序号 | 供应商名称 | 采购金额等级 | 供应风险等级 |
| --- | --- | --- | --- |
| 25 | L0025 | 52 | 60 |
| 26 | L0026 | 50 | 18 |
| 27 | L0027 | 48 | 10 |
| 28 | L0028 | 46 | 30 |
| 29 | L0029 | 44 | 15 |
| 30 | L0030 | 42 | 20 |
| 31 | L0031 | 40 | 80 |
| 32 | L0032 | 38 | 75 |
| 33 | L0033 | 36 | 60 |
| 34 | L0034 | 34 | 25 |
| 35 | L0035 | 32 | 30 |
| 36 | L0036 | 30 | 20 |
| 37 | L0037 | 28 | 35 |
| 38 | L0038 | 26 | 45 |
| 39 | L0039 | 24 | 30 |
| 40 | L0040 | 22 | 30 |
| 41 | L0041 | 20 | 75 |
| 42 | L0042 | 18 | 35 |
| 43 | L0043 | 16 | 85 |
| 44 | L0044 | 14 | 90 |
| 45 | L0045 | 12 | 45 |
| 46 | L0046 | 10 | 25 |
| 47 | L0047 | 8 | 13 |

续表

| 序号 | 供应商名称 | 采购金额等级 | 供应风险等级 |
| --- | --- | --- | --- |
| 48 | L0048 | 6 | 18 |
| 49 | L0049 | 4 | 10 |
| 50 | L0050 | 2 | 80 |
| 51 | L0051 | 1 | 50 |
| 52 | L0052 | 1 | 85 |
| 53 | L0053 | 1 | 20 |
| 54 | L0054 | 1 | 55 |
| 55 | L0055 | 1 | 10 |
| 56 | L0056 | 0.5 | 10 |
| 57 | L0057 | 0.5 | 10 |
| 58 | L0058 | 0.5 | 10 |

2. 绘制图表

通过Excel的"插入数据"功能将数据转换为我们需要的二维图，如图5-5所示。图5-5中所标注的数据是表5-8中的"采购金额等级"数据。

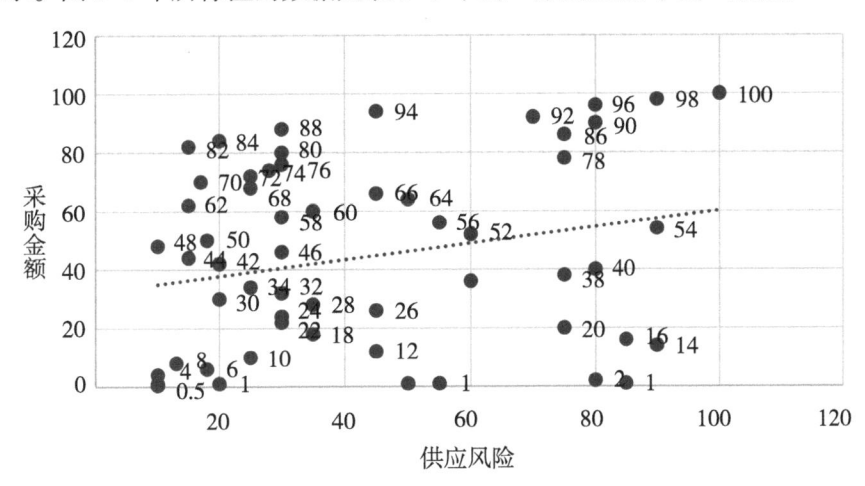

图5-5 某外资企业L公司供应商–卡拉杰克模型

## （二）利用价值贡献模型

1. 收集数据

收集某外资企业L公司80%采购支出的采购绩效，并进行整理，如表5-9所示。

表5-9　某外资企业L公司80%采购支出的采购绩效

| 序号 | 供应商名称 | 采购策略等级 | 供应商绩效等级 |
| --- | --- | --- | --- |
| 1 | L0001 | 95 | 90 |
| 2 | L0002 | 90 | 85 |
| 3 | L0003 | 85 | 80 |
| 4 | L0004 | 85 | 80 |
| 5 | L0005 | 80 | 75 |
| 6 | L0006 | 90 | 85 |
| 7 | L0007 | 88 | 80 |
| 8 | L0008 | 60 | 75 |
| 9 | L0009 | 85 | 85 |
| 10 | L0010 | 83 | 78 |
| 11 | L0011 | 61 | 55 |
| 12 | L0012 | 90 | 83 |
| 13 | L0013 | 70 | 60 |
| 14 | L0014 | 50 | 55 |
| 15 | L0015 | 45 | 60 |
| 16 | L0016 | 40 | 35 |
| 17 | L0017 | 36 | 60 |
| 18 | L0018 | 34 | 45 |
| 19 | L0019 | 66 | 75 |
| 20 | L0020 | 78 | 86 |
| 21 | L0021 | 76 | 76 |
| 22 | L0022 | 74 | 65 |

续表

| 序号 | 供应商名称 | 采购策略等级 | 供应商绩效等级 |
| --- | --- | --- | --- |
| 23 | L0023 | 72 | 55 |
| 24 | L0024 | 70 | 60 |
| 25 | L0025 | 68 | 55 |
| 26 | L0026 | 30 | 65 |
| 27 | L0027 | 25 | 65 |
| 28 | L0028 | 23 | 30 |
| 29 | L0029 | 21 | 25 |
| 30 | L0030 | 15 | 20 |
| 31 | L0031 | 65 | 60 |
| 32 | L0032 | 70 | 55 |
| 33 | L0033 | 35 | 50 |
| 34 | L0034 | 15 | 45 |
| 35 | L0035 | 10 | 30 |
| 36 | L0036 | 5 | 30 |
| 37 | L0037 | 65 | 70 |
| 38 | L0038 | 40 | 65 |
| 39 | L0039 | 75 | 80 |
| 40 | L0040 | 30 | 55 |
| 41 | L0041 | 22 | 35 |
| 42 | L0042 | 20 | 35 |
| 43 | L0043 | 70 | 65 |
| 44 | L0044 | 85 | 60 |
| 45 | L0045 | 65 | 78 |
| 46 | L0046 | 25 | 55 |
| 47 | L0047 | 20 | 41 |
| 48 | L0048 | 50 | 65 |
| 49 | L0049 | 48 | 10 |
| 50 | L0050 | 75 | 66 |

续表

| 序号 | 供应商名称 | 采购策略等级 | 供应商绩效等级 |
|---|---|---|---|
| 51 | L0051 | 35 | 45 |
| 52 | L0052 | 75 | 63 |
| 53 | L0053 | 11 | 55 |
| 54 | L0054 | 13 | 75 |
| 55 | L0055 | 9 | 39 |
| 56 | L0056 | 3 | 15 |
| 57 | L0057 | 1 | 10 |
| 58 | L0058 | 1 | 7 |

2. 绘制图表

通过Excel的"插入数据"功能将数据转换为我们需要的二维图，如图5-6所示。图5-6中所标注的数据是表5-9中的"采购策略等级"数据。

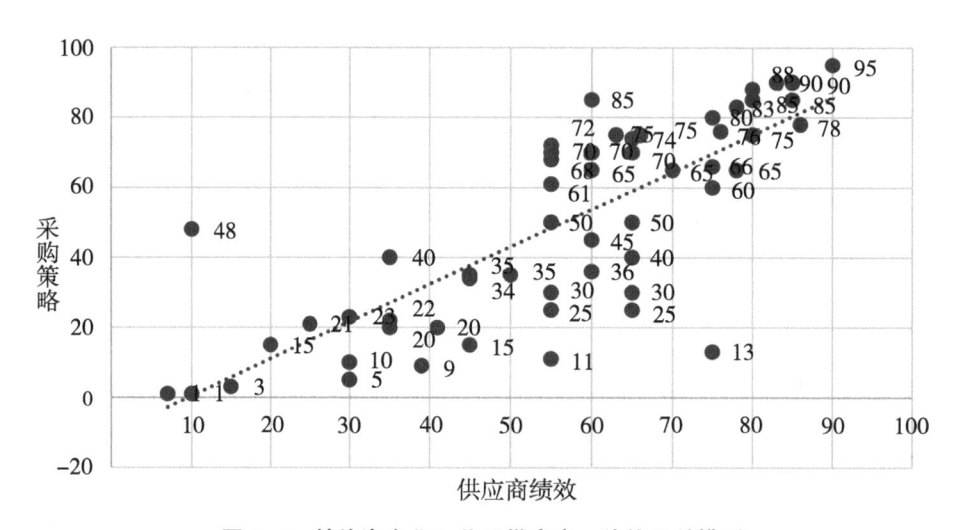

图5-6 某外资企业L公司供应商—价值贡献模型

## 三、供应商整合

供应商整合是指通过一系列技术和商务手段或策略减少供应商数量的过

程，所用技术和商务手段或策略包括但不限于产品设计标准化，器件选型标准化，器件选型通用化，"合并同类项"（将同类型物料的采购合并到一家供应商），开发具有综合产品线的供应商资源，"化零为整"（评估一个年采购金额，将向所有低于这个采购金额的供应商购买的商品委托一家有资质的供应商来采购），培养现有供应商并扩宽其产品线，等等。

**（一）为什么要进行供应商整合**

从传统型采购方式向战略型采购方式的转变过程有一个典型的变化，即企业由原来扩大供应商库或增加供应商的数量转变为减少供应商库中供应商的数量，而且这一趋势随着互联网的发展变得更加明显。减少供应商库中的供应商数量的成功案例有很多。例如，20世纪80年代早期施乐复印机公司将供应商库中的供应商数量从最初的5000家减少到400家，供应商数量减少了92%左右。克莱斯勒汽车公司将供应商数量由20世纪80年代末良莠不齐的2500家，精减到可长期提供核心服务的300家左右。为什么这些世界知名公司都意识到了供应商整合的重要性？这一策略给企业带来了哪些好处？下面从实际采购工作出发来探讨进行供应商整合的意义。

1. 规模经济效应

"规模经济"是一个经济学名词，是指在一个特定时期内，企业产品绝对量增加时其单位成本下降，或者说扩大经营规模可以降低平均成本，从而提高利润水平。在制造业领域，企业的单位产品成本有一部分来自沉没成本。从字面上理解沉没成本就是企业已经付出且不可收回的成本，比如，企业的厂房租金、机器设备及管理人员工资等。当企业稼动率不饱和时，单位产品沉没成本与企业产出成反比，即企业产出量越大，单位产品沉没成本越低；反之，则越高。单位产品沉没成本又是单位制造成本的一部分，因此当企业产品绝对量增加时，其单位成本必然下降。当然，企业发生规模经济效应不仅是因为存在沉没成本，还是因为存在学习曲线因素，即随着产量的增加，劳动者的劳动熟练程度不断提高，从而提高了生产效率，并最终降低了单位产品的直接人工成本。供应商整合增加规模经济效应，主要体现在以下几个方面。

（1）生产型供应商。

以某外资企业 C 公司为例来分析其某个商品类别供应商数量是否合理。这家企业一年开关品类的采购总金额是 257.6 万美元左右，一共有 22 家供应商（见表 5-10）。从其采购支出分布，我们可以看到排名第一位的供应商占开关总采购支出的 33%；排名第二位与第三位的供应商的年度采购金额占比分别为 11% 和 9%；剩下的从排名第四位到排名第十三位的供应商的年度采购金额差距不大。这家企业用到的主要开关类型分别是按键开关、轻触开关和旋钮开关。该外资企业开关品类的年度采购总金额只有 257.6 万美元，却有 22 家开关品类供应商，平均每家供应商的采购额仅有 11.7 万美元，如果我们将 22 家供应商整合为 3 家，那么平均每家供应商的采购额是 85.87 万美元左右。毫无疑问，对于开关品类供应商来说，年度采购金额 85.87 万美元的订单比年度采购金额 11.7 万美元的订单的单位产品成本肯定要低。当供应商可以通过规模经济效应降低产品制造成本时，企业就有机会分享供应商通过规模经济效应降低成本所带来的经济效益，即企业可以获得供应商的降价。

表 5-10 某外资企业 C 公司开关品类年度采购支出（原始数据）

| 序号 | 供应商名称 | 年度采购金额（美元） |
| --- | --- | --- |
| 1 | C0001 | 851 328 |
| 2 | C0002 | 283 785 |
| 3 | C0003 | 230 762 |
| 4 | C0004 | 167 348 |
| 5 | C0005 | 144 125 |
| 6 | C0006 | 118 194 |
| 7 | C0007 | 111 686 |
| 8 | C0008 | 95 387 |
| 9 | C0009 | 88 637 |
| 10 | C0010 | 85 707 |

续表

| 序号 | 供应商名称 | 年度采购金额（美元） |
|---|---|---|
| 11 | C0011 | 84 821 |
| 12 | C0012 | 84 723 |
| 13 | C0013 | 71 587 |
| 14 | C0014 | 57 489 |
| 15 | C0015 | 54 698 |
| 16 | C0016 | 11 786 |
| 17 | C0017 | 11 784 |
| 18 | C0018 | 5590 |
| 19 | C0019 | 5564 |
| 20 | C0020 | 5076 |
| 21 | C0021 | 4136 |
| 22 | C0022 | 2539 |
| 总金额 |  | 2 576 751 |

某外资企业 C 公司开关品类年度采购支出按供应商分布的饼状图，如图 5-7 所示。

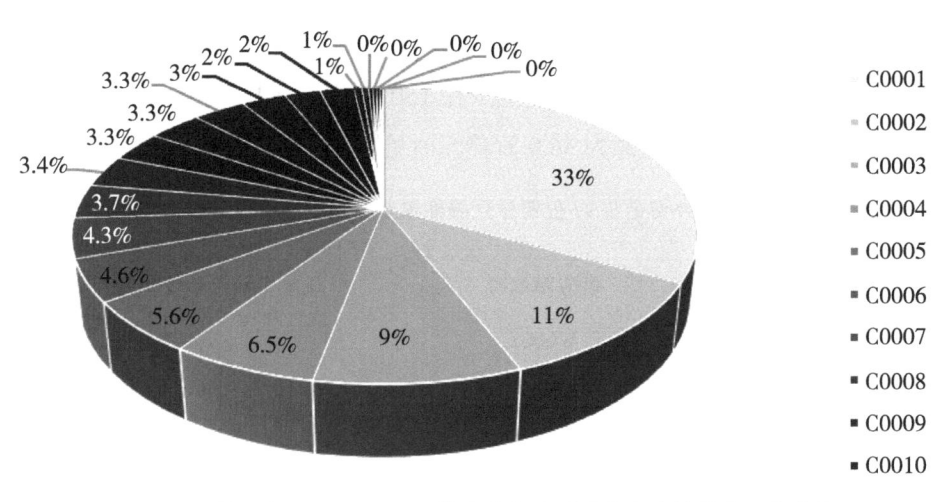

图 5-7　某外资企业 C 公司开关品类年度采购支出（按供应商分布）

(2）代理分销型厂商。

如果供应商是制造型企业，我们可以通过供应商整合获取规模经济，但代理商并非商品的直接生产厂家，而是从厂家购买商品再卖给客户的，在这种情况下我们该如何获得规模经济？做电子行业的朋友应该都知道，无论是有源器件还是无源器件，供应市场上的报价规律都是价格与需求量成反比，即代理商给客户的报价是依据客户的年度需求量而定的，其原因是原厂（制造商）给代理商的报价也是依据商品需求量报价的。商品流通领域中价格与商品需求量成反比的这一规律与制造领域中产品产出与单位制造成本成反比的规律如出一辙，因此这里将流通领域中价格与采购量的关系称为"流通领域中的规模经济"。

以某外资企业 W 公司的数据为例，该公司 961 万美元的分立器件采购金额涉及 26 家供应商，除了排名前三位的 3 家供应商以外，剩下的 23 家均为代理商或贸易商（见表5-11）。分立器件主要包括二极管、三极管、场效应管及晶闸管。因此，从供应风险来看，这些器件的供应风险普遍偏低（或者说从市场找到具备供应这些器件的综合能力的代理商是比较容易的），除去一些客户指定的供应商，至少可以从 26 家供应商精减为 8~9 家，即剔除 17 家左右。这样一来，平均采购金额就由原来的每家 36.9 万美元（961/26＝36.96）增加到每家 106.8 万美元（961/9＝106.8）。在这个过程中，除去采购金额排名前三位的 3 家制造商和客户指定的供应商之外，剩下的代理商平均可以获得的订单采购金额至少在 150 万美元以上，这样一来，采购价格难道不比每年采购金额为 36.9 万美元时更有竞争力吗？

表 5-11　某外资企业 W 公司分立器件年度采购支出（原始数据）

| 序号 | 供应商名称 | 年度采购金额（美元） |
| --- | --- | --- |
| 1 | W0001 | 1 578 089 |
| 2 | W0002 | 1 544 957 |
| 3 | W0003 | 921 194 |

续表

| 序号 | 供应商名称 | 年度采购金额（美元） |
| --- | --- | --- |
| 4 | W0004 | 916 930 |
| 5 | W0005 | 802 465 |
| 6 | W0006 | 790 389 |
| 7 | W0007 | 535 392 |
| 8 | W0008 | 497 905 |
| 9 | W0009 | 424 601 |
| 10 | W0010 | 294 999 |
| 11 | W0011 | 256 066 |
| 12 | W0012 | 251 807 |
| 13 | W0013 | 218 810 |
| 14 | W0014 | 128 604 |
| 15 | W0015 | 121 690 |
| 16 | W0016 | 71 729 |
| 17 | W0017 | 69 370 |
| 18 | W0018 | 68 151 |
| 19 | W0019 | 36 374 |
| 20 | W0020 | 30 762 |
| 21 | W0021 | 22 028 |
| 22 | W0022 | 12 939 |
| 23 | W0023 | 9090 |
| 24 | W0024 | 7563 |
| 25 | W0025 | 481 |
| 26 | W0026 | 155 |
| 总金额 | | 9 612 539 |

某外资企业 W 公司分立器件年度采购支出按供应商分布的饼状图，如图 5-8 所示。

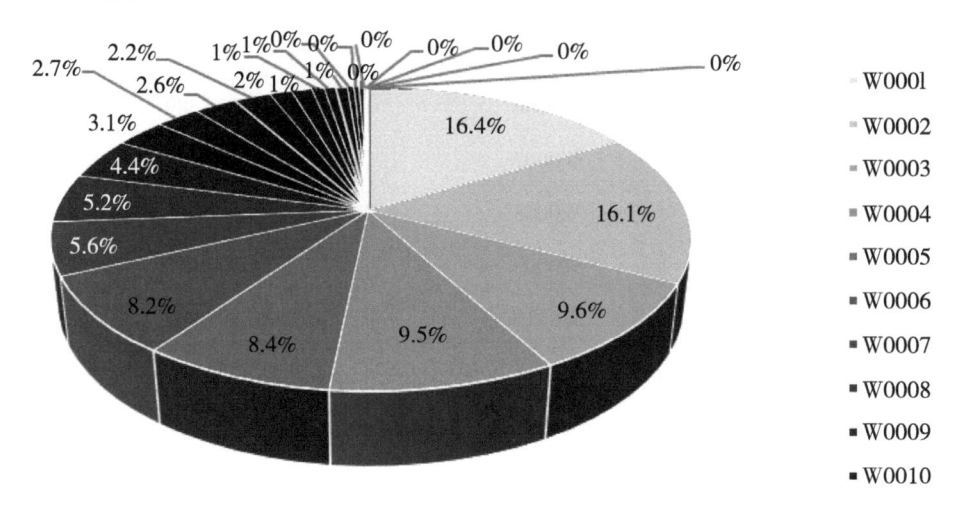

图 5-8　某外资企业 W 公司分立器件年度采购支出（按供应商分布）

2. 增强买方的博弈能力

买卖双方之间既是合作关系，又是博弈关系。在博弈过程中，除绝对垄断的供应市场外，在剩下的供应市场中，都是订单量的大小决定买方的博弈能力，即订单量越大，买方在卖方面前的博弈能力越强。在采购总量不变的情况下，供应商数量由多变少意味着每家供应商可获得的平均订单量由少变多，即供应商订单量较以前增加了，则买方的博弈能力随之增强。仍以某外资企业 C 公司开关品类为例，在一年 257.6 万美元的采购金额不变的情况下，将供应商从 22 家整合为 3 家后，供应商平均订单量由 11.7 万美元增加到 85.87 万美元，这意味着原来 C 公司只是这些开关供应商的 C 类客户，当年度订单量增长了 6 倍左右时，C 公司有可能成为这些开关厂商的 A 类客户。当企业从供应商的 C 类客户上升为 A 类客户时，其博弈能力是不是会随之增强？

3. 降低管理和交易成本

在市场经济活动中，做任何事情都是有成本的，因为事情都是由人或机器来完成的,而人和机器都是有成本的,所以没有交易成本就无法产生经济活动。买卖是一种典型的经济活动,因此要达成买卖活动也会产生成本,即交易成本。关于交易成本,经济学上有狭义与广义的定义。狭义的交易成本是指为履行契约所付出的时间和努力,广义的交易成本是指为谈判、履行合同和获得信息所需要运用的全部资源。在采购活动中,当我们采购同样的商品时,供应商的数量越少,交易成本越低。以某外资企业C公司为例,C公司共有288家供应商,年度交易额为2.015亿美元左右(10年前的数据)。依据现在的分析来看,至少可以砍掉70%的供应商,即只保留86家,淘汰202家。从物料采购价格来看,将物料集中起来采购,其价格肯定是只降不升,因此我们不必担心由于供应商整合导致物料价格上涨。我们来看将288家供应商整合为86家所带来的交易成本的变化,如表5-12所示。

表5-12 不同供应商数量导致的不同交易成本的对比

| 序号 | 原有供应商库 ||||| 整合后的供应商库 ||||| 交易成本变化 | 备注 |
|---|---|---|---|---|---|---|---|---|---|---|---|
| | 成本科目 | 单位成本(元) | 员工数量(人) | 频率 | 年度支出金额(元) | 成本科目 | 单位成本(元) | 员工数量(人) | 频率 | 年度支出金额(元) | | |
| 1 | 战略采购人员工资 | 8000 | 12 | 12个月 | 1 152 000 | 战略采购人员工资 | 9000 | 6 | 12个月 | 648 000 | -504 000 | |
| 2 | 执行采购人员工资 | 5000 | 12 | 12个月 | 720 000 | 执行采购人员工资 | 5500 | 8 | 12个月 | 528 000 | -192 000 | |

续表

| 序号 | 原有供应商库 ||||| 整合后的供应商库 ||||| 交易成本变化 | 备注 |
|---|---|---|---|---|---|---|---|---|---|---|---|---|
| | 成本科目 | 单位成本（元） | 员工数量（人） | 频率 | 年度支出金额（元） | 成本科目 | 单位成本（元） | 员工数量（人） | 频率 | 年度支出金额（元） | | |
| 3 | 办公计算机费用 | 4000 | 24 | 0.33 | 31 680 | 办公计算机费用 | 4000 | 14 | 0.33 | 18 480 | −13 200 | 计算机按3年折旧完 |
| 4 | 办公桌椅费用 | 500 | 24 | 0.33 | 3960 | 办公桌椅费用 | 500 | 14 | 0.33 | 2310 | −1650 | 3年折旧完 |
| 5 | 货仓人员工资 | 3500 | 10 | 12个月 | 420 000 | 货仓人员工资 | 4000 | 5 | 12个月 | 240 000 | −180 000 | |
| 6 | 物流成本 | 100 | 288 | 12个月 | 345 600 | 物流成本 | 100 | 86 | 12个月 | 103 200 | −242 400 | 每月送一次货 |
| 7 | SAP账户成本 | 30 000 | 24 | 1 | 720 000 | SAP账户成本 | 30 000 | 14 | 1 | 420 000 | −300 000 | SAP账户的成本是3万元一个 |
| 8 | 其他IT成本 | 2000 | 24 | 1 | 48 000 | 其他IT成本 | 2000 | 14 | 1 | 28 000 | −20 000 | |
| 9 | 其他成本 | | | | | 其他成本 | | | | | | |
| | | | | | | | | | | 总节省金额 | −1 453 250 | |

由于这家企业生产的是典型的"多品种、小批量"产品，因此其物料与供应商管理工作非常繁杂，企业要雇用超出一般行业数量的战略采购人员与执行采购人员来管理这些供应商和物料的采购。如果我们能成功地实现供应

商整合，战略采购与执行采购人员数量至少可以减半，从而每年可以为企业节省145万元左右的交易成本。

4. 建立战略合作伙伴关系

当供应商数量过多时，就会出现"多而不精"的问题，采购将供应商定位成"对立的关系"。在这种情况下，对于同一类商品，采购通常会用一个供应商来平衡另一个供应商以实现供应商管理，到最后就没有供应商愿意配合企业完成供应目标了。如果将供应商整合起来，选出愿意与企业保持可持续性发展且供应绩效好的供应商，给它们更多的订单，培养其成为企业真正的战略合作伙伴。供应商整合策略无疑可以帮助企业筛选出更多的战略型供应商。

5. 减少库存风险

在实际采购活动中，供应商都有最小订购量的要求。当某些类别的商品需求本来就少时，企业为满足供应商的最小订购量要求，常常会多买一些物料存放在货仓中。整合供应商就意味着将需求"化零为整"，这样一来，由于最小订购量引起的库存问题就会大大减少。

（二）常用的供应商整合方法

在实际采购工作中，常用的供应商整合方法有以下几种。

（1）推进产品标准化。推进产品标准化可以整合需求，减少物料品种数量，既有利于降低采购成本，有效控制库存，也有利于集中采购，减少供应商数量。

（2）实行集中统一采购。实行集中统一采购或采用招标采购方式，可以使分散采购集中化，有利于提升采购议价能力，防范采购舞弊行为。

（3）采用模块化采购方式。模块化采购方式是指由核心供应商将相关复杂零部件组装成更大的单元供货。这种供货方式可以降低供应商的物流成本，也有利于采购方缩短生产周期，是目前汽车行业普遍采用的采购方式之一。

（4）采购外包。采购外包就是对品种多、采购批量小的零星物料集中打包，委托第三方代理采购，或者指定产品品牌、采购渠道，委托供应商代理采购。采用这种"化零为整"的采购方式，有利于降低采购成本和采购风险。随着服务业的不断发展，企业采购外包将成为一种趋势。

（5）开发有综合产品线的供应商。比如，磁芯器件，开发既能做电感、磁珠又能做变压器的供应商，而不需要为这3个子品类开发3家供应商。

（6）"合并同类项"。将同类型物料的采购合并到一家供应商。

（7）帮助现有供应商拓宽其产品线。

### （三）供应商整合过程中可能存在的障碍

人们常说："理想很丰满，现实很骨感。"这句话用来形容供应商整合的过程再贴切不过。供应商整合是有利于企业采购管理的，但在实际工作中，供应商整合的难度非常大。在此，从企业内部环境、外部环境、技术角度和商务角度四个维度将供应商整合过程中可能存在的障碍总结至表5-13中。

表5-13 供应商整合过程中可能存在的障碍

| 环境 | 商务角度 | 技术角度 |
| --- | --- | --- |
| 外部环境 | 供应商在行业中处于垄断地位 | 技术壁垒 |
|  | 整个行业处于缺货状态 | 产品生命周期太短 |
|  | 与供应商关系紧张 | 缺乏技术标准 |
|  | 产品技术、环境保护受法律条款限制 | 质量不合适 |
|  | 距离太远 | 供应商能力不足 |
|  | 其他 | 其他 |
| 内部环境 | 企业关联公司采购 | 设计过剩 |
|  | 客户指定供应商 | 品质过剩 |
|  | 客户推荐供应商 | 没有进行价值分析 |
|  | 原厂（制造商）指定代理商 | 设计没有标准化 |
|  | 采购团队能力有限 | 设计者选型不当 |
|  | 采购腐败 | 设计者指定供应商 |

## （四）供应商整合的一般步骤

供应商整合是一项长期性、系统性的工作。说它具有长期性，是因为供应商整合工作并非一朝一夕就能完成的，需要我们制定长期、中期和短期计划及方案来逐步解决这一问题；说它具有系统性，是因为在供应商整合的过程中不只涉及采购部门，还需要市场部、研发部、工程部及品质部等利益相关者的协助与支持。因此，供应商整合实际上是一项非常复杂的工作。供应商整合的一般步骤如下。

（1）按照卡拉杰克模型将供应商分为杠杆型、战略型、瓶颈型和一般型四种类型。根据采购金额与物料数量快速识别供应商类别，通常由各品类采购经理分别负责自己的产品线。

首先，确定具体的分类因素和分类值。卡拉杰克模型是一种工具、一种思维方法，当我们将其应用到具体工作中时，需要依据卡拉杰克模型的原理找出影响分类的具体因素，如表 5-14 所示。

表 5-14 依据卡拉杰克模型确定具体的分类因素和分类值

| 分类值 | 分类因素 | | | 供应商类型 |
|---|---|---|---|---|
| | 物料数量 | 采购金额 | 替代可行性 | |
| 多和少、高和低 | 少 | 低 | 高 | 一般型 |
| | 少 | 低 | 低 | 瓶颈型 |
| | 少 | 高 | 高 | 杠杆型 |
| | 少 | 高 | 低 | 战略型 |
| | 多 | 低 | 高 | 一般型 |
| | 多 | 低 | 低 | 瓶颈型 |
| | 多 | 高 | 高 | 杠杆型 |
| | 多 | 高 | 低 | 战略型 |

物料数量是指一段时期内（通常为 1 年）企业向供应商采购的物料型号的数量。物料数量的多少通常根据企业物料的年度采购总量而定，比如，C

企业一年采购物料的总量为 8367 个，那么对于单独一个供应商而言其物料数量少于 10 个就算少，物料数量大于 50 个就算多。

采购金额的高低取决于企业年度采购总额的多少，比如，C 企业某年的采购总额为 2 亿美元左右，那么年度采购金额低于 50 万美元就算低采购额，年度采购金额高于 500 万美元就算高采购额。

替代可行性取决于供应市场格局，替代可行性的高、次高、中、低对应的市场格局依次为完全自由竞争市场、自由竞争市场、垄断竞争市场和完全垄断市场。

其次，依据分类因素和分类值对供应商进行分类，如表 5-15 所示。

表 5-15　某外资企业 L 公司高于 80% 采购额供应商的卡拉杰克模型分类

| 序号 | 供应商名称 | 商品类别Ⅰ | 商品类别Ⅱ | 商品类别Ⅲ | 企业类型 | 采购金额（美元） | 物料数量（个） | 供应商类型 |
|---|---|---|---|---|---|---|---|---|
| 1 | L0001 | 电子元件 | 无源器件 | 综合 | 代理商 | 19 143 818 | 313 | 战略型 |
| 2 | L0002 | 机构元件 | 原材料 | 塑胶粒 | 制造商 | 15 247 282 | 18 | 战略型 |
| 3 | L0003 | 电子元件 | 机电元件 | 电池 | 制造商 | 8 513 990 | 9 | 战略型 |
| 4 | L0004 | 电子元件 | 机电元件 | 电池 | 制造商 | 7 786 804 | 14 | 战略型 |
| 5 | L0005 | 机构元件 | 原材料 | 塑胶粒 | 代理商 | 7 167 026 | 4 | 战略型 |
| 6 | L0006 | 电子元件 | 有源器件 | MCU | 制造商 | 5 837 033 | 31 | 战略型 |
| 7 | L0007 | 电子元件 | 无源器件 | 磁性元件 | 制造商 | 5 416 854 | 23 | 杠杆型 |
| 8 | L0008 | 电子元件 | 无源器件 | 磁性元件 | 制造商 | 4 839 857 | 88 | 杠杆型 |
| 9 | L0009 | 电子元件 | 无源器件 | PCB | 制造商 | 4 291 220 | 107 | 杠杆型 |
| 10 | L0010 | 电子元件 | 无源器件 | 综合 | 贸易商 | 4 228 050 | 100 | 杠杆型 |
| 11 | L0011 | 机构元件 | 五金件 | 压铸件 | 制造商 | 3 780 986 | 26 | 杠杆型 |
| 12 | L0012 | 电子元件 | 无源器件 | 晶振 | 制造商 | 3 252 222 | 37 | 战略型 |

续表

| 序号 | 供应商名称 | 商品类别Ⅰ | 商品类别Ⅱ | 商品类别Ⅲ | 企业类型 | 采购金额（美元） | 物料数量（个） | 供应商类型 |
|---|---|---|---|---|---|---|---|---|
| 13 | L0013 | 电子元件 | 机电元件 | 电池 | 制造商 | 3 084 842 | 5 | 战略型 |
| 14 | L0014 | 电子元件 | 机电元件 | 电池 | 制造商 | 3 073 014 | 15 | 战略型 |
| 15 | L0015 | 机构元件 | 五金件 | 压铸件 | 制造商 | 3 053 053 | 22 | 杠杆型 |
| 16 | L0016 | 电子元件 | 有源器件/无源器件 | 综合 | 代理商 | 3 051 613 | 143 | 杠杆型 |
| 17 | L0017 | 电子元件 | 机电元件 | 电池 | 制造商 | 3 007 904 | 5 | 杠杆型 |
| 18 | L0018 | 机构元件 | 原材料 | 塑胶粒 | 代理商 | 2 678 498 | 2 | 杠杆型 |
| 19 | L0019 | 电子元件 | 无源器件 | PCB | 制造商 | 2 412 777 | 66 | 杠杆型 |
| 20 | L0020 | 机构元件 | 包装材料 | 硬纸板 | 制造商 | 2 352 257 | 740 | 杠杆型 |
| 21 | L0021 | 电子元件 | 有源器件/无源器件 | 综合 | 代理商 | 2 250 614 | 102 | 杠杆型 |
| 22 | L0022 | 电子元件 | 有源器件/无源器件 | 综合 | 代理商 | 2 140 615 | 60 | 杠杆型 |
| 23 | L0023 | 电子元件 | 机电元件 | 电池 | 制造商 | 2 137 951 | 3 | 瓶颈型 |
| 24 | L0024 | 电子元件 | 有源器件/无源器件 | 综合 | 制造商 | 2 099 726 | 34 | 战略型 |
| 25 | L0025 | 机构元件 | 原材料 | 塑胶粒 | 制造商 | 1 595 408 | 12 | 瓶颈型 |
| 26 | L0026 | 电子元件 | 无源器件 | PCB | 制造商 | 1 553 312 | 69 | 杠杆型 |
| 27 | L0027 | 电子元件 | 有源器件/无源器件 | 综合 | 贸易商 | 1 536 881 | 33 | 杠杆型 |
| 28 | L0028 | 机构元件 | 包装材料 | 彩盒 | 制造商 | 1 520 885 | 123 | 杠杆型 |
| 29 | L0029 | 机构元件 | 五金件 | 螺母 | 制造商 | 1 450 547 | 183 | 杠杆型 |

续表

| 序号 | 供应商名称 | 商品类别 I | 商品类别 II | 商品类别 III | 企业类型 | 采购金额（美元） | 物料数量（个） | 供应商类型 |
|---|---|---|---|---|---|---|---|---|
| 30 | L0030 | 机构元件 | 塑胶件 | 成型件 | 制造商 | 1 389 582 | 38 | 杠杆型 |
| 31 | L0031 | 电子元件 | 机电元件 | 显示器件 | 代理商 | 1 382 124 | 10 | 瓶颈型 |
| 32 | L0032 | 机构元件 | 原材料 | 塑胶粒 | 制造商 | 1 354 899 | 1 | 杠杆型 |
| 33 | L0033 | 机构元件 | 五金件 | 压铸件 | 制造商 | 1 337 895 | 25 | 杠杆型 |
| 34 | L0034 | 机构元件 | 原材料 | 有色金属 | 制造商 | 1 336 496 | 24 | 杠杆型 |
| 35 | L0035 | 电子元件 | 无源器件 | 综合 | 代理商 | 1 330 122 | 29 | 杠杆型 |
| 36 | L0036 | 电子元件 | 机电元件 | 光电器件 | 贸易商 | 1 298 627 | 35 | 杠杆型 |
| 37 | L0037 | 电子元件 | 有源器件/无源器件 | 综合 | 代理商 | 1 271 018 | 65 | 杠杆型 |
| 38 | L0038 | 电子元件 | 机电元件 | 光电器件 | 贸易商 | 1 238 819 | 3 | 瓶颈型 |
| 39 | L0039 | 电子元件 | 无源器件 | 电容 | 制造商 | 1 216 195 | 96 | 杠杆型 |
| 40 | L0040 | 电子元件 | 无源器件 | 综合 | 代理商 | 1 178 372 | 48 | 杠杆型 |
| 41 | L0041 | 电子元件 | 机电元件 | 显示器件 | 制造商 | 1 135 290 | 22 | 杠杆型 |
| 42 | L0042 | 电子元件 | 机电元件 | 线材 | 制造商 | 1 123 301 | 97 | 杠杆型 |
| 43 | L0043 | 电子元件 | 有源器件/无源器件 | 综合 | 制造商 | 1 096 782 | 12 | 瓶颈型 |
| 44 | L0044 | 电子元件 | 机电元件 | 继电器 | 制造商 | 1 094 909 | 22 | 瓶颈型 |
| 45 | L0045 | 电子元件 | 无源器件 | 磁性元件 | 制造商 | 1 086 089 | 5 | 杠杆型 |
| 46 | L0046 | 电子元件 | 无源器件 | 磁性元件 | 制造商 | 1 077 114 | 14 | 杠杆型 |
| 47 | L0047 | 电子元件 | 有源器件 | 分立器件 | 贸易商 | 1 045 048 | 46 | 杠杆型 |
| 48 | L0048 | 电子元件 | 无源器件 | 电容 | 贸易商 | 1 041 178 | 42 | 杠杆型 |
| 49 | L0049 | 机构元件 | 包装材料 | 标签 | 制造商 | 1 033 100 | 401 | 杠杆型 |
| 50 | L0050 | 机构元件 | 杂项 | 杂项 | 制造商 | 1 028 953 | 2 | 杠杆型 |
| 51 | L0051 | 机构元件 | 五金件 | 压铸件 | 制造商 | 1 023 964 | 12 | 杠杆型 |

## 第五章 采购战略制定

续表

| 序号 | 供应商名称 | 商品类别 I | 商品类别 II | 商品类别 III | 企业类型 | 采购金额（美元） | 物料数量（个） | 供应商类型 |
|---|---|---|---|---|---|---|---|---|
| 52 | L0052 | 电子元件 | 机电元件 | 光电器件 | 制造商 | 985 019 | 5 | 瓶颈型 |
| 53 | L0053 | 电子元件 | 机电元件 | 线材 | 制造商 | 975 515 | 80 | 杠杆型 |
| 54 | L0054 | 电子元件 | 有源器件/无源器件 | 综合 | 代理商 | 923 824 | 63 | 杠杆型 |
| 55 | L0055 | 机构元件 | 包装材料 | 标签 | 制造商 | 897 900 | 535 | 杠杆型 |
| 56 | L0056 | 电子元件 | 有源器件 | IC | 贸易商 | 893 671 | 5 | 一般型 |
| 57 | L0057 | 机构元件 | 塑胶件 | 成型件 | 制造商 | 890 786 | 36 | 杠杆型 |
| 58 | L0058 | 电子元件 | 无源器件 | 电容 | 贸易商 | 874 921 | 163 | 杠杆型 |

（2）识别机会。对于这四种类型的供应商，一般来讲，整合的可行性由高到低排序为一般型、杠杆型、瓶颈型、战略型。因此，从工作效率上来讲，我们通常对一般型和杠杆型两种类型的供应商进行调查研究并从中发现整合机会。

（3）供应商整合需要考虑的关键因素有企业采购目标、供应商类型（卡拉杰克模型）、供应商的绩效以及供应商对企业的价值增值。

（4）商品分类。按照供应商供应的商品对其进行分类，对供应商的整合是在同一个大的品类或次品类中进行的，不可能将电子元器件供应商与机构元件供应商整合到一起，因此我们要清楚每个供应商所供应商品的类型及特征。

（5）任务分配。各品类采购人员或战略采购人员负责自己产品线的供应商的整合工作。

（6）供应市场调查分析。例如，对 C 企业开关品类的供应商进行分析发现，原来的 22 家开关供应商最终可以整合为 3 家。

（7）实施。当我们完成以上工作后，即可实施整合工作，包括但不限于报价、TCO分析、样品承认、实地审核及系统设定等。在进行供应商整合时，TCO也许不是首先考虑的因素，首先考虑的应该是能否减少一个供应商。

## 第四节　商品采购策略的制定

在企业管理过程中，我们既要走标准化的道路，又要具体问题具体分析，标准化与具体问题具体分析并不矛盾。标准化的意义在于提高企业的运营效率，降低运营成本及风险；具体问题具体分析旨在去"粗放式管理"而追求"精细化管理"，正所谓细节决定成败，企业之间的竞争越来越依赖精细化管理。商品类别管理就是具体问题具体分析在采购管理中的具体运用，我们不能用管理机构元件的方法来管理电子元器件，因为机构元件大多是定制件，涉及模具问题，而电子元器件除机电元件外多是标准件；不能用管理自由竞争市场的元件的方法来管理寡头垄断市场的元件；等等。因此，我们应该依据所采购商品的类别制定不同的管理策略，即商品采购策略。

商品采购策略是指依据企业总体采购目标，基于每种商品的不同特性所制定的采购策略，商品采购策略通常包括商品策略团队、商品分类（卡拉杰克模型）、采购支出分析、供应商分类、供应市场格局、商品及其市场特征等。商品采购策略是采购战略的重要组成部分，有些企业甚至将商品采购策略等同于采购战略。商品采购策略本质上是基于商品类别分析而做出的供应商取舍及供应商管理方案的集合。

### 一、如何制定商品采购策略

企业通常按照以下步骤制定商品采购策略。

1. 需求分析

商品采购策略是为整个企业供应链服务的，而企业供应链管理过程通常会涉及很多跨部门的利益相关者，因此制定商品采购策略之前，我们应该倾听利益相关者的诉求，从而明确我们的工作目标。每个利益相关者对供应商的诉求是不同的。例如，品质部关注供应商的产品质量，研发部关注供应商的技术创新能力，财务部关注供应商的产品价格是否具有竞争力，新项目开发组更加关注供应商的响应速度和成本，供应链部门关注供应商的交付和服务，等等。对于品类采购管理者，我们应该将所有利益相关部门的需求转化成采购工作的需求或目标，如表5-16所示。

表5-16 关于商品策略的业务需求

| 序号 | 需求 | 相关内容 | 范围 | 典型问题 |
| --- | --- | --- | --- | --- |
| 1 | 法律法规 | 行为符合法律法规的规定 | 遵从相关的或现有的法律法规所规定的义务与责任 | ①行业、顾客或公司的现行工作标准是什么？它们是如何影响你和你的供应商的行为的<br>②关于使用供应商的产品，你的供应商提出了哪些限制与指导方针 |
| 2 | 供应保障 | 影响货物或服务按时、及时供应的因素 | ①供应商财务状况是否稳定<br>②保险项目<br>③风险<br>④生产能力<br>⑤交付<br>⑥问题和意外的管理<br>⑦企业社会责任、环保意识 | ①你遇到过缺货或供应不足的情况吗？是什么原因导致的<br>②影响产品持续供应的最重要的因素是什么？为什么<br>③是否有你的供应商不能提供的货物或服务 |

续表

| 序号 | 需求 | 相关内容 | 范围 | 典型问题 |
|---|---|---|---|---|
| 3 | 质量 | 该因素与货物或服务是否长期符合企业的采购目标，以及供应商是否有确保及时交付的能力相关 | ①设计<br>②实现目标的连贯性、重复性和复合性<br>③说明符合产品规格<br>④可靠性<br>⑤衡量标准<br>⑥品质管理系统或供应商合格资质 | ①你的工作质量标准由谁定<br>②哪些标准你认同，哪些标准你不认同？为什么<br>③哪些标准供应商发现很难保持？为什么 |
| 4 | 服务 | 该因素与货物或服务的提供方式及所有支持活动相关 | ①订单预订的时间与灵活度<br>②库存存储、安置、分配等<br>③工艺流程及工序<br>④反馈时间<br>⑤客户关系管理<br>⑥交流沟通<br>⑦信息<br>⑧支持<br>⑨培训及教育 | ①供应商的哪些信息能使你的工作更高效？为什么<br>②供应商的哪些服务使你感到沮丧？为什么<br>③你如何评价你的供应商的员工 |

续表

| 序号 | 需求 | 相关内容 | 范围 | 典型问题 |
|---|---|---|---|---|
| 5 | 成本 | 所有因素都与成本和价格（包括商务条款、条件及合规的安排）相关 | ①获得成本目标（如目标成本、借鉴市场最低成本）<br>②实施成本<br>③持续改进（未来成本、成本降低、避免支出）<br>④合同条款<br>⑤支付方式<br>⑥商业现金 | ①对于这个采购品类你有什么样的成本压力<br>②你的成本目标是什么<br>③你的供应商是否能帮你降低成本<br>④对于该类商品的采购需要什么样的合同条款 |
| 6 | 创新 | 持续改进顾客体验的各个方面，目的是降低成本，增加价值或创造竞争优势 | ①能力和关注领域<br>②供应链<br>③市场驱动力<br>④内部情况<br>⑤新兴技术的应用<br>⑥最先通知供应商的新观点<br>⑦分享与合作安排 | ①你使用了你的供应商的商品或服务的多少性能<br>②品类管理团队做什么有助于在这个领域获得竞争优势 |

2. 建立团队

在电子制造业企业，原材料成本占整个企业运营成本的70%~80%，也就是说，企业大部分的营业支出是采购部门花出去的。随着企业规模的不断扩大，采购部门肩负着越来越大的"花钱"的责任。如何使采购部门科学、公平、公正地行使"花钱"职能，是每个大中型企业面临的重大问题。由于个人的认知、知识及经验往往有限，当面临这种重大决策问题时，企业往往会组建团队来"集思广益"，以求更好、更科学地做出采购决策。管理先进的跨国公司很早就意识到这个问题并付诸实践，因此在国内越来越多的企业也开始组建团队共同做出采购决策。比如，组建采购委员会来选择新供应商，或为重大项目确定供应商；组建寻源小组、品类业务小组来制定商品采购策略；组建品类业务团队来制定整体采购战略；等等。这些品类团队通常由研发、战略采购、供应商质量管理、项目采购、执行采购等部门委派代表组成，重大战略和决策的制定一般都会邀请这些部门的最高管理者参与。品类采购管理者（战略采购）通常是这些团队的领导者，由他们负责组织会议，并收集各职能部门的建议与意见，最终大家一起制定品类采购策略。

3. 市场分析

任何科学的决策与方案都源于信息与数据调研，因此在制定销售策略时，我们需要做市场调研与分析。同理，在制定品类采购策略前，也需要对企业内、外部环境做调查，收集并分析相关数据或信息。需要收集的数据或信息包括但不限于以下几种。

（1）采购支出分析。分析某种商品向哪些供应商采购，年采购额分别是多少，哪些供应商是主要供应商，等等。

（2）向利益相关者了解信息。比如，向市场部了解下一年度的订单需求状况，向供应商质量管理部门了解这些供应商在过去一年中有无重大品质事故发生，等等。

（3）行业排名前十位的供应商名单及其产能分布、技术路线图、价格成本数据、优劣势和终端客户等。

（4）供应市场格局，即是垄断市场、寡头垄断市场、垄断竞争市场还是自由竞争市场？

（5）本企业的供应商在行业内所扮演的角色及其地位。

如何获得这些市场信息呢？可以通过在第三章中提到的一些专业的电子行业网站、行业协会及行业杂志等来获得。当我们完成信息收集工作后，就需要对信息和数据进行分析，以描绘和解释某种商品的现状。商业管理中常用以下工具来分析行业动态及企业特性。

（1）波特五力模型。

波特五力模型是由迈克尔·波特于20世纪70年代初提出的。他认为，行业中存在着决定竞争规模和程度的五种力量，这五种力量综合起来影响着产业的吸引力以及现有企业的竞争战略决策。这五种力量分别为行业内现有竞争者的竞争能力、潜在竞争者进入的能力、替代品的替代能力、购买者的讨价还价能力、供应商的讨价还价能力。

五力分析数据需要描述所有不同来源的数据，可能还需要与关键利益相关者和项目问题专家集中讨论更深入的市场情况。该工具帮助预测市场中卖方和买方的行为，对于形成采购战略至关重要。五力分析可预测未来，也是引导利益相关者理解当前采购市场行情的有用工具。如果了解了供应商的需求，就可以推断出该怎样通过帮助供应商来帮助本企业。

① 高水平的竞争力可以为买方和卖方带来更多的选择权。行业内现有竞争者的竞争能力的影响因素有行业发展速度、产能使用情况、推出障碍、产品差异性、转换成本及竞争者的多样性。

② 潜在竞争者进入的能力的影响因素有资本市场、技术工人的可得性、产品生命周期、品牌价值或顾客忠诚度、政府管制、转换风险和规模经济，以及是否可以获得关键技术或配送渠道。

③ 替代品的替代能力的影响因素有替代品的相对性能表现、替代品的相对价格、转换成本以及购买者选择替代品的意愿。

④ 购买者的讨价还价能力的影响因素有购买者集中度、购买者采购数量、购买者转换成本、价格弹性（敏感度）、产品差异化、品牌形象、质量或性能影响、买方利润、产品的可替代性。

⑤ 供应商的讨价还价能力的影响因素有主要物料的价格、控制涨价能力、核心技术及其他资源的可获得性、前向一体化或后向一体化的威胁、产能利用率、供应商集中度、供应商数量的重要性。

我们清楚某类商品本身在市场中的竞争情况，有利于分析为企业供应商品的供应商的竞争力状况，从而更好地理解供应市场及供应商。

（2）SWOT分析（强弱危机）。

SWOT（S即strengths，是优势；W即weaknesses，是劣势；O即opportunities，是机会；T即threats，是威胁）分析是基于内、外部竞争环境和竞争条件的态势分析，就是将与研究对象密切相关的各种主要内部优势与劣势、外部的机会与威胁等，通过调查列举出来，并依照矩阵形式排列，然后用系统分析的思想把各种因素匹配起来加以分析，从中得出相应的结论，且其结论通常带有一定的决策性。运用这种方法，可以对研究对象所处的情境进行全面、系统、准确的研究，从而根据研究结果制定相应的发展战略、计划及对策。按照企业竞争战略的完整概念，战略应该是一个企业"能够做的"（组织的强项和弱项）和"可能做的"（环境中的机会和威胁）的有机组合。

（3）供应商分析。

以上从宏观与中观层面分析了商品的市场行情，而供应商分析是从微观层面分析供应商的具体情况。通常从以下几个方面展开分析。

① 通过行业数据设定标杆。标杆分析是制定竞争战略的重要因素。标杆分析需要识别至关重要的绩效准则及相关的竞争力绩效。行业标杆包括同行业企业之间的绩效比较，而外部标杆包括行业外企业的最高绩效水平。供应管理标杆报告一般由企业战略采购人员完成，也可以向专业管理顾问公司购买行业标杆分析数据。

② 信息征询（Request For Information，RFI）。RFI又称供应商基础信息调查，我们在进行新供应商开发时常会用到这个工具。RFI是组织为获得有关服务、产品或供应商信息而发出的询问文件。RFI被广泛应用于量大且复杂的采购问题及潜在供应商联营问题中。在这种情况下，可以通过RFI了解供应商的基本信息以便评估供应商是否达到了企业的基本要求。

③ 价值链分析。价值链分析方法视企业为一系列的输入、转换与输出的活动序列集合，每个活动都有可能相对于最终产品产生增值行为，从而增强企业的竞争力。信息技术和关键业务流程的优化是企业实现战略目标的关键。企业通过在价值链分析中灵活应用信息技术，发挥信息技术的使能作用、杠杆作用和乘数效应，以增强企业的竞争力。

通过价值链分析，可以帮助企业识别供应链中隐藏的成本节约机会。其目的是理解、识别和开发可能会被业务经理甚至供应商在产品和服务选址上忽略的成本节约机会。我们将在"降本策略及方法"部分介绍价值链相关知识。

④ 供应商研究。开展供应商研究的目的是识别在或未在供应链中的关键供应商的特定能力和财务状况。复杂的供应商研究需要包含成本结构、财务指标、客户满意度、承受能力、相应的优势和劣势、与客户公司的业务协调性、外界对该公司的评价、核心竞争力、发展战略及企业文化等关键因素。

识别主要的供应商是供应商研究的首要工作，尤其是在讨论全球市场份额时。它可以告诉我们哪家供应商更受市场欢迎，这对理解全球市场容量与市场需求及其趋势的关系至关重要。

4. 制定策略

当完成需求收集、目标设定、团队建设、供应商市场状况调研、采购支出分析等工作后，我们需要将收集到的数据或信息转化成行动计划，即品类采购策略。品类采购策略通常是基于供应商分类和供应商绩效制定的。对于供应商分类，我们采用卡拉杰克模型；对于供应商绩效，我们使用平衡计分卡。因此，商品采购策略最终体现在供应商管理策略上。针对不同的供应商采取不同的采购策略。

（1）战略型供应商。毫无疑问，战略型供应商是我们应该重点维护和发展的供应商，这类供应商对企业供应链乃至企业发展战略有着重要的影响和价值增值作用。

（2）杠杆型供应商。杠杆型供应商为企业供应主要物料，占总采购支出的比例较高，因此企业应该关注如何提升这些供应商的绩效，同时战略采购应思考如何进一步整合杠杆型供应商，以获取更多的降本机会。

（3）一般型供应商。一般型供应商所提供的商品通常成本低且容易从市场中获取，其替代性比较强。针对这类供应商，我们常常关注如何进一步整合这类供应商。

（4）瓶颈型供应商。瓶颈型供应商往往是让采购人员最"头疼"的供应商，因为这类供应商往往在某些细分市场"独占鳌头"，我们要谨慎处理与这类供应商的关系，与其保持良好的合作关系并尽量将其移至杠杆区域。

5. 实施跟进

当我们制定了商品采购策略后，就要落地执行。

## 二、商品采购策略制定步骤

商品采购策略的制定按以下步骤进行。

（1）关于"电极"商品的年度采购支出及节省数据分析。

（2）供应商采购支出、供应商分类及市场特性分析。

（3）商品采购策略的SWOT分析。

（4）供应商管理策略及发展分析。

（5）供应资源池分析。

商品采购策略与供应商管理策略是采购战略的核心，是指导我们实现既定采购目标的方针、路线及具体方案。通过制定商品采购战略或策略，我们能清晰地理解我们的采购目标，并找到实现目标的路径、解决方案，这对于采购工作具有战略性意义。商品采购策略通常在上一年年末或当年年初制定，并随着市场和供应商的变化而做出相应的调整，它并非一成不变的，而是会随着内外部环境的变化而变化。

# 第五节　降本策略及方法

降本（降低采购成本）对于采购人员来说是老生常谈，其对于采购管理及企业的重要性前文已经多次阐述，且在第四章专门分析了商品价格管理及其成本管控。降本是我们采购工作中的一项重要KPI，降本绩效的好坏不仅直接关系到企业的净利润，而且影响着企业的竞争力，因此我们将降本策略纳入采购战略的工作范畴。

在日常工作中，我们常常听到"降价"和"降本"的概念，很多人以为降价与降本是一回事，所以常常将二者混淆使用。其实，降价与降本并不是一回事。

（1）降价。降价是指降低商品（物料）的采购价格，即单价。单价是一个带有度量单位的数值，类似于数学中的矢量。

（2）降本。降本是"降低采购成本"的简称，这里的采购成本不包括为达成采购交易而产生的交易成本、仓储成本及库存成本等，而只包含购买商品（物料）的实际支出，即物料成本。对于一个产成品而言，其物料成本 = ∑（物料1单价 × 单位产品用量 + 物料2单价 × 单位产品用量 + 物料3单价 × 单位产品用量 + 物料4单价 × 单位产品用量 + … + 物料$N$单价 × 单位产品用量），因此采购的物料成本是由物料的价格和单位产品用量决定的，当单位产品用量不变时，物料成本取决于物料采购价格，即物料成本与物料价格成正比，所以人们常常说降价就是降本，但实际上降价与降本是不同的概念。

（3）降低产品成本。产品成本 = 直接材料成本 + 直接人工成本 + 制造费用 + 管销费用 + 财务费用 + 其他。因此，如果我们需要降低企业产品成本，那么构成产品成本的上述成本因素都是我们的工作对象。在企业实际运营中，当管理层或老板提出降低产品成本的要求时，大家通常会将目光"落"在采购人员身上，因为他们都认为降低成本是采购部的事儿，与他们无关。从价值链的逻辑来看，企业最终的产成品是企业各个部门和个人的价值结晶，即企业中的每个人对企业产品生产都是有价值贡献的。那么，反过来看，产品成本存在于整个产品价值链中，因此产品成本也与企业中的每个人息息相关，即"降低产品成本，人人有责"。

从上述分析我们可以看到降价是降本的一种手段，降本包含降价；降本是降低产品成本的一种手段，降低产品成本包含了降低采购成本。从职责上看，降低采购成本的第一责任主体是采购部，因此我们在此讨论的降本主要是降低物料的成本，而非降低产成品的成本。当然，在电子制造业中，物料成本是影响产品成本的主要的成本动因。

## 一、影响企业物料成本的具体因素

解决问题的一般逻辑是先找出引发问题的原因，再针对不同的原因采取不同的解决措施，正所谓"对症下药"。如何降低采购成本是一个问题，依据解决问题的逻辑，我们首先要找出影响企业物料成本的因素，因此我们从商品（物料）自然属性、物料的价格及单位产品物料用量等方面来分析影响企业物料成本的具体因素。

对于单位产成品而言，其物料成本＝物料单位采购价格 × 单位产品的物料用量，但实际上提供同性能产品的不同厂家其产品的市场销售价格也不相同。因此，影响物料成本的因素包括商品（物料）自然属性、物料的价格、单位产品的物料用量及设计方案。

### （一）商品（物料）自然属性

商品有双重价值，即交换价值和使用价值。交换价值是商品的社会属性，是凝结在商品中的无差别的人类劳动或抽象的劳动；使用价值是商品的自然属性，即商品能够满足人们某种需要的属性，也就是物品的有用性，其使用价值由物品的物理、化学、生物等属性决定。商品通过无差别的人类劳动在商品市场上流通，由于个人或组织（企业）对商品的使用价值有需求，因此买方采购商品（物料）需要的是商品的使用价值而非其他。例如，当我们饥饿时，需要食物来解决饥饿问题，此时食物只是一个"载体"，我们需要的是能解决饥饿问题的"载体"，因此我们可以购买米饭、馒头、面条或汉堡等任何一种"载体"来满足我们解决饥饿问题的需求。同理，企业采购物料时，企业需要的是物料的使用价值（商品功能）而非其他。在现代商品市场中，具有相同使用价值（性能）的商品其供应商往往不止一家，尤其是在垄断竞争与自由竞争的市场中。就采购工作而言，当我们需要某种性能的MCU时，马上就会想到微芯（艾特梅尔）、恩智浦（飞思卡尔）、瑞萨电子、意法半导体和德州仪器，因为这些厂家的产品均可以满足我们对MCU的需求。因此，在市场上如果能找到两家或两家以上能提供相同性能的产品的厂家，就意味着买方至少有两种选择。

从以上对商品（物料）自然属性的分析中，我们可以联想到物料自然属性与物料成本的关系，具体如下。

（1）具有不同使用价值的商品，其价格不同。

（2）使用价值相同但生产厂家不同的商品，其价格不同。

（3）其他。

### （二）物料的价格

对于单位产成品而言，其物料成本公式可以简化为"物料成本＝物料单价×单位产品物料用量"，因此物料成本取决于物料单价和单位产品物料用量，我们先来讨论物料单价的影响因素。对于买方而言，物料单价就是采购价格，而采购价格是买方通过供应商报价获取的，因此供应商报价的影响因素就是物料单价的影响因素。在第四章中详细阐述了供应商报价的影响因素，因此这里只列举供应商报价的影响因素。供应商报价的影响因素有以下几种。

（1）供应商成本因素。供应商自身的成本水平影响其报给客户的价格。

（2）利润因素。供应商对其商品的利润期望影响其报给客户的价格。

（3）税费因素。供应商自身的税费支出影响其报给客户的价格。

（4）市场供需关系。经济学指出，价格由市场供需关系决定，这一点在采购活动中体现得淋漓尽致。

（5）商业条款。买卖双方签订的商业条款会影响供应商报价。

（6）订单数量。一般情况下，订单数量与商品价格成反比。

（7）客户关系。买卖双方建立不同的合作关系会影响供应商报价。

（8）终端客户。在电子行业中，同一商品（物料）卖给不同的终端客户，其价格不同。

（9）市场策略。卖方常常会制定营销组合，营销组合中包括各种市场策略，同一种商品针对不同的市场策略，其价格不同。

（10）品质和性能。人们常说"一分钱，一分货"，这说明商品的品质与性能是由"成本"做出来的。

（11）供应商报价管理流程。不同的企业有不同的报价管理流程，针对相同的产品，不同的报价管理流程会导致不同的报价结果。

（12）腐败。腐败是导致价格虚高的一个重要原因。

（13）恶意报价。供应商以不符合常理、逻辑的方式报价，恶意报价的供应商往往是"另有所图"。

（14）不可抗力事件。当不可抗力事件发生时，供应商就不会按正常情况下的价格报价了。

（15）商业诚信。

（16）交期与服务。交期与服务背后是管理，而好的管理是需要成本的，因此对于同一款商品，好的交期与好的服务所需要的成本是不同的，产品成本不同，其售价也自然不同。

（17）定价模型。如果供应商采用不同的定价模型，那么即使是同样的商品，其最终报价也会不同。

（18）其他。

### （三）单位产品的用量

由"物料成本 = 物料单价 × 单位产品物料用量"可以看出，单位产品物料用量直接影响产品的物料成本。比如，一个LED驱动电源板原来用4颗二极管，经过评估可以用一颗桥堆替代4颗二极管且成本减半，这很明显是由物料用量减少带来的成本下降。

### （四）设计方案

人们常说产品成本是设计出来的，因为不同的设计方案会有不同的BOM，就会导致不同的物料成本。因此，设计方案会影响产品的物料成本。

## 二、企业常用的降本方法

降本对企业利润和竞争力有重要的战略意义，无论是在采购管理理论界还是在企业实际运营中，很多理论学者和实践者都对企业如何实现有效降本进行了重点研究，所以降本的方法在采购领域内大同小异，很难有太多的创新方法出现。这里主要从实际采购工作出发，并结合一定的理论观点来探讨这一课题。

## （一）设计—成本法（Design To Cost）：标准化、最优选型、供应商早期介入

在电子制造业企业中，物料成本占企业整体营业成本的 70%~80%，不同行业和产品，比例有所不同，但至少会占到 50%。由"物料成本 = 物料单价 × 单位产品物料用量"可以看出，物料成本取决于物料单价（采购价格）、单位产品物料用量两个变量。关于这两个变量，单位产品物料用量取决于产品设计者的设计方案；采购价格除受到上述商务因素的影响外，还受物料规格的影响。物料的规格是产品设计者依据产品开发需要制定的，因此产品设计决定了物料规格。不同物料规格，在其商务条件相同的情况下，物料价格也不同，比如，在同等条件下，1.2 毫米板厚、1.0OZ 铜厚的 PCB 的平方米价格比 1.2 毫米板厚、2.0OZ 铜厚的 PCB 要便宜 80 元。从物料成本是企业营业成本的主要组成部分（占比最大），并且影响材料成本的两个变量都取决于产品设计端，我们得出结论：产品成本是设计出来的。的确，越来越多的企业意识到产品成本是设计出来的，尤其是消费类电子产品。既然设计是产品成本的源头，那么我们要降低产品成本就一定要从其源头——设计着手。

1. 标准化

在讨论标准化对设计—成本的影响前，我们先来看标准化的几个定义（百度百科）。

（1）标准化是指在经济、技术、科学和管理等社会实践中，对重复性的事物和概念，通过制定、发布和实施标准达到统一，以获得最佳秩序和社会效益。

（2）公司标准化是以获得公司的最佳生产经营秩序和经济效益为目标，对公司生产经营活动范围内的重复性事物和概念，以制定和实施公司标准以及贯彻实施相关的国家、行业、地方标准等为主要内容的活动过程。

（3）为在一定范围内获得最佳秩序，对实际的或潜在的问题制定共同的、可重复使用的规则的活动，称为标准化。它包括制定、发布及实施标准的过程。

（4）为适应科学发展和组织生产的需要，在产品质量、品种规格、零部件通用等方面，规定统一的技术标准，叫作标准化。标准化可分为国际或全

国范围的标准化和工业部门的标准化。

从上述定义我们可以找出两个关键词，即"经济效益"和"重复性"。因此，这里对标准化的理解是，在政府管理、企业运营、科学实验等社会活动中，对重复性的事物进行分类并制定相应的规则或流程以提高机构、组织或企业运行的效率，从而最终提高社会效益或经济效益。具体到企业运营中，"标准化思维"对产品设计有着重要影响，尤其是对产品成本有重大影响，这里所说的"成本"不仅包括产品设计阶段的成本，还包含产品量产后降本的影响。下面讲解标准化是如何在产品设计阶段对产品成本造成影响的。

（1）器件选型一致性。

器件选型一致性主要体现在两个方面，即横向的一致性和纵向的一致性。纵向的一致性是指上一代产品与下一代产品在器件使用及选型上尽量保持一致。例如，某电子产品所需的锂离子电池第一代选用的是天津力神电池，为了降价，第二代选用了深圳比克电池，为了进一步降价，第三代选用了深圳沃特玛电池。尽管短期内我们可以看到价格有所下降，但从长期来看，这家企业在锂离子电池这个商品类别上没有长期合作伙伴。越来越多的企业不再仅关注眼前的利益，它们更加关注长远的合作，如果我们在一开始就选定有竞争力的供应商并努力将其培养成企业的长期合作伙伴，那么，从长远来讲，这样的供应商一定会给企业带来更大的成本优势。横向的一致性是指同一系列的产品在器件或材料选型上尽量保持一致以减少物料型号，从而增强规模经济效应，最终获取成本优势。在产品开发过程中，通常是不同研发人员负责不同产品的开发工作，如果企业在器件选型上没有一定的标准或流程来管控，最终的结果通常是针对同一规格的器件，不同的研发人员会选择不同品牌的厂家。曾见过同一家企业电子BOM中同一规格的开关二极管BAV99，出现了至少5个不同的制造商的情况。既然是通用的二极管，为什么不将5个不同的供应商整合成一个供应商，从而将分散的订单整合起来以增强规模经济效应？

（2）器件选型通用性。

器件选型通用性是指器件被市场上的主流终端厂商广泛应用且在供应市场

中有众多供应者，不会受供应市场的制约。器件选型通用性对买方意味着更易于获取，增强了买方的博弈能力，供应风险相对较低，因此产品使用的通用器件越多，越有利于买方降本。在企业产品开发过程中，有很多中小型企业的产品开发人员与产品开发小组并不知道器件选型通用性对后续物料供应的重要意义，一些年轻的产品设计者为了追求设计的标新立异或者所谓的创新，往往会刻意在器件选型过程中选用更多的专用器件或者市场上非主流的器件，以表明其设计与众不同，殊不知这样的设计理念会给后续供应链管理带来巨大的麻烦。器件的通用性与专有性是相对应的，依据卡拉杰克模型，通用器件常常会在杠杆型或一般型商品的象限中，而专有器件通常会在战略型或瓶颈型商品的象限中。因此，产品选用的通用型的器件越多，就越有利于采购降本。

（3）产品设计流程标准化。

在企业的产品开发过程中，常常是不同的设计人员负责不同产品的开发工作，而不同的设计人员有不同的设计风格，比如，有的工程师喜欢用微芯的MCU，有的工程师喜欢用德州仪器的MCU，还有的工程师喜欢用意法半导体的MCU。如果企业不将产品设计流程标准化，最后导致的结果就是，同种类型的产品，不同的工程师有不同的设计方案，不同的设计方案又会导致不同的器件选型，从而加大了器件供应的复杂度。器件供应复杂度的增加意味着需求分散且买方的议价能力下降，不利于企业产品成本控制。

（4）产品设计模块化。

产品设计模块化旨在降低产品复杂度，从而整合需求，增强规模经济效应，因此产品设计模块化有利于企业降本。

（5）产品设计简单化。

降低产品设计复杂度。工作中见到过一个结构工程师为了追求"创新"在设计一款扫地机器人时用了50多颗螺钉且种类达5种以上。对于这样的设计，暂且不说它对后续采购管理的不利影响，就生产制造而言，也是非常耗时、低效的。这么多螺钉，无论是组装还是拆解都是非常耗时的。

2. 早期供应商介入

在设计一款产品前，企业的市场部和产品经理需要到市场中做大量市场调研及分析，以明确企业开发产品的规格需求。不经过充分的市场调研及分析，产品开发就是"闭门造车"，"闭门造车"开发出来的产品通常会与市场脱轨，可想而知这样的产品是很难在市场上取得成功的。在企业中，大家都以市场部为"龙头"，因为市场部为企业带来了需求，即订单。需求与供应是同一个事物的两个方面，如果只有需求没有供应，那么需求依然无法被满足，即交易无法达成；如果只有供应没有需求，那么就会造成库存积压，交易同样无法达成。因此，在产品开发阶段，我们不仅需要对需求市场进行调研和分析，也需要对供应市场进行调研和分析。供应市场调研的主要内容是，调查所开发产品需要用到的关键零部件的市场供应格局、供应保障性、价格水平以及是否有潜在供应风险等。在这种情况下，我们在产品开发早期就需要引入供应商共同参与产品的设计与开发，即早期供应商介入理念。

早期供应商介入是企业和供应商在产品生命周期早期阶段所采用的一种合作方式。在产品开发初期，邀请特定的供应商加入企业的产品设计小组，主要目的在于利用供应商的专业技术知识及经验共同设计开发出合适的产品，这种方式有利于后期物料的批量性制造及采购。通过早期供应商介入的产品开发，企业可以从中获得很多收益，主要表现在以下几个方面。

（1）可以提高产品开发效率，降低开发成本，缩短产品开发前置期。

（2）可以降低产品的生产成本，提高产品价值。

（3）可以有效降低由产品开发周期、质量问题、技术问题、额外成本、道德风险和逆向选择等带来的风险。

（4）可以提高产品品质，增进合作关系，缩短新产品上市时间。

（5）可以将部分风险转移给供应商。

早期供应商介入模式给企业带来的诸多好处中，对采购与供应的最大好处是，可以让供应商了解企业的真实需求与产品应用，从而让企业有更大的机会获取最有竞争力的价格与最低TCO，并有利于供应商提前做好自身的产能规划，以保障后期物料的顺畅供应。

3. 最优物料或器件选型

在新产品开发过程中，研发工程师的职能是通过自身过硬的技术，将产品经理定义的产品需求转化为真实的产品并实现量产,但研发工程师普遍没有成本意识,更没有器件或物料的价格信息。在这种情况下,他们设计出来的产品往往有很好的产品性能,但成本很高。对于一款新产品,如果只有性能上的优势而没有价格上的优势,产品整体的性价比不高,是很难得到市场认可的。在信息技术如此发达的今天,消费者不费吹灰之力就可以从网上快速了解商品的价格,比如,天猫、京东、亚马逊等。如果没有较高的性价比,绝大多数商品很难在市场上立足。因此,如果我们想设计出有价格优势的产品,在产品开发初期就应该对产品成本,尤其是物料成本进行严格把关和科学管理。为解决这一问题,很多知名外资企业在开发新产品时会邀请一名资深的研发采购人员加入项目团队,以便对产品成本进行管控,尤其是物料成本。研发采购人员的主要职能就是与研发人员一起为获得最优产品成本寻找供应资源和解决方案,他们常常会针对占物料成本80%的物料进行基准评估分析,以确保在有限的资源条件下选用成本最优的器件,而不是仅凭借研发工程师的一点成本经验进行器件或物料选型。

## (二) 与现有供应商谈判

在实际采购工作中,我们常常会要求供应商做年度或季度性降价,这是一种常见的通用降价方法,也是采购最重要的工作之一。关于价格谈判,前文已做过详细阐述。影响谈判结果的因素有很多,比如,买卖双方的合作关系、市场供需关系、谈判技巧、谈判代表及谈判策略等,以下几点是关键。

(1) 市场调研。

现代社会的商务谈判讲究的是"用数字说话,以理服人",如果希望得到一个好的谈判结果,在谈判前我们需要完成市场调研、数据收集及分析工作,工作内容包括但不限于就谈判商品所做的价格分析、成本分析、市场行情分析、基准评估分析、市场供应格局分析,以及最新市场动态调查,有无影响价格波动的大事件发生,等等。当我们完成相应的数据信息收集及分析工作后,就能清楚商品的合理市场价格及其成本构成。这样一来,当我们正式与供应商磋商价格时,可以逐一与供应商进行探讨,直到供应商没有任何拒绝我公司降价要求的理由为止。当然,我们所设定的降价目标要合理,否则供应商会认为我公司采购人员不专业，或者没有诚意。

（2）谈判筹码。

商务谈判的过程好比一个天平工作的过程，双方都在为自身的利益据理力争，直到双方均觉得满意，停止谈判就意味着达到平衡。在这个过程中，双方常常是各有各的筹码，就看谁的筹码更有分量。比如，买方常常以增加更多的生意份额、更多的新项目、更好的付款等条件作为筹码进行谈判，以期供应商接受买方降价的要求。

（3）对方底牌。

常言道："知彼知己，百战不殆。"一场商业谈判如同一场战争，谈判双方对彼此的信息掌握得越多，胜出的可能性就越大。因此，谈判双方在谈判前会通过各种渠道全面地了解对方，尤其是对方的底牌，有的甚至会请第三方调查机构参与进来。底牌是指影响对方决策的战略意图。例如，当买方了解到某供应商刚刚失去一个大客户，导致其剩余产能极大且急需新的订单来"养厂"时，进行年度议价的胜算将大大提高。同理，当供应商得知企业的供应同类型商品的另一个供应商发生火灾且在短期内无法恢复供应时，供应商就清楚了企业的底牌，在进行价格谈判时就不会被企业"牵着鼻子"走，此时价格谈判的主动权在供应商这一方。

（三）替代法

替代法是指用一种资源代替另一种资源，以获取更有竞争力的价格。这里的资源泛指物料、供应商、设计方案或其他，其内容包括物料替代、供应商替代、新材料替代（新技术、新工艺）等。替代法是我们实际采购工作中常用的有效降价方法之一，具体到采购工作中有以下几种情况。

（1）物料规格不变，用 A 厂家（品牌）替代 B 厂家（品牌）。比如，我们常用的三极管 MMBT3904：Trans GP BJT NPN 40V 0.2A 3-Pin SOT-23，不同的厂家，价格有一定的差异。

价格受多种因素（变量）的影响，但在同一条件下，比如，同样的终端客户、同样的年用量、同样的产品应用及同样的客户关系等，不同制造商的价格存在一定差异，因为世界上没有两个企业是完全相同的。对于大部分杠杆型和一般型商品，在市场上都能找到对应的替代厂商，只要研发人员或工程师愿意配合采购人员对替代料进行测试和验证，采购人员就一定可以通过更换供应商来实现降本目标。

（2）物料厂家（品牌）和规格均不变，用A代理商替代B代理商。在物料厂商（品牌）和规格不变的条件下，更换代理商是企业实现降本目标最高效的一种方法，因为企业不需要做任何产品验证和测试，只要把控好采购渠道就可以快速实现降本目标。

在电子元器件行业，对于那些国际大厂，比如，德州仪器、恩智浦、意法半导体、安美森半导体和微芯等，由于它们的产品线非常丰富，因此这些厂家通常依据各代理商服务的不同领域的客户给其不同优势的产品线。以德州仪器为例，德州仪器为友尚集团供应的电源管理芯片的价格优于其他所有代理商；在MSP430单片机产品线上，文晔的价格几乎优于其他所有代理商；等等。当我们发现这些规律后，就可以依据不同代理商的优势来选择供应商为我们服务，从而最终带来最优成本。作为采购人员，我们应该多学、多问、多总结、多挖掘，以获取更多有价值的信息，为我们的采购工作服务。对于一般的客户，原厂的价格通常要高于代理商的价格，因为原厂直接维护客户的成本远高于代理商维护客户的成本。

（3）厂家（品牌）不变，用A规格替代B规格。一般而言，研发工程师在设计产品时为了安全起见，往往给自己留有很多"余量"，即在进行器件选型时常常会将器件参数标准定得很高，这样就不会因为选错器件而出现产品设计问题。正是由于80%的工程师都有这种"自我保护"意识才导致在实际产品设计中出现"设计过剩"问题，因为研发人员不需要对产品成本负责。在这种情况下，当我们的计算机工程师与研发工程师再次进行沟通协调，请研发工程师考虑产品性价比时，我们就会发现有很多器件可以适当更改参数，且不会影响产品性能。例如，某制造商的650V碳化硅，我们只需要将正向电压从12A调整到10A，即可降本30%，如果这种器件用量很大，将给企业带来丰厚的利润。

（4）功能不变，A设计方案替代B设计方案。设计方案变更带来的成本下降，也是一种重要的电子产品降价方法，但通常只在产品升级或新产品开发时才会用到，对于量产的产品，这种方法不适用。

### （四）价值工程

价值分析与价值工程是美国通用电子公司的迈尔斯先生在 1947 年开发出来的，最初用于解决防火材料石棉的问题，其后迈尔斯先生进行相关研究并将之体系化，将其命名为"价值分析"。到了 1954 年，美国国防部导入通用电器公司的价值分析观念，并将其重命名为"价值工程"。日本在 1955 年即第二次世界大战后第一次经济大发展时组团赴美考察并获悉此项降本工具，后于 1960 年左右正式将其导入日本，并广泛推广使用。

价值分析与价值工程的主要功用是在保持产品的性能、品质及可靠性的条件下，凭借系统的改善、改良设计，变更材料种类或形态，变更制造程序或方法，或变更来源，所有努力都是期望以最低的 TCO 获得产品必要的功能和品质。其核心思想是通过对选定研究对象的功能及费用进行分析，提高对象的价值。这里的"价值"其实就是我们常说的"性价比"，用数学公式表达为"价值 = 产品性能 / 成本"。

价值分析与价值工程方法的实施大体可以分为以下几步。

（1）选定对象。一般而言，价值分析与价值工程的对象要考虑企业生产经营的需要，且对象本身具有提升的潜力，如占成本比例大的原材料部分等。

（2）信息收集。任何行动计划及实施方案都是基于信息收集进行的，当我们选定了价值分析与价值工程项目后，就需要收集与项目有关的产品功能、客户需求、产品应用、产品价格及物料成本等信息。

（3）功能分析。分析产品的功能，包括但不限于关键性能参数，制造工艺，是否有设计过剩，品质标准，是否有品质过剩，等等。

（4）制订计划。基于最优方案制订具体的行动计划，包含执行人员、工作目标、工作内容、进度计划、质量、标准等各个方面。

（5）绩效评审。当依据行动计划完成价值分析与价值工程工作后，我们需要对成果与预期进行对比，以检验价值分析与价值工程项目的绩效是否达标。

价值分析与价值工程既是一种思维方法，又是一种降本工具，它是为制造业"量身定制"的产品成本优化方法，主要从产品价值的角度来寻找最优的成本方案。价值分析与价值工程在企业尤其是外资企业的运营中应用广泛，有的企业还专门设置了价值分析与价值工程部门来帮助采购团队降低产品成本。

### （五）本土化

本土化有两层含义：其一是用国内品牌替代国际品牌（电子元器件、标准零部件和原材料）；其二是大力开发、培育和发展本地供应商，尤其是定制件，比如，模具、结构件、包装材料和线材等商品类别。用国内品牌替代国际品牌本质上还是采用替代法来降低产品成本，而大力开发、培育和发展本地供应商是通过本地化降低物流成本、交易成本及沟通成本，从而实现产业聚集。比如，日本丰田基地周边形成了"半小时圈"供应商聚集地；深圳很多有影响力的终端厂家周边也聚集着大批本地化供应商，如龙华富士康、坂田华为和龙岗比亚迪等。

### （六）全球采购

全球化极大地提升了经济体之间的相互依赖度，导致各经济体之间的关系快速变化。全球化定义中有很多涉及社会、技术和政治层面的"相互依赖""联系""经济一体化"。"无疆界"趋势在托马斯·弗里德曼的畅销书《世界是平的》中表现得淋漓尽致，互联网及移动互联网技术的迅猛发展，推进了经济全球化、一体化的浪潮。在这种经济全球化、一体化的时代背景下，企业的采购活动也会受到经济全球化的影响，尤其是在全球化公司及跨国公司。这些跨国公司不再着眼于国内的供应资源，而是放眼全球，在全球范围内配置供应资源。

企业为什么实行全球采购呢？通常有以下几种原因。

（1）为了获得更好的成本或价格收益。

(2)为了获得更好的品质。

(3)国内没有适合的供应商。

(4)为了确保供应的连续性。

(5)为了获得更好的技术优势。

(6)为了获得更好的服务。

(7)向国内供应商引入竞争机制。

(8)为了满足海外工厂的采购需求。

(9)其他。

从上述原因中不难发现,导致企业(全球化公司或跨国公司)实行全球采购的根本原因是为了获得价格优势或低成本优势,价格优势主要体现在发展中国家劳动力成本更低,汇率影响,国外供应商设备与工艺效率更高,海外企业有规模经济效应(产业聚集效应),等等。

通过全球采购获取低成本优势的同时,也存在以下潜在问题。

(1)文化差异。

(2)供应商的选择、评估及管理。

(3)采购周期及交货时间。

(4)宏观政治、经济问题。

(5)隐性成本。

(6)关税。

(7)物流。

(8)其他。

**(七)招标采购**

1.招标采购的类型

随着时代和科技的发展,招标采购的方式也发生了很大的变化,变得越来越精细、越来越科学。按照不同的招标做法,可以将其划分为以下几种类型。

(1)传统招标采购。

招标采购是指采购方作为招标方,事先提出采购的条件和要求,邀请众多企业参加投标，然后由采购方按照规定的程序和标准一次性从中择优选择交易对象，并与提出最有利条件的投标方签订协议的过程。整个过程要求公开、公正和择优。招标采购是政府采购的常用方法之一。招标采购可分为竞争性招标采购和限制性招标采购。它们的基本做法差异不大，主要区别在于招标的范围不同，一个是向全社会公开招标，另一个是在选定的若干个供应商中招标，除此以外，其他方面在原理上都是相同的。一个完整的竞争性招标采购过程由供应商调查和选择、招标、投标、开标、评标、决标及合同授予等阶段组成。

（2）电子竞拍。

电子竞拍是以数据电文形式完成的招标活动。通俗地说，就是部分或者全部抛弃纸质文件，借助计算机和网络完成招标活动。

（3）逆向拍卖。

逆向拍卖又称"反向拍卖""出价或招标系统"。有别于传统的正向拍卖的一卖方、多买方形式，逆向拍卖是存在一位买方和许多潜在卖方的一种拍卖形式。逆向拍卖技术是一种在采购方法上具有革命性和跨时代意义的技术或者模式。逆向拍卖是指采购商发布标准的采购需求，供应商在有效时间内通过专门的网络平台进行实时竞价，竞价结束时的报价为各个供应商的最终报价，买方根据供应商报价，结合该供应商的供应实力给予综合考评，从中选出一名或几名最具竞争力的供应商作为自己的合作伙伴。

（4）综合型招标。

跨国公司常常使用综合型招标系统进行大项目的采购，综合型招标就是结合多种不同的招标方式完成采购活动。

2. 不同招标类型的特征对比

不同招标类型的特征对比，如表5-17所示。

表 5-17　不同招标类型的特征对比

| 序号 | 招标采购类型 | 优点 | 不足 | 招标方式 | 适用条件 |
|---|---|---|---|---|---|
| 1 | 传统招标采购 | ① 规范采购行为<br>② 降低采购价格<br>③ 获得更多服务<br>④ 开发更多潜在供应商<br>⑤ 招标成本低 | ①周期长、时效低。从开始招标到结束所花时间太长<br>②不能确保获得最优价格 | ①公开招标。不限定参加投标的公司<br>②邀请招标。指定投标公司<br>③只报一次价格且看不到其他投标者的报价状态及信息 | ①政府采购<br>②大型项目、工程采购<br>③非标物料采购 |
| 2 | 电子竞拍 | 相对于传统招标采购具有以下优点：①周期短，时效性强；②开发更多潜在供应商 | 不能确保获得最优价格 | 邀请已经列入AVL中的供应商参与 | ①政府采购<br>②大型项目、工程采购<br>③非标物料采购 |
| 3 | 逆向拍卖 | ①高效快捷，不受时间和空间的限制<br>②竞价过程更加透明，给供应商带来公平竞争的机会<br>③实施成本低，用户只需一台可上网的计算机<br>④买方只是规则制定者，区别于传统采购的参与者，这里只有卖方之间参与竞争<br>⑤供应商之间互不了解，有利于遏制价格联盟<br>⑥所有竞标数据都有记录，便于追溯和管理 | ①供应商串通或联盟<br>②短期交易，不利于战略采购与供应商建立长期合作伙伴关系<br>③过分关注产品单价而非TCO | 邀请已列入AVL中的供应商参与 | ①大宗交易<br>②杠杆型商品<br>③有清晰的客户需求<br>④买方市场<br>⑤项目型采购<br>⑥需求稳定<br>⑦标准件<br>⑧成本信息不充分或不透明 |

续表

| 序号 | 招标采购类型 | 优点 | 不足 | 招标方式 | 适用条件 |
|---|---|---|---|---|---|
| 4 | 综合型招标 | ①有利于得到最优价格<br>②流程严谨 | ①过程烦琐，周期长<br>②只适用于量大、订单稳定的商品需求 | 邀请已列入 AVL 中的供应商参与 | 不同逆向拍卖 |

## （八）需求整合

影响供应商报价的因素有很多，但需求数量绝对是影响报价的关键因素之一，很多时候供应商还会报出阶梯价，即按量报价，不同的采购数量对应不同的单价。需求量往往是由多个因素决定的，尤其是市场部，作为供应链末端的采购是无法改变前端的需求量的，但我们可以通过需求整合来改变需求量，通常有以下几种情况。

1. 集中采购

集中采购是指集团公司将各事业部或子公司的标准件需求集中起来进行采购，而非各子公司或事业部分散采购。具体来讲，有以下几种情况。

（1）集团公司设立全球采购或中央采购，针对集团用到的所有标准价进行寻源及询价，通过增加量来增强规模经济效应。例如，像富士康这种"巨无霸"，其旗下子公司及事业部众多，富士康设中央采购负责所有标准器件的采购及议价，其价格远低于各个事业部或子公司单独找供应商采购所获取的价格。

（2）现在很多知名终端企业越来越倾向于走 ODM、OEM、EMS 路线，OEM、EMS 终端企业常常可以采取集中采购的方式获取最优价格，但对于 ODM 的项目，终端企业往往忽略可以通过与 ODM 协商，请 ODM 公开 BOM，以对比发现不同 ODM 的 BOM 中是否有相同料件，如果有，就可以采用集中采购的方式获取最优价格。

### 2. 供应商数量整合

对于同一个企业，在总采购额不变的情况下，如果减少供应商数量，就意味着每个供应商的平均采购额增加，也就增强了买方的议价能力。这种通过减少供应商数量来达到规模经济的方式本质上依然是需求整合。

### 3. 联合采购

联合采购是委托专业采购服务机构进行的采购活动。它是企业、政府和个体工商户实行区域联合集中采购，将不同地区零散项目集合起来形成大规模采购，以此来实现提高规模经济效益和降低采购成本的目标。

### （九）打击不正当牟利

对于某个产成品而言，当买方利润率恒定不变时，买方的材料成本直接决定着企业利润的多寡。此时买方的利润通常只会分散到三个地方，即买方、原材料供应商及买方内部的牟利者。在这三方中，买方内部的牟利者的利润是通过原材料供应商获取的，也就是说，如果企业内部的自律机制与供应商相关的"交易"控制得好，那么那部分本来是供应商让利给买方而给到企业内部牟利者的利润就会重新回到买方手中，即卖方实际能提供的价格比目前含有"交易"利益的价格更低。这里所谈到的与采购相关的利润包括但不限于研发与供应商之间、工艺工程与供应商之间、采购与供应商之间、财务与供应商之间、品质与供应商之间等。

### （十）优化商务条款

优化商务条款也是一种间接降价，比如，将付款账期从月结60天延长至月结90天，将交货条款从"货交香港的装运港船上交货"改为"货交深圳指定的目的地"，等等。不同的商务条款代表不同成本，因此如果供应商同意优化商务条款，也是一种间接降价。

在实际采购工作中，优化商务条款常常被列入采购战略，因为优化商务条款其实是间接降低成本的一种方式。优化商务条款的主要内容包括但不限于延长付款账期，改善交货条件及地点，建立供应商管理库存交货方式，储备安全库存，等等。

### （十一）建立长期合作关系

卖方的客户名单是分等级的，通常情况下，对 VIP 客户绝对是各方面都全力支持，包括但不限于价格、交付、服务、技术、品质等。如果建立了与供应商的长期合作关系并进入供应商 VIP 客户的"梯队"，那么势必会得到最优价格。

### （十二）折扣法

折扣法是指卖方承诺在交易一段时间后（通常为一个财年），卖方会视买方在一定期间内的采购额给予其一次性的货款折扣，通常为 2%~5%。之所以这样做是因为卖方希望能获得买方在询报价之初所承诺的订单量。如果企业年底能获得货款折扣，自然也算是成本节约。

### （十三）应该成本

应该成本是一种非常重要和科学的成本核算方法或思维，企业通过内部专业的工程和成本人员分析出所购买商品的实际产品成本，据此成本数据与供应商议价通常能获得好的降价效果。

### （十四）新供应商导入

在实际采购降价工作中，最直接、最有效的降价方法就是引进新供应商。引进新供应商本质上是为目前的供应商引入新的竞争者，新的竞争者常常以低成本的竞争方式获取订单，因此新供应商导入是实现采购降价的有效方法之一。

### （十五）重新定义质量标准

在工业制造过程中常常会出现质量"过剩"的情况，我们要将这些品质"过剩"的情况识别出来，以实现物料降本。

## 第六节　战略性改善产品交付绩效

在企业的采购工作中，采购工作的目标很多，如为企业战略服务，开发优质供应商，获取最优采购价格，保障商品或服务及时交付，管理价格并控制成本，降低成本以增加净利润，控制并减少库存，提高库存周转率，缩短采购前置期，供应商数量整合，优化采购流程，等等。在这些目标中，最重要且最直接的目标就是保障采购商品或服务（物料、半成品或成品）及时交付，当然前提是满足企业的品质要求和价格要求。因为采购活动的本质是在一定的买卖条件下实现买卖双方的价值交换，而商品（或服务）的交付是实现价值交换的"载体"，如果没有商品的交换，就意味着买卖双方的价值交换无法达成，也就意味着采购活动没有达成或实现。从这个角度来看，产品交付是采购活动最基本、最重要和最直接的目标。通常来讲，最基本的也是最重要的，因此，保障供应也是采购工作最重要的目标。

## 一、多品种、小批量产品交付绩效差的原因

保障商品或服务的及时交付是采购活动的最重要的目标，也是最难实现的目标，尤其是多品种、小批量的产品类别，比如，航空航天、军工、通信、医疗、工业自动化控制、专业音响及工业安防监控等行业的产品。分析发现，这类多品种、小批量的产品难以实现及时交付，其原因主要有以下几个。

1. 库存是一把"双刃剑"

库存既可以帮助企业缩短整个产成品的交付时间，也会给企业带来呆料的巨大风险。几乎所有制造型企业的供应链管理都会遇到这些情况：要么是物料短缺导致缺货订单堆积，要么是呆料太多积压资金，尤其是产品结构相对复杂的电子产品，因为这类产品少一颗元器件都无法完成最终产品组装。这里的库存不仅限于企业自身储备的缓冲库存或安全库存，还包含合约制造商所备库存或直接原料厂商所备原材料或元器件（针对自己设计及生产的产品）。在整个价值链（产品价值链）中，无论库存是由价值链中的哪个环节产生，最终买单的可能都是终端厂商，因为ODM、OEM或直接原材料（零部件）厂商在备库存时通常要求与终端厂家签订责任协议，以转移库存变呆料的风险。

## 2. 电子行业多品种、小批量产品的零部件采购特性

电子行业多品种、小批量产品的零部件具有以下采购特性。

（1）最小订购量和最小包装量的问题。标准电子元器件通常有行业标准的包装方式。例如，贴片容阻通常有 5000 片 / 盘、10 000 片 / 盘及 20 000 片 / 盘，贴片二极管、三极管通常有 1000 片 / 盘、2000 片 / 盘及 3000 片 / 盘，FPGA 通常有 50 片 / 盘、100 片 / 盘，MCU/DSP 通常有 500 片 / 盘、1000 片 / 盘及 2000 片 / 盘，等等。当我们的成品订单需求只有 20 套、30 套或 50 套的情况下，常常会碰到不满足最小订购量和最小包装量要求的问题，这时就需要企业花费很长时间来协调与解决，比如，做性价比分析：对买一卷和到现货市场买现货进行性价比对比，然后走审批流程，一旦走审批流程，交付响应速度就会慢下来。

（2）停产问题。工控、医疗、通信和专业音响等产品有一个共同特点，即长生命周期。很长的产品生命周期意味着一个产成品十年、八年不改设计，而上游元器件厂商为争取市场份额每年都会推出新的产品，而逐渐淘汰旧的元器件，尤其是半导体器件。在实际采购工作中又没有一个科学管理流程来监控所有产品的零部件是否停产，当企业发现或被告知某个元件是停产时为时已晚，企业能做的就只有找现货或替代料来解决"燃眉之急"，由于这类产品涉及的物料往往非常多，经常解决，又冒出一个，采购工程师成了"消防员"，天天处于"救火"状态。在解决停产缺料问题时，采购人员通常会到现货市场找现货，要么找不到，要么价格高出正常价格几倍甚至数十倍。如果找不到，就只能找替代料，但是像 MCU、FPGA、DSP 等芯片，几乎无法使用替代料，因为它们涉及软件问题，倘若这种料件找不到现货，产品会由于缺乏这种料件陷入停产的状态，导致缺货订单无法确认交期。

（3）涉及零部件种类众多。工控、医疗、通信、专业音响等产品一个 BOM 有 500 以上个零部件，一般为 1000~2000 个零部件，视具体产品而定。零部件越多意味着不确定性越多，不确定性越多意味着供应风险越高。

（4）这类产品早期往往是由国外研发团队设计并生产，后期逐渐转移到中国制造的。国外研发团队设计时通常会选择国外的零部件厂家，在这种

情况下，我们常常会碰到非常难以管理的国外供应商。比如，欧姆龙的继电器，在市场上采购前置期是 45~50 周，如果没有库存，就得等 45~50 周，在这种情况下，客户能等吗？

3. 多品种、小批量产品的生产制造特性

对于产品生产线而言，在生产某个机种之前常常会花很长时间去设拉、调机及测试设备调试，这个时间是固定的。如果一次性生产大批量的产品，这个设拉时间可以忽略不计，但一次性生产 20 套、30 套等小批量产品时，设拉时间往往会占整个产品制造时间的大部分，所以一般工厂不愿意为几十套小批量的订单重新设拉，而是将订单累积到一定数量再设拉或换线，这无形中延迟了小批量产品的排单，从而延长了产成品的交付时间。

4. 需求预测不稳定

工业自动化控制类产品不同于消费电子产品，其产品更新换代比较慢且产品生命周期长，所以其需求不像消费电子那样容易预测。这类厂商常常会出现某个机种已几年不生产却突然有订单的情况，订单有了，但由于之前没有预测到，就会导致交期较长的物料短缺。

5. 产品线复杂且供应链未整合

产品线复杂且各产品线的供应链并未完全整合，比如，AKG 的耳机、AMX 的音频控制系统、皇冠（品牌）的功率放大器、JBL 的喇叭、马田（品牌）的灯光及声艺（品牌）的调音台等。

## 二、如何改善产品交付绩效

前文从实际工作角度分析了多品种、小批量产品 OTD 管理存在的客观困难，但是不是存在这些困难，我们就无法改善并提高 OTD 的绩效呢？答案显然是否定的，下面就谈谈如何从战略上改善产品交付绩效。

### （一）追根溯源找原因

医生给患者看病时，第一步往往是通过仪器检查或"望、闻、问、切"识别并找到病因，只有找到真正的病因，才能找到最佳的治疗方案。同理，当我们需要解决企业运营过程中出现的问题时，第一步也应该是分析问题产生的原因。改善企业产品 OTD 是每个企业面临的问题，也是战略性的问题，而导致产品交付不及时或 OTD 差的原因包括但不限于以下几种。

（1）客户端（或需求端）原因。客户端导致产品交付不及时是指由于客户端或与客户端相关的因素导致企业无法及时交付产品，具体可以细分为以下几种情况。

① 客户预测不准确。客户预测不准确导致缺料的情况，往往使客户实际下的订单远远大于预测的数量。在一个电子产品的 BOM 中，通常电子元器件的采购前置期比其他零部件要长得多，尤其是复杂的电子产品，比如，医疗、通信和专业音响系统等。这类电子产品通常需要终端客户给出预测让 ODM、OEM、EMS 厂家提前滚动备料，否则，没有预测的话，企业将无法实现持续供应且高端半导体器件厂家都是"卖方市场"。

② 客户急单加入。企业报给客户的某个机种的正常采购前置期是 10 周，但由于客户紧急需要，希望企业于 5 周内完成交付，在这种情况下显然采购前置期没给足。

③ 客户临时要求提前交货。比如，某个订单，客户原来要求是 12 月 20 日交货，现客户为赶圣诞节要求将交付日期提前到 10 月 20 日，在这种情况下，如果没有物料，必定无法满足客户提前交货的要求。

④ 客户端的其他方面的原因。

（2）物料短缺。缺料是电子制造行业供应链管理中最常见也最令人头疼的问题。导致物料短缺的原因包括但不限于以下几种。

① 原材料或元器件供应商延期交付。

② 对于新物料，系统没有合适的供应商。

③ ERP 系统中设定错误的采购前置期信息。MRP 系统依据订单交付日期、订单数量及组件采购前置期来发布采购需求，如果这三个变量中的任何一个变量值设定错误，都会导致系统 MRP 结果错误。以采购前置期为例，如果供应商报给企业稳压管的采购前置期是 12 周，但采购员在设置系统采购前置期时不小心将其设定为 2 周，那么 MRP 就会晚 10 周给出这颗稳压管的采购需求，这很明显会导致缺料。

④ 市场紧缺物料，处于分货状态。比如，2017 年和 2018 年由于市场出

现大的波动导致 MLCC 处于分货状态，即使客户提前下订单，到了交货时间也不确定代理商能否交货及具体交货时间。

⑤ 唯一资源。这种物料常常是瓶颈型物料，只有一个购买渠道，供应商出现任何交付问题，企业都只能被动地等待。

⑥ 停产物料。停产物料通常是非常棘手的物料，只有两种方法能解决：其一，去现货市场寻找；其二，找替代料，做工程验证，如果涉及主控芯片，几乎没有办法在短期内实现替代。

⑦ 原材料或元器件供应商产能不足。

⑧ 原材料或元器件出现品质异常。

⑨ 原材料或元器件供应商倒闭。

⑩ 其他不可抗力事件，如自然灾害、政治事件等。

（3）品质异常。企业在产品制造过程中发生的品质异常导致产品无法及时出货。

（4）产能不足。企业成品组装测试产能不足导致无法及时交付。

（5）人为因素。人为因素包括但不限于订单录入错误需求日期、错误需求量，系统设置错误采购前置期，等等。

（6）原材料采购前置期问题。原材料供应商已经延长了物料的采购前置期，但没有及时告知成品组装厂，或者及时告知但成品组装厂没有及时更新系统采购前置期。

（7）不可抗力事件。

（8）其他原因。

### （二）"对症下药"找方法

针对不同原因导致的产品未及时交付，我们有不同的对策。

#### 1. 客户端

市场部或销售部是企业的"龙头"，因为对于企业内部而言，所有的职能部门的指令都源于市场部或销售部，它们代表企业服务的客户向企业内部各职能部门提出需求，尤其是销售与运营计划部门，如果"龙头"提出的需求信息有偏差或错误，那么整个企业的运营都会出现偏差或错误。市场部将各经销商或直销门店的需求收集上来,经过调整将其发给销售与运营计划部门,销售与运营计划部门再经过调整将其录入 ERP 系统,接下来供应链部门依据销售与运营计划部门提供的预测进行物料或半成品的管理。在这个过程中,常常出现市场部或销售与运营计划部门的人员更改预测需求的数量或时间但没有告诉后端的供应链部门的情况,而此时依据系统数据安排生产就会发生产品无法及时交付的情况,比如,销售与运营计划部门将某个机种的交付日期从 10 月 1 日提前到 8 月 1 日,本来按照 10 月 1 日的交付日期是可以满足交付的,但这样提前交货两个月就出现无法及时交付的情况了。因此,针对这种由于需求端的变化造成的未及时交付,供应链部门应该有专人定期检查前端销售与运营计划或销售部录入系统的订单,以便及时发现订单需求的变化,并及时采取相应的措施,以保障及时交付。

另外,尽管人们常说"客户是上帝",但客户也是需要被管理的。例如,销售人员为了获得订单,承诺客户所有的产品 8 周均可以交付,但这 8 周是销售人员"拍脑袋"的结果,而并未与相关部门(供应链部门)确认,实际情况是有些产品 8 周可以交付,但有些产品的确无法交付,需要 12 周才行。我们可以努力满足客户需求,但不能欺骗客户,更不能随意答应客户的不合理的需求。

2. 物料短缺

针对物料短缺的情况,应做好如下工作。

(1) 将供应商"管"起来。

供应商不得无故延迟交付,关于这一点,华为做得非常好。华为的交付规则是"前 5 后 0","前 5"是指华为的原材料(元器件)或半成品供应商只能在之前承诺给华为的交货日期的前 5 天内将货交到华为指定的仓库,"后 0"是指不能延迟 1 天。华为以此规则来统计所有供应商的 OTD,倘若某个供应商连续 3 次的 OTD 在同类型产品的供应商中排名最后,将被华为从 AVL 中除名。华为通过强大的数据库管理系统科学地管理所有供应商的 OTD,不会存在任何的争议和不公平的地方。如果企业能建立自己的交货规则并要求每个供应商都遵守,那么由于供应商解除承诺而未及时交付物料的情况将会大大减少，从而能够提高物料交付的 OTD。

（2）做好新物料识别与记录工作。

按照产品开发流程，所有新物料均应在产品量产之前被识别并建好相关价格信息记录或货源清单，以便企业信息管理系统运行物料需求计划时及时释放采购需求。这就要求采购经理必须提前做好系统设置工作。

（3）物料采购前置期检查。

采购人员应该定期（如每月）检查所有物料的采购前置期（如果是 ODM 或 OEM 的项目，要求供应商提供物料采购前置期清单来检查），以确保系统运行物料需求计划时录入的采购前置期与原材料（器件）供应商提供的采购前置期一致。

（4）检查唯一资源/停产物料。

针对这种瓶颈型物料，采购人员应该定期检查以识别出这些具有潜在风险的物料，并提前制定好对策，比如，风险购买、合格的第二资源、合格的第二供应商等，都要提前做好规划。

## 第七节 物料供应风险预估

供应管理有风险，未雨绸缪是关键。的确，风险管理如同疾病管理，重在"预防"而不在"治疗"。因此，在供应风险发生之前，我们要做好预估并制定好预案。常见的物料供应风险有以下几种。

（1）物料短缺。

（2）涨价风险。

（3）物料停产风险。

（4）物料采购前置期延长。

（5）库存增加。

（6）工程变更。

# 第六章
## 电子元器件及其供应市场

# 第六章　电子元器件及其供应市场

**导读**　采购的一切活动均是围绕其采购对象（商品）进行的，因此，不深入了解商品及其供应市场的采购者不是一名合格的采购者。

从价值链的角度来看，商品是买卖双方实现价值交换的载体，没有商品就没有采购活动，即商品是实现采购活动的必要条件；从采购对象的角度来看，采购管理的对象是围绕所采购的商品展开的一系列管理活动，比如，需求管理、供应商管理、价格管理、新供应商开发、成本管理、交付管理、品质管理等。由此，我们可以看到商品对于采购管理的重要性，甚至越来越多的企业将采购中的战略采购管理等同于商品管理。商品管理可以分为商品的技术管理与商品的商务管理，商品的技术管理与商品的商务管理是商品管理不可分割的两个方面，二者相互影响，只是侧重点不同而已。商品的技术管理主要由研发工程师和工艺工程师主导，其内容包括但不限于商品的选型、制造工艺、主要参数等。商品的商务管理主要由战略采购、执行采购及供应商质量工程师共同负责，其内容包括但不限于需求管理、供应商管理、价格管理、新供应商开发、成本管理、交付管理及品质管理等。在这些商务问题上，价格与成本管理、寻源及供应商管理是核心，前文已专门讨论过这几个核心问题。要想做好上述核心管理工作，对商品供应市场的研究是基础。如果我们不熟悉自己所管理商品的供应市场，如何能从市场中获取最优 TCO 及最优供应商资源？掌握商品基础知识是我们了解商品供应市场的前提，因此本章将对常用电子元器件的基础知识及其供应市场格局进行分析。

# 第一节　采购人员应该学习的商品基础知识

"知识就是力量。"这是英国哲学家培根的名言。知识不仅指书本上的理论知识，广义的知识应该是指一切能帮助人们认识并解决问题的方法的集合体，这个集合体包括但不限于理论知识、科学技术、实践经验、有价值的信息、管理流程、思维方法、解决方案等。采购管理的目标是从系统上帮助企业解决好供应及供应链的问题，新时代的采购角色由原来的被动型转变为主动型，由执行层面转向战略层面，由简单型变为复杂型，在这种情况下，要求采购人员必须成为"一专多能"的综合型人才，尤其是微电子行业，它涉及成百上千种不同类别的器件、制造商及代理商。如果没有丰富的商品知识，不熟悉供应市场，就很难将采购职能的价值最大化。接下来以电子元器件为例来阐述学习商品知识的意义，以及如何学习具体的电子元器件的基础知识。

## 一、采购人员为什么要学习商品知识

在国内，就采购人员的教育背景来看，采购队伍里几乎包含了各种学科人才，包括工商管理、国际贸易、英语、化学高分子材料、机械自动化、电子工程、通信工程、计算机、会计等学科人才。除此之外，还有很多采购人员是没有接受过高等教育的，比如，老板的亲戚或朋友，他们甚至只要认识字就可以干采购工作。由此可见，在国内采购这一职业门槛很低，这就导致以下几种结果。

（1）采购人员往往不受其他职能部门或人员的尊重，尤其是懂技术的研发工程师。他们觉得采购就是买东西，只是一种辅助职能，花钱买东西，谁不会？

（2）采购职能本身的价值与其在企业中的定位失衡，即战略采购不仅能为企业创造利润，还能帮助企业提升核心竞争力。采购部门在国内企业中一般是辅助部门，是被边缘化且不受重视的部门，企业主或管理者只关注采购部门是否存在"腐败"问题，并不期望其能为企业创造更多的价值。

（3）采购人员能力与水平参差不齐。大型跨国公司的资深采购员每年管理数十亿元资金并为企业的发展出谋划策，小企业的采购员只履行下单追料的职能。

同样是采购职业，在国外则完全不同。在大型外资企业担任全球品类采购管理（Global Commodity Management，GCM）或全球采购管理（Global Procurement Management，GPM）职位的人，他们中80%都是有工程师背景的，其共同点之一是非常熟悉自己所负责的商品及其市场格局，也正因如此，他们的职位称呼中都带有"商品"或"品类"。当然，随着时代的发展，国内的优秀民营企业也在向国外优秀企业学习科学管理的方式，并逐步将采购职业化、专业化。比如，大家都知道华为的采购专家团就是我们所谓的战略采购，其职称是商品专家组（Commodity Expert Group，CEG）。尽管CEG在职称上不同于GCM，但其本质上是一样的，而且任正非曾经明确要求CEG中的所有采购人员都必须做过工程师，有一定的技术背景。另外，在国内，我们看到越来越多的工程师或品质人员转向采购岗位。从没有门槛到要求采购人员有一定的技术背景，这种采购职业要求的转变说明有越来越多的企业意识到采购应该职业化、专业化，且采购专业化道路上离不开基础的技术积累，而商品知识是技术积累中很重要的一个领域。下面从实际采购工作出发来谈谈商品知识对于采购工作的重要影响。

（1）对研发选型方面的影响。

在产品开发初期，研发部门往往也不确定自己需要哪种规格的材料或器件，在这个过程中就有大量的器件选型工作需要完成，而这往往需要研发部门与采购部门共同完成。在配合研发部门及人员完成器件选型工作的过程中，采购的角色并非只是人们所说的"传话筒"。所谓"传话筒"是说研发人员需要什么信息采购人员就直接转述给供应商，而没有自己的价值增值在里面。

前文多次谈到研发工程师的优势在于产品设计和器件的应用方面，但对于器件规格、价格及市场信息方面他们并不擅长，而这恰恰是采购的价值所在。例如，研发工程师向采购人员提出要找 1.2 毫米板厚、1.6OZ 铜厚的 PCB，对这种"无理需求"，采购人员当场回复：PCB 市场上常见的板材铜厚分别为 0.5OZ、1OZ、2OZ 和 3OZ，1.6OZ 铜厚的板材需要用 2OZ 铜厚的板材经化学工艺"减铜"得到，而这种工艺不但不能保证均匀地将其减到 1.6OZ，还会耗费工时导致产品价格非常高。此时那名工程师才"恍然大悟"："原来是这么回事，我还以为 1.6OZ 铜厚的板材比 2OZ 铜厚的板材要便宜，因为我们理论上计算需要 1.5OZ 铜厚的板材来满足产品散热的需求，如果是这样的话，我们就用 2.0OZ 铜厚的板材即可。"研发人员提出的这种"无理需求"，在我们工作中是很常见的，如果我们自己对材料及器件不熟悉，那么最终结果就是会将研发人员的"无理需求"直接转述给供应商，此时供应商的反应有两种：其一，供应商以为客户有特殊用途，真的按客户要求特制某款器件或材料，但价格非常高；其二，供应商花人力和物力向客户解释。无论是哪种反应，其本质上都是由于研发端或采购端本身对器件或材料不熟悉造成的社会资源的浪费。因此，采购必须熟悉自己所负责类别的商品。

（2）对顺畅沟通的影响。

有人说"采购人员是企业与供应商之间的桥梁"，采购人员做的就是沟通协调方面的工作。从某种程度上讲，沟通协调的确是采购工作中一项重要的职能，但它并不能代表采购工作的全部。采购工作中的沟通协调更多是基于所购买的对象即商品进行的，如商品的规格确认、打样、报价、样品承认、新供应商导入、价格分析及成本分析等。在整个采购管理工作中，很多时候沟通不顺畅是由于大家认知不同，尤其是商品规格方面的认知差异。

（3）对价格与成本分析的影响。

价格与成本分析是采购人员的重要工作内容之一。价格分析是对器件或材料的各项关键参数进行对比分析，并从中找到影响价格的参数因素；成本分析是基于商品的内部结构及工艺进行的。因此，价格与成本分析和商品的关键参数、商品结构及制程工艺有着密不可分的关系。换言之，如果不清楚商品的关键参数、结构及制程工艺，我们将无法完成商品的价格与成本分析。关于这一点，我们可以参考本书第四章的内容，了解商品的价格与成本是如何形成的。

（4）对商务谈判的影响。

商务谈判是采购人员的"家常便饭"，其涉及的内容包括但不限于价格谈判、商务条款、交付进度、品质处理和技术需求等，这些谈判内容大部分都与商品规格及其制程工艺有关。在谈判过程中必定涉及商品的方方面面，如果采购人员自己都不清楚商品的规格、结构、制程工艺和应用，如何与对方谈判，又如何说服对方接受我们的观点。

（5）对市场调研的影响。

撰写市场行情报告也是战略采购的工作之一，而市场行情报告的对象就是商品，并且都是按商品规格、应用领域及商品细分展开的。如果采购人员自己都不清楚商品是什么，不了解其特性，又如何完成市场行情报告呢。

（6）对寻找替代料的影响。

在采购过程中常常会遇到需要寻找替代料的情形，研发部往往会将这项工作推给采购部。在这种情况下，如果采购人员没有"过硬"的商品知识，那么他是不可能完成这项重要工作的。

（7）对询报价的影响。

在实际采购工作中，我们常常因为商品规格不明确而导致报价进度缓慢甚至停滞不前，其中一个很重要的原因是买卖双方有一方甚至两方对标的物（商品）没有足够的了解，导致大家需要花费大量的时间确认商品规格。如果采购人员自己对商品非常熟悉，将极大地提高报价的效率。

综上所述，深入学习和了解商品知识对采购管理工作和企业而言，是"百利而无一害"的事情；反之，不懂商品知识则是"百害而无一利"的。在大中型企业中，不懂商品知识的人是没有资格做采购工作的。

## 二、采购人员该如何学习商品知识

### （一）获取电子商品知识的渠道

有人说"当今时代知识是最廉价的商品"，从某种意义上讲，这句话有一定道理。因为我们花几十元钱就可以买一本书，但这本书带给读者的影响、效用或价值远远超过购买这本书所付出的成本，而我们花几百元、几千元甚至上万元买一件衣服、一套化妆品或其他商品，所带来的效用、价值未必能超过我们的购买成本。相比之下，知识的确是"最廉价"的商品。从这句话中，我们至少可以得出两个结论：其一，当今时代获取知识的成本很低；其二，在"信息大爆炸"时代，人们极易获取想学的知识，或者说获取知识的渠道很多。那么，采购人员该如何获取商品知识呢？

（1）从书本中学习。

古今中外，知识的传播和传承无非两种渠道，即文字和口述。在现代文明社会，就世界范围来看，通过文字传播知识的方式可能占90%以上，而口述只占很少的一部分。在当今"信息大爆炸"的时代传播信息的方式有很多，比如，书籍、报纸、杂志、互联网及档案等。对于普通人来讲，我们获取知识的主要途径就是书本，同理，学习商品知识亦是如此，以电子元器件为例，无论我们是哪种教育背景，都不妨碍我们成为一名懂商品的资深采购，但前提是我们要学习。我们学习的电子元器件知识包括物理学基础、模拟电路、数字电路、电子学基础、电路分析、电子元器件基础、半导体制程工艺、印刷线路板制程工艺、MCU原理等。通过网上商城，我们很快就能买到我们需要的书籍。

（2）向工程师学习。

书本上所获取的知识是静态的、理论化的，将书本中的知识转化为自己的知识，还需要时间和一个实践的过程。比如，作为一名电子元器件采购人员，由于工作原因，我们常常有机会与电子工程师接触并紧密合作，因此我们可以将从书本上学到的知识拿出来向电子工程师请教如何应用它们，甚至我们自己也可以动手设计一些简单的电路。通过长时间的积累，我们就能掌握电路设计的原理、元器件的特性及选型的原则等，最终将书本知识转化为自己的知识。

（3）向供应商学习。

关于商品，大家都知道没有一个人或企业对商品的认知能超过供应商，这里所说的认知包括但不限于商品（产品）的设计、性能、应用、制程工艺、规格、价格及构成等。因为供应商多年来关注自己所在领域的商品开发与生产，所以他们才是商品领域的专家。终端客户只是自己所开发的产品方面的专家，对于外购的零部件或材料只了解其中的一部分，并不全面，而采购这个职业有一种"与生俱来"的优势，即可以近距离接触供应商并尽可能地了解供应商的一切。因此，当我们想学习商品知识时，向供应商学习无疑是最好的选择。我们可以请供应商做产品培训并答疑解惑，走进供应商的生产线看商品的制程，审核其程序文件，等等，而这些近距离接触供应商及其商品的机会并非每个职能部门或者每个人都有。

（4）同行交流。

每个人的知识和认知都是有局限性的，与同行交流可以使我们得到不一样的知识和经验，商品学习亦是如此。

（5）从知名微信公众号学习。

在移动互联网十分发达的今天，现代人很多都是"手机控"，而微信又是国内最成功的移动互联网社交平台，因此与其说现代人都是"手机控"，倒不如说现代人都是"微信控"。在这种情况下，各行业、企业及个人相继推出微信公众号。尽管互联网带来的信息不如书本那样系统和完整，但它可以作为辅助工具帮助我们开阔视野，方便我们随时随地学习。比如，半导体行业观察、半导体行业动态、电子材料圈、电子产品世界、电子工程专辑、满天芯和易容等，均是电子行业比较有影响力的微信公众号。我们可以关注它们并拿出"刷朋友圈"的精神来广泛阅读学习，通过这样的日积月累，我们可以增长很多电子及电子元器件方面的知识。

（6）从知名行业网站学习。

电子行业的知名网站有很多，大家可以根据需要了解学习。

### （二）采购该如何学习电子元器件知识

电子元器件本属于电子科学与技术学科领域的一门基础学科，它不属于采购管理的研究范畴，但由于它是电子行业采购的对象，凡是负责电子元器件采购的同人每天必须与之"打交道"，因此我们有必要学习电子元器件的基础知识。对于学习电子元器件的基础知识而言，不同的人有不同的学习目标和要求。例如，研发工程师主要学习电子元器件的主要参数、特性及应用方面的知识，重点在于电子元器件的应用；品质工程师更加关注电子元器件的制程工艺、品质等；采购人员则应该关注电子元器件的分类、主要参数及制程。总体来讲，研发工程师应该重点关注怎么用，品质工程师应该重点关注如何制造，采购人员应该重点关注"是什么"。这个"是什么"，以电子元器件为例，即电子元器件的规格及主要参数。这里我们的学习目标是掌握各种电子元器件的基本定义，能对电子元器件进行分类，以及能读懂各个厂家的电子元器件规格书。读懂电子元器件规格书只是我们学习电子元器件知识的第一步，电子元器件性能、选型、制程工艺及应用方面的知识都是我们研究的方向。

采购人员应该从以下几个方面学习电子元器件知识。

（1）电子元器件的分类、子类。

（2）各电子元器件的关键参数。

（3）电子元器件的封装类型。

（4）电子元器件的制程工艺。

（5）电子元器件的主要功能。

（6）电子元器件的应用领域。

（7）电子元器件的内部结构。

## 三、电子元器件基本知识介绍——以电容为例

### （一）电容（器）的定义及分类

通常将电容器（Capacitor）容纳电荷的本领称为"电容"，用字母 C 表示。广义的电容器，就是"装电的容器"，是一种容纳电荷的器件。电容器是电

子设备中大量使用的电子元器件之一，被广泛应用于电路中的隔直通交、耦合、旁路、滤波、调谐回路、能量转换及控制等方面。电容器是由两块金属电极中间夹一层绝缘电介质构成，当在两块金属电极间加上电压时，电极上就会存储电荷，所以电容器是储能电子元器件。任何两个彼此绝缘又距离很近的导体均能组成一个电容器。平行板电容器由电容器的极板和电介质组成。电容有两个主要特性。其一，电容两端的电压不能突变。向电容中存储电荷的过程，称为"充电"，而电容中的电荷消失的过程，称为"放电"，电容在充电或放电的过程中，其两端的电压不能突变，即有一个时间的延续过程。其二，"隔直通交"即隔直流，通交流，就是直流信号通过电容时相当于断路（开路），交流信号可以通过电容器。隔直通交是电容最重要的特性。

电容器种类众多，采用不同的标准，其分类也有所不同。表6-1中几乎列举了所有电容类别，但实际采购工作中我们最常见的电容分别是铝电解电容、钽电解电容、贴片电容、金属膜电容（聚丙烯电容、聚苯乙烯电容）等。

表 6-1 电容器的分类

| 序号 | 分类依据 | 分类Ⅰ | 分类Ⅱ |
| --- | --- | --- | --- |
| 1 | 容量的可调性 | 固定电容器 | 电解电容、瓷介电容、涤纶电容、金属膜电容、金属氧化膜电容及贴片电容 |
|  |  | 可变电容器 | 单联可变电容、双联可变电容及四联可变电容 |
|  |  | 微调电容器 | 瓷介微调电容、有机薄膜介质微调电容 |
|  |  | 变容二极管 |  |
| 2 | 电容极性 | 有极性电容 |  |
|  |  | 无极性电容 |  |

续表

| 序号 | 分类依据 | 分类Ⅰ | 分类Ⅱ |
|---|---|---|---|
| 3 | 介质 | 有机介质电容 | |
| | | 无机介质电容 | |
| | | 电解电容 | |
| | | 液体介质电容 | |
| | | 气体介质电容 | |
| 4 | 工作频率 | 低频电容 | 适用于工作频率低的电路中的电容，如音频电路 |
| | | 高频电容 | 这种电容对高频信号的损耗小，适用于工作频率高的电路，如收音机电路 |
| 5 | 功能用途 | 高频旁路 | 陶瓷电容、云母电容、玻璃膜电容、涤纶电容、玻璃釉电容 |
| | | 低频旁路 | 纸介电容、陶瓷电容、铝电解电容、涤纶电容 |
| | | 滤波 | 铝电解电容、纸介电容、复合纸介电容、液体钽电容 |
| | | 调谐 | 陶瓷电容、云母电容、玻璃膜电容、聚苯乙烯电容 |
| | | 低频耦合 | 纸介电容、陶瓷电容、铝电解电容、涤纶电容、固体钽电容 |
| | | 高频耦合 | 陶瓷电容、云母电容、聚苯乙烯电容 |
| | | 高频抗干扰 | 高压瓷片电容（X安规电容和Y安规电容） |
| | | 分频 | 电解电容、钽电容 |

续表

| 序号 | 分类依据 | 分类Ⅰ | 分类Ⅱ |
|---|---|---|---|
| 6 | 封装外形 | 圆柱形 | |
| | | 圆片形 | |
| | | 管形 | |
| | | 叠片形 | |
| | | 长方形 | |
| | | 珠状形 | |
| | | 方块形 | |
| | | 异形 | |

## （二）电容（器）的主要参数

电容（器）的主要参数如下。

（1）直流工作电压。

直流工作电压（DCWV）是指可以加在电容器上的最大安全直流电压，以防电介质被击穿。击穿就是电介质被击毁，从而在两块极板之间形成一个低阻抗的电流通路。除非在额定值范围之内，否则把电容直接连到交流输电线路中是很危险的。带有直流额定值的电容有可能会使交流输电线路短路。因此，一些厂商生产出特定额定值的电容器用于交流输电线路。若在交流输电线路中使用，交流电压的峰值不能超过直流工作电压，除非在额定值上另有说明。换句话说，交流电压的有效值应是其峰值电压的 0.707 倍或更低。很多种电容会进一步降低额定值，以满足操作频率增加的安全需求。

（2）电容泄漏（漏电流）。

电容泄漏（RL）是指内部泄漏，具体值见厂家提供的电容规格说明。电容泄漏速度由时间常数 RLC 决定。在交流耦合应用、存储应用及高阻抗电路中，泄漏是一个非常重要的参数。电解电容就是以高泄漏闻名的电容器，其每微法（$\mu F$）泄漏电流 5nA~20nA。这些电容器不适用于存储或高频耦合。

比较好的选择是选用薄膜电容（金属膜电容），如聚丙烯电容或聚苯乙烯电容，薄膜电容具有极低的漏电流。

（3）等效串联电阻。

等效串联电阻（ESR）是一个数学概念，单位为欧姆。在特定频率下，电容器产生的所有允许损耗（电容导线、电极、介电损耗和泄漏的阻抗）可以等效地表示为一个单一的电阻与电容串联。当通过交流大电流时，高等效电阻会使电容器消耗更多的功率（损耗）。这会降低电容的级别，甚至可能造成严重后果，表现为在射频和电源解耦应用中挟带了高脉动电流。在高阻抗、低层次的模拟电路中，它不太可能产生重大影响。等效电阻的计算公式如下。

$$ESR = Xc / Q = Xc \times DF$$

其中，$Xc$ 为容抗，$Q$ 为品质因数，$DF$ 为电容器的耗散系数。

一旦知道了 ESR，就可以计算电容器内部发热所消耗的功率，假定已知正弦波的电流有效值（RMS），则 $P = I_{RMS} \times I_{RMS} \times ESR$。因此，有损耗的电容器呈现出高容抗，并且对信号功率有很大的干扰。在大电流、高性能的应用中，使用低 ESR 的电容器是必要的，如电源和大电流滤波电路。ESR 越低，载流能力越强。只有云母和薄膜类等少数电容器类型具有低 ESR。

（4）等效串联电感。

电容器的等效串联电感（ESL）是指与电容器极板的等效电容串联的电容导线的自感应。与等效串联电阻一样，等效串联电感在高频电路中也可能成为重大隐患，比如射频，即使在使用直流电时或在低频的精确电路中也是这样。原因就是类似电路中的晶体管可能获得几百兆赫兹或几千兆赫兹的频率，在感应系数较低的情况下也能增强谐振。这使得在高频情况下，电路终端的功率供应会相应减弱。电解电容、纸介电容或薄膜电容在高频时对退耦来说是无法选择的；它们基本上是由塑料薄膜或纸电介质将两张金属薄片隔开再卷成轴组成的。这种结构对自感应来讲是客观的，并且在频率为几兆赫兹时它更像一个电感器。对于高频退耦装置单片 IC，陶瓷电容是较好的选择，因为它们具有非常低的串联电感。它由金属薄膜—陶瓷电介质—金属薄膜这样的多层"三明治"结构组成，薄膜和母线互相平行而不是串联的轴。单片IC陶瓷电容器可能有颤噪声，有些有自共鸣，有较大的品质因数，因为低频串联电阻伴随着低自感。盘状陶瓷电容器比较常用，尽管花费少，但它们经常处于感应状态。电容器中导线的长度和它的结构决定了电容器的自感应和谐振频率。

（5）耗散系数。

耗散系数（DF）一般用所有损失形式（电介质和阻抗）与容抗比值的百分数来表示，也可以表示为每一周期耗散的能量与同一周期的能量存储的比值，还可以表示为所应用电压的同相电流分量与无功电流分量的比值。当然，耗散系数也等同于电容器的品质因数 $Q$ 值的倒数，该值也经常被列入生产商的数据列表中。只有在特定频率下给出的耗散因数才有意义。较低的耗散系数表示在其他条件相同的情况下功率耗散较少。

（6）介质吸收。

单片陶瓷电容在高频退耦方面的性能是卓越的，但它们有相当大的介质吸收（DA），这使得它们不适合用作采样保持放大器的保持电容。介质吸收是介质内部电荷分配的迟滞现象，它可以使一个电容器迅速放电，之后断开的电路将出现部分电荷重新恢复的现象。因为恢复的电荷总量是以前电荷的函数，这会影响电荷存储，造成使用保持电容的采样保持放大器产生错误。介质吸收可以假设为电容器介质中存储电荷的百分比，并与金属薄片表面积成反比，它近似于"自我充电"电压的等效值与放电之前电压的比值。低介质吸收的电容器，介质吸收小于0.01%，较适用于采样保持放大器，如聚酯膜电容器、聚丙烯电容器和聚四氟乙烯电容器。

（7）温度系数。

温度系数（TC）表示电容随温度变化时的改变值，用单位摄氏温度每百万个变化部分线性关系表示，或者表示成特定温度范围内所对应的电容该变量的百分比。大多数薄膜电容器是非线性的，因此它们的温度系数一般用百分比表示。温度系数是电容器设计中在高于或低于25℃运行时的重要因素。

（8）绝缘电阻。

绝缘电阻（IR）是在稳定条件下直流电流流入电容器时所测得的电阻。对于薄膜电容和陶瓷电容器来讲，绝缘电阻一般用给定的设计和电介质的兆欧—微法表示。电容器实际电阻可以通过电容/兆欧—微法求得。

（9）品质因数。

品质因数（$Q$）是每一周期内存储能量和耗散能量的比值，即 $Q=XC/R_{ESR}$。在某一方面上，$Q$ 值就是品质因数，指的是每一周期内电路电子元器件存储能量的能力和其耗散能量的比值。热能转化的比例一般情况下与功率及所使用的能量的频率成正比。输入介质中的能量会削弱与电场频率和材料耗散因数成正比的比值。因此，一个电容器在整个过程中存储了 100J 的能量，消耗了 1J 的能量，它的品质 $Q$ 值就是 100。

（10）波纹（纹波）电流有效值。

波纹（纹波）电流有效值（$I_{RMS}$）是给定频率下放大器中最大的波纹（纹波）电流有效值。

（11）电流最大峰值。

电流最大峰值（$I_{PEAK}$）是在 25℃时放大器中输入非重复脉冲的电流的最高峰值，并且无脉冲时有足够的冷却时间，以避免放大器过热。

（12）电容特性曲线图。

电容器件本身有很多特性，比如，等效串联电阻（ESR）、等效电感（ESL）、温度特性和频率等，其特性曲线图通常包括但不限于容抗与频率关系的曲线图、电容绝缘电阻与温度关系的曲线图、电容器的工作温度范围及电容器的介质损耗因数与温度的关系的曲线图等。

（13）标称容量。

电容器的标称容量是指标示在电容器上的电容值，单位为 pF，是电容器的关键参数之一。常见的固定电容标称容量如表 6-2 所示，用以下标称容量值乘以 $10^n$ 即可得出实际电容值，其中 $n$ 为正整数或负整数。

第六章　电子元器件及其供应市场

表 6-2　电容标称容量

| 系列名 | 公差 | 电容标称容量（pF） |
|---|---|---|
| E6 | ±20% | 1.0、1.5、2.2、3.3、4.7、6.8 |
| E12 | ±10% | 1.0、1.2、1.5、1.8、2.2、2.7、3.3、3.9、4.7、5.6、6.8、8.2 |
| E24 | ±5% | 1.0、1.1、1.2、1.3、1.5、1.6、1.8、2.0、2.2、2.4、2.7、3.0、3.3、3.6、3.9、4.3、4.7、5.1、5.6、6.2、6.8、7.5、8.2、9.1 |

（14）其他参数。

电容器的常用参数还有尺寸封装、材质和精度等。

### （三）电容（器）在电路中的作用

电容是三大电子元器件之一，凡是有电路的地方一定会用到电容，其原因是电容功能很多。简单来说，电容有以下几种功能。

（1）耦合。耦合电容器将交流信号从一个电路传送到另一个电路，同时阻止直流信号通过。

（2）滤波。用在滤波电路中的电容器称为"滤波电容"，主要在电源滤波和各种滤波器电路中使用。滤波电容的主要功能是将一定频段内的信号从总信号中去除。

（3）退耦。用在退耦电路中的电容器称为"退耦电容"，主要在多级放大器的直流电压供给电路中使用。退耦电容用于消除各级放大器之间的有害低频交联。

（4）高频消振。用在高频消振电路中的电容称为"高频消振电容"，主要在音频负反馈放大器中使用，以消振可能出现的高频自激，进而消除放大器可能出现的高频啸叫。

（5）谐振。用在谐振电路（LC）中的电容器称为"谐振电容"，LC 并联和串联谐振电路中都需要用到这种电容电路。

（6）旁路。使用旁路电容器可以把电子元器件或电子元器件组周围不需要的交变信号（纹波、噪声等）转移到大地。将交流信号从交直流混合信号中移除（或大大减弱），可以使旁路的电子元器件中只留下直流信号。

（7）中和。用在中和电路中的电容器称为"中和电容"。收音机高频和中频放大器、电视机高频放大器中使用中和电容，以消除自激。

（8）定时。用在定时电路中的电容器称为"定时电容"。在需要通过电容充电、放电进行时间控制的电路中使用定时电容，能起到控制时间常数大小的作用。

（9）积分。用在积分电路中的电容器称为"积分电容"。在电势场扫描的同步分离电路中使用积分电容，可以从场复合同步信号中去除场同步信号。

（10）微分。用在微分电路中的电容器称为"微分电容"。在触发器电路中为了得到尖顶脉冲触发信号，会使用微分电容。

（11）补偿。用在补偿电路中的电容器称为"补偿电容"。在卡座的低音补偿电路中使用低频补偿电容，以提升放音信号中的低频信号。此外，还有高频补偿电容电路。

（12）自举。用在自举电路中的电容器称为"自举电容"。常用的功率放大电路（OTL）中会用到自举电容，以通过正反馈的方式少量提升信号的正半周幅度。

（13）分频。用在分频电路中的电容器称为"分频电容"。在音箱的扬声器分频电路中使用分频电容，可以使高频扬声器在高频段工作，使中频扬声器在中频段工作，使低频扬声器在低频段工作。

（14）负载电容。负载电容是与石英晶体谐振器一起决定负载谐振频率的有效外界电容。负载电容的常用标准值有16pF、20pF、30pF、50pF、100pF。负载电容可以根据具体情况适当调整，通过调整一般可以将谐振器的工作频率调到标称值。

## 四、电子元器件命名规则

当我们去市场上购买商品时一般都有实物供我们选择与对比，当我们在京东或天猫等电商平台上购物时，也会以商品图片或视频来"替代"实物为我们选择"标的物"提供依据。同理，当我们购买电子元器件时，也需要能

## 第六章 电子元器件及其供应市场

体现"标的物"价值的实物或图片或其他形式的内容来帮助我们做出选择。所不同的是，由于工业制造中涉及成千上万种电子元器件，我们不可能拿着所有实物或图片向供应商进行询价及购买，于是，制造业的"先驱们"决定给每个电子元器件或零部件起一个名字，一个名字代表一款电子元器件或零部件，久而久之，这些名字逐渐成为被全球电子制造业同人所认同的标准化的电子元器件名称，这个名字就是"物料编码"。物料编码不仅能方便商品（电子元器件）在全球范围内快速流通，还有利于企业内部对物料的管理。因此，在电子制造业领域，所有的企业都会给自己生产的产品起名字。企业一般都会按照一定规则或规律来给自己的产品起名字，电子元器件或零部件制造商更是会依据一定的规则来给自己的电子元器件起名字，这个规则就是电子元器件的命名规则。

由于物料编码是实际商品（电子元器件）的代称，因此管理物料编码就是在管理采购标的物（商品）。鉴于此，很多人说电子采购就是采购物料编码，没什么技术含量，因为只要认识字母和数字，所有人都可以做这项工作。管理电子元器件不同于管理机构元件，当我们采购机构元件时一定要有2D或3D图纸才能进行询价、打样及购买，而标准电子元器件不一定需要图纸，只需要知道制造商物料编码即可。电子采购人员是不是真的只要依据需求方给出的物料编码而不做任何分析与思考就可以顺利地做好采购工作呢？答案显然是否定的。

电子元器件的物料编码通常代表电子元器件的关键参数，根据其物料编码就可以"读出"电子元器件的关键参数，从而能知道电子元器件的规格，因此物料编码并非简单地用来记录物料的"流水号"。工作中我们见过由于不了解物料编码的具体含义而买错物料，最终导致PCBA报废的情况，也常常见到企业来料质量控制部门的检验员"照本宣科"地"严格"按照工程给的物料编码清单检查来料，为一颗"正确"的料花费大量的时间到各个部门签"特采"。比如，MSP430F6634IZQW、MSP430F6634IZQWT和MSP430F6634IZQWR，这三个物料编码虽然不完全相同，但这三个电子元器件其实是一模一样的，只不过第一款是管装，第二款是500个一卷，第三款是 2500 个一卷，本质上三者没有任何区别；但如果来料检验上写的是 MSP430F6634IZQWT，而来料是 MSP430F6634IZQWR，来料质量控制部门就会认为来错料了。在企业采购活动及运营中，由于不了解电子元器件厂商的编码规则而耗费大量的时间来"确认"来料是否正确或是否买错了物料，最终耗费的是企业的资源和成本。作为专业的电子采购人员，我们要十分清楚自己所购买的每个物料编码背后所隐藏的关键信息，使其最终为我们所用。作为专业的电子采购人员，理解并清楚常用器件的物料编码规则有以下重要意义。

（1）提升工作效率。

物料编码是一种行业术语，是工作中沟通使用的"国际语言"，熟练掌握物料编码规则有助于采购人员与企业内外专业人士开展沟通与讨论，比如，采购工作中的询价、选型、找替代料等环节。例如，在谈论 MLCC 时，我们常常会提 106 的容值及 0402 的封装，此时，我们要清楚行业里面 106 代表 $10\mu F$ 的电容；在讨论 MCU 时，看到 PIC10F××××/PIC12F××××/PIC16F××××/PIC18F×××× 我们就会立即联想到这些都是微芯科技公司生产的 8 位 MCU；等等。

（2）减少风险。

常常有采购人员因为不清楚物料编码规则而买错物料。

（3）增强工作信心。

从心理学角度来讲，人们总是偏好于自己所熟悉的领域，而厌恶自己不熟悉的领域。当我们面对成千上万种令人"眼花缭乱"的电子元器件时，我们的不熟悉，总会让我们产生抗拒感甚至是厌恶感。就有不熟悉电子元器件的采购人员抱怨，他们所负责的产品中有太多电子元器件，他们一看到这些物料编码就感到紧张。如果一看到电子元器件物料编码就紧张，又该如何开展下面的工作呢？

（4）有利于数据分析。

采购工作中经常需要分析各种数据，而数据分析往往是围绕我们的商品进行。当 ERP 系统还无法实现对每颗物料进行多层级精确分类时，就必须依据采购对电子元器件的认知对其进行分类，而此时不仅要依据物料描述分类，还要依据物料编码进行分类，尤其是细分电子元器件。

## 五、常用封装介绍

封装是指把硅片上的电路管脚，用导线接引到外部接头处，以便与其他器件连接。封装形式是指安装半导体IC芯片所用的外壳。封装起着安装、固定、密封、保护芯片及增强电热性能等方面的作用，通过芯片上的接点用导线连接到封装外壳的引脚上，这些引脚又通过PCB上的导线与其他器件相连接，从而实现内部芯片与外部电路的连接。因为芯片必须与外界隔离，以防止空气中的杂质腐蚀芯片电路造成电气性能下降。另外，封装后的芯片也更便于安装和运输。封装技术的优劣直接影响到芯片自身性能的发挥，以及与之连接的PCB的设计和制造，因此它是至关重要的。常见IC封装方式，如表6-3所示。

表6-3 常见IC封装方式

| 序号 | 封装名称 | 英文 | 中文 |
| --- | --- | --- | --- |
| 1 | BGA | Ball Grid Array | 球栅阵列 |
| 2 | CFP | Both Formed And Unformed CFP = Ceramic Flat Pack | 同时包括定型和不定型CFP = 陶瓷扁平封装 |
| 3 | LGA | Land Grid Array | 基板栅格阵列 |
| 4 | PFM | Plastic Flange Mount Package | 塑料法兰安装封装 |
| 5 | QFP | Quad Flat Package | 四方扁平封装 |
| 6 | SIP | Single-In-Line Package | 单列直插式封装 |
| 7 | OPTO* | Light Sensor Package = Optical | 光传感器封装 = 光学 |
| 8 | RFID | Radio Frequency Identification Device | 射频识别设备 |
| 9 | CGA | Column Grid Array | 柱栅阵列 |
| 10 | COF | Chip On Flex | 薄膜覆晶 |

续表

| 序号 | 封装名称 | 英文 | 中文 |
| --- | --- | --- | --- |
| 11 | COG | Chip On Glass | 玻璃覆晶 |
| 12 | DIP | Dual In-Line Package | 双列直插式封装 |
| 13 | DSBGA | Die Size Ball Grid Array（WCSP = Wafer Chip Scale Package） | 芯片尺寸球栅阵列（WCSP = 晶圆芯片级封装） |
| 14 | LCC | Leaded Chip Carrier | 引线式芯片载体 |
| 15 | NFMCA-LID | Substrate Metal Cavity With Lid | 带盖的基体金属腔 |
| 16 | PGA | Pin Grid Array | 针栅阵列 |
| 17 | POS | Package On Substrate | 基板封装 |
| 18 | QFN | Quad Flatpack No Lead | 四方扁平封装无引线 |
| 19 | SO | Small Outline | 小外形 |
| 20 | SON | Small Outline No Lead | 小外形无引线 |
| 21 | TO | Transistor Outlines | 晶体管外壳 |
| 22 | ZIP | Zig-Zag In-Line | 锯齿形直插式封装 |
| 23 | uCSP | Micro Chip Scale Package | 微型芯片级封装 |
| 24 | DLP | Digital Light Processing | 数字光处理 |
| 25 | 模块 | Module | 模块 |
| 26 | TAB | Tape Automated Bonding Package | 卷带自动贴合封装 |
| 27 | CBGA | Ceramic Ball Grid Array | 陶瓷球栅阵列 |
| 28 | CDIP | Glass-Sealed Ceramic Dual In-Line Package | 玻璃密封陶瓷双列直插式封装 |
| 29 | CDIP SB | Side-Braze Ceramic Dual In-Line Package | 侧面钎焊陶瓷双列直插式封装 |
| 30 | CPGA | Ceramic Pin Grid Array | 陶瓷针栅阵列 |
| 31 | CZIP | Ceramic Zig-Zag Package | 陶瓷锯齿形封装 |
| 32 | DFP | Dual Flat Package | 双侧引脚扁平封装 |
| 33 | FC/CSP | Flip Chip / Chip Scale Package | 倒装芯片/芯片级封装 |
| 34 | HLQFP | Thermally Enhanced Low Profile QFP | 热增强型低厚度QFP（四方扁平封装） |

续表

| 序号 | 封装名称 | 英文 | 中文 |
|---|---|---|---|
| 35 | HQFP | Thermally Enhanced Quad Flat Package | 热增强型四方扁平封装 |
| 36 | HSOP | Thermally Enhanced Small-Outline Package | 热增强型小外形封装 |
| 37 | HTQFP | Thermally Enhanced Thin Quad Flat Pack | 热增强型薄型四方扁平封装 |
| 38 | HTSSOP | Thermally Enhanced Thin Shrink Small-Outline Package | 热增强型薄型紧缩小外形封装 |
| 39 | HVQFP | Thermally Enhanced Very Thin Quad Flat Package | 热增强型极薄四方扁平封装 |
| 40 | JLCC | J-Leaded Ceramic or Metal Chip Carrier | J形引线式陶瓷或金属芯片载体 |
| 41 | LCCC | Leadless Ceramic Chip Carrier | 无引线陶瓷芯片载体 |
| 42 | LQFP | Low Profile Quad Flat Pack | 低厚度四方扁平封装 |
| 43 | PDIP | Plastic Dual-In-Line Package | 塑料双列直插式封装 |
| 44 | SOJ | J-Leaded Small-Outline Package | J形引线式小外形封装 |
| 45 | SOP | Small-Outline Package (Japan) | 小外形封装（日本） |
| 46 | SSOP | Shrink Small-Outline Package | 紧缩小外形封装 |
| 47 | TQFP | Thin Quad Flat Package | 薄型四方扁平封装 |
| 48 | TSSOP | Thin Shrink Small-Outline Package | 薄型紧缩小外形封装 |
| 49 | TVFLGA | Thin Very-Fine Land Grid Array | 薄型极细基板栅格阵列 |
| 50 | TVSOP | Very Thin Small-Outline Package | 极薄小外形封装 |
| 51 | VQFP | Very Thin Quad Flat Package | 极薄四方扁平封装 |
| 52 | DIMM* | Dual-In-Line Memory Module | 双列直插式内存模块 |
| 53 | HSSOP* | Thermally Enhanced Shrink Small-Outline Package | 热增强型紧缩小外形封装 |
| 54 | LPCC* | Leadless Plastic Chip Carrier | 无引线塑料芯片载体 |
| 55 | MCM* | Multi-Chip Module | 多芯片模块 |
| 56 | MQFP* | Metal Quad Flat Package | 金属四方扁平封装 |
| 57 | PLCC* | Plastic Leaded Chip Carrier | 塑料引线式芯片载体 |

续表

| 序号 | 封装名称 | 英文 | 中文 |
|---|---|---|---|
| 58 | PPGA* | Plastic Pin Grid Array | 塑料针栅阵列 |
| 59 | SDIP* | Shrink Dual-In-Line Package | 紧缩双列直插式封装 |
| 60 | SIMM* | Single-In-Line Memory Module | 单列直插式内存模块 |
| 61 | SODIMM* | Small Outline Dual-In-Line Memory Module | 小外形双列直插式内存模块 |
| 62 | TSOP* | Thin Small-Outline Package | 薄型小外形封装 |
| 63 | VSOP* | Very Small Outline Package | 极小外形封装 |
| 64 | XCEPT* | Exceptions – May not be a real Package | 例外——可能不是实际封装 |

## 第二节 电子元器件的供应市场

### 一、收集电子元器件制造商及其代理商清单

在电子行业做采购的同人常常会碰到以下情形。

（1）某天，某个朋友打电话说："喂，赶紧帮忙介绍几家TDK（日本东京电气化学工业公司）的代理商，要官方授权代理商，不要贸易商！"

（2）日系、韩系及中国的电子元器件制造商通常不在其官网公布"代理商名录"，我们该如何识别并开发日本、韩国及我国台湾地区品牌电子元器件的代理商？

（3）电子元器件质量管控主要在于采购渠道的管控，即只要是从正规代理商或授权分销商那里购买的器件，其通常是不会有假货或质量问题的，除非原厂生产出来的产品本身存在质量问题。因此，很多采购人员或供应商质量管理工程师在导入新供应商时常常让代理商提供代理证，但在现实工作中有部分贸易商会提供假代理证，针对这种情况，我们该如何识别并管理？

（4）2017—2018年MLCC巨头村田和国巨先后宣布涨价和缺货，在这种情况下，我们的战略采购人员该如何解决MLCC价格上涨和物料短缺的问题？

（5）针对瓶颈型物料和战略型物料（供应商），我们一般会通过开发第二供应商来解决独家供应的麻烦，"中兴事件"和"华为事件"就是很好的例子。在这种情况下，深入了解并研究市场供应的"主要玩家"是非常重要且必要的。

（6）供应商整合是战略采购的一个重要KPI，假如需要采购10种不同品牌的器件，很多企业会出现10个不同的代理商，一个品牌开发一个或多个代理商。那么，采购工程师有没有想过，可能只需要两个代理商就可以满足我们这10种不同品牌的器件的采购需求呢？

（7）微信朋友圈或"××采购微信群"中经常有采购人员发布"需求信息"，比如，"日本××品牌的电阻有人有资源吗？需要RP-24和RP44两个系列的电阻。""谁有××厂家的代理商清单啊，请帮忙分享给我。"在我们看来，通过这种方法来开发供应商是非常不专业的做法。

（8）其他情形。

为更好地解决上述采购工作中常见的问题，这里总结出常用的主动器件、被动器件及PCB等品类的制造商及其代理商清单。由于篇幅有限，在此只列举MLCC的全球主流制造商及其代理商清单以供参考，如表6-4所示，各位同人也可以根据自己所负责的物料做类似的数据收集和分析。

表 6-4　全球 MLCC 主流制造商及其代理商清单

| 序号 | 商品类别 | 英文名称 | 中文名称 | 国家 | 主要产品线 | 主要代理商 |
|---|---|---|---|---|---|---|
| 1 | MLCC | AVX | AVX | 日本 | 被动器件 | 艾睿公司、安富利公司、FE 全球公司、亚太美德电子（TTI）股份有限公司、北京贞光科技有限公司、富昌电子（上海）有限公司、金乐时有限公司、凯旋门企业股份有限公司、雷度电子有限公司、日光电子有限公司、瑞瑜国际贸易（上海）有限公司、上海润欣科技股份有限公司、深圳市威尔达电子有限公司、协勇国际实业有限公司、仲骏股份有限公司、厦门信和达电子有限公司、深圳市天河星供应链有限公司、时富电子有限公司、仲骏集团、振华威科技有限公司、上海和弘信息技术有限公司、达而特企业股份有限公司、儒卓力电子（深圳）有限公司、希玛科技有限公司、深圳市怡海能达有限公司、力垣企业股份有限公司、雨升有限公司、齐佳科技有限公司、台湾瑞普有限公司等 |
| 2 | MLCC | American Technical Ceramics | 美国陶瓷技术 | 美国 | 被动器件 | 深圳市伯崇电子有限公司、睿查森电子贸易（上海）有限公司（国内有很多办事处或分公司）、史泰佳科技股份有限公司等 |
| 3 | MLCC | Cal-Chip Electronics | 卡尔片电子 | 美国 | 被动器件 | IBS 电子公司、鸿图电业有限公司、兰花电子公司 |
| 4 | MLCC | Capax Technologies | Capax | 美国 | MLCC | 请联系原厂：Sales@CapaxTechnologies.com |
| 5 | MLCC | CalRamic Technologies LLC | CalRamic | 美国 | MLCC | 请联系原厂：tanaka@highvoltageasia.com |
| 6 | MLCC | Charcroft Electronics Ltd | Charcroft | 英国 | 被动器件 | 请联系原厂：sales@charcroft.com |
| 7 | MLCC | Parametric Cornell Dubilier Electronics | CDE | 美国 | 电容器 | 艾睿公司、深圳市开源数创电子科技有限公司、得捷电子有限公司、未来科技公司、贸泽电子有限公司、理查森电子有限公司、LTD 有限公司、丰林电子有限公司等 |

第六章　电子元器件及其供应市场

续表

| 序号 | 商品类别 | 英文名称 | 中文名称 | 国家 | 主要产品线 | 主要代理商 |
|---|---|---|---|---|---|---|
| 8 | MLCC | Darfon Electronics | 达方 | 中国 | 被动器件 | 容奥集团控股（香港）有限公司（东莞市容奥电子有限公司）、上海方仕电子有限公司、深圳市飞莱特电子有限公司、深圳市高微科技电子有限公司、正方电子（深圳）有限公司等 |
| 9 | MLCC | EXXELIA Group | EXXELIA | 法国 | 被动器件 | 深圳市纳泽科技有限公司、北京迪科创力热电技术有限公司、西安伟健电子有限责任公司、世强电子有限公司、正通科技股份有限公司、兆铉科技股份有限公司等 |
| 10 | MLCC | Eyang Technology Development | 宇阳科技 | 中国 | MLCC | 原厂办事处直销<br>代理商：深圳市美隆电子有限公司、深圳市卓尚电子科技有限公司、深圳易龙泰科技有限公司、跃马科技中国有限公司等 |
| 11 | MLCC | Guangdong Fenghua | 风华高科 | 中国 | 被动器件 | 北京贞光科技有限公司、广州盛中电子有限公司、杭州天衍电子科技有限公司、建伟电子科技（广州）有限公司、南京南山半导体有限公司、南京荣茂电子科技发展有限公司、深圳市福昌辉科技有限公司、深圳市华天阳科技有限公司、深圳市吉利通电子有限公司、深圳市鹏达诚科技股份有限公司、深圳市天河星供应链有限公司、深圳市新晨阳电子有限公司、深圳开步电子有限公司、凯而高实业（香港）有限公司、武汉力源信息技术股份有限公司、深圳市伟建达电子有限公司、南京南山半导体有限公司、杭州天衍电子科技有限公司、上海安驰电子有限公司等 |
| 12 | MLCC | Hitano Enterprise | 奇颜企业 | 中国 | 被动器件 | 请联系原厂：info@hitano.com.tw |
| 13 | MLCC | Holy Stone Enterprise | 禾伸堂 | 中国 | 综合型 | 艾睿公司、南京商络电子股份有限公司、上海众韩科技有限公司、深圳市超利维实业有限公司、深圳市福昌辉电子有限公司、深圳市乐佳电子科技有限公司、深圳市兴泰隆电子有限公司、上海宗其电子科技有限公司、深圳市宸远电子科技有限公司、深圳市吉利通电子有限公司、深圳市兴鸿宇科技有限公司（香港卓远科技有限公司）、跃马科技（中国）有限公司、仪群科技有限公司等 |

续表

| 序号 | 商品类别 | 英文名称 | 中文名称 | 国家 | 主要产品线 | 主要代理商 |
|---|---|---|---|---|---|---|
| 14 | MLCC | Johanson Dielectrics | 约翰逊 | 美国 | 被动器件 | 艾睿公司、得捷电子有限公司、e络盟电子有限公司、贸泽电子有限公司、Newark公司、RFMW公司、京凌电子器件有限公司、凯旋门企业股份有限公司、上海云涤实业有限公司、深圳市凯利鑫科技有限公司、深圳市乐佳电子科技有限公司、深圳市兴鸿宇科技有限公司、深圳市泽万丰电子有限公司、深圳市毕天科技有限公司等 |
| 15 | MLCC | KEMET Corporation | 基美 | 美国 | 被动器件 | 艾睿公司、安富利公司、亚太美德电子股份有限公司、北京元六鸿远电子科技股份有限公司、深圳瑞益德电子有限公司、火炬电子、南京敦硕电子企业有限公司、育昇电子（深圳）有限公司、厦门信和达电子有限公司、e络盟电子有限公司、唯样商城、雷度电子有限公司、瑞瑜国际贸易（上海）有限公司、力垣企业股份有限公司、台湾金碗国际股份有限公司、雨升有限公司等 |
| 16 | MLCC | KOA Speer Electronics | KOA | 日本 | 被动器件 | 全球代理商信息：艾睿公司、美德电子有限公司、卡尔顿贝茨有限公司、贸泽电子有限公司、Verical公司、GW Electronics公司、JUSTIN公司、Midstate公司<br>本土代理商：创意电子有限公司 |
| 17 | MLCC | Knowles Capacitors | 娄氏 | 美国 | 电容和微波 | 得捷电子有限公司、贸泽电子有限公司、RFMW Asia公司、亚太美德电子股份有限公司、特力电子公司、盛昌电子有限公司等 |
| 18 | MLCC | Kyocera | 京瓷 | 日本 | 被动器件 | 艾睿公司、世强电子有限公司、深圳市光与电子有限公司、深圳市美达丰科技有限公司、深圳市恒汇鑫科技有限公司、厦门信和达电子有限公司、北京贞光科技有限公司、富士电（香港）有限公司、深圳富士电贸易有限公司、金乐时贸易有限公司、力垣企业股份有限公司、上海英恒电子有限公司、深圳市蓝源实业发展有限公司、茂荃股份有限公司等 |

续表

| 序号 | 商品类别 | 英文名称 | 中文名称 | 国家 | 主要产品线 | 主要代理商 |
|---|---|---|---|---|---|---|
| 19 | MLCC | Meritek Electronics Corporation | Meritek | 美国 | 被动器件 | 请联系中国区原厂：china@meritekusa.com / 86-512-62925991 |
| 20 | MLCC | Murata Manufacturing | 村田制作 | 日本 | 被动器件 | 艾睿公司、深圳市湘海电子有限公司、深圳市怡海能达有限公司、仁天科技（中国）有限公司、深圳市健三实业有限公司、上海雅创电子零件有限公司、深圳市长天实业有限公司、深圳市兴又昌科技有限公司、安富利（中国）科技有限公司、深圳市奇林实业有限公司、深圳市鼎芯无限科技有限公司、深圳市水泽田科技有限公司、苏州欣村电子有限公司、亚太美德电子股份有限公司、康捷电子有限公司、深圳峨星贸易有限公司、深圳市中普纳泽电子有限公司、河北聪超电子科技有限公司、首科科技（深圳）有限公司、深圳市泽天电子有限公司、上海润欣科技股份有限公司、威雅利电子（集团）有限公司、帕太集团有限公司、深圳市赛贝电子有限公司、深圳市宝惠丰电子有限公司、上海庆翌电子有限公司、苏州明贝电子有限公司、深圳市赣龙科技发展有限公司、香港威欣电子有限公司、天津港保税区通慧阳国际贸易有限公司、深圳市旺泰电子有限公司、深圳市新蕾电子有限公司、深圳市贞观实业有限公司、天津市御冠科技有限公司、长沙昇展力电子科技有限公司、天津爱仕凯睿科技发展有限公司、深圳市硕祥科技有限公司、华金科技电子有限公司、深圳市毕天科技有限公司、深圳市蓝源实业发展有限公司、仁天科技（中国）有限公司（深圳市仁天芯科技有限公司）等 |
| 21 | MLCC | Maruwa | 丸和株式会社 | 日本 | MLCC | 好得（香港）有限公司、雷度电子有限公司、南京商络电子股份有限公司(上海爱特信科技、香港商络)、跃马科技（中国）有限公司等 |

续表

| 序号 | 商品类别 | 英文名称 | 中文名称 | 国家 | 主要产品线 | 主要代理商 |
|---|---|---|---|---|---|---|
| 22 | MLCC | NIC Components | NIC元器件 | 日本 | 被动器件 | 北京贞光科技有限公司、成都奕宣科技有限公司、上海法本电子科技有限公司、昆山华腾电子有限公司、上海润欣科技股份有限公司、上海雅创电子集团股份有限公司、深圳市超利维实业有限公司、深圳市麦德信科技有限公司、深圳市旭禾电子有限公司、深圳市粤讯发科技有限公司、厦门信和达科技有限公司等 |
| 23 | MLCC | Panasonic | 松下电器机电（中国）有限公司 | 日本 | 被动器件 | 全球代理商信息：艾睿公司、安富利公司、Angila componen-ts公司、Allied Electronics公司、未来科技公司、Master Electronics公司、Newark element14公司、e络盟、美德电子有限公司、Sager Electronics公司、欧时公司、贸泽电子有限公司、得捷电子有限公司<br>本土代理商：达而特企业股份有限公司、深圳市鼎芯无限科技有限公司、科通集团、厦门信和达科技有限公司、上海英恒电子有限公司、华商龙科技有限公司、诠鼎集团、北京贞光科技有限公司、昆山华腾电子有限公司、成都奕宣科技有限公司、上海雅创电子集团股份有限公司、堡达实业股份有限公司、台湾交邦股份有限公司、启延电子科技股份有限公司、深圳市新蕾电子有限公司、深圳金好得电子有限公司、深圳市蓝源实业发展有限公司、仪群企业有限公司、宝融国际有限公司等 |
| 24 | MLCC | Passive Plus Inc | 被动加公司 | 美国 | 被动器件 | 请联系原厂：sales@passiveplus.com |
| 25 | MLCC | Presidio Components | Presidio | 美国 | 电容器 | 请联系原厂：info@presidiocomponents.com |

续表

| 序号 | 商品类别 | 英文名称 | 中文名称 | 国家 | 主要产品线 | 主要代理商 |
|---|---|---|---|---|---|---|
| 26 | MLCC | Prosperity Dielectrics | 信昌电子陶瓷 | 中国 | 被动器件 | 深圳市崇盛行电子有限公司、深圳市乐佳电子科技有限公司、深圳市兴鸿宇科技有限公司、深圳市旭禾电子有限公司、深圳市毕天科技有限公司等 |
| 27 | MLCC | RCD Components | RCD元器件 | 美国 | 被动器件 | — |
| 28 | MLCC | ROHM Semiconductor | 罗姆半导体 | 日本 | 综合型 | AMEYA360公司、深圳市有芯电子有限公司、A-SUNG公司、安富利公司、得捷电子有限公司、世健国际贸易（上海）有限公司、e络盟电子有限公司、未来科技公司、贸泽电子有限公司、RS公司、新晔电子（深圳）有限公司、增你强股份有限公司、EIL-深圳市星亮电子有限公司、法本电子科技有限公司、上海皇华信息科技有限公司、深圳市顺百科技有限公司、厦门信和达电子有限公司、欧特斯电子科技有限公司、深圳峨星贸易有限公司、深圳市天河星供应链有限公司、唯样商城、有芯交易中心、世强电子有限公司、合硕企业有限公司、艾睿公司、益登科技股份有限公司、光伦电子股份有限公司、伟诠电子股份有限公司、盛德竹集团、世健科技有限公司、深圳市富标科技有限公司、科宇盛达集团、帕太集团有限公司［帕太国际贸易（上海）有限公司、帕太国际贸易（深圳）有限公司］、贝能国际有限公司、武汉力源信息技术股份有限公司、深圳芯智科技有限公司、深圳欧凯达电子贸易有限公司、深圳市鹏利达电子有限公司、上海格州电子股份有限公司、华商龙科技有限公司、深圳市新蕾电子有限公司、宏标殷达电子（深圳）有限公司、育昇电子（深圳）有限公司等 |

续表

| 序号 | 商品类别 | 英文名称 | 中文名称 | 国家 | 主要产品线 | 主要代理商 |
| --- | --- | --- | --- | --- | --- | --- |
| 29 | MLCC | Samsung Electro-Mechanics | 三星电机 | 韩国 | 综合型 | 艾睿公司、儒卓力电子亚洲香港有限公司、安富利公司、宝丰科技有限公司、北京贞光科技有限公司、博电电子股份有限公司/富昌电子（上海）有限公司、富士电（香港）有限公司、广州盛中电子有限公司、江军企业股份有限公司、力垣企业股份有限公司［合顺电子（深圳）有限公司］、南京商络电子有限公司、瑞能星（香港）科技有限公司、瑞瑜国际贸易（上海）有限公司、三友科技（香港）有限公司、上海方仕电子有限公司、上海泰科源科技有限公司、深圳市超利维实业有限公司、深圳市飞玥科技有限公司、深圳市汇鼎智科技有限公司、深圳市朗骏通电子有限公司、深圳市泰和源电子有限公司、深圳市天和星供应链有限公司、深圳市粤讯发科技有限公司、苏州荣采电子有限公司、天津稳特电子有限公司、厦门信和达科技有限公司、深圳泰科源商贸有限公司、香港安泽电子有限公司、深圳市华信科科技有限公司、深圳市欧凯达电子贸易有限公司、深圳市润展科技有限公司、达而特企业股份有限公司、瑞捷实业股份有限公司等 |

第六章　电子元器件及其供应市场

续表

| 序号 | 商品类别 | 英文名称 | 中文名称 | 国家 | 主要产品线 | 主要代理商 |
|---|---|---|---|---|---|---|
| 30 | MLCC | Samwha Capacitor Group | 三和电容器集团 | 韩国 | 电容器 | 天津风磊电子有限公司、北京元六鸿远电子科技股份有限公司、郑州佳亿电子科技有限公司、山东红宝电子有限公司、深圳市容亮电子有限公司、南京创倍希电子有限公司、上海弘沛电子有限公司、西安恒盛泰商贸有限公司、天津泰贤电子科技有限公司、天津市稳特电子有限公司、武汉欣华隆科技有限公司、胜美亚电子有限公司、北京中电奇彩电子技术有限公司、北京瑞迈三和科技有限公司、上海众韩国际贸易有限公司、闻达国际有限公司、上海昊年电子科技有限公司、深圳市中冶菲斯电气设备有限公司、博电电子股份有限公司、所罗门股份有限公司、维捷电子有限公司、深圳金好得电子有限公司等 |
| 31 | MLCC | Semtech | Semtech | 美国 | 综合型 | 艾睿公司、安富利公司、贸泽电子有限公司、WPG公司、未来科技公司、中电器材有限公司、科通集团、友尚集团等<br>网址：http://www.semtech.com<br>美国的 Semtech 与中国的 Semtech（先科）不是同一家公司 |

续表

| 序号 | 商品类别 | 英文名称 | 中文名称 | 国家 | 主要产品线 | 主要代理商 |
|---|---|---|---|---|---|---|
| 32 | MLCC | TDK | TDK株式会社 | 日本 | 被动器件 | 艾睿公司、南京商络电子股份有限公司、厦门信和达电子有限公司、文浩实业有限公司、深圳市天河星供应链有限公司、厦门市向高电子有限公司、深圳市威尔达电子有限公司、九宁有限公司、南京创倍希电子有限公司、上海顺飞电子有限公司、富邦企业有限公司、协勇国际实业股份有限公司、神田香港有限公司、弘凌企业有限公司（海帆国际有限公司）、北京富声达杰瑞电子销售有限公司、凯恩杰科技股份有限公司（上海骏硕贸易有限公司）、创思（北京）电子技术有限公司、创技电子有限公司（苏州毅泰贸易服务有限公司）、台湾瑞普有限公司、亚太美德电子股份有限公司香港分公司、世平集团、台实实业股份有限公司、上海中电罗莱电气股份有限公司、上海英恒电子有限公司、北京元六鸿远电子技术有限公司、文浩实业有限公司、北京晶川电子技术发展有限公司、深圳德方电子有限公司、深圳市毕天科技有限公司、上海英恒电子有限公司等 |

第六章　电子元器件及其供应市场

续表

| 序号 | 商品类别 | 英文名称 | 中文名称 | 国家 | 主要产品线 | 主要代理商 |
|---|---|---|---|---|---|---|
| 33 | MLCC | TE Connectivity | 泰科电子 | 美国 | 综合型 | 艾睿公司、安富利公司、雅风电子有限公司、大连汇龙机电有限公司、大连奥飞电子有限公司、得捷电子有限公司、东莞市工高电子科技有限公司、e络盟电子有限公司、富昌电子有限公司、通意达电子（香港）有限公司、广州市挚领电子有限公司、广州帕亚科技有限公司、河南盛泰科技有限公司、江苏宝德电子有限公司、捷尚实业（香港）有限公司、冠飞电子科技有限公司、贸泽电子有限公司、普诠电子股份有限公司/欧时电子元器件有限公司、思泽(天津)科技有限公司、新晔电子、上海宜势电子科技有限公司、上海冠飞电子科技有限公司、上海勤朗电子科技有限公司、上海技达电子有限公司/陕西鑫泰德机电有限公司、陕西泰瑞德机电有限公司、深圳市国天电子股份有限公司、英泰格电子科技有限公司、深圳市捷迈科技发展有限公司、深圳市优克雷技术有限公司、信伸科技（香港）有限公司、天津达安泰科技有限公司、美德电子有限公司、武汉市昌龙电子电器有限公司、厦门福莱德电气有限公司、厦门信和达电子有限公司、北京昕辰先锋科技有限公司、北京澳硕科技有限公司、成都兴澜翔电子科贸有限责任公司、深圳神林电子有限公司、烟台东润电子有限公司、上海砹弗矽电子有限公司、南京捷应电子有限公司、南京商络电子有限公司、泰睿科技股份有限公司、无锡泰庆电子商贸有限公司、海盈科技集团（香港）有限公司、深圳俊星通信有限公司、上海亚屹电子有限公司、康博电子亚洲有限公司、深圳市亚锐智能科技有限公司、河南恒圣凯科技有限公司、上海昊凡电子科技有限公司、北京兰斯洛德科技有限公司、北京雅斯创兴科技发展有限公司、厦门唯样科技有限公司、广州瑞威电子有限公司、北京宏安天润科技有限公司、深圳市欧锘克电子有限公司、北京中海汇通科技有限公司等 |

453

续表

| 序号 | 商品类别 | 英文名称 | 中文名称 | 国家 | 主要产品线 | 主要代理商 |
|---|---|---|---|---|---|---|
| 34 | MLCC | Taiyo Yuden | 太阳诱电 | 日本 | 被动器件 | 深圳市兴鸿宇科技有限公司（香港卓远科技有限公司）、法本电子科技有限公司、深圳市宇声数码技术有限公司、雷度电子有限公司、富士电（香港）有限公司（深圳富士电贸易有限公司）、上海哲盛实业有限公司、得林器（天津）国际贸易有限公司、好得（香港）有限公司、环聊（香港）有限公司、深圳市新亿圣科技开发有限公司、禾硕科技有限公司、深圳庆美达电子有限公司等 |
| 35 | MLCC | Thin Film Technology | TFT | 美国 | 被动器件 | 联系原厂：finn.lin@tft-asia.com 其他区域代理商：MME Technology（Taiwan）/SMD, Inc.（USA）、Trendsetter Electronics（USA） |
| 36 | MLCC | Venkel | Venkel | 美国 | 被动器件 | 联系原厂：Toll Free：（800）950-8365 或 +001（512）794-0081 |
| 37 | MLCC | Viking Tech Corporation | 光颉科技股份 | 中国 | 被动器件 | 北京贞光科技有限公司、苏州凯而高电子有限公司、上海提隆电子有限公司、深圳市海利斯特科技有限公司、深圳市艾默深电子有限公司［达博雅科技（香港）有限公司］、成都摩朗泰科技有限公司/深圳市超利维实业有限公司、深圳市业德科技有限公司、深圳市兆廷鑫科技有限公司、苏州可士普电子有限公司、天津市御冠科技有限公司、大联大控股股份有限公司、深圳市晨欣电子有限公司、深圳市业展电子有限公司、捷比信实业有限公司、瑞捷实业股份有限公司、深圳市怡海能达有限公司、庆翌科技股份有限公司等 |

## 第六章　电子元器件及其供应市场

续表

| 序号 | 商品类别 | 英文名称 | 中文名称 | 国家 | 主要产品线 | 主要代理商 |
|---|---|---|---|---|---|---|
| 38 | MLCC | Vishay | 威世 | 美国 | 综合型 | 艾睿公司、安富利公司、亚锐电子（深圳）有限公司、Brite stone 公司（Brite stone 公司有很多办事处）、得捷电子有限公司、e络盟电子有限公司、依安达电子有限公司、未来科技公司、理查森电子有限公司、欧时电子有限公司、德国儒卓力有限公司、LTD 有限公司、美德电子有限公司、上海丰林科技有限公司、威健实业国际有限公司、威雅利电子（集团）有限公司、武汉力源信息技术股份有限公司、厦门信和达电子有限公司、华南友尚科技（深圳）有限公司、增你强股份有限公司、深圳市铭科微电子有限公司、达而特股份有限公司、上海三下电子科技有限公司、陕西睿创电子科技有限公司等 |
| 39 | MLCC | Walsin Technology | 华新科技 | 中国 | 被动器件 | 深圳市泽天电子有限公司、深圳市创讯实业有限公司、东莞市容奥电子有限公司、深圳市鑫鼎兴电子有限公司、深圳巨新科电子有限公司、深圳市碧绿天科技有限公司、深圳市旭禾电子有限公司、深圳市泰科源科技有限公司、昆山华腾电子有限公司、深圳市普瑞电子有限公司、东莞市佑晨电子科技有限公司、深圳市京昊电子有限公司、深圳市科茂森电子科技有限公司、东莞市爱伦电子科技有限公司、瑞鸿图（国际）有限公司、南京商络电子股份有限公司、苏州吉亚达电子有限公司、苏州凯而高电子有限公司、香港威纳电子有限公司、江军企业股份有限公司、达而特企业股份有限公司、瑞捷实业股份有限公司、比利迦实业股份有限公司、苏州宇泰贸易有限公司、上海亿圣电子有限公司、新晔电子（香港）有限公司、沃尔夫电子有限公司、深圳兴鸿宇科技有限公司、深圳市旭禾电子有限公司、深圳市新创享科技有限公司、深圳市三次方电子有限公司、深圳市朗骏通电子有限公司、深圳市凌昱微科技有限公司、深圳市汇丰盈实业发展有限公司、深圳市华天阳科技有限公司、郁高股份有限公司等 |

455

续表

| 序号 | 商品类别 | 英文名称 | 中文名称 | 国家 | 主要产品线 | 主要代理商 |
|---|---|---|---|---|---|---|
| 40 | MLCC | Wright Capacitors, Inc | Wright | 美国 | 定制陶瓷电容 | 请联系原厂：WCI@wrightcap.com |
| 41 | MLCC | Wurth Elektronik GmbH & Co. KG | 伍尔特 | 德国 | 综合型 | 请联系原厂：asiasales@we-online.com |
| 42 | MLCC | Yageo | 国巨 | 中国 | 被动器件 | 艾睿公司、安富利公司、未来科技公司、贸泽电子有限公司、安升电子（深圳）有限公司、深圳市奥特高科电子有限公司、深圳市欧尔法电子有限公司、深圳市超利维实业有限公司、深圳市灿升科技有限公司、郁高股份有限公司、惠州市德赛进出口有限公司、得捷电子（上海）有限公司、深圳市旭兴达电子有限公司、北京富声达杰瑞电子销售有限公司、杭州裕成电子有限公司、厦门信和达电子有限公司、深圳市弘安盛电子有限公司、兴邦国际股份有限公司、深圳市华天阳科技有限公司、上海弘沛电子科技有限公司、深圳市华晨锦悦科技有限公司、东莞市华宏电子有限公司、深圳市华智科电子有限公司、深圳市冰洋电子有限公司、深圳市吉利通电子有限公司、深圳市茂研电子科技有限公司、深圳市明利威科技有限公司、唯样商城、苏州市帕美克电子有限公司、瑞捷实业股份有限公司、深圳市日科实业有限公司、立真得（天津）国际贸易有限公司（国内很多分公司）、儒卓力电子（深圳）有限公司（国内有很多办事处）、南京商络电子股份有限公司、深圳市泽天电子有限公司、深圳市昱电科技股份有限公司、广东成启电子科技有限公司、南京创倍希电子有限公司、上海美德电子有限公司、香港华清电子（集团）有限公司、深圳市威尔达电子有限公司、深圳市巨新科电子有限公司、深圳市旭和达电子有限公司、深圳市兴鸿宇科技有限公司、深圳市翔科华电子有限公司、北京元六鸿远电子技术有限公司、深圳市盈信源贸易有限公司、苏州天祥电子有限公司、中电器材有限公司、宝融国际有限公司等 |

续表

| 序号 | 商品类别 | 英文名称 | 中文名称 | 国家 | 主要产品线 | 主要代理商 |
|---|---|---|---|---|---|---|
| 43 | MLCC | CCTC | 潮州三环 | 中国 | 综合型 | 请联系原厂：szsh@cctc.cc<br>代理商：深圳市弘泰微电子有限公司 |
| 44 | MLCC | Dalicap | 大连达利凯普科技有限公司 | 中国 | 电容 | 请联系原厂：dalicap@dalicap.com.cn |
| 45 | MLCC | Torch Electron | 火炬电子 | 中国 | 电容 | 请联系原厂：cs@torch.cn |
| 46 | MLCC | Yuanliu Hongyuan | 元六鸿远 | 中国 | 电容 | 请联系原厂：yldz@yldz.com.cn |
| 47 | MLCC | ISND | 厦门华信安电子科技有限公司 | 中国 | 电容 | 厦门华信安电子科技有限公司、深圳旭禾电子有限公司、深圳九昇昌电子有限公司、南京莆厦电子科技有限公司、苏州胡氏电子有限公司、杭州闽达电子有限公司、长沙悦新电子有限公司等 |
| 48 | MLCC | Zhuzhou Hongda | 株洲宏达电子股份有限公司 | 中国 | 被动器件 | 请联系原厂：hongdaelectronics@foxmail.com |
| 49 | MLCC | Guangzhou Chuangtian | 广州创天电子科技有限公司 | 中国 | 电容 | 请联系原厂：qinpenggui@gz-sunbeam.com（深圳办事处） |

## 二、电子元器件供应格局

自 2018 年以来，半导体技术和半导体企业从电子行业领域走进公众视野，因为美国就是"依仗"自身半导体技术的绝对优势来"压制"我国的高科技公司的。这使原来与电子行业无关的大众也开始关注一些半导体技术和企业的发展，国家层面更是专门为国内的半导体企业提供各种优惠政策，大力扶持和鼓励我国半导体技术的发展。那么，作为电子行业的采购人员，我们更应该关注自己所负责商品的市场动态，而半导体器件往往是电子行业中采购金额最高、采购周期最长、影响最大的战略型商品。由于电子元器件所涉及的商品类别众多，产业链很长，无法用很短的篇幅全面而深入地进行介绍，因此，接下来从我们最常接触的电子元器件供应市场着手做基本的介绍，感兴趣的同人可以针对自己所负责的品类做类似的分析和研究。

### （一）微控制处理器

全球微控制处理器（俗称"单片机"，MCU）市场一直以来都是由欧美、日本及我国台湾地区厂商主导，形成三足鼎立之势。其中，国外厂商占据32位高端MCU市场，尤其在汽车电子、工业控制领域优势巨大。欧美、日本厂商以高端产品为主，包括汽车电子、工业控制、计算机与网络等领域。我国台湾地区的企业在消费电子、计算机与网络领域有较强实力，大陆的供应商侧重于低端消费电子产品生产。全球排名前八位的MCU厂商分别为恩智浦（收购飞思卡尔后一跃成为全球第一大MCU厂商）、瑞萨电子（收购了NEC）、微芯（收购了艾特梅尔）、三星、意法半导体、英飞凌、德州仪器（收购了NS〈美国国家半导体〉）、赛普拉斯（ypress）。

1. 恩智浦

恩智浦公司传统的MCU是基于80C51内核的MCU，嵌入了掉电检测、模拟及片内RC振荡器等功能，使51LPC高集成度、低成本、低功耗的应用设计可以满足多种性能要求。2015年，恩智浦75%的MCU营业收入是来自用在智能卡上的8位和16位MCU。收购飞思卡尔后，恩智浦从2015年全球第六大MCU供应商跃到了榜首的位置，市场份额高达19%，营业收入达到29亿美元，且恩智浦的MCU转向32位MCU的嵌入式控制应用，汽车电子领域更是其重点发展领域。恩智浦和飞思卡尔都开发了大量的32位ARM Cortex-M MCU。

## 2. 瑞萨电子

2016年，瑞萨电子被新收购了飞思卡尔的恩智浦拉下神坛，MCU出货量屈居全球第二位，市场份额为16%，不过其在车机市场仍然占据着最高的市场份额。它们获得ARM的授权，不过不是用来做MCU的，而是用来做处理器的，MCU都是用瑞萨电子自己的架构。

## 3. 微芯

微芯的主要产品是16C系列8位MCU，CPU（中央处理机）采用RISC（精简指令系统）结构，仅33条指令，运行速度快，且以低价位著称，一般MCU的价格都在1美元以下。微芯MCU没有掩膜产品，全部是OTP（一次性可编程）器件（近年来已推出FLASH〈闪存〉型MCU）。微芯强调节约成本的最优化设计，使用量大、档次低、价格敏感的产品。微芯的PIC产品的突出特点是体积小，功耗低，精简指令集，抗干扰性好，可靠性高，有较强的模拟接口，代码保密性好，大部分芯片有其兼容的FLASH程序存储器。该公司有自己架构的单片机，叫作PIC，分别有PIC8、PIC16、PIC32等系列。PIC采用了MIPS（美普思科技有限公司）的Aptiv（MIPS的一个产品系列）内核，还有一个系列的产品是传统8051/80C51产的MCU。由于微芯和全球第二大半导体设计IP公司MIPS合作，用MIPS的内核做MCU，来与ARM（高级精简指令集机器）对抗，所以它们没有基于ARM架构的MCU。2016年微芯的MCU出货量位居全球第三位，营业收入相比2015年增长了50%，达到20亿美元。这主要得益于2016年第二季度收购了艾特梅尔。在2015年，艾特梅尔在全球MCU供应商中排名第九位，营业收入为8.08亿美元。在收购艾特梅尔之前，微芯是少有的几个没有ARM授权的MCU公司之一。在收购艾特梅尔6个月后，微芯扩充了其基于MIPS的32bit PIC32 MCU，同时扩充了艾特梅尔的基于ARM的SAM（ARM的一个产品系列）系列。微芯表示，将为不同的客户提供适合的MCU。

## 4. 三星

2016年三星MCU市场份额为12%，位居全球第四位。三星有KS51、KS57系列4位MCU，KS86、KS88系列8位MCU，KS17系列16位MCU，

KS32系列32位MCU。三星MCU为OTP型ISP提供在线编程功能。在4位MCU中采用NEC（日本电气公司）的技术，在8位MCU中引进Zilog（美国一家芯片公司）公司的Z8技术，在32位MCU中使用了ARM7内核、DEC（数字设备公司）的技术、东芝的技术等。其MCU裸片的价格相当有竞争力。

5. 意法半导体

意法半导体MCU拥有强大的产品阵容，从稳健的低功耗8位MCU STM8系列，到基于各种ARM® Cortex®-M0和M0+、Cortex®-M3、Cortex®-M4、Cortex®-M7内核的32位闪存MCU STM32家族，为嵌入式产品开发人员提供了丰富的MCU选择资源。同时，意法半导体还在不断扩大、拓展产品线，其中包括各种超低功耗MCU系列。意法半导体的STM32系列拥有极其庞大的出货量，2007年，意法半导体发布全球首款STM32产品；到了2012年，全球出货量达到了1亿片；到2013年，全球出货量蹿升至10亿片；2013—2016年这三年全球出货量又增加了10亿片。十年来，STM32拥有L1、F2、F4、F0等十大产品系列，共700余款产品，从超低功耗到高性能，强大的产品阵容满足了多重市场需求。

6. 英飞凌

英飞凌的前身是西门子集团的半导体部门。英飞凌8位MCU能实现高性能的电机驱动控制，在严酷环境下（高温、EMI〈电磁干扰〉、振动）具有极高的可靠性。英飞凌8位MCU主要有XC800系列、XC886系列、XC888系列、XC82x系列、XC83x系列等产品系列。英飞凌的MCU用在汽车、工业类上面居多，用于消费类的很少。

7. 德州仪器

德州仪器是全球领先的模拟及数字半导体IC设计制造公司。除提供模拟技术、数字信号处理（DSP）以外，德州仪器在MCU领域也涉入较深，并推出了一系列32位MCU，其中最具代表性的是Piccolo（德州仪器的产品系列）系列微处理器，具体型号如C2000和F28x系列。德州仪器的MCU产品线很广，针对不同领域推出了多款系列产品。

8. 赛普拉斯

赛普拉斯的 MCU 主要是 PSOC 系列，是集成了高性能模拟、可编程逻辑、内存及微控制器的嵌入式片上系统，其最大特点是功耗低、可编程且非常灵活。其中 PSoC4 将模拟和数字架构及 CapSense（赛普拉斯的产品系列）电容式触摸技术同 ARM 的低功耗 Cortex-M 系列完美结合。赛普拉斯最新的 MCU 为 PSoC 6，采用 ARM® Cortex®-M4 和 Cortex®-M0+ 的双核架构来平衡性能和功耗需求。更重要的是，PSoC 6 采用了赛普拉斯 40nm SONOS 处理技术，使 PSoC 6 微型控制器架构能够在 ARM Cortex-M4 和 Cortex-M0+ 内核上分别以 22 μA/MHz 和 15 μA/MHz 工作电流实现业内领先的功耗。2016 年，赛普拉斯的 MCU 业务营业收入也达到 6.22 亿美元，位居全球第八位。赛普拉斯的营业收入增长主要来源于 2015 年的收购，当时其斥资 50 亿美元收购了飞索半导体。后者最初是从 AMD（超威半导体公司）独立出来的 Nor Flash（非易失闪存存储器）供应商。在 2013 年，飞索半导体斥资 1.1 亿美元收购了富士通半导体的 MCU 和模拟业务，其目的是将产品线扩充到非易失性存储产品之外。在 2013 年，飞索半导体也获得了 ARM 的 32bit MCU 核心授权。赛普拉斯的营业收入增长除来自飞索半导体的 MCU 业务外，自身的 PSoC 产品线增长也是重要因素之一，该系列产品将 MCU、混合信号用户定义串口和数字功能结合起来，为终端用户应用提供更完整的解决方案。

### （二）现场可编程门阵列

可编程的"万能芯片"现场可编程门阵列（Field Programmable Gate Array，FPGA），是指一切通过软件手段更改、配置器件内部连接结构和逻辑单元以完成既定设计功能的数字集成电路。FPGA 市场前景诱人，但是门槛之高在芯片行业内无出其右。全球有 60 多家公司先后斥资数十亿美元，前仆后继地尝试登顶 FPGA 高地，其中不乏英特尔、IBM、德州仪器、摩托罗拉、飞利浦、东芝、三星这样的行业巨鳄，但是最终登顶成功的只有位于美国硅谷的四家公司，即赛灵思、阿尔特拉（被英特尔收购）、美高森美和莱迪思（Lattice）。其中，赛灵思与阿尔特拉分别占有全球 53% 和 36% 的市场份额。这两家公司共占有近 90% 的市场份额，专利达 6000 余项之多，如此之多的技术专利构成的技术壁垒当然高不可攀。赛灵思始终保持着全球 FPGA 的霸主地位。

1. 赛灵思

1984 年赛灵思共同创始人 Ross Freeman、Bernie Vonderschmitt 和 Jim Barnett 定下了一个目标，那就是"针对特定应用市场，把赛灵思打造成为一个设计、制造、营销及用户可配置逻辑阵列全面领先的企业"。从一个专利起步，赛灵思的创始人点燃了一种创新的精神。这种精神不仅成就了一个前所未有的行业，而且让赛灵思成为半导体行业当之无愧的领先企业。赛灵思发明的 FPGA 颠覆了半导体世界，创立了无晶圆厂（Fabless）的半导体模式。赛灵思的产品组合融合了 FPGA、SoC、3DIC 系列所有可编程器件及全可编程的开发模型，包括软件定义的开发环境等。产品支持 5G 无线、嵌入式视觉、工业物联网和云计算所驱动的各种智能、互联和差异化应用。客户使用赛灵思及其合作伙伴的自动化软件工具和 IP 核对器件进行编程，从而完成特定的逻辑操作。目前，赛灵思满足了全世界对 FPGA 产品一半以上的需求。赛灵思产品线还包括复杂可编程逻辑器件（CPLD）。在某些控制应用方面，CPLD 通常比 FPGA 速度更快，但其提供的逻辑资源较少。与采用传统方法如固定逻辑门阵列相比，利用赛灵思可编程器件，客户可以更快地设计和验证自己的电路。由于赛灵思器件是只需要编程的标准部件，客户不需要像采用固定逻辑芯片时那样等待样品或付出巨额成本。赛灵思产品已经被广泛应用于从无线电话基站到 DVD 播放机的数字电子应用技术中。传统的半导体公司只有几百个客户，而赛灵思在全世界拥有 7500 多个客户及 50 000 多个设计开端。赛灵思可编程芯片为行业领先企业提供了可选的创新平台，使它们可以设计和生产出数以万计的可以提高我们日常生活质量的先进产品。

2. 阿尔特拉

阿尔特拉是"可编程芯片系统"（SOPC）解决方案的倡导者。结合带有软件工具的可编程逻辑技术、知识产权（IP）和技术服务，在世界范围内为 14 000 多个客户提供高质量的可编程解决方案。新产品系列将可编程逻辑的内在优势——灵活性、产品及时面市与更高级性能及集成化结合在一起，专为满足当今大范围的系统需求而开发设计。全面的产品组合不但有器件，而且包括全集成软件开发工具、通用嵌入式处理器、经过优化的知识产权内核、参考设计实例和各种开发套件等。2015年，英特尔宣布以167亿美元收购FPGA厂商阿尔特拉。这是英特尔公司历史上规模最大的一次收购。随着收购完成，阿尔特拉将成为英特尔旗下的可编程解决方案事业部，丹·麦克纳马拉将担任这一部门的负责人。新成立的可编程解决方案事业部将携手英特尔现有数据中心事业部与物联网事业部，共同开发"高度定制化和高度集成化的产品"。新的一体化芯片最初将带来30%~50%的性能提升，而最终的性能将提升2~3倍。这样的计算性能对于人脸识别等计算任务来说很重要。

3. 美高森美

2010年10月，美高森美宣布与爱特（Actel）公司达成最终协议，以每股20.88美元的现金邀约收购爱特公司。收购爱特后，美高森美一路走高，成为FPGA市场四大巨头之一。美高森美在业内久负盛名，因为该公司是美国国防军工FPGA器件顶级供应商，每年都会出现在美国国防预算名单中，在高可靠性应用领域拥有出众且独特的芯片制造工艺技术，美国航空航天市场的FPGA电子器件几乎由其一家承包，军工方面有赛灵思和阿尔特拉竞争。美高森美的主要产品包括SMSC芯片、桥式整流器、三相整流桥、二极管整流模块、单相整流模块、三相整流模块、高压硅堆、快恢复整流模块、晶闸管模块以及其他半导体器件和芯片。产品达到美国军用、航空二极管标准，主要出口美国，被广泛应用于移动通信、计算机及周边设备、医疗器械、汽车、卫星、通信、军用和航空航天等领域。美高森美于2018年5月被微芯以83.5亿美元全资收购。

4. 莱迪思

莱迪思提供业界领先的Serdes（并行转换器）产品。FPGA和PLD（可编程逻辑电路）是广泛使用的半导体电子元器件，最终用户可以将其配置成特定的逻辑电路，从而缩短设计周期，降低开发成本。莱迪思的最终用户主要是通信、计算机、工业、汽车、医药、军事及消费品市场的原始设备生产商。莱迪思为当今系统设计提供整体解决方案，包括提供瞬时上电操作、安全性和节省空间的单芯片解决方案的一系列无可匹敌的非易失可编程器件。

### （三）存储器

全球前六大存储器厂商分别为三星、海力士半导体（SK Hynix）、美光（Micron）、东芝（TOSHIBA）、西部数据（Western Digital）和英伟达（NVIDIA）。

### （四）分立半导体功率器件

2015年全球半导体功率器件厂商排名，如表6-5所示。

表6-5　2015年全球半导体功率器件厂商排名

| 序号 | 制造商 | 2014年市场份额百分比（%） | 2015年市场份额百分比（%） | 变动率（%） |
|---|---|---|---|---|
| 1 | 英飞凌 | 9 | 12 | 3.1 |
| 2 | 德州仪器 | 10 | 11 | 0.7 |
| 3 | 意法半导体 | 6 | 6 | −0.1 |
| 4 | 美信 | 5 | 5 | 0.1 |
| 5 | 高通 | 4 | 4 | 0.1 |
| 6 | 安森美 | 4 | 4 | 0.0 |
| 7 | 瑞萨电子 | 3 | 4 | 0.4 |
| 8 | 仙童 | 4 | 4 | −0.2 |
| 9 | 瑞萨电子 | 4 | 3 | −0.7 |
| 10 | 凌特 | 3 | 3 | 0.0 |

### （五）电解电容

日本、韩国、中国是全球铝电解电容的主要生产国家。全球排名前10位的铝电解电容厂家分别为黑金刚（Nippon Chemi-con）、蓝宝石（Nichicon）、红宝石、松下、韩国三莹（SamYoung）、湖南艾华（Aishi）、TDK-EPCOS、南通江海（JiangHai）、万裕三信（Manyue）、立隆（Lelon），此外还有丰宾（Capxon）、ELNA 等厂商。

### （六）电感

与电容和电阻不同，电感市场供给十分分散。村田、TDK、太阳诱电的电感份额排名全球前三位。与电容和电阻不同，电感具有较强的定制化特点，需要在电流大小、电感量大小和工作频率三者之间做出权衡。电感的定制化特点导致电感行业的供给格局较为分散。

### （七）MLCC

从总体上看，陶瓷电容器在国际市场上呈现日本一家独大的行业格局。陶瓷电容器可分为单层陶瓷电容（SLCC）、贴片电容（MLCC）和引线式多层陶瓷电容，其中 MLCC 市场规模达 107 亿美元，约占陶瓷电容市场的 93%，占电容器整体市场的 50% 以上。村田、三星电机、TDK、太阳诱电和国巨电子等厂商，凭借陶瓷粉体材料和制造技术上的优势领先于其他厂商，其中日本企业在小型高容量及陶瓷粉末技术方面领先优势明显，并且具有比较完备的产品阵容。日本村田在市场占有率及销售收入规模上均明显领先于其他企业，全球市场占有率排名前三位的厂商占据全球市场份额 50% 以上，产业集中度较高。我国中小型厂商居多，主要生产中低端 MLCC 产品，国巨电子（台湾）主要涉足中档产品领域。从 2017 年起，日韩 MLCC 龙头企业进行产业升级，产能逐步向小型化、大容量的高端电容产品转移，其所释放的部分中低端市场主要由中国厂商承接。同时期，风华高科启动 MLCC 扩产计划，有效地缓解了 MLCC 市场的供应压力。

### （八）钽电容

钽电容在国际市场仍由美国、日本厂商主导。全球排名前十位的钽电容厂商分别为基美、京瓷（AVX）、威世、松下、罗姆、泰科、NEC、艾博康、顺络。美国威世、基美、京瓷（AVX）和日本 NEC 等厂商在钽电容的生产工艺和基础材料上都具备技术优势，其中京瓷（AVX）的市场占有率及技术优势较为明显，威世的营业收入和毛利水平高于其他厂商。从生产的产品类型来看，生产黑钽的主要是 NEC 和尼吉康，生产黄钽和高分子聚合物钽电容（Polymer）的主要是京瓷（AVX）和基美。在民品方面，国内厂商在生产规模、成本、品质控制各方面都落后于国外企业，国产化率提升较为紧迫；在军品方面，宏达电子的高能混合钽（THC）已实现国产替代，在航空航天领域的应用前景较为广阔。国内钽电容厂商主要有火炬电子和宏达电子等。火炬电子在2016年成立"钽电产品事业部"，主要从事钽电容的生产与销售，随后推出"火炬牌"钽电容，应用涉及军品、民品两个领域。钽电容的盈利水平逐年提升。宏达电子是国内军用钽电容生产领域的龙头企业，具备先进的钽电容生产线、技术工艺及较完备的质检体系。

### （九）PCB

过去20年间，全球PCB产业不断向中国转移。从总量上看，目前中国已经成为全球最大的PCB生产基地；但从结构上看，我国承接的主要还是中低端产值，高端产值上依然显著低于外资企业，综合来看，台湾地区的产业优势更胜一筹。从Prismark公布的"2018年全球PCB厂商前30位排名"（见表6-6）中可以看出，在地域上，我国台湾地区PCB产业依旧占据着全球第一的宝座，无论是上榜的企业数量（13家），还是产值占比（表6-6中总产值达17 517百万美元，占全球总产值的46.1%），都拥有绝对的优势。随后，第二名、第三名分别是日本（7家）和韩国（5家），它们的合计产值分别占全球总产值的22.5%、12.3%。另外，我国的维信（东山精密）、深南电路、景旺也进入前30位。最后是美国和奥地利PCB企业各上榜1家。此外，还有一大批内资PCB军团正在虎视眈眈，如崇达、兴森、奥士康等，它们正在等候5G市场的爆发，以期全力冲刺中高端PCB市场。

表6-6 2018年全球PCB厂商前30位排名

| 排名 | 公司名称 | 国家 | 营业收入（百万美元） |
| --- | --- | --- | --- |
| 1 | 臻鼎科技 | 中国 | 3911 |
| 2 | 旗胜 | 日本 | 2856 |
| 3 | 迅达 | 美国 | 2847 |
| 4 | 欣兴 | 中国 | 2620 |

续表

| 排名 | 公司名称 | 国家 | 营业收入（百万美元） |
|---|---|---|---|
| 5 | 健鼎 | 中国 | 1727 |
| 6 | 华通 | 中国 | 1681 |
| 7 | 三星电机 | 韩国 | 1346 |
| 8 | 维信 | 中国 | 1308 |
| 9 | 奥特斯 | 奥地利 | 1202 |
| 10 | 瀚宇博德 | 中国 | 1186 |
| 11 | 藤仓 | 日本 | 1155 |
| 12 | 深南电路 | 中国 | 1145 |
| 13 | 揖斐电 | 日本 | 1083 |
| 14 | 名幸 | 日本 | 1074 |
| 15 | 泸士电子 | 中国 | 999 |
| 16 | 南亚 | 中国 | 955 |
| 17 | 住友电工 | 日本 | 945 |
| 18 | 信泰 | 韩国 | 917 |
| 19 | 大德集团 | 韩国 | 900 |
| 20 | 台郡 | 中国 | 884 |
| 21 | 中央铭板 | 日本 | 818 |
| 22 | 景硕 | 中国 | 787 |
| 23 | LG Innotek | 韩国 | 778 |
| 24 | 志超 | 中国 | 765 |
| 25 | 景旺 | 中国 | 762 |
| 26 | BH | 韩国 | 693 |
| 27 | 金像 | 中国 | 683 |
| 28 | 敬鹏 | 中国 | 672 |
| 29 | 耀华 | 中国 | 647 |
| 30 | 新光电器 | 日本 | 620 |

注：数据来源于 Prismark。

### （十）电子元器件制造的综合国力点评

全球电子元器件制造能力最强的国家是美国，日本、韩国、德国次之，我国台湾地区居第三位。

（1）美国。从技术和市场占有率的角度来看，美国是电子元器件市场当之无愧的行业领导者，尤其是在半导体行业，美国占据着绝对的"霸主地位"。

（2）日本。日本在电子元器件市场的综合国力应该是仅次于美国的全球排名第二位的国家，尤其是被动器件领域。日本的被动器件的技术实力及市场占有率绝对处于全球第一的水平，实力比美国还要强大。论技术实力，美国的被动器件技术并不比日本差，只是美国看不上附加值相对较低的被动器件，而把精力放在附加值较高的半导体器件上。除被动器件外，日本在基础材料科学上也处于世界领先水平。

（3）韩国。韩国主要以三星半导体、三星电机、海力士为代表，就全球电子元器件制造技术和市场占有率来看，韩国处于全球第四位的位置。

（4）德国。德国主要以英飞凌和伍尔特等电子元器件制造商为代表。

（5）中国。从技术角度来看，被动器件较之于半导体器件，其技术含量较低，因此我们可以看到在被动器件领域中国企业逐渐崛起，比如，PCB制造技术、电感、变压器、电容和电阻等。在半导体领域，中国依然处于比较落后的位置，比如，目前我们还没有自主品牌的CPU制造商，没有32位和64位高端MCU生产厂商，没有硅锭制造商（全靠进口），等等。我国台湾地区早年从美国与日本学到了比较先进的半导体制造技术及被动器件制造技术，就全球电子元器件制造技术和市场占有率来看，处于全球第三的位置。

## 第三节　电子元器件分销行业

### 一、电子元器件分销商

电子元器件分销商在产业链中的位置介于上游企业（芯片设计企业、晶圆厂、封测厂及芯片成品厂商）和品牌商之间，与代理商、方案商和代工厂相关。根据是现货还是期货，是否拿到原厂授权，可以将电子元器件分销商分成有现货有授权的目录型分销商，有授权需要订货的授权型分销商，有现货但没有原厂授权的囤货型分销商，给终端企业找缺货、提供降本的次终端型分销商四大类，如表 6-7 所示。随着互联网技术的发展、企业成本竞争的加剧以及终端行业"洗牌"，电子元器件分销商的生存空间进一步被压缩，甚至被淘汰出局，尤其是非官方授权的贸易商（囤货型分销商及次终端型分销商）。

表 6-7　电子元器件分销商分类

| 序号 | 类别 | 现货 | 期货 | 授权 | 非授权 | 举例 |
|---|---|---|---|---|---|---|
| 1 | 目录型分销商 | 是 | 否 | 是 | 否 | 得捷电子、贸泽电子、e 络盟、RS、美国 II、云汉芯城、华强电子网等 |
| 2 | 授权型分销商 | 否 | 是 | 是 | 否 | 艾睿公司、安富利公司、未来科技、WPG、文晔科技、科通、泰科源、信和达、中电港、英唐智控、亚讯科技等 |
| 3 | 囤货型分销商 | 是 | 否 | 否 | 是 | 史密斯、杨帆，国内的大批私人贸易公司 |
| 4 | 次终端型分销商 | 否 | 是 | 否 | 是 | 凯新达电子，国内的大批私人贸易公司 |

## 二、电子元器件代理商行业现状及趋势

按照电子元器件供应链环节，可以将电子元器件代理商划分为原厂、代理分销商、采购商三大类，由于需求和价值的存在，这三种角色的关系牢不可破，三者缺一不可。下面我们从以下几个方面来看看当代电子元器件代理商的现状。

### （一）代理商与原厂的关系

2018年国际电子商情对131家电子元器件代理商进行问卷调查，主要聚焦中国市场。调查结果显示，分销商毛利率呈现下降趋势。导致代理商利润率下降的原因主要有两个：其一，市场采购渠道透明化导致价格透明；其二，利润被市场环境挤压，终端向上游抠成本，原厂向代理收紧利润。由此可见，代理商的生存与发展面临着重大困难。

关于终端制造环节，以智能手机为例，智能手机出货量下滑，品牌集中度进一步加强。有数据显示，2017年全球和中国智能手机销量均出现了首次下跌，2018年1—3月中国市场智能手机销量跌幅达27%，1—6月下跌17.8%。智能手机需求在近两年都处于较弱态势。在5G手机发布前或将难以得到根本性改观。全球前五大手机品牌三星、华为、苹果、小米、OPPO，在2017年Q2合计市占率为59.9%，到了2018年Q2合计市占率为66.8%。中国市场前五大手机品牌华为、OPPO、Vivo、小米及苹果，在2016年合计市占率为67%，2017年为77%。显然，其他手机品牌的市场份额在减少，出货量向头部企业集中的趋势明显。这种情形势必波及供应商，头部企业或实力雄厚的供应商可能得到更多的市场机会，而一些供应商因为客户出货量下降导致营业收入受到影响。这也使得分销商强强联合、抱团取暖，或者借助资本的行动持续发生。上游原厂的大规模并购重组并不像预期的那样顺利，如博通收购高通、高通收购恩智浦，均以失败告终。尽管如此，小规模的并购仍在发生，如力特收购艾赛斯，瑞萨电子收购IDT，等等。对产品线进行整合的同时也意味着存在渠道变化的可能，对于代理商而言也将面临变动。半导体公司的集中与代理商的集中在未来很长一段时间内将不可避免。代理

商面临的困难多而分散，我们看到市场需求减弱、需求变化快、利润率下降、客户货款回收难、原厂渠道管理策略变化、汇率变化及库存压力大等的选择均排在前列，比例相当。

开拓新应用市场和客户是分销商的第一大要务。增加产品种类，加强与供应商及买家间的联系，另外增设办事处，加强公司服务与品牌推广，扩大服务范围。代理商的多元化代理线拓展反映出代理商对原厂的选择准则。在电子元器件代理品牌的市场策略方面，增加本土品牌代理线与增加国际品牌代理线相差不大，增加本土品牌代理线占比略高。代理商选择代理品牌时，主要考虑原厂品牌知名度以及是否与现有经营市场互补，并不在乎原厂是来自国内还是国外。不过，不可否认的是，国内 IC 发展速度较快，加上中国芯片受到国家高度重视，国产 IC 的代理必将成为热门选择。

### （二）新兴市场

消费电子、工业电子和汽车电子是构成代理商早年销售收入的三大主要应用，其次为医疗电子、网络与通信系统、安防监控。消费电子毋庸置疑是第一大分销市场，而工业电子和汽车电子成为代理商的第二、第三大主要收入来源。由于消费电子进入白热化竞争状态，近年来，电子元器件代理商由消费电子转向扩展其他应用市场的积极性与迫切性增强。尤其是汽车电子领域，纯电动汽车对半导体的需求将呈两倍以上速度地增长。值得注意的是，分立器件的需求量将达 5 倍之多，MLCC 的用量将增长 6 倍，连接器也将增长 1.6~2 倍。代理商的业务增长重心逐渐放在了与汽车有关的市场，新能源、电动汽车、车联网都在调研中呈现出较高的选择比例。选择物联网的代理商占比达到 14%，因而物联网是另一大重点发展市场。另外，安防监控、可穿戴设备也有超过 5% 的选择比例，智能手机与平板电脑等传统消费电子则占比较低。对于智能手机、平板电脑等产业链步入成熟期的市场，代理商获利增长有限，开拓新的市场才能有更多的获利机会。

### （三）代理商价值

对合格代理商三大要素的选择，以供货能力、产品价格、技术支持能力占比最高。供货能力位列第一，这说明供货的平稳性对客户端来说最为重要，产品价格并不是最主要的考虑因素。公司信誉、产品质量和快速响应能力对于客户端的重要性仅次于供货能力。技术支持能力成为代理商为客户提供的第一大增值服务，放款、提供替代电子元器件分别位列第二位、第三位，紧接着为小批量供应和现货库存。注重技术支持已经成为代理商在现阶段最重要的增值服务，放款、给予账期是代理商一贯的服务，而提供替代电子元器件也是在追求性价比及供应紧缺时代理商价值的体现。现货库存在缺货时期更加重要。另外，小批量供应有助于代理商提供更优质的产品设计期的服务。从技术支持细分来看，现场工程支持、提供参考设计方案和客户共同设计是排名前三位的选项，这意味着代理商更积极地从最开始就介入客户的设计之中，以便更早地接触或引导客户的选型与需求。常见电子元器件代理商名录，如表6-8所示。

### （四）在线交易

代理商在线交易的营业收入比例中，选择10%和0的不相上下，均达到了32%。由此可见，在线交易仍未得到代理商的广泛采用。除了部分电商平台的在线交易水平达到80%以上，从行业现状来看，电商平台也不乏在线交易仅占40%~60%的情况。总体来看，分销电商化水平仍然较低。在线业务主要由第三方交易平台产生，占比达59.09%，第三方交易平台成为较自行建站更受欢迎的选择。在线交易发展的"瓶颈"中，采购习惯和信任度仍然是最大的障碍。

产品询价和库存查询是在线服务的主要项目。型号查询、数据业务、BOM配单也是占比较高的服务项目。由此可见，在线服务正在由询价、查询等基础功能向进一步的数据化与BOM发展，这也正是我们目前看到的电子元器件在线服务的发力点。

常见电子元器件代理商名录，如表6-8所示。

表6-8　常见电子元器件代理商名录

| 序号 | 英文名称 | 中文名称 | 国家 |
| --- | --- | --- | --- |
| 1 | Arrow | 艾睿 | 美国 |

## 第六章　电子元器件及其供应市场

续表

| 序号 | 英文名称 | 中文名称 | 国家 |
|---|---|---|---|
| 2 | Avnet | 安富利 | 美国 |
| 3 | WPG Holdings | 大联大控股 | 中国 |
| 4 | WPI Group | 世平集团 | 中国 |
| 5 | SAC Group | 品佳集团 | 中国 |
| 6 | AIT Group | 诠鼎集团 | 中国 |
| 7 | YOSUN Group | 友尚集团 | 中国 |
| 8 | Richpwer Group | 富威集团 | 中国 |
| 9 | Pernas | 凯悌股份有限公司 | 中国 |
| 10 | Future | 富昌电子 | 美国 |
| 11 | Macnica | 导科国际 | 日本 |
| 12 | Macnica Cytech | 导科骏龙 | 日本 |
| 13 | RS Components | 欧时电子 | 英国 |
| 14 | Digi-Key | 得捷 | 美国 |
| 15 | Element14 | e络盟 | 美国 |
| 16 | Mouser | 贸泽 | 美国 |
| 17 | Rutronik | 儒卓力 | 德国 |
| 18 | Heilind Electronics | 赫联电子 | 德国 |
| 19 | Comtech | 科通集团 | 中国 |
| 20 | CECport | 中电港 | 中国 |
| 21 | CEAC | 中电器材 | 中国 |
| 22 | Techtronics | 泰科源 | 中国 |
| 23 | P&S | 武汉力源 | 中国 |
| 24 | Powertek | 帕太集团 | 中国 |
| 25 | Road-well | 路必康 | 中国 |
| 26 | bob holdings | 好上好集团 | 中国 |

续表

| 序号 | 英文名称 | 中文名称 | 国家 |
| --- | --- | --- | --- |
| 27 | Honestar | 北高智 | 中国 |
| 28 | Skynoon | 天午科技 | 中国 |
| 29 | WT Microelectronics | 文晔集团 | 中国 |
| 30 | Smart-Core Holdings | 芯智控股 | 中国 |
| 31 | Excelpoint | 世健系统 | 中国 |
| 32 | HK Baite | 香港百特 | 中国 |
| 33 | Jetronic | 创兴电子 | 中国 |
| 34 | Mornsun | 梦想电子 | 中国 |
| 35 | Wisewheel | 唯时信电子 | 中国 |
| 36 | HUAQIANG | 华强实业 | 中国 |
| 37 | Sanet Electronics | 湘海电子 | 中国 |
| 38 | Holder Electronics | 信和达 | 中国 |
| 39 | Sunray Electronics | 新蕾电子 | 中国 |
| 40 | YITOA | 英唐智控 | 中国 |
| 41 | Willsemi | 韦尔半导体 | 中国 |
| 42 | Aisacom | 亚讯科技 | 中国 |
| 43 | Sekorm | 世强先进 | 中国 |
| 44 | Fortune Techgroup | 润欣科技 | 中国 |
| 45 | Lierda | 利尔达 | 中国 |
| 46 | Nanjing Sunlord | 南京商络 | 中国 |
| 47 | Burnon | 贝能国际 | 中国 |
| 48 | ZLG MCU | 周立功 | 中国 |
| 49 | Galaxy | 天河星 | 中国 |
| 50 | Yctexin | 雅创电子 | 中国 |
| 51 | SBIT | 南基国际 | 中国 |

续表

| 序号 | 英文名称 | 中文名称 | 国家 |
| --- | --- | --- | --- |
| 52 | Fengbao Electronics | 丰宝电子 | 中国 |
| 53 | Qinuo | 深圳淇诺科技有限公司 | 中国 |
| 54 | Advantase | 鹏源电子 | 中国 |
| 55 | ickey | 云汉芯城 | 中国 |
| 56 | Hi-mantech | 怡海能达 | 中国 |
| 57 | nlk-ic | 蓝科电子 | 中国 |
| 58 | Zwish | 上海其正信息科技有限公司 | 中国 |
| 59 | Villon | 汇能光电 | 中国 |
| 60 | Serial System | 新晔电子 | 新加坡 |
| 61 | EDOM Technology | 益登科技 | 中国 |
| 62 | Zenitron Corporation | 增你强 | 中国 |
| 63 | Willas-Array | 威雅利 | 新加坡 |
| 64 | Tomen | 东棉电子 | 日本 |
| 65 | Alltek Technology Corp. | 全科科技 | 中国 |
| 66 | Weikeng | 威健实业 | 中国 |
| 67 | TTI（Aisa） | 美德电子 | 美国 |
| 68 | Jingchuan Electronic | 晶川电子 | 中国 |
| 69 | Hongri | 虹日国际 | 中国 |
| 70 | Letdo | 雷度电子 | 中国 |
| 71 | Kei Kong | 棋港集团 | 中国 |
| 72 | EIL | 星亮电子 | 中国 |
| 73 | EDAL Electronics | 易达电子 | 中国 |
| 74 | Promate Electronic | 丰艺电子 | 中国 |
| 75 | Mogul-tech | 捷杨讯科 | 中国 |
| 76 | Worldshine | 华商龙 | 中国 |

续表

| 序号 | 英文名称 | 中文名称 | 国家 |
| --- | --- | --- | --- |
| 77 | Yuanliu Hongyuan | 元六鸿远 | 中国 |
| 78 | DXY Technology | 鼎芯 | 中国 |
| 79 | Upstar Technology | 博思达 | 中国 |
| 80 | CEPower | 中电华星 | 中国 |
| 81 | Kingsky | 香港仁天芯 | 中国 |
| 82 | UP-SE Tech | 上积电科技 | 中国 |
| 83 | Zetron | 基创卓越 | 中国 |
| 84 | Chief-tech | 首科 | 中国 |
| 85 | Hijiacheng | 汇佳成 | 中国 |
| 86 | Sunctron | 卓越飞讯 | 中国 |
| 87 | DST Electronic | 大盛唐电子 | 中国 |
| 88 | hdchip | 华强芯城 | 中国 |
| 89 | ICUNI | 江宇芯城 | 中国 |
| 90 | Richardson RFPD | 睿查森 | 美国 |
| 91 | Resistortoday | 开步电子 | 中国 |
| 92 | Pioneeric | 凯新达 | 中国 |
| 93 | Americall | 艾买克 | 美国 |
| 94 | Gochen | 固勤 | 中国 |
| 95 | VICTOR | 威凯特 | 中国 |
| 96 | Incel | 英赛尔 | 中国 |
| 97 | Chung Da | 创达电子 | 中国 |
| 98 | Strong Tech | 胜创特 | 中国 |
| 99 | Chitron | 驰创电子 | 中国 |
| 100 | PENGLIDA | 鹏利达 | 中国 |
| 101 | YATELIAN | 亚特联科技 | 中国 |

第六章　电子元器件及其供应市场

续表

| 序号 | 英文名称 | 中文名称 | 国家 |
| --- | --- | --- | --- |
| 102 | TENGHUA | 腾华电子 | 中国 |
| 103 | NORTECH | 北方科讯 | 中国 |
| 104 | Meta Tech | 三顾股份 | 中国 |
| 105 | Pmaster | 彦阳 | 中国 |
| 106 | SAS GROUP | 时捷集团 | 中国 |
| 107 | Sunfriend | 庆翌 | 中国 |
| 108 | SZChalleng | 卓领科技 | 中国 |
| 109 | Weltronics | 创意电子 | 中国 |
| 110 | Elight | 北京贞光科技有限公司 | 中国 |
| 111 | Laurels Carry&Leap International | 协勇国际实业有限公司 | 中国 |
| 112 | CONN-TEK Electronics Inc. | 仲骏股份有限公司 | 中国 |
| 113 | Shanghai HEHONG | 上海和弘信息技术有限公司 | 中国 |
| 114 | Superdarter | 达而特企业股份有限公司 | 中国 |
| 115 | Lipers Corporate | 力垣企业股份有限公司 | 中国 |
| 116 | Reotec | 台湾瑞普有限公司 | 中国 |
| 117 | KES | 凯而高实业 | 中国 |
| 118 | CLWELL | 深圳市超利维实业有限公司 | 中国 |
| 119 | Jeelyton | 深圳市吉利通电子有限公司 | 中国 |
| 120 | Zhuo Yuan | 深圳市兴鸿宇科技有限公司（香港卓远科技有限公司） | 中国 |
| 121 | Tecobest | 京凌科技有限公司 | 中国 |
| 122 | EIL | 育昇电子（深圳）有限公司 | 中国 |
| 123 | Jiansan | 深圳市健三实业有限公司 | 中国 |
| 124 | Megasky | 深圳市长天实业有限公司 | 中国 |
| 125 | HK-Kingsky | 深圳市仁天芯科技有限公司 | 中国 |

续表

| 序号 | 英文名称 | 中文名称 | 国家 |
|---|---|---|---|
| 126 | Skywell | 深圳市泽天电子 | 中国 |
| 127 | Power-Star Electronics | 香港威欣电子有限公司 | 中国 |
| 128 | Quantun | 深圳市贞观实业有限公司 | 中国 |
| 129 | Bitian | 深圳市毕天科技有限公司 | 中国 |
| 130 | Ha-tech | 好得（香港）有限公司 | 中国 |
| 131 | Farben | 法本电子科技 | 中国 |
| 132 | Keysida | 科宇盛达集团 | 中国 |
| 133 | Fudden | 深圳市富标科技有限公司（富电电子） | 中国 |
| 134 | Suzhou Glorison | 苏州荣采电子 | 中国 |
| 135 | Yuexunfa | 深圳市粤讯发科技 | 中国 |
| 136 | Shenzhen Winner | 深圳巨新科电子有限公司 | 中国 |
| 137 | Shenzhen Hua Tianyang | 深圳市华天阳科技有限公司 | 中国 |
| 138 | Hontek | 上海弘沛电子 | 中国 |
| 139 | Mobicon | 万宝刚 | 中国 |
| 140 | Lestina International Ltd. | 晓龙国际有限公司 | 中国 |
| 141 | Nichidenbo | 日电贸股份有限公司 | 日本 |
| 142 | Daiwa Group | 宏标殷达电子（深圳）有限公司 | 日本 |
| 143 | Kenjet | 凯恩杰科技股份有限公司 | 中国 |
| 144 | Protech Century Ltd | 保迪 | 中国 |
| 145 | Holy Stone | 禾伸堂企业股份有限公司 | 中国 |
| 146 | Skytex | 天富达电子（深圳）有限公司 | 中国 |
| 147 | Good Excel Electronics Limited | 越升电子有限公司 | 中国 |
| 148 | Macnica Galaxy | 茂纶股份有限公司 | 日本 |
| 149 | Techmosa International Inc | 志远电子股份有限公司 | 中国 |

续表

| 序号 | 英文名称 | 中文名称 | 国家 |
|---|---|---|---|
| 150 | Make chance | 茂荃股份有限公司 | 中国 |
| 151 | Jaolen | 深圳市金奥兰科技有限公司 | 中国 |
| 152 | YUBANTEC | 有万科技股份有限公司 | 中国 |
| 153 | All Winners | 紘佑股份有限公司 | 中国 |
| 154 | Ascale Enterprise | 幼桢企业股份有限公司 | 中国 |
| 155 | Synnex Technology International Corporation | 联强国际集团 | 中国 |
| 156 | A-COM International | 驰伟电子股份有限公司 | 中国 |
| 157 | Ultra | 奇普仕股份有限公司 | 中国 |
| 158 | HK A-TOP Electronical Company | 香港至高电子有限公司 | 中国 |
| 159 | Maxtek Technology | 宣昶股份有限公司 | 中国 |
| 160 | GMI Technology | 弘忆国际股份有限公司 | 中国 |
| 161 | Sunnic Technology & Merchandise Inc. | 尚立股份有限公司 | 中国 |
| 162 | Morrihan | 茂宣企业股份有限公司 | 中国 |
| 163 | Supreme Elec. | 至上电子股份有限公司 | 中国 |
| 164 | Jyharn Electronics | 志函电子科技股份有限公司 | 中国 |
| 165 | LUMAX | 巨路国际股份有限公司 | 中国 |
| 166 | SRT | 晨昕科技股份有限公司 | 中国 |
| 167 | Sunjet | 商杰股份有限公司 | 中国 |

## 三、熟知电子元器件代理市场对于采购工作的意义

商品的销售方式总体上可以分为直销和分销两种。直销是指制造商不经过中间环节，直接将产品或服务卖给消费者，消费者既可以是个人，也可以是企业（B2B 商业模式下）；分销是指制造商通过授权代理或非授权代理的

方式将产品给终端客户。在电子元器件行业中，知名品牌的电子元器件制造商（原厂）几乎都是通过代理商将产品销售给客户，只有少数知名品牌厂商是通过直销方式销售产品，尤其是一些日本器件制造商及一些小众市场的器件制造商，比如，株式会社田村制作所（Tamura）、日立等。第三、第四梯队的国内品牌大部分都是通过直销方式来销售产品，因为其品牌知名度和体量根本达不到需要通过代理商来分销产品的程度。当然，在这个过程中电子元器件的设计、市场定位、定价及大客户的设计支持等核心工作依然是由原厂完成，只是原厂需要各个国家和地区本土及国际代理商来帮助其完成市场推广、售前、交货、垫资及售后等工作。

电子元器件通过分销方式销售产品的特性决定了买方的采购渠道也是通过分销商来采购电子元器件，因此买方如果想建立有竞争力的采购渠道，就不得不对整个电子元器件分销行业进行调查研究。熟知电子元器件代理市场对具体采购工作有如下意义。

（1）有利于寻源工作的精准定位。

国内中小型企业在供应管理方面有一个共性，即供应链不稳定，供应商更换频繁。剔除人为因素，从某种意义上讲，更换供应商无非是以下两种情况：其一，买方看不上卖方；其二，卖方看不上买方。造成这两种情况的根本原因是买卖双方不匹配，这种不匹配带来的结果就是买卖双方无法找到平衡点，最终只能"分道扬镳"。例如，一个100人的小型工厂找安富利或艾睿采购电子元器件显然是不匹配的，因为小型工厂的采购订单的特点是缺乏计划性，单笔订单数量少，这样的需求特性与国际大代理商的目标客户定位显然是不匹配的。反之，像富士康或伟创力这样的国际大厂采购电子元器件时，如果找华强北贸易商或中小型代理商采购也是不匹配的，因为富士康的付款账期通常是180天加6个月承兑，且采购金额特别大，而一般的中小型代理商往往没有充裕的资金"压"在富士康这样的国际大厂里。如果采购人员十分清楚每个品类电子元器件的代理商的特点，比如，规模、代理产品线、价格水平及服务等，那么当需要采购某种品牌的器件时，就可以迅速地找到适合自己企业的代理商。

(2)更有效地获取最优价格。

从全球范围内来看,电子元器件市场是一个巨大的市场,其所涉及的电子元器件品类、制造商、代理商和贸易商数量众多。尽管互联网(移动互联网)技术打破了传统市场供需的不对称,但供需不对称依然存在,尤其是电子元器件行业,电子元器件行业不同于一般的商品市场。对于买方而言,需求信息一旦确定下来,需要解决的问题就是供应信息,那么供应信息从何而来?供应信息来自我们对整个供应市场的调查、研究及实践。这里的"实践"是指当采购人员与某个供应商合作之后才真正了解这个供应商的特点、优劣势。如果采购人员不对供应市场(代理商)进行调查和研究,那么在采购电子元器件时,这种信息不对称就会显现出来。信息不对称所带来的结果之一就是,同样的器件从不同的代理商处购买,价格不同,如果我们"不幸"买入高价电子元器件,那么就无法达成采购工作中的最优价格的重要指标。例如,村田电容在中国区有大大小小几十家授权代理商,并且每个代理商的优劣势不同,比如,湘海电子擅长手机领域的小尺寸电容的分销,健三实业擅长安防工控领域的村田电容的分销,泽天擅长汽车电子领域电子元器件的分销,等等,买方要依据自身细分行业进行采购。如果是手机产业链上的企业,那就找湘海采购;如果是汽车电子企业,就找泽天采购;等等。

(3)控制供应商数量,增强规模经济效应。

当我们需要采购多个不同品牌的电子元器件时,我们并不是依据不同的品牌来开发不同的代理商,在这种情况下,我们应该考虑如何寻找一些优质的综合型代理商以控制供应商数量,增强规模经济效应。如表6-9所示,假定某企业需要采购18个品牌的电子元器件,其供应商库中原有8个供应商。经过我们对这18个品牌电子元器件的代理分销市场进行调研,在做好前期准备工作(询价)后,最终发现可以将原来的8个供应商整合到只剩下两个供应商,即科通集团与信和达。可以想象,将原来8个供应商供应的器件整合到2个供应商,平均来看,最后的这两个供应商的订单量较之前增加了3倍,可想而知,整合后的2个供应商给企业所带来的价格、交付及服务较之整合前必定要提升很多。

表 6-9 供应商整合示范

| 序号 | 品牌 | 整合前的供应商 | 整合后的供应商 |
| --- | --- | --- | --- |
| 1 | Broadcom | 全科 | 科通集团 |
| 2 | INFINEON | 威健实业 | 科通集团 |
| 3 | Littelfuse | 美德电子 | 科通集团 |
| 4 | INTEL | 达而特企业股份有限公司 | 科通集团 |
| 5 | ISOCOM | 富昌电子 | 科通集团 |
| 6 | Microchip | 大盛唐电子 | 科通集团 |
| 7 | Panasonic | 达而特企业股份有限公司 | 科通集团 |
| 8 | Skyworks | 润欣科技 | 科通集团 |
| 9 | Sunlord | 南京商络 | 科通集团 |
| 10 | TDK | 南京商络 | 信和达 |
| 11 | YAGEO | 南京商络 | 信和达 |
| 12 | KEMET | 世平集团 | 信和达 |
| 13 | TOREX | 信和达 | 信和达 |
| 14 | NICHICON | 润欣科技 | 信和达 |
| 15 | SAMSUNG | 大盛唐电子 | 信和达 |
| 16 | KYOCERA | 南京商络 | 信和达 |
| 17 | Qualcomm | 世平集团 | 信和达 |
| 18 | PULSE | 润欣科技 | 信和达 |

（4）资源储备，防控风险。

除极少数日系品牌的电子元器件厂商指定唯一代理商外，一般品牌均会有多个不同数量的代理商。为减少供应风险，我们应该时刻关注电子元器件最近的代理分销行情，并评估市场变化是否会给我们的企业带来潜在供应风险。例如，2018年9月，德州仪器宣布将不再授权新晔代理其产品，在行业中新晔是德州仪器的优秀代理商和合作伙伴，德州仪器对代理商的这一重大调整势必会影响向新晔采购德州仪器电子元器件的终端客户。在这种情况下，作为终端客户，我们需要立即联系德州仪器及其他代理商洽谈后续采购事宜。德州仪器在中国区的代理商数量逐渐减少对终端客户来讲风险极大，企业内部要商量是否将德州仪器的竞争对手，比如意法半导体、微芯的芯片纳入我们的选型方案中，以规避后续断供、涨价及缺货的供应风险。

（5）管控渠道就是管控质量。

电子元器件的采购渠道主要有向授权代理商采购与向非授权代理商采购两种，因此对于买方而言，所购买商品的质量主要取决于采购渠道，如果采购渠道合规（官方授权代理商），商品通常不会存在质量问题，除非原厂生产的某个批次的产品本身就有质量问题。如果我们是从官方授权代理商处购买电子元器件，即使出现质量问题，代理商也会与原厂一起分析解决。现实情况是国内的一些中小型企业往往通过朋友介绍或网上搜寻的方式找一些贸易商采购电子元器件。向非授权代理商采购电子元器件，采购到假货、贴牌货的情况时有发生，不仅价格高出授权代理商商品价格40%~100%（同样品质和品牌的电子元器件），而且供货不稳定。导致这种现象的原因主要有以下两个：一是中小企业主没有太强的品质意识，他们不知道对于电子元器件而言管控渠道就是管控质量；二是这类企业的采购人员水平参差不齐，他们不知道如何寻找、开发并识别官方授权代理商，也不愿意花时间对电子元器件供应市场进行调查、研究及总结。

（6）建立有竞争力的供应（商）库。

对于现今的电子行业而言，打造有竞争力的供应链往往会被提到公司战略层的议程中，而建立有竞争力的供应商库是我们建立有竞争力的供应链的基石。建立有竞争力的供应商库的前提是，我们要清楚地知道各个品类电子元器件的各个制造商的所有代理商情况，各代理商之间的区别、优劣势、价格水平及服务意识，等等。基础的工作往往是最重要的、根本性的工作。

## 第四节　通用电子元器件供应市场的特点、现状及发展趋势

近几年，电子元器件市场发展迅速，其特点、现状体现在以下几个方面：①行业并购加剧；②市场供应格局决定市场供应状况；③国内电子元器件电商逐渐兴起；④国际大厂调整代理商数量；⑤国产电子元器件替代国际一线品牌成为趋势。

### 一、行业并购加剧

一段时间内，全球经济下行、放缓，国际贸易纷争不断，宏观经济的"不景气"给"中观"产业及"微观"企业带来了许多的不确定性和风险升级。在这种情况下，产业链上下游、同行之间发生的并购或收购明显加剧，下面统计了2008—2019年电子元器件行业发生的大的并购事件，如表6-10所示。

表6-10　2008—2019年电子元器件行业大的并购事件清单

| 序号 | 收购方 | 收购方国家或地区 | 被收购方 | 被收购方国家或地区 | 并购时间 | 行业类型 | 备注 |
|---|---|---|---|---|---|---|---|
| 1 | 英飞凌 | 德国 | 赛普拉斯 | 中国 | 2019年 | 制造商 | 100亿美元 |
| 2 | 紫光国微 | 中国 | Linxens | 法国 | 2019年 | 制造商 | 180亿元人民币 |
| 3 | 国巨 | 中国 | 普思电子 | 美国 | 2019年 | 制造商 | 7.4亿美元 |
| 4 | 旋极信息 | 中国 | 合肥瑞成 | 中国 | 2019年 | 制造商 | |

续表

| 序号 | 收购方 | 收购方国家或地区 | 被收购方 | 被收购方国家或地区 | 并购时间 | 行业类型 | 备注 |
| --- | --- | --- | --- | --- | --- | --- | --- |
| 5 | Marvell | 美国 | Avera Semi | 美国 | 2019年 | 制造商 | 6.5亿美元 |
| 6 | Marvell | 美国 | Aquantia | 美国 | 2019年 | 制造商 | 4.52亿美元 |
| 7 | 瑞萨电子 | 日本 | IDT | 美国 | 2019年 | 制造商 | 49亿美元 |
| 8 | Nvidia | 美国 | Mellanox | 美国 | 2019年 | 制造商 | 69亿美元 |
| 9 | 三星 | 韩国 | Corephotonics | 以色列 | 2019年 | 制造商 | 1.5亿美元 |
| 10 | 闻泰科技 | 中国 | 安世半导体 | 荷兰 | 2018年 | 制造商 | 199.25亿元人民币 |
| 11 | 国民技术 | 中国 | 斯诺实业 | 中国 | 2018年 | 制造商 | 13.4亿元人民币 |
| 12 | 英飞凌 | 德国 | Siltectra | 德国 | 2018年 | 制造商 | |
| 13 | 苹果 | 美国 | 电源管理晶片业务 | 英国 | 2018年 | 制造商 | 6亿美元 |
| 14 | 三星 | 韩国 | Zhilabs | 西班牙 | 2018年 | 制造商 | |
| 15 | 思源电气 | 中国 | 北京矽成 | 中国 | 2018年 | 制造商 | 29.67亿元人民币 |
| 16 | IBM | 美国 | Red Hat | 美国 | 2018年 | 制造商 | 334亿美元 |
| 17 | 英唐智控 | 中国 | 吉利通 | 中国 | 2018年 | 代理商 | |
| 18 | 英唐智控 | 中国 | 首科电子 | 中国 | 2018年 | 代理商 | |
| 19 | 韦尔股份 | 中国 | 豪威科技 | 中国 | 2018年 | 制造商 | 130亿元人民币 |
| 20 | 恩智浦 | 荷兰 | OmniPHY | 中国 | 2018年 | 制造商 | |

续表

| 序号 | 收购方 | 收购方国家或地区 | 被收购方 | 被收购方国家或地区 | 并购时间 | 行业类型 | 备注 |
|---|---|---|---|---|---|---|---|
| 21 | 英特尔 | 美国 | Netspeed | 美国 | 2018年 | 制造商 | |
| 22 | 华天科技 | 中国 | Unisem | 马来西亚 | 2018年 | 制造商 | |
| 23 | Skyworks | 美国 | Avnera | 美国 | 2018年 | 制造商 | 4.05亿美元 |
| 24 | Marvell | 美国 | Cavium | 美国 | 2018年 | 制造商 | 60亿美元 |
| 25 | 英特尔 | 美国 | eASIC | 美国 | 2018年 | 制造商 | |
| 26 | 赛灵思 | 美国 | 深鉴科技 | 中国 | 2018年 | 制造商 | |
| 27 | ARM | 英国 | Stream Technologies | 英国 | 2018年 | 制造商 | |
| 28 | 奇力新 | 中国 | 美桀科技 | 中国 | 2018年 | 制造商 | |
| 29 | 贝恩资本 | 美国 | 东芝存储业务 | 日本 | 2018年 | 制造商 | 180亿美元 |
| 30 | 联华电子 | 中国 | 三重富士通 | 日本 | 2018年 | 制造商 | 576.3亿日元 |
| 31 | 阿里巴巴 | 中国 | 中天微 | 中国 | 2018年 | 制造商 | |
| 32 | 均胜电子 | 中国 | 高田 | 日本 | 2018年 | 制造商 | 15.88亿美元 |
| 33 | 国巨 | 中国 | 君耀电子 | 中国 | 2018年 | 制造商 | |
| 34 | 微芯 | 美国 | 美高森美 | 美国 | 2018年 | 制造商 | 80亿美元 |
| 35 | TDK | 日本 | Chrip Microsystems | 美国 | 2018年 | 制造商 | |
| 36 | Osram | 德国 | BAG electronics | 德国 | 2018年 | 制造商 | |

续表

| 序号 | 收购方 | 收购方国家或地区 | 被收购方 | 被收购方国家或地区 | 并购时间 | 行业类型 | 备注 |
|---|---|---|---|---|---|---|---|
| 37 | Cree | 美国 | 英飞凌射频功率业务 | 德国 | 2018年 | 制造商 | |
| 38 | 亚诺德 | 美国 | Symeo | 德国 | 2018年 | 制造商 | |
| 39 | Lumentum | 美国 | Oclaro | 美国 | 2018年 | 制造商 | 18亿美元 |
| 40 | 英飞凌 | 德国 | Merus Audio | 丹麦 | 2018年 | 制造商 | |
| 41 | 立讯精密 | 中国 | 光宝相机模组 | 中国 | 2018年 | 制造商 | 24.8亿元人民币 |
| 42 | 兆易创新 | 中国 | 思立微 | 中国 | 2018年 | 制造商 | 17亿元人民币 |
| 43 | 奇力新 | 中国 | 美磊 | 中国 | 2018年 | 制造商 | 15.44亿元人民币 |
| 44 | Littelfuse | 美国 | 艾赛斯 | 美国 | 2018年 | 制造商 | 51.68亿元人民币 |
| 45 | 华灿光电 | 中国 | 美新半导体 | 中国 | 2018年 | 制造商 | 16.5亿元人民币 |
| 46 | 英唐智控 | 中国 | 集创北方 | 中国 | 2017年 | 代理商 | |
| 47 | 英唐智控 | 中国 | 英唐供应链 | 中国 | 2017年 | 代理商 | |
| 48 | 艾睿 | 美国 | Commtech | 德国 | 2017年 | 代理商 | 5.5亿美元 |
| 49 | 上海贝岭 | 中国 | 锐能微 | 中国 | 2017年 | 制造商 | |
| 50 | 深圳华强 | 中国 | 淇诺电子 | 中国 | 2017年 | 代理商 | |
| 51 | 英唐智控 | 中国 | 怡海能达 | 中国 | 2017年 | 代理商 | |
| 52 | SK Hynix | 韩国 | 东芝存储业务 | 日本 | 2017年 | 制造商 | 3000亿日元 |

续表

| 序号 | 收购方 | 收购方国家或地区 | 被收购方 | 被收购方国家或地区 | 并购时间 | 行业类型 | 备注 |
|---|---|---|---|---|---|---|---|
| 53 | 博通 | 美国 | Cosemi | 美国 | 2017年 | 制造商 | |
| 54 | 深圳华强 | 中国 | 鹏源电子 | 中国 | 2017年 | 代理商 | |
| 55 | 英唐智控 | 中国 | 联合创泰 | 中国 | 2017年 | 代理商 | |
| 56 | SK集团 | | LG Siltron | | 2017年 | 制造商 | 6200亿韩元 |
| 57 | 力源信息 | 中国 | 飞腾电子科技 | 中国 | 2016年 | 代理商 | |
| 58 | ON Semiconductor | 美国 | Fairchild | 美国 | 2016年 | 制造商 | 24亿美元 |
| 59 | 瑞萨电子 | 日本 | Intersil | 美国 | 2016年 | 制造商 | 32.2亿美元 |
| 60 | 安富利 | 美国 | 派睿 | 英国 | 2016年 | 代理商 | 6.91亿英镑 |
| 61 | 英飞凌 | 德国 | Wolfspeed | 美国 | 2016年 | 制造商 | 8.5亿美元 |
| 62 | Softbank | 日本 | ARM | 美国 | 2016年 | 制造商 | 320亿美元 |
| 63 | 亚诺德 | 美国 | Linear Technology | 美国 | 2016年 | 制造商 | 148亿美元 |
| 64 | 紫光集团 | 中国 | 武汉新芯集成电路 | 中国 | 2016年 | 制造商 | |
| 65 | 力源信息 | 中国 | 帕太集团 | 中国 | 2016年 | 代理商 | |
| 66 | 四维图新 | 中国 | 杰发科技 | 中国 | 2016年 | 制造商 | |
| 67 | ARM | 英国 | Apical | 英国 | 2016年 | 制造商 | 3.5亿美元 |
| 68 | 微芯 | 美国 | 艾特梅尔 | 美国 | 2016年 | 制造商 | 36亿美元 |

续表

| 序号 | 收购方 | 收购方国家或地区 | 被收购方 | 被收购方国家或地区 | 并购时间 | 行业类型 | 备注 |
|---|---|---|---|---|---|---|---|
| 69 | Qorvo | 美国 | GreenPeak Technologies | 荷兰 | 2016年 | 制造商 | |
| 70 | 赛普拉斯 | 美国 | 博通物联网业务 | 美国 | 2016年 | 制造商 | |
| 71 | 索尼 | 日本 | Altair Semiconductor | 以色列 | 2016年 | 制造商 | 13.95亿元人民币 |
| 72 | 美光 | 美国 | Inotera | 中国 | 2015年 | 制造商 | |
| 73 | 力源信息 | 中国 | 南京飞腾 | 中国 | 2015年 | 代理商 | |
| 74 | 深圳华强 | 中国 | 捷扬讯科 | 中国 | 2015年 | 代理商 | |
| 75 | 深圳华强 | 中国 | 湘海电子 | 中国 | 2015年 | 代理商 | |
| 76 | 微芯 | 美国 | Micrel | 美国 | 2015年 | 制造商 | 8.39亿美元 |
| 77 | 英唐智控 | 中国 | 华商龙 | 中国 | 2015年 | 代理商 | |
| 78 | 大联大控股 | 中国 | 捷元股份 | 中国 | 2015年 | 代理商 | |
| 79 | Avago Technologies | 美国 | 博通 | 美国 | 2015年 | 制造商 | 370亿美元 |
| 80 | Western Digital | 美国 | Sandisk | 美国 | 2015年 | 制造商 | 190亿美元 |
| 81 | 恩智浦 | 美国 | 飞思卡尔 | 美国 | 2015年 | 制造商 | 118亿美元 |
| 82 | 英特尔 | 美国 | 阿尔特拉 | 美国 | 2015年 | 制造商 | 167亿美元 |
| 83 | 力源信息 | 中国 | 鼎芯无限 | 中国 | 2014年 | 代理商 | |
| 84 | 微芯 | 美国 | Supertex | 美国 | 2014年 | 制造商 | 3.94亿美元 |

续表

| 序号 | 收购方 | 收购方国家或地区 | 被收购方 | 被收购方国家或地区 | 并购时间 | 行业类型 | 备注 |
|---|---|---|---|---|---|---|---|
| 85 | 赛普拉斯 | 美国 | Spansion | 美国 | 2014年 | 制造商 | 50亿美元 |
| 86 | 清华紫光 | 中国 | 锐迪科 | 中国 | 2013年 | 制造商 | 9.1亿美元 |
| 87 | 清华紫光 | 中国 | 展讯 | 中国 | 2013年 | 制造商 | 17.8亿美元 |
| 88 | 美光 | 美国 | Elpida | 日本 | 2013年 | 制造商 | 25亿美元 |
| 89 | 安富利 | 美国 | RTI控股有限公司 | 中国 | 2013年 | 代理商 | |
| 90 | 微芯 | 美国 | EqcoLogic | 比利时 | 2013年 | 制造商 | |
| 91 | Avago Technologies | 美国 | LSI | 美国 | 2013年 | 制造商 | 66亿美元 |
| 92 | 安富利 | 美国 | Internix | 日本 | 2012年 | 代理商 | |
| 93 | 世平集团 | 中国 | 隆昕集团 | 中国 | 2012年 | 代理商 | |
| 94 | 安富利 | 美国 | 得毅实业 | 中国 | 2011年 | 代理商 | |
| 95 | 安富利 | 美国 | 合讯科技 | 中国 | 2011年 | 代理商 | |
| 96 | 艾睿 | 美国 | Chip One Stop | 日本 | 2011年 | 代理商 | |
| 97 | 艾睿 | 美国 | 合众达电子 | 中国 | 2011年 | 代理商 | |
| 98 | 诠鼎集团 | 中国 | 奇城移动有限公司 | 中国 | 2011年 | 代理商 | |
| 99 | Texas Instruments | 美国 | National Semiconductor | 美国 | 2011年 | 制造商 | 65亿美元 |
| 100 | 大联大控股 | 中国 | 友尚集团 | 新加坡 | 2010年 | 代理商 | |

续表

| 序号 | 收购方 | 收购方国家或地区 | 被收购方 | 被收购方国家或地区 | 并购时间 | 行业类型 | 备注 |
|---|---|---|---|---|---|---|---|
| 101 | 安富利 | 美国 | 裕能达电气 | 中国 | 2010年 | 代理商 | |
| 102 | 艾睿 | 美国 | Richardson Electronics 旗下 RF、无线及电源部门 | 美国 | 2010年 | 代理商 | |
| 103 | 艾睿 | 美国 | 好利顺 | 美国 | 2010年 | 代理商 | |
| 104 | 安富利 | 美国 | Unidux | 日本 | 2010年 | 代理商 | |
| 105 | 艾睿 | 美国 | Converge | 美国 | 2010年 | 代理商 | |
| 106 | 艾睿 | 美国 | Verical | 美国 | 2010年 | 代理商 | |
| 107 | 安富利 | 美国 | Bell Microproducts | 美国 | 2010年 | 代理商 | 5.94亿美元 |
| 108 | 导科国际 | 日本 | 茂纶股份 | 中国 | 2010年 | 代理商 | |
| 109 | 安富利 | 美国 | 中联集团 | 中国 | 2009年 | | |
| 110 | 导科国际 | 日本 | 骏龙科技 | 中国 | 2008年 | 代理商 | |
| 111 | 大联大控股 | 中国 | 诠鼎集团 | 中国 | 2008年 | 代理商 | |
| 112 | 艾睿 | 美国 | Achieva 公司旗下的电子元器件分销部门 | 美国 | 2008年 | 代理商 | |
| 113 | 大联大控股 | 中国 | 凯悌股份有限公司 | 中国 | 2008年 | 代理商 | |
| 114 | 安富利 | 美国 | 杨氏电子 | 中国 | 2008年 | 代理商 | |

## 二、市场供应格局决定市场供应状况

市场供应状况取决于市场供应格局,即商品的市场价格(购买价或销售价)、采购前置期、库存情况以及是否短缺等均取决于市场供应格局。典型的例子就是2016—2017年PCB的涨价潮和2017—2018年MLCC缺货涨价潮。前文已专门分析过PCB和MLCC两个行业,追溯到产业链上游可以发现,它们均处于寡头垄断供应市场,并且在短期内无法快速提高产能,因此当市场出现波动时极易因"投机商"炒作而扰乱市场。

## 三、国内电子元器件电商的兴起

2018年9月,艾睿全中文线上平台悄然上线,这家全球最大的电子元器件代理商(2017年、2018年营业收入全球排名均为第一)开辟线上渠道,对其自身来说,是一次全新的蜕变,而对分销行业来说,也是一次不小的震荡。

电子元器件电商最早可追溯到2000年前后,在这之前,电子元器件分销以线下销售模式为主。贸易双方通过传统媒体、E-mail、电话、线下柜台和客户目录等方式建立业务往来。交易信息的不透明,缔造了很多商业模式,华强北数万家"柜台式"贸易商就诞生于此。

2000—2010年,是电商崛起的黄金时期。阿里巴巴电商效应迅速扩散至电子行业,以IC交易网(1999年)、21IC(2001年)、华强电子网(2002年)等为代表的B2B电商平台崛起,打破了以线下为主的经营模式,如表6-11所示。

第六章 电子元器件及其供应市场

表6-11 国内主流电子元器件电商平台

| 序号 | 电子元器件电商平台 | 成立时间 | 简介 | 母公司 |
|---|---|---|---|---|
| 1 | 科通芯城 | 2010年 | 科通芯城拥有400家国际知名品牌供应商、3000条产品线、50万种产品型号，涵盖移动手持、消费电子及通信网络等九大应用板块。科通芯城提供的器件品牌包括英特尔、微软、博通、松下、飞思卡尔、赛灵思、凌力尔特（Linear）、艾特梅尔等。科通芯城提供的器件品类包括处理器、MCU、DSP、FPGA/CPLD、存储器、传感器/转换器、信号接口、放大器、滤波器、电源管理、光电器件、定时器、电阻器、电感器、电容、连接器、继电器及电路保护器件等 | 科通集团 |
| 2 | 万联芯城 | 2014年 | 自创立以来，万联芯城就一直坚守"以良心做好芯"的初心，内部更是以"每一块芯片都用良心去承诺"为企业精神。在服务上，万联芯城以"1片起卖，产品与价格都绝对透明"为目标，首次突破行业的传统底线，真正做到1片起卖，即日发货。万联芯城希望通过建立一个信息透明化的电商平台来解决目前国内电子元器件市场"以次充好""混乱无序"的现象 | 深圳市万联芯科技有限公司 |
| 3 | IC交易网 | 1999年 | IC交易网以电子元器件产品查询为核心，为国内外的电子元器件分销商和采购商提供便捷的服务。当前网站上发布的产品包括IC、二极管、三极管、LED、电容、电阻、连接器/接插件和模块等各类物料，真正实现了电子元器件一站式采购 | 北京创新在线网络技术有限公司 |
| 4 | 云汉芯城 | 2008年 | 云汉芯城重点聚焦国内电子制造业在研发试产阶段提供产品技术选型、小批量一站式采购配套服务，借助电子元器件大数据、国产器件替代数据库、BOM智能选型等先进技术和工具，提高企业研发效率 | 云汉芯城（上海）互联网科技股份有限公司 |

续表

| 序号 | 电子元器件电商平台 | 成立时间 | 简介 | 母公司 |
| --- | --- | --- | --- | --- |
| 5 | 维库电子市场网 | 2004年 | 维库电子市场网是国内外知名的B2B电子行业交易平台。DZSC拥有30万注册会员，其中IC贸易相关注册会员1.2万家，工程师在线注册超过50万名。有自己的电子资料收集库"维库电子开发网"，DZSC拥有海量的电子行业信息、300多万PDF资料。维库电子市场网聚焦电子产品信息服务业，为电子行业生产制造商、销售商，广大的电子产品消费者、爱好者及网络用户，提供专业化的网络资讯服务和电子商务服务 | 杭州威士顿网络科技有限公司 |
| 6 | 华强电子网 | 2002年 | 华强电子网成立于2002年，聚焦电子产业链，致力于为全球电子元器件采购商、供应商、贸易商、制造商提供全程电子商务服务。华强电子网以第三方平台形式将电子产业链与电子商务网络有机结合，为买卖双方提供信息发布、商情查询、在线交易及库存管理等综合市场推广服务，覆盖电子元器件供应和需求的完整产业链 | 华强集团 |
| 7 | 立创商城 | 2011年 | 立创商城是由深圳市立创电子商务有限公司运营的一站式电子元器件采购自营商城。立创商城自建7万多平方米现代化电子元器件仓库，现货库存20多万种，从事电子元器件零售和小批量采购，是一家品种齐全、现货销售的具有品质保障的一站式电子元器件采购平台 | 深圳市立创电子商务有限公司 |
| 8 | 有芯电子 | 2011年 | 有芯电子打造专业的电子元器件一站式订购需求平台，现有优势供货、OEM库存、原厂代理和海外代购四大服务，致力于解决研发采购工程师的采购烦恼，为其提供便捷、快速、安全的一站式电子元器件采购体验 | 深圳市有芯电子有限公司 |

第六章　电子元器件及其供应市场

续表

| 序号 | 电子元器件电商平台 | 成立时间 | 简介 | 母公司 |
|---|---|---|---|---|
| 9 | 力源芯城 | 2016年 | 力源芯城是在传统目录销售基础上升级的专业电子商务平台，为客户提供产品资料、产品方案、产品选型及在线购买等一站式服务，现有约10万注册客户。其在武汉建立的面积达1.1万平方米的专业防静电仓库和1万平方米的公用型保税仓库，是目前中国境内最大的电子元器件货仓之一。公司还与EMS、FedEx、顺丰速递等特快专递密切合作，通过先进完善的库存管理和物流系统，为客户提供既快捷又经济的货运服务 | 武汉力源信息技术股份有限公司 |

国际上专注小批量业务的目录分销商，如贸泽电子、得捷电子、e络盟和RS等，通过开通中国区的电商平台，与中小型企业客户或技术工程师打成一片，凭借精细化的服务，在国内掀起一股"小批量在线交易"的热潮。以艾睿、安富利、大联大和富昌电子等为代表的大型授权分销商，因处于"大批量、大客户"带来的需求红利期，并未在此时开通线上业务。经过2010—2014年5年的蛰伏期，借助B2B平台，代理商或分销商线上业务的比重不断增加，线上营业收入占比超过50%的企业激增，少数分销商线上业务营业收入甚至占据营业收入总额的80%，线下柜台贸易逐渐减少，分销商进入转型裂变的阵痛期。在此期间，代理商或分销商也开始小试牛刀自建电商，如有芯电子（2010年）、云汉芯城（2011年上线）、安芯商城（2012年）、立创商城（2012年）等的崛起，给行业带来新的发展思路。因踩对了行业发展风向，多数企业获得了很好的业绩回报。之前5年的蛰伏期，让电子元器件电商迎来了2016—2018年的爆发期，芯动网（2015年）、猎芯网（2015年）、硬之城（2015年）等数十家电商平台崛起，部分企业通过引入资本的力量，体量变得更大，也更具活力。中电港还首次引入国家大基金，业务模式也由纯粹的电子元器件代理商变为集供应链管理、仓储、物流、解决方案于一体的分销商，为客户提供的服务更加多元化。在此期间上游原厂

不断并购调整代理线，代理商在寻找新业务模式和转型的道路上不断尝试，跨界并购、IPO上市及电商融资等尝试让整个分销行业充满活力；但凡事都有两面性，这种跑马圈地式的电商崛起也暴露出一些不足，行业乱象丛生，电商平台的竞争变为资本的角逐和较量，价格战爆发，中小型贸易商的生存空间严重被挤压，新的行业洗牌在所难免。

### 四、国际大厂调整代理商数量

近几年，电子元器件代理商的生存越来越艰难，不仅要面对同行白热化的竞争，还要面对原厂对代理商的精减与洗牌。原厂对代理商的精减与洗牌主要通过以下两种途径实现。

#### （一）原厂之间的并购导致代理商的洗牌

原厂之间的并购导致代理商的洗牌的案例如下。

（1）博通与安华高合并。合并后博通只留下科通、新蕾、全科和新晔四家代理商，将之前的安富利、艾睿、益登、亚讯、文晔、大传和世强纷纷淘汰出局。

（2）微芯收购艾特梅尔。微芯几乎将原有的艾特梅尔的代理商全部"砍掉"，只留下原有的微芯的代理商。

#### （二）原厂强制精减代理商数量

原厂强制精简代理商数量的案例如下。

（1）亚诺德。2017年2月，亚诺德提出取消与安富利公司的全球代理分销合作协议。

（2）德州仪器。2018年9月，德州仪器取消新晔的代理权，新晔曾经是德州仪器在中国区最大的代理商。

### 五、国产电子元器件替代国际一线品牌成为必然趋势

从中兴和华为发展中遇到的挫折来看，国产电子元器件替代国际一线品牌将成为我国电子产业发展的必然趋势。

1. 技术层面

（1）技术持续突破。国产电子元器件在多个领域取得显著技术进步。例如，在存储芯片领域，长江存储等企业不断提升技术，国产 DRAM 芯片性能已与国际品牌不相上下；在功率半导体领域，国产产品也逐渐崭露头角，能满足电动车、智能电网等领域需求。

（2）研发投入增加。国内企业和政府不断加大对电子元器件产业的研发投入。许多企业积极与高等院校、科研机构开展产学研合作，共同攻克高端芯片、先进半导体制造工艺等关键技术。

2. 成本与供应层面

（1）成本优势明显。国产电子元器件的生产成本相对较低，在性能满足要求的情况下，价格更具竞争力。例如，国产低压电器与国际品牌相比，价格往往低很多。

（2）供应稳定性高。国际形势的不确定性使国际一线品牌的供应存在风险，如贸易摩擦可能导致供应中断，而国产电子元器件企业在国内生产，供应受外部因素干扰小，交货周期更短。

3. 市场与政策层面

（1）市场需求推动。中国是全球最大的电子消费市场之一，近年来国内电子产业快速发展，如 5G、人工智能、新能源汽车等领域，对电子元器件需求巨大，为国产电子元器件提供了广阔的应用市场和发展空间。

（2）政策大力支持。政府出台了一系列支持电子元器件产业发展的政策，如税收优惠、财政补贴、贷款贴息等，为国产电子元器件企业的发展提供了有力的政策保障。

4. 产业生态层面

（1）产业集群完善。国内已形成多个电子元器件产业集群，如珠三角、长三角等地，产业集群内企业之间的协同合作更加紧密，有利于提高整个产业的竞争力，加速国产替代进程。

（2）供应链本土化。随着国产电子元器件产业的发展，供应链本土化程度不断提高，从原材料供应到零部件制造，再到成品生产，国内已形成较为完整的产业链，由此降低了对国外供应链的依赖。